重庆文化研究

（2018年卷）

重庆市文化和旅游研究院 编

中国文史出版社

图书在版编目（CIP）数据

重庆文化研究 . 2018 年卷 / 重庆市文化和旅游研究院编 . —北京：中国文史出版社，2019.12

ISBN 978-7-5205-1774-4

Ⅰ . ①重…　Ⅱ . ①重…　Ⅲ . ①地方文化－研究－重庆－ 2018　Ⅳ . ① K297.19

中国版本图书馆 CIP 数据核字（2019）第 275008 号

责任编辑：赵姣娇
装帧设计：蒲　钧

出版发行：**中国文史出版社**
社　　址：北京市海淀区西八里庄 69 号院　邮编：100142
电　　话：010-81136606　81136602　81136603（发行部）
传　　真：010-81136655
印　　装：北京温林源印刷有限公司
经　　销：全国新华书店
开　　本：787 × 1092　　1/16
印　　张：30.25
字　　数：488 千字
版　　次：2020 年 1 月北京第 1 版
印　　次：2020 年 1 月第 1 次印刷
定　　价：98.00 元

目录

HONGGUAN WENHUA

宏观文化

中华优秀传统文化与社会主义核心价值观的契合性[①]

郎　捷[②]

契合性是指在有着密切联系但又存在着重大区别的两个事物之间寻找交点或共性。中华优秀传统文化与社会主义核心价值观属于中华文化两个不同发展时期的阶段性产物，二者统一于中国特色社会主义文化建设实践。通过对中华优秀传统文化和社会主义核心价值观核心层面、目标层面和功能层面的对比梳理，二者在内涵属性、理想愿景、价值作用上高度契合。研究两者之间的契合性，对于传承中华优秀传统文化，学好用好社会主义核心价值观有着重要意义。

一、内涵属性：二者同为中华文化发展范畴，具有核心层面的契合性

中华文化是中国各族人民在特定的自然环境、经济结构、政治体系、社会制度、意识形态作用下所形成、积累和传承下来的文化。它既包含长期历史积淀下形成和保存下来的中华优秀传统文化，也包含中国共产党在革命和建设实践中所创造的先进文化。社会主义核心价值观与中华优秀传统文化在内涵属性上统一于中华文化发展。

1. 中华优秀传统文化对中华文化的奠基和发展

文化角度，优秀是指文化不仅反映了当时人们对美好事物的追求和向往，对当时的经济、政治、社会、生态起到了积极的、革新的、进步的作用，而且随着时代的变迁和积淀，对后世仍产生重大正向影响。传统既指传承，又包含统领。从文化层面讲，优秀的就可以传播、传承，体现的是承前启后、继往开来的文化

① 原载于《中学政治教学参考》下旬，2018 年第 11 期。

② 郎捷，重庆电子工程职业学院。

自觉。因此，中华文化是开放、流动和不断更新的动态发展过程。由于历代人民群众社会实践的推动和思想家们的概括提炼，传统文化逐渐发展成为一种高水平的文化形态，并具有鲜明的中国特质和独特的优势与长处。

早在5000年前，中华民族的祖先们就在这片土地上创造出了独具特色的仰韶文化、龙山文化、河姆渡文化、大汶口文化、良渚文化。随后，以玉器文化为代表，形成了天人合一观念，并最终形成了早期的中华文化。随着奴隶制度的建立和发展，中华文化经历了以尚忠为代表的夏文化和以神鬼为本的商文化，注入了中华文化的血脉之中。经过西周的改革演变，中华文化进入了发展史上的第一次大繁荣时期——百家争鸣时期，诞生了孔子、墨子等一大批杰出的思想家，奠定了中华优秀传统文化发展的基本格局。其后，经过秦尤其是西汉、东汉时期“罢黜百家、独尊儒术”对思想文化的统一，中华优秀传统文化进入了发展定型期，并通过丝绸之路源源不断地传播到四方，特别是对西方社会发生了影响。魏晋南北朝时期，玄学文化思潮逐步兴起。隋唐昌盛，文化繁荣，远播东西，影响深远，中华文化实现了全面大繁荣大发展，比较典型的就是诗歌、书法和绘画。从宋元时期至明清时期，中华文化继续在继承和兼收并蓄中发展，形成了天台宗、华严宗、净土宗和禅宗等中国化的本土佛教流派，形成了儒学发展史上具有时代意义的宋明理学。纵观古代整个中华文化发展过程，中华文化所具有的民族性、包容性和时代性，独特的文化活力、魅力和生命力所产生的创造性文明成果，代表着当时人们的价值取向和精神追求，体现着浓郁的中国特色、中国风格和中国气派，凝聚成中华优秀传统文化，从而成为中华文化发展史上的宝贵财富。

2. 社会主义核心价值观对中华文化的新发展新繁荣

核心价值观是一个国家、民族、群体在长期发展过程中逐渐形成的用以判断是非、指导行为的基本价值准则，它“建立在本民族传统文化、历史积淀和心理结构基础上，体现了本民族的价值取向和精神追求”。党对社会主义核心价值观提出和凝练的过程，也是党在新时期文化建设的逐步探索过程。2003年12月，胡锦涛同志在全国宣传思想工作会议上，要求“坚持把弘扬和培育民族精神作为宣传思想战线极为重要的任务”。随着和谐社会理念的提出，胡锦涛认为构建和谐社会必须“巩固马克思主义在我国意识形态领域的指导地位，引导全体人民坚定中国特色社会主义信念……弘扬以爱国主义为核心的民族精神和以改革创新为核心的时代精神”。2006年3月，以“八荣八耻”为主要内容的社会主义荣辱观正式提出。2006年10月，党的十六届六中全会通过《中共中央关于构建社会主义和谐社会若干重大问题的决定》，以权威文件的形式对社会主义核心价值体系进行完整表述。社会主义核心价值体系的提出，为社会主义核心价值观的形成奠定了基础。通过学界和政界的广泛酝酿和讨论，党的十八大正式将社会主义核心价值观的基本内涵规定下来。

习近平总书记强调：“培育和弘扬社会主义核心价值观必须立足中华优秀传统文化……博大精深的中华优秀传统文化是我们在世界文化激荡中站稳脚跟的根基。”“使中华优秀传统文化成为涵养社会主义核心价值观的重要源泉。”[①] 这就从内涵本质上确定了社会主义核心价值观何以传承、从何传承的问题。在中华文化发展史上，发生过两次中外文化大交汇，推动了中国化佛学和近代科学的产生。社会主义核心价值观是党在认真总结改革开放以来思想文化领域和精神文明建设经验教训的前提下，以社会主义核心价值体系为基础，把中华优秀传统文化、马克思主义基本理论、人类文明优秀成果有机结合所形成的独特文化形态。它有体现中国特色社会主义共同理想和反映全国各族人民普遍愿望的国家层面的价值目标，有顺应中国特色社会主义发展趋势和吸取全人类共同理想追求的社会层面的价值取向，更有借鉴中华优秀传统文化和规范人民行为的个人层面的价值准则。因此，基于文化传承和文化融合，社会主义核心价值观可以被视为中华文化发展史上第三次中外文化大交融，是中华文化在党的推动下所创造的最新成果。

二、理想愿景：二者都饱含了中华民族共有的精神追求，具有目标层面的契合性

博大精深的中华文化包含着中华民族最根本的精神基因。以中华优秀传统文化为基础，广泛借鉴、吸收当代中外文明成果的社会主义核心价值观——三个倡

①《习近平在中共中央政治局第十三次集体学习时的讲话》，新华网2014年2月24日。

导，高度凝练和概括了国家层面、社会层面和个人层面的价值追求，回答了我们要建设什么样的国家、建设什么样的社会、培育什么样的公民的重大问题，为我们指明了构成中华民族精神追求当中最基本的内核。

1. 对理想国家追求的契合

在周朝时期，《周易·系辞下》就提出“天下同归而殊途，一致而百虑”，强调不同的发展道路也可以走到同一目的地，不同的思想和方法也能达到一致。儒家文化历来强调“万物并育而不相害，道并行而不相悖”，即注重和睦协调，主张和而不同。不同国家的发展理念、发展方式虽有不同，但推动本国繁荣发展的目的却是一致的。在对良好国家构建设想上，社会主义核心价值观提出了“富强、民主、文明、和谐”的国家建设要求。富强，即富裕强盛，体现了中国人民近代以来第二阶段的历史任务，是与社会主义市场经济建设实践相结合形成的基本价值诉求，其实质就是要努力改变我国贫穷落后的现状，改善人民物质生活条件，实现社会主义在物质上超越资本主义的本质要求。民主，即人民当家做主，包含了千百年来中华民族对政治上获得国家管理权利的政治诉求。文明，就是要丰富中国人的独特精神世界，建设社会主义文化强国，增强国家文化软实力，用中华文化影响世界。和谐，即和睦协调，构建人与人、人与社会、人与自然和谐共生。国家层面的追求体现了“天下大同”的理想愿景。

2. 对美好社会建设的契合

在社会层面，自由、平等、公正、法治一直是中华民族的理想追求。早在先秦时期，《庄子·逍遥游》就把不受任何束缚的自由当作最高的追求境界，提出“各适己性”的自由观、“与物同化”的平等观，“承认自己的生存、利益、价值、个性自由、人格尊严，必须以承认别人的生存、利益、价值、个性自由、人格尊严为先导……绝不抹杀他人的利益、追求，或者其他学派、思潮的生存空间”。人们耳熟能详的“不患寡而患不均，不患贫而患不安。盖均无贫，和无寡，安无倾”，则是均贫富思想的典型。在谈到公正法治社会构建时，“法不阿贵，绳不挠曲。法之所加，智者弗能辞，勇者弗能争；刑过不避大臣，赏善不遗匹夫”是古代先贤所倡导的重要理念，并以此来驳斥“礼不下庶人，刑不上大夫”的特权思想和社会规范，提出了鲜明的人权平等、法律至上的主张。

3. 对合格公民培育的契合

在合格公民培育方面，社会主义核心价值观从爱国、敬业、诚信、友善四个维度进行了界定，强调一个合格公民应当具有满腔的爱国热情、恪尽职守的敬业精神、诚实守信的个人品格和互帮互助的友善行为，这就是个人的“德”。从本质上说，社会主义核心价值观“既是个人的德，也是一种大德……国无德不兴，人无德不立”。公民层面四个维度的倡导，都可以纳入“德”的范畴。在中华优秀传统文化中，我国古代先贤达人都强调“怀德”。《大学》认为：“古之欲明明德于天下者，先治其国；欲治其国者，先齐其家；欲齐其家者，先修其身；欲修其身者，先正其心；欲正其心者，先诚其意；欲诚其意者，先致其知。致知在格物。”因此，要提高自身修养、德行，首先就要探究事物的原理，达到认知明确，使自己意念诚挚、心性端正，从而修身、齐家、治国、平天下。在这当中，格物、致知、诚意、正心、修身就是对个人的“德”的培养要求。

三、价值作用：二者都为中华民族发展壮大提供丰厚滋养，具有功能层面的契合性

中华文化是中华民族生生不息、发展壮大的丰厚滋养，对于中华民族的形成、繁衍、发展和壮大有着不可替代的巨大作用。中华优秀传统文化与社会主义核心价值观共同包含的以爱国主义为核心的团结统一、爱好和平、勤劳勇敢、自强不息的伟大民族精神，随着时代的发展和社会的进步不断丰富，使中华文化从古代到现代始终处于发展进步之中，成为一脉相承、流传至今、特立于世的文化体系。中华文化随着中华民族的发展而发展，中华民族伴随着中华文化的滋养而成长。

1. 中华优秀传统文化对中华民族的滋养功能

中华优秀传统文化所具有的民族精神一直是中华民族昂扬向上、持续发展的不竭动力，今天依然是我们推进改革开放和社会主义现代化建设的强大精神力量。

爱国主义作为中华民族千百年来形成的深厚情感，一直深深地根植于传统文化价值观念之中。“在中华民族几千年绵延发展的历史长河中，爱国主义始终是激昂的主旋律，始终是激励我国各族人民自强不息的强大力量。”从贾谊“为人

臣者主而忘身，国而忘家，公而忘私”，到范仲淹“先天下之忧而忧，后天下之乐而乐”；从顾炎武“天下兴亡，匹夫有责”，到林则徐“苟利国家生死以，岂因祸福避趋之”；从孙中山“驱除鞑虏，恢复中华”，到吉鸿昌“恨不抗日死，留作今日羞。国破尚如此，我何惜此头”，都体现了崇高的爱国主义精神。

中华民族自古以来就以爱好和平著称于世，是举世闻名的礼仪之邦。“协和万邦”“四海之内皆兄弟”等和谐理念充分表现了中华民族在处理国家间、民族间问题上的宽宏胸襟与和平立场。

中华民族自古以来就以勤劳、勇敢、智慧、创造闻名于世，如燧人氏钻木取火、神农尝百草、后羿射日、精卫填海、大禹治水、愚公移山、修建长城、开凿运河。我们的祖先以自己勤劳的双手和无穷的智慧创造出惊世的成果，也创造了绚烂的中华文化。

自强不息是中华民族得以延续的重要特质。《周易・乾卦》之“天行健，君子以自强不息；地势坤，君子以厚德载物”，至今仍是不少青年的人生格言。《论语・阳货》亦认为“饱食终日，无所用心，难矣哉！不有博弈者乎？为之，犹贤乎已”，对不思进取的消极态度投以蔑视。《孟子・告子下》“故天将降大任于斯人也，必先苦其心志，劳其筋骨，饿其体肤，空乏其身，行拂乱其所为，所以动心忍性，曾益其所不能”，指出要成就大事，必先历尽磨难，在逆境中得到人生的升华。

2. 社会主义核心价值观对中华民族的滋养功能

社会主义核心价值观根植于中华民族精神的深厚土壤中，体现了中国特色、中国风格和中国气派，展现了中华民族精神中自强不息的精神风貌、崇尚和谐的社会意愿、勤劳勇敢的高贵品格，是中华民族精神的新表达。

首先，社会主义核心价值观激励全国人民朝着国家富强、民族振兴、人民幸福的伟大中国梦不懈奋斗。建立富强、民主、文明、和谐、美丽国家的理想愿景，早在新民主主义革命时期、社会主义革命和建设时期就激励着党和人民为之奋斗。“两个一百年”奋斗目标的提出，中国特色社会主义道路、理论、制度的确立，新型大国外交方针的制定，使中华民族在富强、民主、文明、和谐的道路上迈上了新台阶。“全国各族人民一定要增强对中国特色社会主义的理论自信、道路自信、制度自信，坚定不移沿着正确的中国道路奋勇前进。”现阶段，践行社会主义核心价值观，就要紧跟党的步伐和时代潮流，投入到国家层面富强、民主、文明、和谐和社会层面自由、平等、公正、法治的中国特色社会主义伟大事业中去。

其次，社会主义核心价值观激励中国人民朝着人的全面发展目标不懈努力。建立天下大同、人人幸福、全面发展的理想社会，一直激励着中华民族为之奋斗和努力。社会主义核心价值观对公民层面爱国、敬业、诚信、友善的要求与民族精神内涵相通、指向一致。爱国，首先就是要把个人理想与祖国命运相连，是公民对自己国家的情感心理和思想行为。敬业，是自强不息的民族精神在个人层面上的生动表达，要求在建设中国特色社会主义事业中不虚华、不浮躁，对事业或工作恭敬严肃、尽心尽力。诚信、友善是团结统一、爱好和平的民族精神在公民层面的具体体现，是在实践中处理好个人与他人关系的价值准则。对公民爱国、敬业、诚信、友善四个维度的要求，为我们指明了实现人的全面发展的基本条件。

不忘本来才能开辟未来，善于继承才能更好创新。在构建中国人民独特精神世界，打造中国特色、中国风格、中国气派话语体系，占领意识形态领域主导权的过程中，只有在充分汲取中华优秀传统文化基础上践行社会主义核心价值观，中华文化才能永葆影响力和生命力。

参考文献

［1］李荣启．弘扬中华传统文化与建设社会主义核心价值观［J］．中国文化研究：秋之卷，2014（3）．

［2］程林烽．弘扬中华优秀传统文化与培育社会主义核心价值观［J］．桂海论丛，2014（5）．

［3］郭齐勇．中国哲学史［M］．北京：高等教育出版社，2006.

发挥中国优秀传统文化在“一带一路”建设中的积极作用及其努力方向与建议①

丁 威②

习近平指出：“弘扬丝路精神，推进文明交流互鉴，重视人文合作……要……加强‘一带一路’建设学术研究、理论支撑、话语体系建设。”[③505]文化作为文明交流、人文合作的重要方式，不可避免地成为“一带一路”建设的学术研究、理论研究、话语体系建设的重要内容。因此，如何在“一带一路”建设中充分发挥中国优秀传统文化特有作用、如何走出国门并在世界范围内产生一定积极影响、在“一带一路”建设中发挥传播中国文化并传递中国声音的作用成为重要的问题。

一、中国优秀传统文化在“一带一路”建设中的积极作用的体现

“一带一路”建设极大地促进了包括文明交往、文化交往在内的“全人类互相依赖为基础的普遍交往”[④773]。“一带一路”沿线国家文明种类繁多，文化形态丰富多样，各国都有世代传承、特色鲜明的传统文化。传统文化不可避免地成了沿线国家、地区的基本文化内核，成为其民众不可磨灭的文化基因，成为“一带

① 基金项目：国家社会科学基金项目“习近平建设社会主义现代化强国思想的‘中国逻辑’研究”（18XKS019），项目负责人：丁威；重庆市教育委员会人文社会科学研究项目“基于习近平系列论述的中国文化国际话语权研究”（17SKG150），项目负责人：丁威。原载于《探索》2018年第6期。

② 丁威，重庆理工大学马克思主义学院副教授，西南大学哲学流动站博士后。

③ 习近平谈治国理政（第2卷）[M]．北京：外文出版社，2017.

④ 马克思恩格斯选集（第1卷）[M]．北京：人民出版社，1995.

一路”沿线国家、地区、民众交流交往的共同价值之所在。由此，特色鲜明的中国传统文化尤其是中国优秀传统文化就成为中国在“一带一路”建设中发挥中国文化积极作用的重要体现形式。

（一）文化是“一带一路”国家、地区、民众交流交往的重要媒介

习近平在推进“一带一路”建设工作座谈会中指出，“已经有100多个国家和国际组织参与到‘一带一路’中”[①503]。但在“一带一路”沿线众多国家和地区中，我们可以清晰地看到，这些国家在文化上的一个基本特点就是在融入世界文化洪流的同时保留了明显的传统文化特质，尤其是一些信教国家、地区和民众，其文化基因中包含着其深远历史渊源的传统文化印记，且已经深深融入这些国家、地区和民众生活的方方面面，成为他们重要的文化基因。那么，在“一带一路”建设的过程中，就必然要面对这些国家和地区民众普遍而又特色鲜明、形态各异的传统文化类型以及其文化习俗和生活习惯，在相互交往交流中就必然要涉及他们的传统文化基因的基本因素，特别是针对不同国家、不同民族、不同信仰的民众而言，在传统文化上的共同性、差异性、交织性等就成为彼此在文化交流基础上对外交流交往、经贸交流交往、政治外交交流交往尤其是建立紧密合作共赢关系的重要媒介和必要的“传统环节”和“文化环节”，其重要作用由此可见。

（二）中国优秀传统文化是助推中国融入“一带一路”建设的重要润滑剂

“不同于政治、经济与军事等领域的冰冷与强硬，文化在本质上是温软而圆润的，文化交流是各方发展需要与理性追求的实现渠道。”[②59]对于作为“一带一路”事业重要推动者的中国政府和身处“一带一路”建设中的中国人而言，要在交流交往中展现中国内涵和中国素养，同时又能体现中华文化独特性及其与沿线国家民族文化互补性的最具代表性的方式之一，就是借助中国优秀传统文化。中国优秀传统文化不仅在中国国内具有极大的普及性，而且在国外尤其是海外华人的生活与文化交流交往中，也具有明确的标识性并被广泛传播和普及。这就使得中国优秀传统文化在应然状态下必然成为中国融入“一带一路”建设的重要推动

① 习近平谈治国理政（第2卷）[M].北京：外文出版社，2017.

② 刘宝存，张伟.文化冲突与理念弥合——“一带一路”背景下新型世界公民教育刍议[J].清华大学教育研究，2018（4）：56-63.

器。“实际上，中国古代文化可以作创造性的现代转化”[①35]，形成具有鲜明时代特征、中国特色的现代文化类型，“我们要把握中华民族文化的真髓，养育、凝聚老百姓的真诚理念，作为中华民族这样一个多民族国家的族群认同、文化认同与伦理共识的仁爱思想、浩然正气、正道直行、人格修养等等，大大地弘扬出来”[②35]，并使这种优秀传统文化的现代化加工成果成为我们在“一带一路”建设中对外交流交往的重要润滑剂。

（三）中国优秀传统文化是助推中国融入“一带一路”建设的重要支撑和传声器

“一个民族立足于世界，必须具有民族的自尊心与自信心，才能具有独立的意识。而民族自尊心与自信心的基础是对于本民族文化的优秀传统有一定的理解。”[③]很显然，“一带一路”建设需要将中国传统文化作为重要的文化支撑，以此提升中国文化自信和民族自尊，否则中国在“一带一路”建设中应有的地位和作用就会因为没有文化的根基与支撑而引发文化交流障碍。这种缺乏特有的传统文化价值支撑、没有传统文化内涵和特色的项目与活动，也很难得到“一带一路”沿线国家和民众的认同与支持。如果在“一带一路”建设中融入中国优秀传统文化，体现中国传统文化的超越功利、道法自然、上善若水等优秀思想价值，让沿线民众看到“一带一路”建设对当地社会文化和经济发展的特殊贡献和正面价值，“一带一路”建设的项目和活动就更容易为当地民众欢迎和接受。

二、中国优秀传统文化在“一带一路”建设中的积极作用的具体表现

习近平曾指出：“要继承和发扬丝绸之路精神，把我国发展同沿线国家发展结合起来。”[④269]那么，在新时代条件下，将中国传统文化作为中国“一带一路”建设的文化支撑的价值何在？在“一带一路”建设中推广中国传统文化是否具有现实可行性？答案是肯定的，中国传统文化与世界文化的价值特性、价值体现与

① 郭齐勇．中国梦的文化底蕴［J］．党建，2014（3）：33–35.

② 郭齐勇．中国梦的文化底蕴［J］．党建，2014（3）：33–35.

③ 张岱年．中国文化与新的世纪［N］．光明日报，2001–01–16.

④ 习近平关于社会主义经济建设论述摘编［M］．北京：中央文献出版社，2017.

实现、价值追求是有高度契合性的，这种契合性就是其最大的可行之处和重要推力。

（一）从价值特性上来看，中国传统文化的价值具有一定的普适性，能成为与沿线其他国家互动交流的人文基础

“任何社会文化的建设都不可能离开它自身的历史文化传统。”①5 通过对历史文化的传承与发展可以更好地促进国家的文化建设。“我国的社会主义文化的大发展大繁荣最重要的是要使文化自身在‘传承创新’中来实现。有‘传承’才有‘创新’，‘传承’更重要的是为了‘创新’。”②5 这种传承创新不仅要体现在国内文化建设之中，也要因地制宜、因时制宜地体现在“一带一路”建设的全过程。以诸子百家、琴棋书画、唐诗宋词元曲、少林传统武术等为代表的中国传统文化与“一带一路”沿线其他国家、地区的诗歌、宗教建筑、绘画、艺术等文化一样，都在很大程度上具有超越功利性和造福民众的价值追求，这是中国传统文化与沿线其他国家传统文化价值的重要契合点，也是中国传统文化得以传播、推广的重要基础。习近平曾指出：“注重在人文领域精耕细作，尊重各国人民文化历史、风俗习惯，加强同沿线国家人民的友好往来，为‘一带一路’建设打下广泛社会基础。”③272 在人文交流这一点上，因为共同的传统文化的价值契合点，中国传统文化通过人文交流的形式与渠道，就有可能为“一带一路”沿线各国各地区各民族人民所接受和认同，也可以通过这种传统文化的交流达到“民心相通”，从而实现沿线国家、地区和民众在基于彼此文化历史、传统信仰、风俗习惯等层面的人文交流的“精耕细作”，为“一带一路”建设打下良好的人文基础。

（二）从价值体现与实现视角看，中国优秀传统文化可以促进中国与沿线其他国家对“一带一路”建设成果的利益共享

钱穆指出：“复兴中国文化，不仅为我国民族振衰救弊，实亦可为世界文化

---

① 汤一介 . 传承文化命脉推动文化创新——儒学与马克思主义在当代中国［J］. 中国哲学史，2012（4）：5-8.

② 汤一介 . 传承文化命脉推动文化创新——儒学与马克思主义在当代中国［J］. 中国哲学史，2012（4）：5-8.

③ 习近平关于社会主义经济建设论述摘编［M］. 北京：中央文献出版社，2017.

开其新生。”①236 时至今日，复兴中国文化，传承、弘扬和共享中国优秀传统文化不仅对于我们促进中华民族伟大复兴具有重要时代价值，也对我们通过“一带一路”建设服务世界文化繁荣有积极的世界意义。中国传统文化包含许多优秀的文化内容，如崇德向善、与人为善、见贤思齐等传统道德观念与和谐共生、共创共享、和平共存等基本理念，对“一带一路”沿线民众有特殊的价值和吸引力。开展“一带一路”建设以来，沿线国家在发展经济、改善民生、应对危机、加快调整等方面开展了良好的共同合作，形成了良好的共同利益，并因此获得了广泛认同。这种广泛认同，不但有共同利益的认同，也有作为共同利益内核的文化理念的认同。这也表明，在传统文化层面，从古至今的丝路交流与建设，中国传统文化与沿线其他国家的传统文化在价值上有契合点、交叉点、共通点，而且这种价值是现实的，这种价值带来的精神利益和物质利益共享也是现实的。与此同时，从另一个现实层面来看，中国传统文化尤其是包含着一系列人与自然和谐共生的自然文化、仁义礼智信的生活文化及心神合一、强身健体、注重养心等科学实用内容的养生文化，可以为沿线民众的人生问题和身心健康问题的解决等提供实际的帮助，使他们能更好地从事包括物质产品生产活动在内的社会生产活动，从而服务沿线国家民众物质利益和精神利益的全面提升。

（三）从价值追求层面看，中国优秀传统文化的价值追求与沿线其他国家的传统文化价值追求是一致的

从中国优秀传统文化的基本精神层面来看，无论是中国传统文化所追求的济世为民、泽被天下、和谐共生等目标，还是中国传统文化所采取的丰富多彩的呈现形式，抑或是中国传统文化带给包括中国民众在内的世界各国人民的精神感受、心境情怀等，其精神追求是一致的，都是通过文化内容、形式等服务人们在精神世界对美好生活的追求。诚如梁启超在其文化建设构想中所指出的：“要……尊重爱护本国文化……要用那西洋人研究学问的方法去研究他……补助他，叫他起一种化合作用……叫人类全体都得着他好处。”②37 文化建设的成果能够服务

① 钱穆．中国文化丛谈［M］．台北：三民书局，1975.

② 梁启超．饮冰室合集（第7卷）［M］．北京：中华书局，1989.

"本国"、服务"西洋人"，服务"人类"，造福世界，进而共同服务于人类命运共同体的共同福祉。从中国传统文化的世俗社会价值追求层面来看，中国传统文化的价值追求与世界各国传统文化等一样都是服务所在地区和国家人民群众的物质文化生活的，都有讲究淡泊名利、克己利他、包容忍让等价值指向，进而引导人们避免产生利益冲突，并有益于民众福祉与社会和谐，因而也能被沿线民众接受和认同。简言之，沿线国家、地区和民众在传统文化价值的追求上，都反对"假恶丑、负能量"，都是以"真善美、正能量"为指向的。习近平曾指出："'一带一路'建设，倡导不同民族、不同文化要'交而通'，而不是'交而恶'，彼此要多拆墙、少筑墙，把对话当作'黄金法则'用起来，大家一起做有来有往的邻居。"[①461] 那么，我们中国传统文化与沿线国家、地区及民众在文化价值追求上的一致性，就为我们在传统文化基础上的不同民族、不同文化的"交而通"提供了更好的渠道和更多的现实可能性，也会因传统文化特有的"一致性"而有效避免不同民族、不同文化之间的"交而恶"，把对话这一"黄金法则"更好地用起来，更好地服务"一带一路"的全面交流与建设。

三、发挥中国优秀传统文化在"一带一路"建设中的积极作用的努力方向

季羡林曾特别指出："文化交流能促进交流双方文学、艺术、哲学、宗教的发展，能增进双方科学技术的昌盛，总之，一句话，能推动双方社会的前进。丝绸之路……是功不可没的。"[②] 因此，中国传统文化在"一带一路"建设中具有重要作用是无疑的，要更好发挥这种重要作用，本文认为，需要从以下三个方面做出努力：

（一）在"一带一路"建设中传播中国优秀传统文化

习近平曾强调："如果没有自己的精神独立性，那政治、思想、文化、制度等方面的独立性就会被釜底抽薪。"[③88] "一带一路"建设就为我们重塑中国在国际上

① 习近平谈治国理政（第 2 卷）[M]. 北京：外文出版社，2017.

② 季羡林. 长江文化议论集序 [J]. 中国文化研究，2001（1）：58–59.

③ 习近平关于全面深化改革论述摘编 [M]. 北京：中央文献出版社，2014.

的“精神独立性”以及“政治、思想、文化、制度等方面的独立性”提供了全新的机遇和无限的可能。我们要站在弘扬中国优秀传统文化、共建人类命运共同体的战略高度，在“一带一路”建设中积极传播中国优秀传统文化，重塑中国传统文化的世界形象。尤其面对“一带一路”沿线部分国家的宗教元素可能对中国文化带来的影响，我们更要坚持中国传统文化的特色性以提升中国文化融入“一带一路”建设的适应性。正如习近平指出的：“弘扬中华文化，努力把宗教教义同中华文化相融合。”①302 我们要做好新形势下中国传统文化融入“一带一路”建设的具体工作，就要把包括中国优秀道教文化等在内的中国优秀传统文化加以时代化、现代化，进行深入加工，通过“一带一路”建设的契机将其传向世界。与此同时，要在“现代化可，欧化不可”②287 的基础上保持中国文化的独立精神，彰显中国传统文化元素。费孝通曾指出：“‘多元一体’的思想是中国式文化的表现，包含了各美其美和美人之美……这样才能相互容纳，产生凝聚力，做到民族间和国家间的‘和而不同’的和平共处，共存共荣的结合。”③7 这就要求沿线国家的中方人员和机构必须成为中国传统文化的使者和载体，在中方人员和机构与沿线民众和机构的交流交往中，将中国优秀传统文化的内容展现出来、传播出去，从而也让沿线民众更加深入感受、接受中国深厚的传统文化内涵和崇高的价值理念。

（二）在“一带一路”建设中共享中国优秀传统文化

文化交流、文明互鉴是“一带一路”建设的重要内容，传统文化建设及其时代化的对外推介与共享问题不可避免地成为“一带一路”建设的重大问题，这个问题处理得好与坏也直接关系着“一带一路”建设的顺利与否和成败兴衰。梁漱溟曾指出，在近现代史上，“中国文化因世界主流文化的打压而边缘化，但又尚能自主，故不能不奋发”④579，进而谋求中国文化的生存与发展。中国文化“奋发”就要“批评地把中国原来态度重新拿出来”⑤528，认真对待、深入研究、潜心

① 习近平谈治国理政（第2卷）[M]．北京：外文出版社，2017.
② 冯友兰．三松堂全集（第4卷）[M]．郑州：河南人民出版社，2001.
③ 费孝通．关于“文化自觉”的一些自白[J]．学术研究，2003（7）：5-9.
④ 梁漱溟．梁漱溟全集（第4卷）[M]．济南：山东人民出版社，1991.
⑤ 梁漱溟．梁漱溟全集（第1卷）[M]．济南：山东人民出版社，1989.

凝练中国文化精华。就当下“一带一路”建设而言，要在新时代背景下，与时俱进地发展中国文化，在实现中国优秀传统文化创造性转化的基础上，继续奋发，不断创新，为世界文化繁荣做出中国新贡献，并使中国优秀传统文化的建设成果能够为“一带一路”沿线国家所共享。“一带一路”沿线国家的不同民族、不同地区、不同文明、不同宗教相互交融，形成了丰富多样的文化形态、文明生态，包括亚洲在内，未来要促使“不同文明、宗教、种族求同存异、开放包容，并肩书写相互尊重的壮丽诗篇，携手绘就共同发展的美好画卷”[①507]。既然是大家庭，要“并肩书写相互尊重的壮丽诗篇，携手绘就共同发展的美好画卷”，那么我们就要秉持“共享”的基本理念，在“一带一路”不同文化的汇聚交融中实现求同存异、开放包容、共建共享。值得指出的是，在“一带一路”建设中，中方人员和机构不仅要做中国优秀传统文化的传播者，更要做与沿线民众一起共享中国传统文化优秀成果的分享者，要深入开展中国传统文化的理论研究与实践挖掘工作，精细打造致力于“共享文化”和“品牌文化”的中国传统文化体系。具有鲜明中国传统文化特色的文化内容和产品，也必然会随着“共享文化”的繁荣昌盛而在沿线国家和地区落地生根、发扬光大。

（三）在“一带一路”建设中发展中国优秀传统文化

我们在“一带一路”建设中发展中国传统文化事业要以中国精神和中国文化来支撑，这样才能彰显中国力量，才能形成符合“一带一路”建设需要的中国特色传统文化精品，才能使中国传统文化在“一带一路”建设中得以长足发展、得以长久产生中国影响，更好地弘扬中国优秀传统文化。习近平强调：“脱离了中国的历史、脱离了中国的文化、脱离了中国人的精神世界、脱离了当代中国的深刻变革，是难以正确认识中国的。”[②5] 这为我们在“一带一路”建设中发展中国优秀传统文化提供了思想指引。因而，我们通过“一带一路”建设发展中国传统文化就要坚持从中国的历史、文化、精神及变革中汲取营养，在全面、正确认识中国的基础上，尤其是在全面、正确认识中国历史的兴衰成败、中国文化的前世

① 习近平谈治国理政（第 2 卷）[M]. 北京：外文出版社，2017.

② 习近平关于社会主义经济建设论述摘编 [M]. 北京：中央文献出版社，2017.

今生、中国精神的内涵外延、中国变革的机遇挑战的基础上将中国传统文化融入“一带一路”建设的各项具体工作中，以“精品意识”来打造中国传统文化精品，并使中国传统文化的精髓成为“‘一带一路’文化精品”和代表中国文化的标志性产品。习近平曾指出：“佛教同中国儒家文化和道家文化融合发展，最终形成了具有中国特色的佛教文化……留下了深刻影响。”[①260] 那么，“中国特色的佛教文化”作为一种温和文化的代表就可以作为我们中国传统文化的“精品”和“样板”，以此来丰富“一带一路”文化的多样性，在促进文化交流的同时彰显中国特色文化的魅力。这类“特色性”文化不仅要体现基于中国文化的传统与现实、过去与未来的符合中国国情的、具有中国具体实际特点所呈现出来的“特殊色彩”，更要体现基于“一带一路”建设中发展中国特色传统文化所遇到的新情况的提炼与升华，体现中国传统文化国际化过程中学习借鉴沿线各个国家、地区、民族的优秀成果的兼容并包。简言之，在“一带一路”建设中发展具有中国特色的优秀传统文化既要有中华文化的内核，也要有外来文化的外延，这是一种内在和外来的有机融合而成的“时代化”的传统文化类型，并会不断“与时俱进”，这才是真正具有中国特色的传统文化，才能够以“中华文化精品”的姿态呈现在“一带一路”建设过程中并更好地服务于“一带一路”建设。

四、发挥好中国优秀传统文化在“一带一路”建设中的积极作用的建议

蔡元培曾指出，“一民族之文化，能常有所贡献于世界者，必具有两条件：第一，以固有之文化为基础；第二，能吸收他民族之文化以为滋养料”[②484]。中国传统文化融入“一带一路”建设是应有之义和必然内容，我们要结合中华民族特性、时代特征等来培育、整合具有鲜明中国特色的传统文化，做到“以固有之文化为基础”。与此同时，“坚持文化先行，通过进一步深化与沿线国家的文化交流与合作”[③44]，做到“吸收他民族之文化以为滋养料”，进而促进文化交流与合作，实现共同发展与繁荣。

---

① 习近平谈治国理政（第 1 卷）［M］. 北京：外文出版社，2014.

② 高平叔 . 蔡元培全集（第 4 卷）［M］. 北京：中华书局，1984.

③ 蔡武 . 坚持文化先行建设“一带一路”［J］. 求是，2014（9）：44-46.

（一）以民间交流为切入口，政府支持、鼓励，社会各界参与、合作，在“一带一路”沿线国家开展中国优秀传统文化事业的各项建设工作

习近平曾指出，“对历史文化……要坚持古为今用、推陈出新，有鉴别地加以对待，有扬弃地予以继承”[①164]。这为我们的中国传统文化建设工作指明了基本方向，尤其要在坚持“有鉴别地加以对待，有扬弃地予以继承”的原则的基础上，既要体现宏观层面的党在传统文化工作上的全面领导、政府相关机构和部门在文化工作中的全面管理与指导，也要体现微观层面的民间传统文化及组织在传统文化融入“一带一路”建设工作的具体开展中的主观能动性、积极性，以此在党和政府的领导、扶持、鼓励下，广泛动员社会各界参与、支持，切实以实际行动在“一带一路”沿线国家开展中国传统文化事业。而且，要“鼓励加强各国文化交流和民间往来，支持丝绸之路沿线国家……地方省区市建立合作关系”[②213]，因为民间力量不容低估”[③]。这里所提及的“不同文明对话”“民间往来”“地方省区市建立合作关系”“民间力量”就更加明确地为我们通过民间的传统文化途径来发展“一带一路”沿线中国传统文化事业提供了思想指导和实践指南。要结合中国实际，因地制宜地构建充分反映中国特色、中国多民族国家特性、新时期文化特征、具有强大感召力的中国文化体系，在“一带一路”建设的民间交流过程中推进中国优秀传统文化与“一带一路”各国传统文化的和谐共生、相济共荣。与此同时，习近平曾明确指出：“国之交在于民相亲……拓展……各领域交流合作。”[④]这一论述充分表明，包括传统文化交流在内的国家之间的交往交流的关键在于民间广大民众的相互亲近与交流。“一带一路”国家的交流与合作，也进一步表明官方在宏观层面的领导与引导、民间社会各界在微观层面的主导与参与，是推进“一带一路”沿线传统文化发展的基本举措，同时，这一基本举措的顺利实施可以更好地为开展各项中国优秀传统文化事业在“一带一路”建设中的发展

---

① 习近平谈治国理政（第1卷）[M]. 北京：外文出版社，2014.

② 十八大以来重要文献选编（中）[G]. 北京：中央文献出版社，2016.

③ 习近平主席致亚信非政府论坛首次年会的贺词 [N]. 人民日报，2015-05-26.

④ 习近平. 携手追寻民族复兴之梦——在印度世界事务委员会的演讲 [N]. 人民日报，2014-09-19.

提供真实的可能性和切实的可行性。

（二）由中国文化主管部门和各类传统文化行业组织等统筹、协调、监管，积极开展各种传统文化事业，通过“硬件建设”向当地中国人和本地民众提供传统文化服务

“文明没有高下、优劣之分，只有特色、地域之别。”①544 纵观“一带一路”沿线国家和地区，其传统文化产生、发展、传播的重要实物载体即其文化建筑、文化载体等，都是这些国家和地区的文化依据其不同历史和具体国情、不同民族和传统习俗所孕育的不同地区文明和文化特色，这使文化世界和世界文化更加丰富多彩。这些文明文化没有高下，只有基于自身特殊基因的文化特色、风格与差异。但正是这些各具特色、各包内涵的文化“硬件”，承载了传统文化的繁荣与发展、衰落与重生。

中国传统文化的活动场所即中国传统文化建筑等“硬件”及其承载的文化职能，极大丰富和传播了中国传统文化的“真善美”和“正能量”，服务了中国的广大人民群众，对于这些群众的文化生活及非文化生活都产生了积极影响，在一定程度上也对维护良好社会风尚、社会秩序、社会伦理产生了积极作用。那么，在中国优秀传统文化有机有效融入“一带一路”建设的过程中，在其对外传播和国际化的道路上，就极有必要通过中国传统文化建筑、场馆等“硬件”形式来更好地发挥其在“一带一路”建设中的文化职能，更好地服务于沿线国家和地区、民众对于中国传统文化精华的需求，更好地提供具有中国特色的文化产品和服务。值得指出的是，虽然建立文化场所是发挥中国传统文化作用不可缺少的方式，但实施时一定要谨慎、周密，切忌简单的商业化、盈利化、市场化，更要避免源于“商业化”或“披着文化面子、衬着商业里子”的恶性竞争。要坚持由中国官方统一指导和备案管理，坚持由中国相关部门联合统筹、协调、监管，鼓励符合条件、具有实力的各地协会或文化组织通过对外传统文化交流合作来自主决定于合适地点建立文化机构、场所等传统文化硬件设施，并合理规范化地开展各种因地制宜的传统文化事业。通过这些中国传统文化的“硬件建设”向当地中国

① 习近平谈治国理政（第 2 卷）[M]. 北京：外文出版社，2017.

人和居民提供具有中国特色和本地特点的传统文化服务，传递中国文化正能量，提升中国传统文化知名度和美誉度。

（三）由包括孔子学院在内的各种文化组织等独立或与当地社会机构合作，建立中国传统文化服务机构，通过“软件建设”向当地民众提供中国传统文化服务

要“不断增强团结一心的精神纽带、自强不息的精神动力，永远朝气蓬勃迈向未来”①235。因为丝绸之路一直是和谐合作之路，“各国商人以自利利他的精神分工合作，互通有无，其中体现的是和谐共生的命运共同体意识与合作共赢的利益共同体意识，贯穿的是和谐文化与合作哲学”②185。“一带一路”建设，对于中国在内沿线国家和地区、民众来讲，都需要一个和谐合作共同打造的“未来”。打造这样一个全新的“未来”既需要硬件建设，也需要软件建设。一方面，要建立具有中国特色的传统文化软实力组织机构、文化产品体系、文化服务体系。“促进各国间文化贸易的发展有利于加强中国与‘一带一路’沿线国家的文化交流，提高‘一带一路’建设的文化认同，增强我国的软实力和国际话语权。”③112 既要打造具有中国特色的传统文化形态，形成中国传统文化的软实力体系，为与“一带一路”沿线其他国家和地区的相关文化组织机构的合作奠定基础，做到“交流合作有内容，文化软实力有体现，文化推行有机构”；也要通过在沿线国家和地区建立合作机构或独立的文化服务机构，形成中国传统文化的文化产品体系，并以文化产品的推广来传递中国特色传统文化价值理念，服务沿线国家和地区民众的日常文化生活和非文化生活诉求。与此同时，还要建立体现中国文化特色的中国传统文化服务体系，为沿线国家和地区的民众提供来自中国的特有的传统文化服务，解决他们在精神层面、心理层面、文化层面、养生保健层面等需求，以在提升他们的身心健康水平的同时提升中国传统文化的世界化、国际化服

① 十八大以来重要文献选编（上）[M]. 北京：中央文献出版社，2014.

② 侯传文.“一带一路”与东方文化[J]. 内蒙古社会科学（汉文版），2016（3）：183-187.

③ 方英，马茜. 中国与“一带一路”沿线国家文化贸易潜力及影响因素：基于随机前沿引力模型的实证研究[J]. 世界经济研究，2018（1）：112-121+136.

务能力和水平。

另一方面，要结合时代条件的变化，善于运用现代化的手段和方式提升中国传统文化服务沿线国家、地区、民众的水平。习近平曾指出："宣传思想工作是做人的工作的，人在哪儿重点就应该在哪儿。"①83 同理，我们在"一带一路"沿线国家、地区开展中国特色传统文化事业的建设工作，也要明白这个道理，根据不同国家和地区的实际情况，厘清"人之所在"，开展有的放矢的工作。从当前时代条件看，很多国家和地区的网络建设有了极大发展，网民数量也是直线飙升，而就我们中国自身情况来看，"网民有近六亿人……大部分信息都从网上获取。必须正视这个事实，加大力量投入……不能被边缘化了"②83。我们要特别注意做好新时代条件下的网民对于文化传承与文化对外传播的工作，特别是在"一带一路"建设中传播中国传统文化时要善于正确运用网络手段，引导网民弘扬网络正能量的同时传播中国优秀传统文化，在抵制网络负能量的负面影响的同时提升中国传统文化净化网络的能力和影响力。

（四）有针对性地进行"一带一路"文化事业的人才培训和人才队伍建设

开展"一带一路"建设中的中国传统文化事业的建设离不开作为主体的人的鲜活力量，更离不开经过专门教育与培训的专业人才的力量。"得人才得发展"在"一带一路"的传统文化建设中也极为适用。在进行"一带一路"传统文化事业的人才培训时，首先要考虑的是对包括人才在内的广大民众进行基本文化共识的教育。要按照"不断增进各族群众对伟大祖国、中华民族、中华文化、中国共产党、中国特色社会主义的认同……凝聚中国特色社会主义思想共识"③的要求，及时开展全民的基本文化观即中国特色社会主义文化教育。同时，我国相关的党政干部、专家学者、商界人士、旅游者等出国人员都是"一带一路"建设活动的参与者，"是中国的名片，是中国人的形象大使。因此，对出国人员的培训不能仅仅局限于外事纪律，还要让他们了解当地的历史文化、风俗礼仪、宗教习惯，

① 习近平关于全面深化改革论述摘编［M］. 北京：中央文献出版社，2014.

② 习近平关于全面深化改革论述摘编［M］. 北京：中央文献出版社，2014.

③ 李君如，倪迅. 用"文化一带一路"支撑"经贸一带一路"——基于哈萨克斯坦、土耳其的考察［J］. 毛泽东邓小平理论研究，2017（5）：95-100+108.

克服自己身上种种不文明的陋习。为此，应该由外交部、商务部、文化部、宗教事务管理局、旅游局等部门共同承担起出国人员的培训工作”[①99]。

与此同时，“一带一路”建设是中国参与全球化和共建人类命运共同体的重要举措，“全球化为东方文明提供了新的机遇”[②137]，我们要“注重全球化运动的文化面向，在参与中发挥东方的力量，促进其向更理想的方向发展”。[③134]这个文化面向的东方力量的重要内容之一就是要发挥来自东方尤其是中国的“人的力量”和“文化的力量”。就中国而言，其中的“人”就是人才，其中的“文化”的重要内核就是时代化、现代化的中国优秀传统文化。简言之，就是要有专门的“文化人才”来有效推进“一带一路”建设中的中国优秀传统文化的发展。因此，要积极培养符合“一带一路”建设需要的“文化人才”，特别是要针对这些“文化人才”开展以“一带一路”沿线国家传统文化知识为主要内容的专项培训，为“一带一路”建设过程中的对外文化交流与合作打下基础，避免出现常识性错误。“一带一路”沿线其他国家在其具有鲜明民族特色的诗歌、音乐、舞蹈、绘画、建筑、雕塑等方面都有很高的造诣，这就需要我们学习、了解和研究，为更好地开展包括印度在内的沿线国家、地区的中国传统文化建设做好铺垫。习近平还曾指出：“对人类社会创造的各种文明，我们都应该采取学习借鉴的态度，把跨越时空、超越国度、富有永恒魅力、具有当代价值的优秀文化精神弘扬起来。”[④]这一论述即为我们开展专项人才培训明确了基本要求。

还要重点对人才队伍尤其是干部人才队伍开展党关于传统文化问题的理论和方针政策的专门培训，提升人才队伍的理论水平和政策水平。习近平曾强调，“加快完善对哲学社会科学具有支撑作用的学科……打造具有中国特色和普遍意

① 李君如，倪迅．用“文化一带一路”支撑“经贸一带一路”——基于哈萨克斯坦、土耳其的考察［J］．毛泽东邓小平理论研究，2017（5）：95-100+108.

② 陈来．走向真正的世界文化——全球化时代的多元普遍性［J］．文史哲，2006（2）：133-139.

③ 陈来．走向真正的世界文化——全球化时代的多元普遍性［J］．文史哲，2006（2）：133-139.

④ 习近平接受《华尔街日报》采访：坚持构建中美新型大国关系正确方向［N］．人民日报，2015-09-23.

义的学科体系"①345。在此思想理念的指导下，加快构建具有中国特色的中华传统文化体系，并将"一带一路"建设中的中国传统文化研究作为学科建设与研究的重要方向和内容，构建从义务教育到研究生教育的传统文化教育体系和专门学术研究队伍，尤其需要从政策上鼓励和支持普通高校等针对"一带一路"建设的文化工作人员和一般传统文化人才培养，以及各项文化事业管理经营的专门人才培养。对于骨干人才，则要通过教育培训及自学等多途径、多渠道，使他们做到"精进学修……学习人类一切文明成果和现代科学文化知识"②，"在和西方世界保持接触，进行交流的过程中，把我们文化中好的东西讲清楚，使其变成世界性的东西"③9，从而使众多优秀人才能够积极投身到"一带一路"建设和中国传统文化建设的各项事业之中。

① 习近平谈治国理政（第2卷）[M]．北京：外文出版社，2017.

② 习近平接受班禅额尔德尼·确吉杰布拜见[N]．人民日报，2015-06-11.

③ 费孝通．关于"文化自觉"的一些自白[J]．学术研究，2003（7）：5-9.

马克思主义视域下的“公序良俗”及其时代性①

杨 华②

2017年3月，在十二届全国人大五次会议通过的《民法总则》中，“公序良俗”原则第一次在我国以立法的形式得到了明确。这是我国借鉴国外经验并对自身民事立法、司法实践进行总结的积极成果，体现了经济社会发展的必然要求。本文拟从马克思主义唯物史观的视域，追究其历史根源和时代要求，并就时代要求进行回应。

一、“公序良俗”法律思想的基本表征

“公序良俗”即公共秩序和善良风俗，是现代民法重要的法律概念和法律原则，作为私法自治的界限，承担着维护社会公共利益和基本道德的重要功能。受苏联民法理论影响，我国民事立法之初并未使用公序良俗概念，而代之以社会公德、社会公共利益等表述。2017年3月15日，十二届全国人大五次会议通过《民法总则》，其中第8条规定“民事主体从事民事活动，不得违反法律，不得违背公序良俗”。第10条规定“处理民事纠纷，应当依照法律；法律没有规定的，可以适用习惯，但是不得违背公序良俗”。第143条规定，“具备下列条件的民事法律行为有效：（一）行为人具有相应的民事行为能力；（二）意思表示真实；（三）不违反法律、行政法规的强制性规定，不违背公序良俗”。在第153条第2款规定“违背公序良俗的民事法律行为无效”。至此，“公序良俗”明确上升为我国民法的一项基本原则，个人自由有了法定的“公共”边界——以不违背和危害社会公

---

① 原载于《现代法学》2018年7月，第40卷第4期。

② 杨华，重庆市人，重庆大学马克思主义学院讲师。

共秩序和基本道德规范为底线。

从“公序良俗”在新中国民法中表述的演变可以窥见，其地位和作用是不断变化的。如若继续延展研究的时空背景，我们可以发现，被视为现代民事法律制度中最为基本的价值理念和规范原则的“公序良俗”，其地位的取得经历了一个长期演化的过程。从最初在罗马法、日耳曼法中的孕育，到1804年在《法国民法典》中的原则确立；从苏联民法中的泛意识形态化，到今天我国《民法总则》中的确立，“公序良俗”原则经历了从一般价值理念到正式法律条款、从消极限制到积极干预、从回避到回归等一系列在形态、作用和地位上的转变。究其根源，不外乎经济动因和文化渊源。经济动因作为必然因素主导演变主线，体现一般性；文化渊源作为偶然因素影响个别实践，体现特殊性。二者共同作用，便有了今天全球市场经济国家对“公序良俗”一般原则的普遍认同和尊崇，以及基于自身历史文化传统而相互区别的司法解释和实践。

学界对“公序良俗”做了诸多探讨。有的以民法发展为考量，如郑显文的《公序良俗原则在中国近代民法转型中的价值》、赵万一的《公序良俗原则的民法解读》和于飞的《公序良俗原则与诚实信用原则的区分》等；有的探讨“公序良俗”的具体司法适用，如黄勇的《公序良俗原则在遗赠中法律问题之研究》和张文阁、李永华的《“第三姓”的合理规制——以公序良俗为视角》、王伟的《公序良俗的动态价值与静态确认——以“泸州遗赠案”为例》等；有的从法哲学的视角进行探讨，如杨德群的《公序良俗原则比较研究》、谢潇的《公序良俗与私法自治：原则冲突与位阶的妥当性安置》和侯卓、陈立诚的《谦抑之智：论环境道德不宜纳入公序良俗原则》等，不一而足。本文的主旨，是从经济动因探讨“公序良俗”确立的物质条件，从文化渊源分析“公序良俗”的精神内涵，进而为“公序良俗”在中国的现实构建提供参考。

二、“公序良俗”法律变迁的经济动因

一般说来，经典体制下的计划经济是作为原始自由放任的资本主义市场经济的直接对立物登上历史舞台的，社会主义市场经济是螺旋式上升的历史发展的结果。“公序良俗”原则，从资本主义生产关系诞生以来，其在民法中的地位和作

用也经历了同样的否定之否定的发展历程。当今时代，在“计划和市场两种经济手段的综合运用”后所创生的社会主义市场经济条件下“公序良俗”的再确立所张扬的公私兼顾的追求便是二者的合题①。

（一）“公序良俗”在自由放任市场经济阶段仅是契约自由的反命题

在市场经济条件下，生产社会化骤然加速，生产力极大提高，正如《共产党宣言》中指出的，“资产阶级在它的不到一百年的阶级统治中所创造的生产力，比过去一切时代创造的全部生产力还要多，还要大”。②到了19世纪，资本主义市场制度逐渐成熟，蕴含于经济领域的各种市场原则、规范甚至方法也逐渐以显性的形式从社会生活的方方面面显现出来。

以物的依赖性为基础的人的独立性，是市场经济的历史条件，也是它的历史结果。“如果说经济形式，交换，在所有方面确立了主体之间的平等，那么内容，即促使人们去进行交换的个人和物质材料，则确立了自由。可见，平等和自由不仅在以交换价值为基础的交换中受到尊重，而且交换价值的交换是一切平等和自由的生产的、现实的基础。”③随着市场经济的发展，过去时代中的超经济强制逐渐被剥离，财产关系开始还原为纯粹的经济关系。人们不再因为血缘、地缘关系或者政治、暴力等因素成为他人的附庸，从而在经济生活中，成为自由自主的个人；独立人格的形成，又反过来巩固并加速市场机制的扩展和深化，并推动市场原则从纯粹的经济领域向政治和社会领域拓展。

这一历史性变化在意识形态领域的反映是自文艺复兴起便开始生成并发展起来的自由主义。以“自由”为核心概念的自由主义，宣称个人自由是天赋的自然权利，如霍布斯曾言，个人自由是“用他自己的判断和理性认为最合适的手段去做任何事情的自由”④。洛克也指出，“每个人对其天然的自由所享有的平等权利，不受制于其他任何人的意志或权威”，⑤对自由的限制只能以服务自由为目的。因

① 汪强．论社会主义市场经济［D］．北京：中共中央党校，2012：36-38.

② 马克思恩格斯选集（第1卷）［M］．北京：人民出版社，1995：277.

③ 马克思恩格斯全集（第46卷）［M］．北京：人民出版社，1995：199.

④ 霍布斯．利维坦［M］．黎思复，黎廷弼，译．北京：商务印书馆，1985：97.

⑤ 洛克．政府论（下册）［M］．叶启芳，瞿菊农，译．北京：商务印书馆，1964：34.

此，在自由放任市场经济条件下，个人本位是核心，契约自由是目的，只要不妨害他人同样的自由权利，自由权利便是绝对的。因此，1804年《法国民法典》虽然确定了“公序良俗”原则，只是“公序良俗”并不具有与其对立面，即“意思自治”相当的地位和作用。这一时期的民法，包括《德国民法典》和同期的英美法等，其“公序良俗”原则存在的意义都仅仅在于消极地限制契约自由，且限制程度和范围也相当有限。法学学者们对其的司法解释也都相当狭隘。可见，在自由放任市场经济阶段，个人本位、意思自治是核心，“公序良俗”仅仅是作为契约自由的反命题而出现的。[①]这是“公序良俗”自市场经济诞生以来历史发展的第一个阶段。

（二）“公序良俗”在社会主义市场经济条件下实现扬弃的再回归

根据否定之否定规律，事物的辩证发展，须得经历两次否定、三个阶段，即由肯定而否定再否定之否定的过程才能完成一个发展周期，从而在更高阶段上重新达到原来的出发点。这一否定之否定既克服又保留，最终必然形成市场与计划辩证综合的新的经济发展阶段。现实历史发展轨迹也正是如此：一方面，西方出现了吸收社会主义因素的“罗斯福新政”“凯恩斯主义”以及各种市场社会主义思潮；另一方面，则是以中国为代表的深入推进社会主义市场经济改革的成功探索，特别是中国特色社会主义的成功实践。二者虽然路径不同、性质各异，但都在不同程度上采取了市场与计划辩证综合的经济发展模式，以实现个人与社会、国家利益兼顾，公私相容的经济社会发展目标。也正因为如此，一方面，西方近代民法才开始了民法社会化进程，在本位观上由纯粹的个人本位主义，发展至带有浓重的社会本位色彩，“私法公法化”成为民法发展的一个趋势，公序良俗原则内涵的扩张与功能的拓展也就成为必然。另一方面，则是在社会主义市场经济条件下的中国，“公序良俗”原则在《民法总则》中第一次以立法的形式得到了明确，使市场经济所要求的个人独立和个体利益，与社会主义所追求的社会整体和长远福祉间的兼顾与融合要求，上升为国家意志，受到法律的肯定、保护和推动。至此，“公序良俗”原则在经历两次否定后实现了在更高阶段上的“回归”。

① 杨德群．公序良俗比较研究［D］．长沙：湖南师范大学，2014：89-90.

它不仅成为现代民法中基本的价值理念和规范原则，其适用范围还“实现了向公法、社会化领域的拓展”，成为“支配整个法秩序的基本理念”。

简而言之，个体与社会的不同相对关系，决定了在法律层面中意思自治与公序良俗的相对关系，公序良俗原则在民法中的地位和作用也因此与时俱进。中国通过改革创新，正视自身所处的不可回避的市场经济发展阶段，在坚持社会主义基本制度和价值追求的基础上，大胆吸收西方市场经济发展经验，敞开国门，引进技术、管理和资金，让市场经济在社会主义条件下运行发展。这正是“公序良俗”在更高阶段上“回归”的经济缘由。

三、“公序良俗”法律演进的文化内涵

“序”即秩序，“俗”即风俗。无论从字面还是从法律内涵来看，“公序”与“良俗”，即公共秩序与善良风俗都与特定社会的历史文化传统和伦理道德观念有着直接的内在联系。可以说，“公序良俗”即是特定社会最广受认同的历史文化传统和伦理道德观念在法律层面上的映射，是寓情于法、寓理于法的集中体现。文化传统与道德观念是既传承又发展的。因此，“公序良俗”也必然随其变化而变化，以便以符合历史文化传统和本民族伦理道德观念的形式表达经济社会发展所提出的时代要求。由此可见，“公序良俗”既是对传统的时代解读，又是对时代的传统表达，是中华优秀历史文化传统“创造性转化、创新性发展”。所以，要揭示“公序良俗”在中国发展的特殊规律，就必须将其置于中华传统文化发展变化的历史背景中去考察。

文化是经济社会发展的反映。文化传统发展的阶段性与经济发展的阶段性是大体相呼应的。因此，在考察历史文化变化的历史片段选取上，也应该以尊重经济发展的历史逻辑为基础，将文化变迁的根本动因建立在经济因素的可靠根源上，提高论说的可信度和科学性。为此，与前文探讨经济动因相呼应，本文拟选取自鸦片战争前后到当前的历史区间进行逻辑分析，探讨这一历史区间内，中国历史文化传统与伦理道德观念变化的宏观背景对“公序良俗”的影响。

总体而言，与经济发展的螺旋式上升相一致的是，中国历史文化传统以及与其具有天然内在直接联系的“公序良俗”也经历了相应的否定之否定的发展历

程。如果我们将鸦片战争前，中国的文化自信作为正题，那鸦片战争后的文化不自信则是它的反题，而自中国特色社会主义市场经济基本建立以来至今，历史文化传统的复兴以及国人文化自信的重新树立便是二者的合题。

（一）“公序良俗”在文化自负中的原生样态

“在公元前3世纪形成直到公元19世纪末期衰败解体的朝贡体系中，中国始终处于核心或‘共主’地位，这让国人有了一种傲视群雄的文化优越感和民族自豪感。”① 这种基于现实强大竞争力的文化自信根基坚固。在两千年的历史长河中，无论朝代如何更迭，中华民族对于自身文化上的尊严和自信始终如一。这也正可以解释，为什么中国是仅存于世的“第一代文明”②。

在这样的文化心理条件下，中国社会按照自身的逻辑在发展，其法制文明也一直遵循着自身的传统而不断发展演变。在这一历史阶段，虽然没有作为法律条款而出现的“公序良俗”（从前文经济动因的分析可知，民法中“公序良俗”的出现是基于市场经济发展的内在需要，而古代中国并未有过市场经济的充分发展，因而不可能产生近代意义上的“公序良俗”），但却不乏以伦理道德和文化传统维护社会秩序的法制理念。作为礼仪之邦，传统中国向来重视道德教化和礼仪规范的作用，呈现出鲜明的伦理法特点。③ 首先是“礼法融合”的法制传统。“礼”即礼仪、礼制，其源头便是起源于日常生活的礼仪规范和伦理道德，在被国家赋予强制力后，成为规范社会秩序、维持社会稳定的法。在儒家思想的进一步阐释和推动下，伦理道德成为立法的前提和指导，儒家官员在司法实践中甚至可以抛开国家法律，直接引用儒家经典“引经决狱”。其次是“明德慎罚”的法制传统。在德法关系上，我国古代更加重视“德”的教化作用，也即所谓“德主刑辅”，“德礼为政教之本，刑罚为政教之用”的思想。最后是“明德无讼”的法制传统。在追求社会和谐的观念指导下，我国古代主张在诉诸法律之前或之外，通过道

---

① 徐瑞仙．从自卑到自信：中华民族文化复兴的历程与进路［J］．甘肃社会科学，2016:2.
② 易中天．中华文明的根基［J］．西安交通大学学报（社会科学版），2014，34（5）:1.
③ 董灵．公序良俗原则与法制现代化［J］．法律科学，1994（5）：12.

德、习俗等手段，化解矛盾和纠纷，以达到以德去刑的目的。[①] 综上所述，在古代中国，虽然没有近代意义上的"公序良俗"原则，但从文化源头上看，将礼仪规范和伦理道德融入法律，反过来以法律为道德、习俗的最低要求来维护礼和德的法制传统却源远流长，这无疑为日后"公序良俗"精神的认同和条款确认奠定了传统基础。

（二）"公序良俗"在文化不自信中的曲折进路

清末中国错失了工业文明的历史机遇，由人类文明的引领者变成了落后者。曾经辉煌的中国在与西方资本主义制度和工业文明的较量中遭到了惨重的失败。军事上的失败导致了经济上的巨大损失、政治上的巨大屈辱，而更为严重的是，相对独立的发展路径被打断，传统的政治制度、风俗礼仪、思想文化、价值观念等遭到了前所未有的冲击。当传统的农业文明暴露在资本主义强权之下时，"中国思想的有用性受到了挑战，而且一旦它的有用性问题被提了出来，对它的真理性的疑问也就不可避免了"[②]。"鸦片战争后，中国虽然在法律上还算得上一个主权国家，没有完全沦为殖民地，但是，在文化上却可以说被彻底打垮了。"[③] 当原有的自我评价标准发生位移时，国人对中华文明的态度发生了逆转，从一个极端走向了另一个极端。这一转变虽然无形，但却关乎根本，影响深远，主导了自鸦片战争以来百余年国人的文化心理。

作为一项民法原则和条款，"公序良俗"也有着同样的西化进路。在概念、术语、原则和整个体系都以西方民法为模板的前提下，"公序良俗"在近代以来的中国民法中有了相关规定。比如，大清民律草案规定了公共秩序，第二草案规定了"风化"，民国时期《中华民国民法》规定了公共秩序与善良风俗，中华人民共和国成立后我国民法使用了社会公德、社会公共利益的表述。这一历史过程既是西化愈发深入也是传统文化愈发丧失的过程。虽然在不同的历史时期，传统

① 李瑜青．中国法制传统中隐型系统价值再思考——以法制文化为视角［J］．学术界，2012（8）．

② 列文森．儒教中国及其现代命运［M］．郑大华，等，译．北京：中国社会科学出版社，2000：42-43．

③ 夏勇．飘忽的法治：清末民初中国的变法思想与法治［J］．比较法研究，2005（2）．

文化习俗在民法中都有相关规定、表述或痕迹，如大清民律草案“求最适于中国民情之负责”①，民国时期《中华民国民法》中对具有中国传统色彩的典权及永佃权进行了规定，新民主主义革命时期产生了马锡五审判方式和人民调解制度等，但在传统文化遭受普遍怀疑甚至否定的文化氛围下，何为公序、何为良俗的评判标准早已从中国文化自身转移到了西方。“法治作为国家层面的‘大传统’对民间社会的‘小传统’的宰制越来越严厉，乡规民约、习俗民德所代表的传统文化越来越不具有合法性和正当性，越来越难以对人们的衣食住行、日常用度进行调节。”②因此，在这一历史阶段，本应以文化习俗和伦理道德为基础内容的“公序良俗”却没有牢固的文化根基，难以实际连接老百姓的日常生活并起到维护公共秩序和社会基本道德的作用。丢弃自身文化传统，嫁接西方法制体系在经济社会发展转型阶段，更容易导致社会成员文化信仰和道德理念的集体迷茫甚至缺失。

（三）“公序良俗”在文化自信中的融合发展

改革开放的成功，向世界宣告了在西方模式之外可以开辟一条新的现代化之路。这条道路独具中国特色，充满中国理念和智慧，最重要的是，基于中国实际、扎根中国土壤，而中国最大的实际、最深厚的土壤莫过于滋养国人数千年并不断发展着的中国文化。当国力逐渐恢复，当文化评判坐标逐渐回归自身，国人对于过去文化态度的反思愈益深刻，中国人的民族自豪感也在逐渐恢复。从文化发展的宏观历程来看，中国文化在经历了自负与不自信两个极端之后，迎来了否定之否定的新发展。这一发展将既纠正妄自尊大又摒弃妄自菲薄，既能客观进行自我认知又能理性对待其他文化，从而能在新的文化价值观上实现中华文化复兴。这一文化背景体现在法制发展上，便是愈益增强的关于中国法制现代化、中国法的现代性以及中国法律文化现代性问题的反思——呼吁用“文化自觉”的心态来看待、发掘和利用中国传统文化中有价值的资源，重视中国传统文化（包括法文化）。充分尊重和考虑国人的文化习俗和价值取向，将法制深植于本土文化之中，让法律效力得到更加有效和持久发挥。

---

① 谢振民．中华民国立法史（下册）［M］．北京：中国政法大学出版社，2000：745.

② 邢朝国，郭星华．从摒弃到尊重：现代法治建设与传统文化［J］．中国人民大学学报，2012（4）：96.

“公序良俗”原则也正是在这一法制背景下，于2017年3月15日第一次以立法的形式在《民法总则》中得到了明确。它的明确至少是对以下两个方面内容的回应和法律表达：一是随着社会主义市场经济的建立和完善，市民社会逐渐成型，经济整体有效运行要求规范意思自治；二是在中国崛起和文化复兴的背景下，中华优秀历史文化传统“创造性转化、创新性发展”的当代形式和内容。

从文化的精神角度讲，文化是一个民族的灵魂和血脉，是一个民族赖以生存、发展的精神基础。由于文化的缘由，社会主义市场经济以及以此为基础的中国特色社会主义道路才独具中国特色，独有中国理念、智慧和气质。由文化所决定的差别性和特殊性，必然要求法制建设和发展应以尊重文化差异性、正视文化特殊性为前提和基础。再者，法制从根本意义上是特定价值体系的法律化。其实现程度或效果也总是与特定国家或民族的文化习俗、价值理念、伦理道德、生活方式、思维方式等密切相关。离开了文化的呼应和支撑，法律条文只能变成一纸空文，甚至引起社会思想混乱。因此，在经历了文化不自信条件下法律西化发展所造成的法律与文化传统、伦理道德和社会生活的矛盾冲突后，我们必须反思并且摒弃法制发展上的西方中心主义，既要在普遍性上借鉴西方法制建设经验，更要在文化自觉的基础上，将法制发展厚植于自身文化的沃土之中。为此，“公序良俗”原则也就既要借鉴西方民法经验，更要从历史文化传统中去寻找自身的基础规定和理念源泉。因此，我们看到，在“北燕云依”案中，法院指出：“北雁云依”的父母自创“北雁”为姓氏，选取“北雁云依”为姓名，具有明显的随意性，会造成对文化传统和伦理观念的冲击，既违背社会善良风俗和一般道德要求，也不利于维护社会秩序和实现社会的良性管控。历史文化传统和伦理道德观念成为“公序良俗”的基本内容和价值指向。当然，文化传统是不断变化发展的，其要对现实实践发挥作用，必须以时代需要的内容和形式作为前提。因此，适时代所需，挖掘、阐释、改造中国优秀历史文化传统，实现其“创造性转化、创新性发展”便是前提的前提。

四、新时代“公序良俗”法律原则的多维构建

从法律条款的性质上看，“公序良俗”是一种底线要求；从社会现实看，“公

序良俗”却更是一种价值追求。现实中，越多的人信奉公序良俗，并且能自觉以公序良俗来约束自己的言行举止，司法中违反公序良俗的案件才会越少。反之，现实中越多的人对公序良俗不屑一顾，则司法中违反公序良俗的案件就会越来越多。从经济社会发展的最终要求看，与法制建设中明确“公序良俗”原则的地位和作用同样重要的是，通过各种努力，营造理想而现实的公序良俗。这一目标的达成，要从经济基础、价值引领、文化根基、德治依托、法治保障等方面统筹协调发展，从而使国家公序更牢固、社会良俗更扎实。

（一）以经济发展奠定“公序良俗”的物质基础

经济发展，是公序良俗的客观前提。一是经济体制改革要继续深化，公序良俗才有规则基础。经济规则、秩序是社会规则、秩序的“雏形”和“模板”，经济规范有序，社会秩序才能井井有条，人们也才有稳定可靠的价值判断标准和基础。二是民生福祉要不断提高，公序良俗才有民心基础。“仓廪实而知礼节，衣食足而知荣辱”。民生决定民心，民生好则民心齐，民心齐则规则立；民生坏则民心散，民心散则天下乱。坚持共建共享发展，让人民群众在发展中有更多获得感，促进社会公平正义，形成有效的社会治理和良好的社会秩序。三是生态文明要始终坚持，公序良俗才有自然基础。人与自然的矛盾不解决，人与人的矛盾也解决不了，社会公序和人伦道德也就失去了根本前提。因此，构建公序良俗，就必须尊重自然、感恩自然，对自然的改造和索取要有节有度。

（二）以价值观念凝聚“公序良俗”的思想共识

价值观念是公序良俗的思想基础。在社会主义市场经济条件下，利益多元、价值多元，共同的价值指引在整合社会思想意识、凝聚精神支柱、稳定社会思想动态方面显得尤为重要。当前，能够充当中国社会共识最大“公约数”的是社会主义核心价值观。以社会主义核心价值观为统领，才能在最大限度上化解分歧、达成共识、汇聚人心、形成合力，加速建构起适应新时代新要求的公共秩序和社会道德。

（三）以文化认同夯实“公序良俗”的精神根基

文化是认同，是公序良俗的民族根基。民族之所以能够称之为民族，就在于其共同的民族文化。这是一个民族的灵魂。公序良俗不是无源之水，它的构建在任何时代都不可能在一张白纸上进行，它总是文化基因传承和发展的结果。让公序良俗扎根文化的沃土，让它在以文化人的过程中深入人心、持久稳定。

（四）以德治依托强化“公序良俗”的合理性

以德治国，是公序良俗的重要依托。纵观“公序良俗”的历史，从各国民法的司法解释中可以清楚地看到，“公序良俗”本身即是规则与道德的结合体，内含了法治与德治相结合的内在要求。因此，它的构建既要以法治为保障，还要以德治为依托。只有法律强制与道德自觉一起作用，公序良俗才能切实成为规范人、约束人的法律原则。现实社会的公共秩序和基本道德才能得以构建并不断巩固。

（五）以法治完善守护“公序良俗”的文明底线

依法治国，是公序良俗的重要保障。社会主义市场经济是法治经济，社会主义社会是法治社会。从上述关于公序良俗历史本质的分析中可以看出，公序良俗被视为法律原则、确立为法律条款，是社会现实需要，是历史发展必然要求。今天我们构建公序良俗，同样需要尊重历史规律，依仗法治保驾护航。一是在立法环节上，要与时俱进地反映现实经济社会发展对公序良俗的要求，确保对各种公序有规定、各种良俗有描述，法律条款体现公序良俗理念，防止法律缺位的情况出现。二是在守法环节，划定违规逾矩红线，树立公序良俗法律权威，通过法律强制，让公序良俗切实成为约束、规范人们行为的硬性要求。三是在执法环节，既要遵循公序良俗的要求，更要在尊重事实的基础上，依法维护公序良俗。四是在司法环节，对违反公序良俗的案件，要严格按照相关法律规定，予以惩戒。

综上所述，“公序良俗”原则历史变迁的经济动因在于市场经济的发展，文化动因在于中华优秀历史文化传统“创造性转化、创新性发展”。为回应经济、文化的历史要求，一方面我们要遵循市场经济发展的普遍规律，充分借鉴西方市场经济发展的普遍经验；另一方面我们更要正视自身的国情和文化，遵循中国特色社会主义发展的特殊规律，将秩序和道德建设立足于自身文化传统的基础之上。需要明确的是，充分借鉴是厚基础、补短板，立足自身则是寻根基、强优势。从借鉴方面讲，作为市民社会基本法——民法原则的公序良俗，在西方国家的法制体系中有着悠久的历史，如果追溯到罗马法，已有近3000年历史。如果从《法国民法典》算起，也有200多年的时间。因此，不论是大陆法还是英美法，西方国家在对“公序良俗”原则的理解和应用上，都有着相对独到的见解和丰富的经验。对于仅有30多年市场经济发展历史的我们来说，无论是在法制建设中还是在现实社会中构建“公序良俗”，都有着重要的借鉴意义。从立足自身讲，社会主义市场经济的历史优越性和我国优秀的历史文化传统，使得我们在维护公序良俗，建构合理公共秩序和基本道德体系中有着独有优势。中国社会秉承着“声一无听，物一无文”“和实生物，同则不继”的文化观念，善于求同存异、兼收并蓄，个体自由与社会整体有序有先天的整合优势。在坚持自我实践探索的基础上，充分借鉴西方公序良俗有益经验，中国必将建立起适合国情和发展需要的公序良俗。

答“重庆文化之问”
——对重庆历史文化体系的探讨[①]

周　勇[②]

习近平总书记今年在参加重庆代表团审议时，对重庆悠久的历史文化传统和优秀的人文精神积淀给予了高度评价。这促使我们对重庆优秀的地域历史文化体系作进一步的探讨，认真回答现实中的“重庆文化之问”——什么是重庆文化？到底哪些是重庆文化的基本要素？为推动重庆文化的创造性转化和创新性发展，打牢学理基础。

在重庆3000多年的发展史上，出现过多层次、多领域、多形态的文化现象，其中居于主体地位的是巴渝文化、革命文化、三峡文化、移民文化、抗战文化、统战文化六种形态。这是居于重庆历史文化体系顶层，最具代表性和符号意义的文化元素，由此构成了独具特色的“2+4结构”的重庆历史文化体系。

一、重庆历史文化的基础——巴渝文化、革命文化

产生于远古时代的巴渝文化，和产生于近代时期的革命文化，相互连接，贯通始终，传承演化，共同构成了今日重庆历史文化体系的学理基础。

巴渝文化、革命文化是在5000多年文明发展中孕育的中华优秀传统文化、在党和人民伟大斗争中孕育的革命文化和社会主义先进文化在重庆的具体表现形式。它们也是形成今日重庆人文精神和重庆人、重庆城性格特征的文化基因。

---

① 原载于《重庆日报》2018年8月10日第7版。

② 周勇，重庆市地方史研究会会长，西南大学历史文化学院教授，博士生导师。

（一）巴渝文化

“巴渝文化”是居于四川盆地东部，以重庆为中心的广大区域中存在的，从古代巴国、巴族以来，到近代时期的地域历史文化。巴渝文化是巴蜀文化的重要组成部分，是重庆的基础性文化形态。

“巴渝文化”发端于200万年前旧石器时期早期“巫山人”及新石器时期“巫山大溪文化”，随后巴人先民们在此生息繁衍，历经先秦巴国、秦时巴郡、汉之江州、隋唐渝州、宋时改恭州为“重庆府”，重庆得名，元明清相沿，近代以来绵延至今。

在古代史上，以重庆为中心的巴地，与以成都为中心的蜀地，虽有时分离，但绝大多数时间里还是一个整体，巴蜀文化是其共同的文化形态。

从发展的进程观之，“巴文化”（以古代巴族和巴国巴郡历史为主的文化形态）、“蜀文化”（以古代蜀国蜀郡为主的文化形态）是“巴蜀文化”的两个源头。在此基础上形成的“巴蜀文化”是四川文化的根基。

从文化内涵上观之，“巴渝文化”是以重庆为中心的四川盆地东部地域文化，其内涵不仅限于古代巴国、巴族、巴郡的历史文化，而是包括了从先秦到明清时期以重庆为中心广大地区的历史文化。

提出“巴渝文化”的概念，是为了研究作为“巴蜀文化”重要组成部分的重庆地域文化，尤其是它在具有巴蜀文化共性的同时，作为特定地域中独具特色与个性的文化形态。这是重庆人的文化追求。

（二）革命文化

重庆是一座英雄的城市。近代以来，革命文化、红色基因更成为这座城市最鲜明的特征。重庆的革命文化，是指1840年鸦片战争以来在实现中华民族伟大复兴的奋斗历程中，重庆人民勇于追求真理、挺立潮头、坚韧顽强、开放包容，特别是在中国共产党领导下，敢想敢干、不屈不挠、舍生忘死、屡仆屡作，为建立新中国而建立的不朽功绩。

近代以来，先进的重庆人追随孙中山先生，投身民主革命，走在中华民族追寻伟大复兴中国梦的时代前列。重庆人民贡献了伟大的民主革命思想家邹容和革命纲领《革命军》；他们在孙中山的指导下成立了同盟会重庆支部，推动了资产阶级革命理论在重庆的传播和反帝反封建斗争的开展；领导了保路运动，促成了武昌起义，成立了蜀军政府，拥戴孙中山就任临时大总统。他们的呐喊与奋斗，在巴渝大地上吹响了追寻民族复兴梦想的前奏曲，启迪着一批又一批重庆青年，怀揣伟大梦想，投身更加波澜壮阔的革命征程。

20世纪初，马克思主义开始在重庆传播。先进的重庆人又一次站在时代最前列，1920年3月12日，中国最早的共产主义组织——四川省重庆共产主义组织在重庆创建；1924年杨闇公、吴玉章创立了“中国青年共产党”；1926年经中共中央批准，成立了中共重庆支部、中共重庆地方执行委员会（简称“重庆地执委”），掀起了大革命高潮，领导了中国共产党人独立掌握革命武装，举行武装起义的最早尝试，得到党中央的高度评价。

1927年大革命失败后，在血雨腥风中，重庆共产党人之不屈与顽强惊天动地：重庆地执委、四川省委四任书记杨闇公、傅烈、刘愿庵、穆青和大批共产党人英勇献身。到1935年，重庆的党组织和党员牺牲殆尽。1936年，失散的红军党员漆鲁鱼回到重庆，成立了重庆救国会，再一次举起革命的旗帜，前赴后继，为抗日战争集聚革命力量，掀起抗日救亡新高潮。

抗战时期，周恩来受命带领南方局驻在重庆，维护了国共合作大局，为最终赢得抗战的胜利做出了历史性贡献。尤其难能可贵的是，南方局走出了一条把党“建设成为全国范围的、广大群众性的、思想上政治上组织上完全巩固的布尔什维克化的中国共产党”的新路。这是中国共产党民主革命时期在党的建设上的重大创新，是红岩精神又一独具风采之所在。

1949年，刘邓大军解放重庆，进而完成了除西藏以外中国大陆的全境解放。随后主政西南，科学分析执政环境，求实升华执政理念，不断探索执政途径，切实打牢执政基础，创新加强党的建设，开创了西南地区稳定发展的新局面，为党从实践上到理论上最终完成从革命党到执政党的伟大转变，做出了重要的历史贡献。

中华人民共和国成立后，重庆担负起新中国工业基地，特别是三线建设基地的战略任务。党的十一届三中全会以后，中央把城市经济体制综合改革试点的重任赋予重庆，重庆以中国经济体制改革排头兵的姿态引领时代。1997年，中央决定设立重庆直辖市，重庆继续勇立潮头，走上中国经济发展战略全局的最前沿。今天，重庆人民正在为全面落实习近平总书记对重庆提出的“两点”定位、“两地”“两高”目标和“四个扎实”要求不懈奋斗。

二、重庆历史文化的特色——三峡文化、移民文化、抗战文化、统战文化

3000多年来，巴渝文化、革命文化作为重庆历史文化的主流，滋养着重庆人的精神，推动着重庆城的发展演变，生生不息。与此同时，在不同的历史时期和历史环境中，重庆还产生过三峡文化、移民文化、抗战文化、统战文化，这是重庆历史文化的特色。它们在漫漫的历史长河中发挥着独特的作用，至今仍是重庆历史文化中最具特色的因素，发挥着核心竞争力的作用。

（一）三峡文化

“三峡文化”是在中国古代历史上，以中华传统文化为基础，以长江三峡独特的自然景观为载体而产生的优秀传统文化群落。它以文化名人为主体，以描写自然景观为特征，以抒发家国情怀为核心，展现了中华民族在不同历史时期的独特心理、文化传统、民风习俗。

1500年前，著名地理学家、中国游记文学开创者郦道元写下了地理学与山水散文的巨著《水经注》，其中就有对重庆三峡的精彩描述：“自三峡七百里中，两岸连山，略无阙处。”区区200字，随物赋形，动静相生，情景交融，情随景迁，简洁精练，生动传神地书写了长江三峡旖旎瑰落的自然风貌，也开启了一代又一代文人墨客吟咏重庆的先河。

后来有“诗仙”李白“朝辞白帝彩云间，千里江陵一日还。两岸猿声啼不住，轻舟已过万重山”的千古绝唱，和“夜发清溪向三峡，思君不见下渝州”的深情问候；有“诗圣”杜甫“无边落木萧萧下，不尽长江滚滚来”的壮美写照；有李商隐“何当共剪西窗烛，却话巴山夜雨时”的缠绵流连；有元稹“曾经沧海难为水，除却巫山不是云”的由衷赞叹。还有刘禹锡、黄庭坚、苏东坡、白居易、陆游等历代文豪留下的瑰丽诗篇和灿灿墨宝。

三峡文化是中华民族优秀传统文化的重要组成部分和宝贵财富，是重庆独特

的文化形态。

（二）移民文化

古往今来，重庆就是一座移民城市，移民是重庆最典型的特征，也是形成重庆人兼容开放性格特征的基因。古有巴人聚族涉水而上，迁居于此。更有始于元末明初，贯穿有清一代的“湖广填四川”。

在“湖广填四川”移民运动中，重庆有着极为特殊的地缘位置。对于移民们来说，重庆既是“湖广”移民进入四川后定居、繁衍、创业的重要地域，也是再向全川扩散或“二次移民”的“中转站”。因此这一历史是重庆城市的历史文化根脉，是大多数重庆家庭的集体记忆。

抗日战争全面爆发前，重庆城市人口为40余万。抗日战争全面爆发后，约有1000余万人口西迁至大后方，仅重庆一地就达百万之众，1945年抗战胜利时，重庆人口已达125万人。随着国府还都，大量工矿企业、机关学校迁离，重庆人口仍保持在百万左右。中华人民共和国成立后，实行三线建设，又从华东地区内迁一批工厂和科研机构，重庆外来人口进一步增加，结构进一步优化。及至20世纪末21世纪初，三峡库区移民搬迁，重庆又掀起一轮新的移民高潮。

南来北往，西进东出，八方杂处的移民文化成为重庆独特的文化形态，而重庆移民文化更成为中华民族移民历史文化中最为独特的一种文化形态。

（三）抗战（大后方）文化

抗日战争时期，以重庆为中心的中国西部地区，是中国抗战的大后方。抗战（大后方）文化是这一时期，在以重庆为中心的中国西部地区出现的独特文化形态。它由大后方人民在浴血奋战的抗战历史中创造，以中国共产党倡导和推动建立的以国共合作为基础的抗日民族统一战线为核心，以世界反法西斯同盟共同反对法西斯并取得伟大胜利为鲜明特征。抗战（大后方）历史文化资源是中华民族的宝贵财富和重要组成部分，主要包括抗战文化、红岩精神。

抗战文化主要包括，中国共产党所倡导的民族的、科学的、大众的新民主主义文化，以周恩来、董必武为代表的中共中央南方局等老一辈无产阶级革命家所培养形成的伟大的红岩精神，以国共合作为基础的抗日民族统一战线文化，全国各抗日党派团体、各民族各阶层共同创造的以爱国主义为核心、捐弃前嫌、共赴国难、相忍为国的民族精神，等等。

红岩精神是抗战精神在重庆的独特内涵，是包含在抗战文化及其精神中的，是一种政治文化。这是党中央和老一辈无产阶级革命家创造、命名的，是中国革命精神中的一个重要内容，是中国共产党和中华民族宝贵的精神财富。

（四）统战文化

统战文化主要指在中国人民抗日战争和解放战争时期，在重庆土地上，中国共产党捐弃前嫌，与国民党、广大中间力量团结合作，结成抗击日本法西斯的抗日民族统一战线，为夺取抗日战争的胜利和建立新中国而共同创造的历史文化形态。

抗战时期，中国共产党领导的革命斗争已逐渐形成了两条战线、两个战场：一个是敌后抗日根据地的武装斗争，这是革命的主战场；一个是党领导的国统区地下工作战场，后者最重要的任务就是统一战线，随着抗日战争进程的发展变化，国统区战场的地位日显重要。南方局的使命就是高举抗日民族统一战线旗帜，为抗战民主凝聚力量。南方局在党中央的正确领导下，始终高举抗战民主旗帜，正确处理统一战线中的阶级关系，广泛团结中间势力，孤立顽固势力，以卓有成效的工作把统一战线推向空前的广度和深度，为民主党派阵营的形成，为建立新中国后，中国共产党领导的多党合作政治格局的开创，奠定了理论、制度和社会的基础。

毛泽东在总结中国共产党领导的革命斗争时指出，统一战线、武装斗争、党的建设是中国共产党克敌制胜的三大法宝。这一时期，延安是中国抗日战争的政治指导中心，是中国共产党统一战线的总指挥部。重庆由于战时首都的地位和中共南方局的驻足，成为中国共产党统一战线工作的前哨阵地。因此，如果说延安是武装斗争、党的建设的代表的话，重庆则是党的统战工作的重要实践地及经验、智慧的集中贡献之地——重庆是第二次国共合作和抗日民族统一战线的主要舞台，是中国共产党领导的多党合作政党制度、政治协商制度的产生地，是中国民主党派的主要发祥地。重庆集聚了我党统战工作的基本要素、伟大实践和光辉成就，是中国统一战线历程的缩影。统一战线为重庆这座城市打下了深深的烙印，统战文化所具有的独创性、政治性、基础性，使之成为重庆城市最显著的历史和文化特征。

重庆历史文化是中华民族文化的重要组成部分，是民族的、大众的、科学的中国革命文化的重要组成部分，是具有重庆地域特点、人文特色、性格特征的，从重庆的大山、大河中生长出来的独特的文化品种，它与齐鲁文化、燕赵文化、三晋文化、中原文化、荆楚文化、湖湘文化、海派文化、吴越文化、南粤文化，以及东北黑土地文化一起，共同构成了中华民族文化最宝贵的精神文化财富。

论地域文化与国家文化软实力的互动关系[①]

黄意武[②]

地域文化是一个国家重要的文化资源，一定地域形成的文化资源为一个国家文化软实力建构起坚实的基础。文化软实力包括文化生产力、文化凝聚力、文化消费力、文化传播力等，所有这些文化力的形成和发展，离不开其所在地域、区域的文化土壤，文化吸引力和影响力的提升也建立在有特色的地域文化、民族文化的基础上。中华民族五千年的文明形成了特色鲜明的民族文化形式，展现了我国丰富的地域民俗风情、建筑形式、饮食特色等，这些文化资源是我国文化软实力的本源要素，彰显出中国特色地域文化的吸引力，体现了中华文化蓬勃发展的生命力。在文化发展和建设中，需要推动地域文化与国家文化软实力的互动发展，从而实现中华文化竞争力的全面提升。

一、地域文化与国家文化软实力互动的可能

地域文化与国家文化软实力的形成关系紧密，两者的核心内容、发展形式、精神价值等多方面契合，为两者之间互动提供了可能。

一是地域文化与国家文化软实力核心内容的同质性。地域文化是一定区域内人们从社会生活中创造的并应用于生活的文化，其核心内容主要包括在一定地域形成的价值观念、语言与符号、行为规范、社会关系与组织、物质产品等。国家文化软实力主要来源于优秀的传统文化、蓬勃的现代文化、发展的先进文化。中

① 基金项目：国家社会科学基金项目“地域文化与增强国家文化软实力研究”（15XKS022）。原载于《重庆社会科学》2018年第1期总第278期。

② 黄意武，湖南株洲人，重庆社会科学院公共政策研究部研究员，硕士，重庆工商大学中国特色社会主义理论研究中心研究员，研究方向：马克思主义、文化理论研究。

国优秀的传统文化就包含了多元特色的地域文化，比如三秦文化、三晋文化、燕赵文化、齐鲁文化、吴越文化、荆楚文化、巴蜀文化、西域文化、岭南文化、客家文化等。[①] 这些地域文化类型及思想内涵体系构成了中国优秀传统文化的主体，在新时期这些传统文化资源具有稀缺性，是提升我国文化影响力的重要来源；蓬勃发展的现代文化是基于当今时代特征和地域特色，融合科技元素和现代文明的精神内涵，符合工业化、城镇化、现代化的文明形式，融合鲜明的时代色彩、文明的生活方式所形成的具有中国特色的现代文化，这种立足于我国现代文明和时代的文化形式，将反映文化的发展方向；中国所倡导的先进文化以社会主义核心价值观为灵魂，是当代中国多元地域文化所坚守的价值理念，是中国特色社会主义政治文化的重要体现，随着中国硬实力的不断提升，中国的政治制度优势加快凸显，为国家文化软实力的发展提供重要来源。从这些角度来看，地域文化与国家文化软实力的核心内容存在同质性，其核心价值理念是相互交叉、相互融合的。

二是地域文化与国家文化软实力发展形式的开放性。地域文化在形成过程中虽然具有封闭、传统的特征，但并不影响其开放性，在时代发展过程中必须走融合交流的道路，也就是在本区域文化的基础上积极借鉴其他区域的文化要素，吸收各个时期的文化特征，融合各种外来文化的优秀基因，当然这种文化融合也不是单向流动的，本区域文化特征也会影响其他民族和区域文化，这是地域文化保持生机与活力的重要因素和体现；同时地域文化的封闭性和独特性恰恰是其走向开放性的重要条件，是其转化为国家文化软实力的核心要素，独特的地域文化向世界展示其独有的生活方式、行为习惯、建筑风格等，对于其他国家和民族的人们而言，具有强大的吸引力。国家文化软实力的形成更是一个开放的系统，文化要提高吸引力和竞争力，必须面对全球的文化竞争，需要对传统文化及现代文化进行创新，以更加开放的内容、形式、手段扩大对外文化影响力，文化软实力是在不断与全球文化之间进行交融、交流、交锋之中形成的，随着我国改革开放的深入，中华传统文化类型、艺术形式及大国形象得到了更多的国家和民族的认可

① 宁志新. 文化传统观念与区域经济发展［N］. 光明日报，2004-12-17（11）.

与好评。世界文化的发展趋势必将走向各国家的文化，彼此融合、交流，逐渐显现认同性和趋同性，在文化融合、交流到一定阶段，然后走向其独有性、民族性的一面，只有民族的才是世界的。

三是地域文化与国家文化软实力精神价值的契合性。地域文化精神是人类社会实践中经过长期孕育而形成的价值观念、审美情趣、思维方式等构成的体系，中华文明是由若干多元特色区域文明构成的，地域文化以其自身特色丰富、拓展、传承着中华文明，这种长期性和传承性展现出独特的价值观念和生活方式，并成为某些区域人们的精神力量，内化其人心，维系其发展。从现有价值标准来看，有些思想观念已过时，随着时代发展也会发生变化。比如以前国外对中国的印象就是封闭、落后，而近些年来越来越多的国家认识到了中国发展取得的伟大成就。国家文化软实力为经济发展提供精神动力和智力支持，能有效地凝聚中国精神、宣传中国道路、展现中国自信，提升中国的国际形象。从这些方面而言，地域文化和国家文化软实力的精神价值是契合的，对内凝聚民族精神，对外弘扬中国精神，一个国家和民族之所以能发展，在于其地域上形成的思想、文化等精神力量的凝聚，也是中华民族安身立命的根本。缺乏对民族文化、地域文化的自我认同，就容易丢掉民族自信、丧失文化自信，缺乏文化自信的国家一定是没有吸引力的，很难参与世界各民族文化的平等交流。

二、地域文化与国家文化软实力的互动关系

地域文化是基于一定地理范围内人们所创造的物质生产和精神生产的总和；文化软实力是一种与文化硬实力相对并相关的精神力量，文化软实力需要依托硬实力等物质基础而生成，两者之间相辅相成，形成互动来促进两者发展。

（一）地域文化在国家文化软实力中的地位和作用

地域文化能为国家文化软实力的形成和提升发挥推动作用，本民族具有地域特色的文化资源是民族文化实力的源头，体现出文化的“软力量”，是国家文化软实力建设的基本要素，是构成不同民族之间文化相互影响、相互吸引的核心力量。

1. 地域文化资源是构成国家文化软实力的基本要素

文化具有较强的地域性和区域特征，每个地区都有自己独特的文化资源和文化特色。[①] 在几千年的社会历史变迁中，我国特色鲜明、积淀深厚的地域文化资源大致分为两类：一是物质性的地域文化资源，包括文化建筑、文化遗址、文化产品等，具有物质性、可触摸的形态；二是非物质性的地域文化资源，主要通过人们的语言或行为来体现，包括地方民风民俗、饮食特色、方言俚语、先贤名人、宗教信仰等，具有意识性。[②] 这些物质的或非物质的地域文化资源，呈现出丰富多彩的文化特色，不仅能为区域文化发展提供精神动力、智力支持，而且通过与地域经济融合，形成具有特色的文化经济，推动文化的创新发展。要提升国家文化软实力就必须挖掘地域文化资源，优化现代文化管理模式，创新地域文化资源的表现形式，把其同经济社会发展的需要有机结合起来，增强我国地域文化的生产力。

2. 地域文化精神是形成国家文化软实力的重要来源

国家文化软实力最直接的来源是国家价值理念和思想观念的转化，一个国家通过传递其价值理念，塑造社会核心价值，从而形成认同力、凝聚力，以推进国家战略目标的实现。我国是一个多民族、地域辽阔的国家，文化软实力的核心思想是通过全国各地文化核心精神的汇集、凝聚、提升而表现出来的，体现出各民族、各区域人民的共同意志。地域文化精神就是一个区域地域文化所呈现出的一种精神形态，是人类社会实践中经过长期孕育而形成的价值观念、审美情趣、思维方式等的构成。地域文化的特色不仅表现在其外在形式，更表现在其精神实质，要将其独特的地域特色体现到地域精神中，以精神展现气魄。如云南省高原地区“开放、包容、担当、务实”的“大山精神”，重庆市江山环境孕育的“负重自强、勇于攀登”的“拼搏精神”，边疆地区人民守土有责的“爱国主义精神”，沿海地区人民无所畏惧的“开放精神”，移民地区人民宽厚纯和的“包容精神”等，这些源远流长的中国特色地域文化，包含着中华民族最根本的精神基

① 严荔．发达国家文化资源产业化开发的做法及借鉴［J］．经济纵横，2012（6）：51.

② 陶捷．地域文化资源产业化发展谫论［J］．中州学刊，2011（5）：207-208.

因，是国家文化软实力不可或缺的深厚源泉。

3. 地域文化类型是国家多元文化软实力的主要表现

我国东西南北地理环境呈现的巨大差异让地域文化自然地划分为南、北两大主体文化区和若干个地域文化区。水是孕育生命的源泉，围绕水系逐步形成了若干文化圈，其中最具代表性的是长江文化和黄河文化。长江文化圈可根据地理形态划分为巴蜀文化、滇黔文化、荆楚文化、湖湘文化、吴越文化、江淮文化、闽越文化等亚文化区；黄河文化圈又有西域文化、三晋文化、中原文化、燕赵文化等分支。这些不同的地域文化在中华民族这个大背景下聚合成了一个庞大的文化体系，各个分支既相互区别，又相互依存。同时，随着改革开放的深入推进，我国经济结构、组织方式、就业方式、分配方式和利益关系发生了革命性变化，人们思想文化也呈现出多元、多变的发展新趋势，形成了多样化的文化类型，各区域特色地域文化类型构筑了中华文明的文化共同体，凝聚成为多元的文化软实力。

（二）国家文化软实力对地域文化发展的渗透与影响

国家文化软实力从整个国家和民族的发展角度出发，立足实现中华文化的“走出去”提升中华文化的国际影响力和综合实力，体现国家文化发展战略。国家文化软实力建设对地域文化、民族文化的发展产生深刻影响，引导其朝着更科学的方向发展。

1. 国家文化软实力建设能引领地域文化的发展指向

国家文化软实力建设关系到我国在世界文化格局中的站位，其建设意义和价值是不言而喻的。国家文化软实力建设必须通过具体路径来实现，这个发展路径不仅包括文化产业、公共文化服务体系的建设，更应该构建起中华优秀传统文化传承体系。地域文化的发展也要紧密围绕中华文化“走出去”、提高中华文化的国际影响力这一目标来实现，这就要求地域文化的发展必须适应世界文化的发展潮流，要汲取世界各民族文化的长处。现代世界处于大发展大调整期，文化交流空前活跃，一些音乐、电影、电视等文化产品借助现代信息技术，能让其最快时间、最广范围向世界传播，使得文化产品的传播和接收突破传统的地域概念。要让中华文化占领世界文化的高地，地域文化的内容必须符合时代审美的需要，要挖掘民族文化、地域文化中的特色，看其是否有吸引力和影响力，同时从内容上加以提炼，在形式上予以升级。地域文化的发展并不仅仅为了保留或者保护，更为重要的是要加以创新，才有生机和活力。

2. 国家文化软实力建设能促进地域文化的推广展示

建设和提高我国文化软实力，通过打造专门的文化展示平台和渠道，让地域文化在高效的平台和载体上得以传播、展示，能有效激发地域文化的发展活力。比如，我国提出建设“丝绸之路经济带”和“21 世纪海上丝绸之路”的倡议，除了有其深刻的经济意义之外，还有其深远的文化价值。2014 年 5 月，文化部提出建设“丝绸之路文化产业带”的构想，通过文化经贸加强与“一带一路”国家的文化交流和贸易往来，以文化产品和服务为载体，进一步展示中华文化的独特魅力，我国独特的人文、地貌、历史、产业、产品、节庆、会展等文化资源有着深厚文化底蕴和旅游价值，这些资源将在“一带一路”等平台上发挥独有作用，将给我国的文化发展带来巨大市场空间。

3. 国家文化软实力建设能推动地域文化的创新升级

泰勒认为：“文化的各种不同阶段，可以认为是发展或进化的不同阶段，而其中的每一阶段都是前一阶段的产物，并对将来的历史进程起着相当大的作用。”① 地域文化的发展演进变迁，都是基于前一个或者几个阶段的文明成果，所以地域文化的发展形式及内容也是逐步从简单到复杂、低级阶段到高级阶段来进化的。从古至今，人类各种文明之间的演变，主要依靠科技等生产力来推动，而现代文明对地域文化的影响是深刻的，使得传统文明受到了现代文明的冲击，加速了新时期地域文化的形成和发展，并且不断促进具有地域的文化特色与现代文明各种要素之间的共同作用、相互渗透，从而创造出、进化出融合地域文化基因的综合文化系统。比如基于传统社会所形成的农耕文化曾在历史上发挥了重要作用，农业生产主要依靠气候、土壤等自然条件，人类无法控制，就形成了以占卜、祭神、求雨等为代表的农耕文化，反映了中国农民勤劳勇敢、艰苦奋斗、吃苦耐劳的民族性格。而随着现代科技和文明的发展，这种落后的封建习俗和思想观念必将被淘汰。文化的融合发展使得只有优秀的、具有现代价值基因的文化才能继续

① 泰勒．原始文化［M］．连树声，译．桂林：广西师范大学出版社，2005：25-26.

生存下来，现代社会越进步，文化的更新和进化的速度就越快，这样才不断实现地域文化的自我保持和自我更新，使得文化延续与发展、稳定与创新相互统一，促进其繁荣和进步。

从总体来看，国家文化软实力的建设将为地域文化的发展提供良好的契机，将推动我国对民族文化、地域文化进行科学谋划，对其进行去伪存真，推进对地域文化资源的深度挖掘，对有特色、有规模的地域文化资源进行提档升级，提高地域文化适应现代社会、现代文明的生存能力和适应能力，实现地域文化在同化中整合，在整合中融合。

（三）地域文化与国家文化软实力的互动生成

地域文化与国家文化软实力的互动符合我国多元文化建设与文化竞争力提升的要求，这种互动关系是建立在两者之间良性运行的基础上。一方面，积极的、优秀的地域文化能有效转化为国家文化软实力并推动其发展，消极的、落后的地域文化一定程度上影响中国文化软实力的整体形象；另一方面，国家文化软实力引领着地域文化前进和发展的方向，为地域文化融入国际间的文化竞争提供实践经验和发展路径。

1. 挖掘地域文化资源能提高国家文化软实力的生产能力，国家文化软实力建设也能增强地域文化资源的整合能力

增强国家文化软实力，应首先立足于延续中华民族优秀传统文化的血脉，挖掘和开发地域传统文化资源。一方面，地域文化是维护一个国家文化主权的根本依据，蕴含着一个民族特有的精神机制和思维方式，因此需加大地域文化遗产的保护力度；另一方面，文化资源并非一成不变的，如西北地区的石窟文化、江浙地区的园林文化、西藏地区的佛教文化、陕北地区的民歌文化等，这些地域文化构成了我国文化生产力最基础的要素，将会成为增强我国文化生产力的有效法宝。同时加强国家文化软实力建设，势必要求增强地域文化自身的发展能力，地域文化资源的挖掘和打造，并不是简单的汇集、重修、重建，更不是简单再现，必须要站在新的发展高度，除了对古老文明所留下的文物古迹最大限度保留原始状态，应该从更深程度理解和挖掘古人的智慧，对于当地所流行的地域文化，要最大限度凸显民族文化的特色和价值。

2. 凝练地域文化精神能提高国家文化软实力的凝聚能力，国家文化软实力建设也能增强地域文化精神的影响力

文化软实力要从优秀传统文化中汲取营养，就要充分发挥地域文化的作用，做到以文化人、以文育人、以文促人，深入凝练优秀的地域文化精神，阐发地域文化中勤劳勇敢的开拓精神、积极拼搏的创新精神、海纳百川的包容精神等，使中华民族的传统文化形成强大的文化凝聚力。凝练国家文化精神需要紧密结合各地域的文化基因，才能使全国民众有文化上、心理上、情感上的认同感，才能更容易被民众所接受和践行。因此，在打造自身文化特色、凝练自身文化精神的时候，既要符合“讲仁爱、重民本、守诚信、崇正义、求大同”的传统价值，也要契合民众追求富足、健康、安定的生活愿望。同时国家文化软实力建设需要面对全球文化的竞争，不仅需要自然形成，更需要提炼和打造。目前我国的地域文化精神还不够凝聚，特色还不够明显，各地方的地域文化的核心要素、内容特色不够明显，而谈到好莱坞就想到其科技含量高、市场效益好、影响力大的电影文化，谈到韩国就联想到其浪漫的爱情影视作品，其实这些文化受到欢迎，无不与其对文化中精神资源的挖掘有关。

3. 打造地域文化集群能提升国家文化软实力的发展水平，国家文化软实力建设也能增强地域文化产品的创造能力

地域文化资源集群化发展模式，就是指将集中于一定区域内、处于相同文化资源链上的、众多具有分工合作关系的文化组织和相关支撑机构等行为主体紧密联系在一起的空间集聚体，它具有资源共享、相互学习、互相匹配等优势。[①] 虽然我国地域文化资源十分丰富，但各地域资源分布较为分散，开发程度各不相同，资源集群化发展不足。要实现从文化资源大国向文化强国的转化，需要更多地促进地域文化资源的整合。通过打造以地域特色文化为核心的文化集群，实现国家文化资源的整合、转化、发展和提升。同时，实行文化强国战略的核心就是要推出优秀的文化产品，要创造优秀的文化产品，手工原始式、单打独斗式传统文化的生产方式已经不适应现代文明的发展，这就势必推动地域文化走向集群

① 吕挺琳．文化资源的集群特征与文化产业化路径选择［J］．中州学刊，2007(11):98.

式、产业化的发展道路，让地域文化资源更加集中，这将有效地推动地域文化摆脱落后的生产方式，走向规模化、现代化的生产方式，让地域文化产品的产量更多、效益更好、质量更优。

4. 发展特色地域文化能提高国家文化软实力的持续发展能力，国家文化软实力建设也能凝练地域文化的特色魅力

特色文化是特定区域范围内，人们在长期的生产、生活实践中形成的共同价值观，是区别于其他地区得以存在、繁衍和发展的内在根基和精神动力。[①] 在全球文化消费热潮下，特色文化产业发展迎来了新的机遇与挑战，只有在继承的基础上创新发展，我国文化产业才可以持续发展。发展特色文化，需要立足于区域文化资源开发的实际条件，找出区域文化资源中具有比较优势和强竞争力的特色资源。中国的古代文明在世界有深厚的影响，尤其是以丝绸、瓷器等为主的产品影响了西方文明；现代社会进入了新的历史发展阶段，改革开放的巨大成就彰显出中国共产党领导下中国特色社会主义建设独特的理论自信、道路自信、制度自信和文化自信，在参与国际间软实力竞争的过程中，必须要打造具有时代特征、中国特色、世界认同的地域文化元素，如重庆市打造的“火锅文化”，展现出一个热情好客、火辣爽朗的城市；云南省推出的“歌舞文化”，开发出原生态歌舞《云南映象》，让云南的好山好水好歌好舞广为流传，这些契合了地域文化精神的文化品牌，成为我国地域文化发展的亮丽名片。

另外改革文化管理体制能增强地域文化的发展活力，打破传统的政府“办文化”的体制，而走向政府“管文化”“引文化”的发展体系，有价值、有市场、有需求、有平台的文化才能“走出去”，这就迫切需要在文化软实力建设过程中，减少一些管理上、思想上、体制上的禁锢，引导文化产业走向市场化、走向国际化，从而更好地释放地域文化的发展活力。

① 周建军，张爱民．论特色文化产业的内涵和发展途径［J］．社会科学研究，2010（6）：119-121.

三、地域文化与国家文化软实力互动发展的价值

地域文化是国家文化软实力建设的“基础”，国家文化软实力建设是地域文化发展的“方向”，缺了地域文化这个发展基础，国家文化软实力建设缺少文化资源，忽视国际间的文化竞争，地域文化只能停留在故步自封、墨守成规的发展阶段，当前在国际间激烈的文化竞争和文化融合中，将可能会被时代和人民所逐步抛弃、淘汰，所以要充分认识到这两者之间互动发展的价值。

一是有利于增强中国特色社会主义文化自信。文化自信是一个国家、民族对本国、本民族文化价值的认可和信任，是一个国家能够立身于世界民族之林的重要精神力量。文化要自信，必须具备相应的条件，要看这个民族的文化是否优秀，这个地区的文化是否有竞争力和影响力。而地域文化与国家文化软实力的互动发展为文化自信奠定了良好的基础，构成了文化自信的内在基石，中国特色地域文化是中华文化的显著标志，国家文化软实力的建设事关中华文化的竞争实力，实现两者互动发展才能实现文化强国，才能有效促进文化自信。从本质来看，我国文化自信主要来源于传统文化、马克思主义文化、革命文化所构筑的地域文化，通过国家文化软实力建设，让中华民族的地域文化走出国门，展现出中国人民愿意与世界人民和平共处、共同发展的理念。

二是有利于形成中国特色的文化发展观。地域文化与国家文化软实力的互动发展为形成和凝聚中国特色的文化发展观奠定基础。中国特色的文化发展观主要表现为“不忘本来”“吸收外来”“面向未来”。“不忘本来”就是要从中华民族传统文化中吸收营养，从传统到现代一直在发挥作用的地域文化中吸收营养，我国优秀传统文化的核心思想和主要理念是没有变的，比如中国传统的家庭伦理思想，虽然其内容随着时代的变迁有所变化，但其核心内容并没有发生变化，一些仁者爱人、忠恕待人、以孝为重的思想至今还影响着现代人。国家文化软实力的建设就是要让中国文化“走出去”，扩大中华文化的影响力，势必要吸收“外来文化”的元素，打造“面向未来”的文化产品。对于传统文化、地域文化的内容，要找到能够适应现代文明的发展和需要的部分加以重新打造，才能够被时代所接受，历史时期的“三纲五常”只能是在封建时期发挥作用，在建设国家文化

软实力的过程中，应当根据文化的传承性特点和特殊的文化国情，对我国的地域文化思想做出系统的梳理，并赋予新的内涵，使之成为具有中国特色的民族文化价值观和伦理参照。

三是有利于推动“人化”和“化人”的协调发展。从文化的人本性和主体性来看，就文化本质而言是“以文化人”，也就是让某种区域内的思想、观念、行为等内容得到人民的认同，使其成为行为遵循。地域文化更多的是展示区域内的“人化”和“化人”，更多的是让生活在区域内的人能够认同、遵循该文化特征，而国家文化软实力建设的目的是要让外地人、外国人同样认同。从深层次来看，文化的“人化”和“化人”深刻影响中华文化的发展战略问题，也就是中国特色社会主义道路需要什么样的地域文化、中国向世界应该展示什么样的文化、什么样的文化是中国人民所需要的、世界人民将可能喜欢什么样的中国文化，从而深刻地对地域文化进行反思和定位，不拘泥于传统文化、不崇洋于西方文化、不媚俗于流行文化、不打击弱势文化，围绕文化的“人化”和“化人”需要，科学审视本民族的文化发展，打造出富有中国特色的地域文化，发扬富有活力的民族文化。

当今世界，中国硬实力的迅速崛起，带动了中国文化软实力快速发展，但放眼全球文化，我国文化软实力还面临诸多障碍和问题，需要提升文化软实力，展示具有中国地域特色的文化，挖掘具有中华民族独特魅力的文化资源，寻求与世界的共鸣，强化地域文化的特色，使得地域文化在新时代焕发出生机和活力。

文化创新如何更有特色[①]

彭泽明[②]

我国历来高度重视特色文化的发展，尤其是《关于加快构建现代公共文化服务体系的意见》印发后，特色文化建设更是被赋予了新的时代内涵和现代表达形式，特色文化也成为现代公共文化服务建设的重要内容。

一、特色文化创新发展与公共文化服务的内在关系

公共文化服务是有特色的文化服务。文化的关键在于特色，文化的生命力也在于特色。由于公共文化服务对象所处的区域不同，一个区域的人民群众所接受的公共文化服务，基本上是与当地的经济社会发展水平相适应的，是与当地的人文传统相适应的。从公共文化服务的性质这个角度来讲，公共文化服务是通过特色文化发展来实现的，是有特色的文化服务。

特色文化服务是有效益的公共文化服务。公共文化服务不同于教育、卫生公共服务，其服务对象既是享受者，也是创造者，人民群众是公共文化服务的主体力量。特色文化是广大人民群众喜闻乐见、接地气的文化，是与人民群众生产生活息息相关的文化，是人民群众认同的文化。从公共文化服务的效能这个角度来讲，最富有特色的公共文化服务是人民群众最愿意主动参与和最愿意享受的公共文化服务，是实现供需对接最有效益的公共文化服务。

---

① 本文系国家社科基金艺术学一般项目（项目编号:16BH142）阶段性成果。原载于《人民论坛》2017 年 5 月上。

② 彭泽明，重庆社会科学院公共文化研究中心主任，清华大学中国发展规划研究中心兼职研究员，重庆市文化艺术研究院特约研究员。

二、特色文化创新发展在现代公共文化服务中的重要价值

特色文化创新发展是实现现代公共文化服务“价值取向现代化”的重大举措。现代公共文化服务“价值取向的现代化”，就是要以人民为中心，以社会主义核心价值观为引领，促进在全社会形成积极向上的精神追求和健康文明的生活方式。特色文化创新发展与现代公共文化服务的价值取向高度契合，是实现现代公共文化服务体系“价值取向现代化”的重大举措。

特色文化创新发展是实现现代公共文化服务“建设理念现代化”的有效载体。现代公共文化服务“建设理念的现代化”，就是要充分调动人民群众的文化创造热情，激发人民群众的文化创造活力。特色文化是根植于中国广袤乡村的文化，是千百年来人民群众的文化创造、精神积累。特色文化发展是实现现代公共文化服务“建设理念现代化”的有效载体。

特色文化创新发展是实现现代公共文化服务“内容现代化”的主要途径。现代公共文化服务“内容现代化”，就是要坚持先进文化的前进方向，进一步提高公共文化产品的生产供给能力，不断满足广大人民群众的基本文化需求，切实保障广大人民群众的基本文化权益。特色文化创新发展为不断创新群众文化活动内容，增添了源源不断的“营养”，是实现现代公共文化服务“内容现代化”的主要途径。

三、实施特色文化创新发展“工程式”建设

实施特色文化资源普查工程。以一个区域拥有的特色文化资源为主线，实施特色文化资源普查工程，全面摸清现有特色文化资源及空间、活动、队伍分布、发展、利用状况，为深入挖掘研究具有鲜明地域特色、地域风格、地域气派的特色文化，提炼总结地区特色文化核心元素，保护、弘扬地区特色文化，提供真实、全面、系统的第一手资料。

实施特色文化记录工程。在普查的基础上，根据特色文化的形态特征，突出重点、先急后缓、分期分批，采取出书、拍摄纪录片（含电影电视剧）、艺术创作、现场录音录像等多种方式对所有区域内的特色文化形态进行记录，留住历史

遗迹。

实施特色文化研究规划工程。围绕区域特色文化创新发展，设计一批重点课题，开展深入研究，形成一批高质量的理论与实践相结合的特色文化研究成果，在此基础上，编制区域特色文化发展行动计划。

实施特色文化空间构造工程。认真梳理现有特色文化空间，特别是建筑物空间，遴选出具有地域特色、地域风格、地域气派、发展相对成熟的特色文化空间，采取项目式运作、品牌化发展、赋予特色文化空间新的时代内涵和现代表达形式，做大做强做靓特色文化；紧紧围绕城市发展定位，重点围绕特色文化公园、文化广场、文化休闲体验区等，培育打造一批富有时代气息的特色文化空间，使之成为具有地域特色的现代公共文化服务空间、具有文脉相存的中华民族优秀传统文化传承空间、具有活力的文化消费空间。

实施特色文化品牌建设工程。以“我们的节日”和“爱我中华”为主题，紧紧依托本地特色文化资源，持续打造提升一批现有特色文化品牌活动，不断扶持培育一批特色文化品牌活动，形成一批在本地乃至全国有影响力的特色文化品牌活动，以此促进特色文化的发展，激活乡村文化生态活力。

实施特色文化数字平台建设工程。按照特色文化的资源形态、特色文化空间、特色文化活动、特色文化团队、特色文化能人、特色文化成效等内容，搭建标准统一、互联互通、开放共享的“互联网+特色文化”数字服务平台，实现广大群众对区域特色文化的互动体验，提供特色文化数字服务。

实施特色文化融合带动促进工程。与旅游深度融合，以文化提升旅游的内涵品质，以旅游促进文化的传承弘扬，使特色文化成为旅游的“灵魂”，使旅游成为特色文化的有效“载体”，带动区域旅游“差异化、个性化、特色化发展”，培育和促进文化消费。与城镇建设相融合，提炼精选一批凸显特色文化的经典性元素和标志性符号，纳入城市规划设计，合理应用于城市雕塑、广场公园等公共空间，带动城镇特色化发展，促进城镇“活起来”，延续城市文脉，提升城市竞争力。与“美丽乡村”建设相融合，挖掘保护传承特色文化，发掘和保护一批处处有历史、步步有文化的村庄，使特色文化融入群众生产生活，激发农民参与农村文化建设热情，带动“美丽乡村”内涵式发展，促进和谐新农村建设。与学校教育相融合，通过组织学生参观特色文化空间，参加特色文化节庆，送特色文化演出、展览、讲座进学校，联合举办特色文化活动，带动特色文化校园建设，促进学生德智体美教育全面发展。

实施特色文化队伍培育工程。大力鼓励群众自办文化，支持成立各类群众文化团队，建有一批业余文艺骨干，定期加强专业培训，提供场地支持，实行政府购买，组织参加各种比赛和示范性展演，招募参加文化志愿服务，培养一支扎根基层、服务基层的特色公共文化服务队伍，实现由“送文化”向“种文化”的历史性转变，确保基层文化工作有人抓，推进基层文化繁荣发展，促进城乡公共文化均衡发展。

实施特色文化投入扶持工程。出台特色文化发展扶持办法，设立特色文化发展专项资金，同时统筹整合现有公共文化服务发展、文化产业发展、文物保护、非物质文化遗产保护资金，将特色文化发展纳入旅游发展、城镇建设、农业产业化发展、生态保护、美丽乡村建设等相关资金的支出范围，支持特色文化发展重大项目。进一步完善相关奖励、补贴政策，落实税收优惠政策，引导和鼓励企业、社会组织及个人捐赠或共建相关特色文化项目，拓宽特色文化发展的资金来源渠道。

实施特色文化考核评选工程。将特色文化创新发展项目纳入本地区公共文化服务目录。同时，将特色文化发展指标纳入公共文化服务体系整体考核指标。制定特色文化空间、特色文化活动、特色文化团队、特色文化能人评选命名标准，依照公开、公平、公正的原则，定期开展区域评选命名活动，实行竞争入选、定期复查、不合格淘汰的动态管理机制。

参考文献

[1] 关于加快构建现代公共文化服务体系的意见［EB/OL］. 人民网，2015-01-15.

BAYU WENHUA

巴渝文化

“互联网 +”视域下中华民族非物质文化遗产保护与传承研究①

李　夏②

中华民族非物质文化遗产诠释华夏人民自强不息的奋斗精神，是劳动人民的智慧之花，是民族文化世代相传的艺术之林，是实现中华民族伟大复兴的立足点。将“非遗”较好地保护与传承，就是为了绵延文化根脉，留住中华民族的根与魂。对于弘扬培育中华民族优秀传统文化，推动社会主义文化大繁荣大发展，提高国家文化软实力具有重要的意义。当前不少“非遗”在风雨飘摇中摇曳，日渐萎缩，逐步没落，走向衰亡。如何使祖先遗留和世代传承的非遗脱离困境，找寻与时代发展相契合的保护与传承机制，给予其新的生机与活力便成为紧要课题。

一、“非遗”保护与传承的影响因素

影响我国“非遗”保护与传承的主要因素有 3 个。

（一）社会转型与文化多元的变化

“非遗”根植于千秋万代的农耕文明形态，从民间乡土中孕育、演变、发展。改革开放后，在工业化进程中大规模、标准化、工业化的生产方式，改变了人们的思想观念和生活习惯③。伴随现代化的社会转型，市场经济与计划经济、物质生产与精神文明、城镇化与新农村建设等相应发生变化。人民生活节奏也随之加

① 基金项目：重庆市科委决策咨询与管理创新计划项目（CSTC2015JCCXA00004）。原载于《包装工程》2018 年 11 月。

② 李夏，女，重庆人，硕士，重庆工程学院讲师，主要研究方向为美术学。

③ 李景平．非物质文化遗产与我国的保护措施探析［J］．齐鲁艺苑，2011（5）：4-9.

快，文化资本逐渐转为经济资本，市场导向、商业利润作为衡量事物的聚焦点，快速实现经济最大化裹挟着社会市场，出现了大工业机械化方式批量生产代替人类手工制作的趋势，使传统工艺的生存受到空前未有的冲击。作为社会性生活文化，遭遇釜底抽薪的环境变异，现代大批年轻人又受功利化思想和多元化潮流的熏陶，思想观念和审美情趣发生变化，致使“非遗”生存境地、民间技艺均趋于萧条。为了继承和弘扬中华民族优秀传统文化，促进社会主义精神文明建设，国家对“非遗”不断加强保护力度。

（二）“非遗”对继承者的特性要求甚严

“非遗”是人们审美态度和思维形态的外化表现，通过口头语言、表演艺术、手工技艺等方式呈现，依靠口传身授而世代薪火相传。“非遗”是活态的遗产，注重可传承性，突出了人的因素、人的创造性和人的主体地位[①]。传承接替者并不是人人均可，“非遗”集大成者往往需要有优越的先天条件、足够的天赋悟性，并历尽艰辛漫长的吃苦耐劳、勤学苦练，才能学有所成。有些“非遗”门类对继承群体的人才相貌、身高体形、声音特质有着各自特殊的要求，对继承苗子考察选拔格外严苛也就不足为奇。这就又进一步缩小了“非遗”的继承范畴，导致后辈难以为继，传承链条发生断裂，原生态的“非遗”也随之黯然落寞。

（三）“非遗”传播者手段陈旧

从时间维度上来看，“非遗”的保护与传承是中华民族传统文化记忆横向流传和纵向相承的立体化过程和结果。“非遗”传承人被誉为“人类活珍宝”，载体与对象处于分离状态，传承人大多文化水平不高，较少采用以文字的方式来进行传承，多沿袭因循守旧的方法，主体内容多是口头文化，通过人与人之间的口传心记、言传身教来实现传承，确保传承的准确性，但同时也导致其深陷受众面狭窄、效率低产、传播方式单一、对年轻人没有吸引力的窘境。还有一些“非遗”由于保护意识不强、传承过程中以家族式传承为主，存在“传给徒弟，饿死师傅”、对新文化和科技认识不足等陈旧思想，久而久之，有些“活态文化”处

① 李世涛.关于“非物质文化遗产”概念的理解与规范问题［J］.学习与实践，2006（9）：134-141.

于逐年消失灭绝的状态，没有被完整记录，也再无从考究。我国“非遗”种类繁多，体系庞大，受地域局限，单个门类存在的特征又较为突出，故在实施保护与传承的过程中难度无形地加大。

二、“互联网+”对“非遗”保护传承的意义

随着社会发展变革，科学技术飞速发展，互联网作为信息爆炸时代发展的核心内容，充斥人类生活，发挥着在生产要素配置中的优化和集成作用，形成广泛的以互联网为基础设施和实现工具的发展新形态[①]。利用其创新驱动、开放互动、跨界融合、重塑结构等特性，依托移动互联网、云计算、大数据等信息通信技术，对保护与传承“非遗”提供新的契机，便成为当下势如破竹的发展潮流。

利用“互联网+”传播“非遗”，可弥补现存保护与传承的短板，并且能成倍地扩大好学人群，有效地冲破时间维度和地域空间尺度的“束缚桎梏”，降低经济、时间、距离成本，也有效解决了那些想学无师可求的困况，无须车劳舟转在家便可以进行学习。“非遗”与互联网数字信息技术的有机结合，改变了古老守旧的单一传承模式，扩大了“非遗”资源传播覆盖范围，开展“非遗”资源辐射共享，影响更多的受众人群领悟“非遗”的艺术魅力，继而涌现更多的“非遗”继承者去弘扬与传承中国古老的传统文化和传统技艺。

与此同时，依托数字影像对“非遗”资源进行全面记录、信息采集、数字保存和资源管理，以“互联网+”为支撑，以语义智能检索为手段，以高速宽带网络传递为渠道，实施对“非遗”最大限度地传递信息、即时交互，方便受众获取学习资源。基于互联网信息存贮电子化、编辑便利化、检索快捷化等优势，现代数字信息技术更好地整理、收集、记录“非遗”信息，突破了传统意义的保护方式所不能达到的展示要求与保真效果[②]。互联网的介入，将具有珍贵价值的图文、音影等资料，实现资源管理完整有序、长久保留与传承，让其顺应时代潮流得以

① 郭萍．浅析“互联网+”的时代特征及意义［J］．华中师范大学学报，2016（27）：146–147.

② 黄永林，谈国新．中国非物质文化遗产数字化保护与开发研究［J］．华中师范大学学报，2012，51（2）：49–55.

更好地保护与发展，最终形成以互联网为载体和技术手段的"非遗"保护与传承新格局。

三、构建"互联网+"对非遗保护与传承的具体路径

追溯"非遗"现存困境的症结在于它与"现代"的断裂以及与"人"的断层，那么注重传统文化的现代转型，加强现代性的内在制衡便是解决问题的根本关键所在。"非遗"保护的根本着力点是传递文化血脉，唤醒文化记忆，全面探寻其融入当代人生命体验的方式方法，复活生命肌理①。互联网是现代社会最具有影响力的媒介载体，助力"非遗"传承，是时代发展的需要，为"非遗"的保护与传承注入新鲜血液，成为引领其走出困境的"丹方"。既要保留传统的传承形式，又要以高新技术手段创新文化形式，以更多更新的样式展现"非遗"本身的魅力，不断开拓其文化市场，增强其市场竞争力②。具体路径可从以下3个方面展开。

（一）拓展"非遗"的网络化传播渠道

伴随以微信、微博、应用程序等新媒体迅猛崛起，网民总量快速增长，互联网变更着人们的生活方式，渗透社会的方方面面。据iimedia research数据统计，对传统文化及"非遗"的了解，来自网络新媒体的人群占71.2%，传统媒体电视占53.2%，报刊占49.6%，广告及文化展馆占21.6%，说明网络已成为人们了解传统文化及"非遗"的首选。基于互联网可视化、社交化、互动化、使用者众多、跨时间与跨空间传递信息等优势，电脑、智能手机等新型端口，将互联网作为"非遗"的先进传播媒介。借助无线通信、移动互联网等可视多元的媒介方式传播"非遗"的基本知识和艺术精髓，打破时间、空间、场所的束缚，拓展"非遗"的网络化传播渠道，使之成为现代技术条件下适合于大众传播的新型应用平台。

让"非遗"传承人充分利用依托互联网和数字技术兴起的媒介为传播渠道，将

① 王仲明.关于非物质文化遗产保护的思考[J].四川省干部函授学院学报，2013(2)：1-2.

② 刘金祥.刍议非物质文化遗产产业化[J].华北电力大学学报，2012，11(4)：89-94.

身怀绝技的艺术制作过程、操作技巧等形成音像资料，借助互联网进行展示、散播与推广，深入渗透民众生活。以中国书法为例，首先由名师以经典名帖录制学书法视频上传至网络平台，并对其名帖风格介绍、字法分析、笔法解析、示范书写，其过程使学习者从屏幕观看中便可获得理论知识和字法、笔法、章法等书法技巧，从而直观理解书法线条的起笔、行笔、收笔的全过程，获得灵感，足不出户就得到名师的指导。

通过多途径、多渠道接触中华民族文化的深厚风韵，领悟“非遗”的文艺价值和精神价值，从而让人潜移默化地产生强烈的文化认同感和文化自豪感，唤醒人们热爱民族和国家的文化自觉性和文化责任感，作为华夏儿女真正产生对中国文化的热爱和自信，肩负重任，自愿参与文化保护与传承，最终成为“非遗”的守护者和继承者。

（二）创建“非遗”的专业化高端平台

中华民族“非遗”种类繁多，极其丰富。有历史悠久的民俗文化，如岁时节日、人生礼仪、游艺民俗等；有口口相传的民间文学，如新疆《玛纳斯》《格萨尔》史诗、妈祖信俗等；有巧夺天工的工艺美术，如中国篆刻、桑蚕丝织技艺、中国剪纸、石雕艺术、木刻艺术等；有技压群芳的表演艺术，如四川清音扬琴、四川评书、朝鲜族农乐舞、蒙古族呼麦、广东粤剧等。各类“非遗”的呈现方式不同、特征表现有别，应探究“非遗”内容的系统性、内隐性等特点，以单独的类别为单位，视其“非遗”门类的难易条件，分门别类、因类而异搭建互联网专业“非遗”平台。以“政府监管、多方共享”为方针，为传承艺人提供资源平台和维护，搭建全国众多同行“非遗”传承人进行技艺切磋、文化交流、提升自我的互联网平台，使之成为“非遗”爱好者欣赏艺术、获取信息、学习技艺、交流心得的互联网平台，成为弘扬传播“非遗”的主要载体和有效渠道。

以建立剪纸网络平台为例，包括剪纸最新动态、剪纸传承名家、剪纸知识、剪纸论坛、剪纸教学、在线试听、剪纸展厅等板块。“剪纸最新动态”板块适时播出剪纸的最新资讯和专题报道。“剪纸传承名家”板块则汇集全国杰出的剪纸大师组成阵容庞大的剪纸专家库，内容可记载艺人档案、学艺经历与故事、心路历程等，让受众通过此板块走进剪纸传承人的生活世界。“剪纸知识”板块则对剪纸的知识点专业解读，普及传递剪纸知识，形式可采用图片、音频、视频等多样化，覆盖各年龄阶段的受众人群。“剪纸论坛”板块则打破传统的单项式灌输方式，充分利用互联网的互动性，使受众与传承人、传承人与传承人、受众与受众在此进行文化沟通，通过知识的碰撞、思想的交流从而迸发新的灵感，也可更好地激发剪纸的创新。“剪纸教学”板块则展示全国剪纸传承人录制视频等，将剪纸艺术创作的制作过程、步骤方法、工艺流程等内容进行详细讲解，较好地得以将手艺流向大千世界，受众可通过平台自学的方式进行模仿操作，同行大师也可观摩、批评指正等共同进步。

（三）营造“非遗”的多元化展示空间

目前众多的“非遗”展示多为场馆展示，其优点是人群集合式的观看、主题明确、传承人可与观众交流互动，但遗憾的是展览都有一定的时间节点，人们不能随时参观。那么，利用“互联网+”便可打造“非遗”线上展示空间，旨在保证“非遗”展示的长效性和观看便捷性，与此同时，更好地展示“非遗”作品、“非遗”传承技法、“非遗”活动导向、“非遗”最新成果，提高“非遗”的影响力和辐射力，兼备“非遗”的学习功能，从而塑造文化效应。利用数字媒体艺术制作二维、三维动画模型，塑造“非遗”人物、场景，以动漫的形式呈现“非遗”生产工艺和操作流程，加之后期特效合成技术，以群众喜闻乐见的形式展现“非遗”的技术与艺术。如重庆大学与中华文化动漫研发传播中心制作的《川剧动漫科普短片项目》，即是以此种方式来展现川剧，并取得同行一致好评。

利用摄影摄像技术，对“非遗”传承人的技法步骤、技能讲解、创作过程等进行现场全方位、多角度地实拍，直观形象、客观典型、真实完整地捕捉镜头。记录的不仅是“非遗”本身，同时将视角延伸至独特的原生态环境和文化生存空间中[①]，对于全球化进程中的现代人来说，不管是一种偶然中的必然，还是一种必然中的偶然，原生态民族文化背后有着广阔的蓝天、祖先的记忆和心灵的慰藉[②]。记载其生存原貌、岁月历程、人文情愫，深挖蕴藏的文化信仰和民族精神，实现

① 杨国兴．影像参与非物质文化遗产传承保护的作用及方式［J］．民族艺术研究，2015（3）：99-103.

② 吴斌．电视传播与原生态民族文化保护［J］．贵州民族研究，2008（5）：35-40.

网上在线展播。

利用VR技术，重构“非遗”的展示空间和传播方式。将“非遗”技术与艺术真实地还原，实现虚拟再现、可视化及互动操作，让学习者在虚拟的现实空间中获得真实的“非遗”技艺，将知识普及大众，扎根群众，开辟“非遗”保护与传承的全新传播领域。以“非遗”舞蹈类为例，对舞蹈的场景和人物进行真实可视化模拟构建，创造灵活多样的情景氛围，人们可以通过VR设备在虚拟场景中亲身体验感知“非遗”的魅力，跟随其中的歌舞演员和韵律一起舞动，增加娱乐性与趣味性，通过时空处理手段，有机地将真与美结合，营造舞蹈的多元交互的展示空间，从而达到“非遗”传承的目的。

四、结语

中华“非遗”是彰显中华民族的智慧与维系民族情感的纽带，是古老人民在生产劳动中独创的为人民大众服务的传统技艺，背后除了绰约多姿的文化个性和活力外，更是一片浩浩长空。当今，社会变迁、思想开放、文化多元等因素均对“非遗”产生一定影响，遵循“非遗”自身传承、演变规律，对于延续和传承中华文脉，展现中华文化的魅力和生命力[①]，促进中华民族优秀传统文化的承接与延续，增强中华民族的文化自强与文化自信。互联网时代的崛起让传统文化与现代化潮流在时间维度、空间尺度等方面繁衍着新一轮的矛盾冲突与和合共生。利用“互联网+”使得“非遗”在风雨岁月中孕育着华丽的艺术转型与浩瀚的文化波澜，以崭新的姿态从边缘化重新走向大众舞台，面向世人，走向世界。作为中华炎黄子孙，有义务和责任肩负这个日新月异的时代赋予的挑战，找寻创新性、与时代接轨的方法将“非遗”进行较好的保护与传承，使其发扬光大。

① 周和平.加强非物质文化遗产保护，建设中华民族共有精神[J].艺术评论，2012(7)：1-6.

巴渝地区碉楼建筑历史演变与保护利用①

舒　莺　刘志伟②

碉楼，顾名思义，就是形似碉堡的塔楼型建筑。碉楼起源于冷兵器时代，是不同历史时期和世界范围内广泛存在的防御型建筑，在不同地域自然环境与社会条件影响下逐渐演化而成的多层塔楼式、碉堡型特殊民居建筑，通常外部严密封闭，内部具备瞭望、射击、藏匿等多重防守功能。

碉楼建筑从战争时期的附属防御设施逐渐成为住防一体的民居或纯民居，迄今在我国福建、四川、重庆、江西、广东等地仍大量存在，是特殊时代社会发展与历史变迁的重要遗迹，具有很高的文化研究与保护利用价值。由于自然地理环境与社会条件的差异，目前国内现存的碉楼民居在空间分布、平面布局、建筑形制、建筑材料、装饰风格诸方面各有不同，形成了福建土楼、藏羌高碉、开平碉楼和巴渝碉楼等几种典型碉楼建筑。其中，巴渝碉楼长期以来受到山地岭谷封闭环境影响，很长时间鲜为人知，直到近些年来随着新农村建设和乡村振兴逐步推进才得到重视并引起学界关注。

随着传统文化复兴工作的开展，国家级传统名村的保护工作逐渐深入，挖掘区域历史文化、自然环境交互作用影响下形成的地方建筑艺术特色，综合利用典

① 基金项目：重庆市社会科学规划博士项目“重庆特色传统乡土建筑文化遗产——巴渝碉楼保护与利用研究”（2017BS64）；四川美术学院科研博士重大课题培育项目“重庆巴渝乡土碉楼建造艺术历史文化溯源与应用研究”（2018BSPY016）。原载于《重庆社会科学》2018年第10期总第287期。

② 舒莺，女，四川自贡人，四川美术学院公共艺术学院高级工程师，研究方向：城市史及地域建筑文化。刘志伟，山东滕州人，重庆市设计院城市文化所经济师，研究方向：建筑文化遗产保护。

籍文献工具及历史地理学、建筑学、艺术学等学科手段，分析具有地域特色的乡土建筑的产生发展现状，对历史文脉保存与传统巴渝文化复兴、新农村建设都具有积极意义。

一、中国碉楼民居类型及其特色分析

碉楼作为防御性建筑，防卫、守护是其最大特征，各地碉楼建筑的历史起源具有相似性，但由于自然地理环境与社会背景不同，国内碉楼建筑也就各具特点，其中主要以福建、广东、川西和巴渝为代表，分为以下四种类型。

（一）福建土楼

土楼是碉楼建筑突出代表，福建土楼规模宏大，对外严密封闭，建筑形式为简单的圆形与方形，体量往往以巨制著称，极具震撼力，是碉楼建筑单体之最大者，属于家族式集体防御建筑。福建土楼分布广、保存完好，现存的福建客家土楼主要分布在福建西南地区，以漳州南靖、华安、永定等地为代表，总数达 3000 多座，主要用于家族居住。

（二）藏羌高碉

藏羌高碉是广泛分布在我国川西北地区嘉戎藏族与羌族聚居区的特色碉楼，以高峻为特征，是我国碉楼建筑高度之冠，高度普遍在 10—30 米之间，最高者有达到 60 米以上。藏羌高碉是鲜明的少数民族村落文化与独特的自然环境结合的产物，根据功能不同，分为卡碉、界碉、寨碉、风水碉、庙碉、烽火碉、纪念碉和家碉等，建筑普遍为石制多角，主体对外封闭，内部空间狭小，有瞭望和射击的专门设置，防御性强，仅家碉可常用于居住，前数者基本不用于住人。藏羌高碉分布较广，现存 600 多处。

（三）开平碉楼

广东开平碉楼是我国产生时间较晚的民居碉楼，建筑造型最为华丽，是传统乡村建筑与西方建筑合璧的最佳典范，也是住防一体化最完美的结合。开平碉楼最早起源于雨季防水患需要，但在“下南洋”的特殊历史背景下，当地出洋致富返家的“金山伯”们为抵御抢劫盗窃和守护财富、妇孺安全，由防水患发展为主要防盗匪，大量修筑坚固碉楼之风在开平盛行，促进了开平碉楼的进一步发展。

“南洋”建筑文化的传播使得开平碉楼功能与装饰都得到了长足发展，在碉楼建筑中别具西式美感。开平碉楼从功能上可以细分为更楼、居楼和众人楼等多种类型，据统计，开平地区原有碉楼3000多座，现存1833座，广泛存在于开平地区乡村各处。

（四）巴渝碉楼

在川渝地理单元中，少数民族、汉族都有修建碉楼的习俗，但分布总趋势是巴渝甚于川西，川南甚于川北①。具体而言，主要分布于上下川南和上巴渝地区，如巴渝涪陵、垫江、巴县、南川、綦江、江津、黔江地区，以及川南高县、珙县、宜宾、叙永、古蔺、合江、纳溪地区，此外在仪陇、巴中、峨眉、洪雅、马边、沐川、邻水、广安、大竹、仁寿、井研、威远、中江等县也有散见，显示出与少数民族地区各自独立、自成体系的人居环境模式②。总体看来，四川、重庆汉族聚居区虽大量散布汉族民居碉楼，但以重庆地区分布最为集中和最具特色，涵盖了川渝地区各种类型。重庆地区迄今仍有300多座民居碉楼存世。巴渝碉楼造型丰富、类型多样，综合看来主要为两类人建造，一是巴渝本土居民所建，一是移民所建，前者多沿袭古代北方传统并结合巴渝民俗而建，多为古典望楼、箭楼等造型，堪称古代军事防御建筑活化石，后者则多与闽粤赣等地碉楼类似，以土楼为代表。巴渝碉楼作为北方文明与移民内迁、巴渝本地民俗结合的智慧结晶，迄今保存着碉楼不同时期发展沿袭的完整脉络，既有各地碉楼“缩微版本”存世，同时又有自身不断演变的地域特色碉楼典型，堪称“中国碉楼民居博物馆”。

二、巴渝碉楼历史演变进程

巴渝碉楼发展历史源远流长，可谓上承远古巴人，下托移民内迁，其间五方杂处，近世又有西风东渐，经历了从官方到民间筑造方的更替、建筑形制的变化、装饰风格的演变。碉楼由古老的军事瞭望设施转化为山地民间庄园安防必备构筑物，建筑形制从简单的土楼修筑到多重机关的设防，建筑外形从古典望楼到

① 李先逵．四川民居［M］．北京：中国建筑工业出版社，2009：169.

② 季富政．三峡古典场镇［M］．成都：西南交通大学出版社，2007：141.

中西合璧的洋楼，装饰物由简洁朴素的坡顶围栏到细腻精心的装饰增华，可以看到巴渝碉楼在历史长河中始终生生不息地吸收各种时代社会文化因素，在千变万化中以防御为核心，不断丰富和发展各种细节，适应人们的生产生活之需。

（一）战争催生碉楼防御

碉楼萌芽源自战争之需，巴渝碉楼的产生和历代战争攻伐、社会动荡密不可分。

远古巴渝先民深受山地封闭之困，族群文化具有一定封闭性，但在巴楚相互攻伐的过程中，用于军事瞭望防御的建筑便开始萌芽。史载，巴人很早便曾修筑滩城，在今江北郭家沱一带。南北朝李膺《益州记》有载，但书已失传，后《舆地纪胜》、嘉庆《大清一统志》有“古滩城。在巴县东七十九里岷江岸，周回一百步，阔五尺，相传巴子于此置津是也”之记载，提供了有关嘉陵江北岸修筑防守和监视来犯敌军的建筑资料，从史料可知，这座滩城建筑尺度不大，周回“一百步”，墙厚“阔五尺”，按今天的计量尺度折算起来周长不到200米，厚度1米左右。巴楚相攻，巴国不断迁徙，国都五易其址，滩城最终没有留下实物痕迹，但滩城存世的情况却持续在南北朝时李膺《益州记》、明人曹学佺《蜀中名胜记》、陈计长的著述笔记和《太平寰宇记》《大明一统志》《读史方舆纪要》、乾隆《巴县志》等史料中保留下来，其使用功能、建筑造型、构造尺度和如今重庆地区普遍存在的碉楼建筑非常近似，堪称巴渝地区碉楼发轫的最早记载。

虽然巴渝很早就已经开始修筑类似碉楼的建筑，但真正得到发展还是在经历了北方王朝的若干次战争冲击之后。秦灭巴蜀，张仪把北方筑城技术带入巴蜀，他所修筑的城墙“造作下仓，上皆有屋，而当作门，置观楼，射兰”[①]。“观楼”建于高处，以便随时观望和射击，对西南地区战略防守具有示范效应。现今巴渝碉楼中的传统望楼式碉楼和张仪时代的“观楼”形制极其类似，是秦汉时期北方广泛使用的多层建筑。观楼主要用于登高瞭望和射击，位置一般设在城墙转角部位，故也被称为“望楼”或“角楼”。这种古老的建筑形制迄今在巴渝大地依旧得到沿袭和保留，伏脉千年，可以说非常难得。

① 常璩．华阳国志校补图注［M］．任乃强，校注．上海：上海古籍出版社，2009：128.

汉代，望楼修筑开始进入巴蜀贵族生活的庭院中。两汉时期，蜀中文化繁盛，成都平原一带曾出土大量和望楼、阙及坞壁形象有关的画像石和陶器，牧马山东汉砖画像中的大型庭院图中显示军事防御性的观楼进入贵族住宅，成为民居的一部分，位置考究的立于庭院侧角。此外发掘出土的汉代陶制望楼也准确地反映了望楼居于四角、护卫庭院的建筑空间布局，这些细节和现今重庆涪陵地区大顺乡民居庄园碉楼平面布局如出一辙。

魏晋南北朝时期，战争动荡，坞堡碉楼盛行。社会战乱纷争不断，豪强地主大量兴建带防御性设施的城堡式建筑——“坞”，作为避乱自保的重要屏障，《后汉书·顺帝纪》:“九月，令扶风、汉阳筑陇道坞三百所，置屯兵。”①209《后汉书·董卓传》:“又筑坞于郿，高厚七丈，号曰‘万岁坞’。”②2329 坞堡外观似城堡，《说文解字》:“隖（坞），小障也。一曰庳城也。”③2133《资治通鉴》注曰:“城之小者曰坞。天下兵争，聚众筑坞以自守。”④ 坞堡四周环以深沟高墙，内部房屋毗连，四角和中央再建夯土为基的塔台高楼，即望楼。这种建筑形制在魏晋时期出土文物中多有体现，如甘肃武威雷台出土的釉陶明器坞堡，中心有望楼，四隅碉楼间架栈道相通，这种较为大型的庄园防御在巴渝民间有一定的沿袭和传承，比如在如今涪陵地区瞿九畴、李蔚如庄园内，就有四个角楼之间周回连接的连廊形式，与邬堡角楼以栈道相通几乎是一模一样的构造。

唐景福元年（892年），昌州刺史充昌、普、渝、合四州都指挥、静南军节度使韦君靖，在龙岗山依山建寨，“筑城墙二千余间，建敌楼一百余所，粮贮十年，兵屯数万”，敌楼即用于观望敌情的望楼；宋元时期，于玠治蜀，四川各地再次大修山寨城堡抗蒙，望楼作为军事建筑在后来抗击蒙哥的战役中发挥了重要作用。官方防御建筑的重要作用对民间防护再次进行了具有现实意义的强化。

明清之后，防御建筑构筑理念正式从官方推广到民间，筑碉之风在动荡的社会背景下大为盛行，尤其清后期更达到顶峰。史载清后期匪患猖獗，白莲教起

① 范晔.后汉书［M］.李贤，等注.北京：中华书局，1965.
② 范晔.后汉书［M］.李贤，等注.北京：中华书局，1965.
③ 范晔.后汉书［M］.李贤，等注.北京：中华书局，1965.
④ 司马光.资治通鉴［M］.胡三省，音注.北京：中华书局，1956：2749.

义，官府大力支持民间筑碉。嘉庆到同治、光绪年间，政府设立乡兵、举办团练，“修建土堡，互为策应”，同时将沿海土堡防贼之法推广到内陆诸省，更鼓励“自卫身家，籍可保全地方，以辅官兵……选公正绅士，实力兴办，务使官不掣肘，民悉同心，城市乡村，声势联络”①。不断受到土匪流寇滋扰的四川从官府到百姓借修筑碉堡进一步加强防守，只要稍具财力的民众都纷纷加强防御，以期保卫自家人身和财产安全，碉楼很快便从官方和地主富户的军事防御建筑发展为民间住宅中常见的设施。

民国时期军阀混战，错综复杂的局势与杂乱无章的行政管辖导致巴渝不少地区出现大量“三不管”真空地段，是匪徒出没的危险地带。于是在这些乡村治安混乱、多县交界地带，筑碉成为百姓自保的必需措施，民间碉楼修筑也进入了高峰期，如在巴南、涪陵、南川、武隆等区县交界地段出现众多民居碉楼，或单碉，或多碉，或碉房一体，造型丰富，形态多样。同时作为官方驻防、企业监管的公用军事防务设施的新碉楼也有修筑，比如管辖江巴璧合边界之地、负责峡江防务的“北碚之父”卢作孚采取兴建中西合璧的碉楼作为官方驻防的屏障，令数座碉楼连成一线，防卫乱匪、保全天府煤矿与北川铁路运营，至今碉楼犹存。

综上可见，巴渝地区碉楼建筑的产生和频繁的战争刺激密不可分，巴渝历代地方管理者受到战争威胁，从古代巴国到民国时期都没有停止过观楼、坞堡、望楼、碉楼的修筑。这些军事气息浓厚的防御建筑随着历代战争的推动，从官方军事设施不断演变，直至成为民间防护的常见建筑，社会动荡是催生碉楼建筑的首要因素，在巴蜀民间根植了深厚的文化传统。

（二）移民推动形态演变

巴渝地区先后经历了北方王朝数次移民，“移民以实万家”，大批外来民众内迁推动巴渝地区的开发，对巴蜀地区经济文化提升提供了源源不绝的动力。自魏晋南北朝隋唐时期以来，中国政治经济重心在关中平原至黄河下游地区，巴蜀地区受中原文化中心的辐射，建筑呈现北方秦陇文化特色，民居建筑以抬梁式为主；同时，魏晋南北朝以来，干栏式建筑在四川盆地盛行，尤其巴渝地区保留得

---

① 赵尔巽，等. 清史稿［M］. 北京：中华书局，1977：3958.

非常完好；元明清以后，四川移民的主体是湖广、广东、江西等省的南方移民，故元明清以来的四川民居建筑演变成以穿逗式民居为主①，而巴渝地区的碉楼建筑则在清代客家移民成为川内居民主体之后达到发展高峰。

关于碉楼的演进路线，以季富政先生为代表的巴蜀乡土建筑学者经过数十年的考证，明确指出巴渝碉楼民居与闽粤赣地区民居存在非常密切的联系。“衣冠南渡”和靖康之难后迁到岭南一带的富豪依据原有的防卫居住建筑样式，就地建造家族聚居防御建筑，赣南围子和闽粤客家土楼建筑可视作对坞堡的直接继承②，“江西填湖广”之后“湖广填四川”，随着移民迁入四川地区“插占为业”，闽粤赣碉楼建筑样式也因之大量传入，如武隆、南川等地碉楼修筑者的祖先来源地大都可追溯到江西、福建地区。

明清以来的碉楼遗址和文字记载非常丰富，清初吴焘《游蜀日记》载川内“多碉楼围以雉堞，皆避乱者所居”③，坞堡、碉楼建筑在明末清初的战乱环境下，沿袭闽粤赣地区的碉楼建筑习俗大量修建家族戍防设施成为必然之举，清以后川内出现了更多的碉楼建筑，并且随着移民迁入丘陵地区大量开发山地，需要对原有的建筑形态进行优化和调整，以适应本地化的自然环境与生活居住习惯，巴渝地区父子分家、散户居住的习俗与安全防卫、就地耕作的需要以及行政管辖盲区治安问题，使得民居碉楼建筑形态不断本地化发展，在传承原有闽粤赣传统建筑形制基础上开始在体量和外形构造上进行调整，产生了规模缩小、增加安全防卫附属设施、出现本地化装饰物等新变化，如巴南丰盛老街保存的清末修建的一品殿碉楼，围合型带天井的四合院尺度明显偏小，出现了改善防守死角的木制耳楼，房顶有吞口装饰等细节，这在传统望楼型碉楼中是比较少见的，既保留了方形土楼模数比例，又在外形和尺度上向本地民居习俗靠拢。

清末民初，西风东渐，开埠之后外来商旅的涌入也把西洋建筑风格逐渐传入巴渝，原本巴渝地区传统民宅碉楼大多属于附着式建筑，是与住宅相呼应、守卫

① 蓝勇．西南历史文化地理［M］．重庆：西南师范大学出版社，1997：387.

② 刘亦师．中国碉楼民居的分布及其特征［J］．建筑学报，2004（9）：52-54.

③ 王锡祺．小方壶斋舆地丛钞：第7帙第2册：游蜀日记一卷［M］．上海：上海著易堂铅印本1891年影印本．

家宅安全的附属物，材料也多为夯土、石砌等材质，而民国时期碉楼修建则出现了浓郁的西洋化风格，宅碉一体的建制在这个时期出现得特别多，如南川张之选碉楼、涪陵黄笃生碉楼、渝北复兴龙王洞碉楼等，出现开敞外廊、连环拱券、西洋柱式与火焰形高窗等元素，内部也讲究精细华丽的装饰，如巴南石龙杨家碉楼窗户造型多变的西式图案与内部典雅的几何形天花吊顶等，都展现出西化洋派的时代特色。

（三）民风民俗促进功能发展

碉楼从官方设施到民间防务，经历了自上而下的演变过程，虽然巴渝碉楼深受北方文化和移民内迁影响，和国内其他地区碉楼有着千丝万缕的联系，但更值得重视的是，巴渝碉楼在本地自然环境与民风民俗影响下形成的自身特色。从严密封闭的防御建筑到形态多样的民居建筑，巴渝山区的山形地貌、自然气候和民风民俗对碉楼的空间分布、平面布局、功能完善和装饰细节都有决定性影响，是最终促成纯军事建筑演化为富有地域特色的巴渝山地民居的动力。

作为本地人居环境与移民文化融合的防御性建筑，巴渝碉楼包含了山西、广东、福建等地的碉楼建筑传统技术，同时又需要适应重庆地区炎热多雨环境、分户而居的民间习俗，所以巴渝碉楼建筑体量总体偏小，分布相对分散，但又造型丰富，从建筑材料上可分为夯土、石材、砌砖几种，从建筑风格上可分为传统望楼、客家土楼、石制箭楼、中西合璧碉楼，按功用可分为宅碉、寨碉、祠堂碉等。以上细致的类型区别大都源自地域环境与民风民俗对碉楼发展的影响。

第一，从空间总体分布看，巴渝碉楼在山区大多分散分布且体量规模偏小，这和巴渝地区“父子异居，自昔即然”“子大娶妇，别栏而居”的习俗有密不可分的关系。“分家”习俗和单个的家庭防御使得巴渝碉楼区别于闽粤地区的大家族整体聚居，加上山地开发的条件限制，在山岭地带修筑房屋及加以防卫成为普遍现象。所以，分散布局、小规模家庭防御是巴渝民居碉楼在空间总体分布上的主要特征。

第二，从个体平面布局看，巴渝碉楼一般和主体住宅建筑呈现分离式、附着式、嵌入式、围合式共存的多种形态，造型多样，空间位置灵活，一般不处于核心地位，而是多位于防守死角，不强调对称。这些特性与巴渝山地环境下的民居风格是一脉相承的。巴渝地区地形丘陵起伏，多数民居均依山就势，因地制宜而建，山庄大院、普通农宅相对于北方民居的礼仪尊卑秩序感偏弱，造型更为自由随意。碉楼是居住空间中的附属设施，主要用于护卫家庭人财物，必要时提供藏匿空间，一般不会位于重点要害位置，而是选择在利于勘察外部敌情动向的位置进行安放。所以存世的山地碉楼常见位于山地岭谷地势高峻、便于瞭望之地，多在较大型的庄园宅院角落处，几座碉楼相互策应，同时碉楼之间也有主次之分，如江津养晦山庄主碉楼与策应碉楼的空间位置差别（图 1），再如璧山翰林山庄后院面山的对称碉楼与前院实际发挥瞭望作用的绣楼、书房的呼应（图 2），都体现出很强的灵活性，也无固定法式。至于普通民宅，通常多依据山形地貌修建单碉、双碉、三碉或者四碉，除了住宅中心，其他便于瞭望防守的位置都可以择地安放。

图 1　江津养晦山庄

（图片来源：作者自绘）庄园靠山一侧设 2 座碉楼，

对面有策应碉楼，主碉楼设于瞭望防守犄角

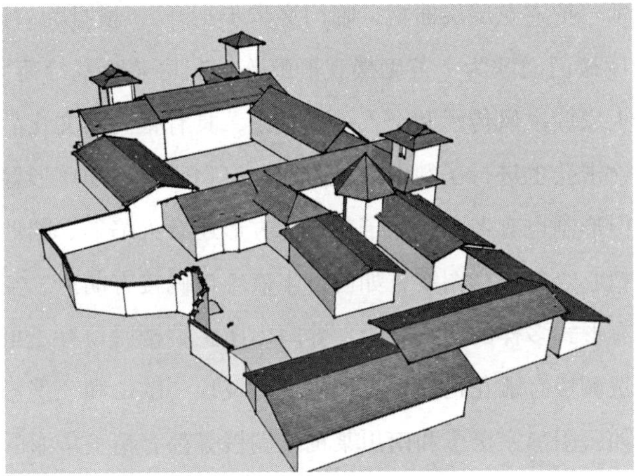

图2　璧山翰林山庄

（图片来源：作者自绘）面水，面山一侧设有2座碉楼，

四面可瞭望射击，防守一线正面再设策应书房碉楼、绣楼呼应，弥补防守不足

第三，从使用功能完善看，巴渝碉楼主要用于遇到险情时实现瞭望、射击和防御、躲藏，安全可靠是基本要求，因此更好的保障功能是建筑修筑过程中的重点关注环节。碉楼总体对外封闭，建筑分为墙基、墙体和屋顶三部分，基本防御措施为石头屋基勒脚，底楼设石头朝门、金属铁皮包门以防弹，不开窗，二楼以上开外窄内宽的喇叭形射击孔，顶楼设瞭望点与射击点。在这些基本设施之外，巴渝碉楼还有很多防御手段细节增补，完善功能并增强保障，如在朝门内设置双重夹墙提升防护安全性，每层楼楼梯口有倒扣在地的封门，及时实现楼层之间的层层封闭；顶楼增设燕子窝、角堡、耳楼，弥补射击死角不足；屋面多用民居常见的坡屋顶和歇山顶，出檐深远，起到雨季排水和减少墙身浸水的威胁，使得碉楼每个细节无懈可击，安全无虞，这些细节都是巴渝民间智慧的充分体现。

第四，从建筑装饰细节看，巴渝百姓通常在日常居住空间有舒适美观方面的诉求，在碉楼建筑上也有较多体现。随着碉楼从军事化到民居化，建筑装饰细节也是一个值得重视的环节，所以在安全防护之外，从大门到开窗、窗户图案、顶部围栏、撑拱和屋顶都有精心设计，体现出巴渝地方文化的特性。通常，碉楼底楼朝门两侧会镌刻装饰花纹和明心言志的对联，如巴南杨氏碉楼群石朝门均有楹联，有文字显示“护宅龙层层曲抱，临门客步步高升”，横批为“四知名范”；再如涪陵李蔚如碉楼门楹联为“苔砌楼观群蚁阵，花房兼听乱蜂衙”，以优美隽永的文字表明主人家族家风传承和个人处世观念，具有很高的文化品位。此外，具有杀伐意味的射击孔也进行了精细处理，造型有喇叭形、葫芦形等区别；碉楼窗户虽然偏小，但形制也有考究，除了普通的方形还有火焰形、圆形等造型，不少碉楼开窗外部精心绘制吉祥图案，如巴南丰盛垭口碉楼有葫芦、宝瓶、蝙蝠等图案，杨氏碉楼有形式多样的西洋彩绘，养晦山庄主碉楼屋顶有三角暗八仙彩绘撑拱，南川张之选碉楼有雕花构建支撑，屋面有坡顶、歇山和三重檐造型，并有飞檐翘角之势，如云阳彭家楼子和南川某祠堂碉楼等都有精美华丽的屋面形式，这在多雨炎热的环境中既保证通风透气，又防雨避湿，功能与装饰得到了双重实现，表现出巴渝地区实用与审美兼顾的习俗。

第五，从建筑材料的使用看，巴渝碉楼常见材料多为就地取材，主要使用天然的土、木、石材料进行修筑。其中特别值得提及的是传统夯土材料在碉楼建筑中的广泛使用，夯土建材是人类最早的“混凝土”材料，生土是夯土碉楼最简便易得的材料，具有就地取材的便捷性、冷加工的低成本、低能耗性和实际应用中良好的热稳定性、高保温性，在调湿、透气、防火等方面的优势与服役结束后可回归自然复耕或直接再生利用等优点，所以在西南地区乡村农房住宅中得到广泛使用，巴渝早期碉楼大量采用生土作为基本的建筑材料，为了增强坚固耐久性，一般还会在其中加入糯米浆、红糖水以及植物纤维等材料补充筋骨料，组成了原始的资源环保性建筑，对今天的被动式节能建筑研发具有较高的参考价值。

三、巴渝碉楼现状分析

根据重庆市历史文物三普调查资料和其他相关渠道统计，巴渝地区原本存在1000多座碉楼，现存数量已经迅速减少到仅300来座。笔者在承担的相应课题研究中，对碉楼数量保存数量较多、使用情况较好的区县实地抽样调研54座碉楼建筑后，统计结果显示，已列入文物保护序列者占57.4%，其中主体完好，并在继续使用者占55%；主体尚存，废弃不用者占29%；已经拆除者占7%；复建或计划复建者占6%；新建者3%。可见，作为文物保护是现今碉楼的主要保护措施之一。但此数据仅仅是以保护现状较好的区域进行的抽样，更多区县的碉楼建筑还是大多处于废弃状态，虽然地方政府相关部门对有价值的碉楼复建有所行动，但如何更好地复建、复建后如何使用等依旧是值得探讨的问题。为此，需要对巴渝地区碉楼现状进行剖析，有利于认清形势，挖掘潜力。

（一）造型丰富，类型集中

目前重庆地区仅存的300多座碉楼，具有一定的区域集中特性。碉楼修建时间不同，在材质上也形成很大区别，在整个大重庆范围内先后产生了夯土、石砌和砖砌几种比较典型的类型，其中夯土碉楼在涪陵、巴南、南川、武隆交界地和江津等地常见；石砌碉楼在云阳、开县、万州、忠县、梁平、石柱等地多见；砖砌碉楼在潼南、合川、永川等地有见。夯土碉楼建筑传统古典望楼型居多，如江津会龙庄碉楼；石砌箭楼造型精美，装饰华丽，如万州司南祠；砖砌碉楼产生时间较晚，多以中西合璧洋楼形态出现，如涪陵马武刘作勤碉楼。面对不同区域建筑材质的碉楼，造型各有区别，建筑风格、空间组合也各具特点，如何实施差异化保护策略需要深入考量。

（二）区域传承，形成特色风貌

巴渝碉楼在中华人民共和国成立后大量被划分给贫困农户居住，还有部分被征作国有公用，用于粮仓储藏、办学培训、人防管教、治安保卫和办公等用途。20世纪60年代至80年代后期，随着农村人口增加、宅基地不足，在一些具有筑碉传统的乡村出现较为普遍的碉楼修筑，用以缓解住房紧张矛盾，带来了新的碉房修筑潮，并且居民在修建碉楼过程中依然按照传统手法选取土、石头进行建构，保留了内宽外窄的射击孔开窗方式，沿袭了传统防御建筑的基本构造，对于传统碉楼的技艺传承研究具有很大价值。如今江津四面山、涪陵龙潭一带始终保存着大量的碉房村落甚至在大顺周边地区因为留碉楼众多而得名“巴渝碉楼之乡”。这些碉楼村落与缓坡梯田形成优美自然的乡野风光，展示出巴渝山地民居别致的田园风貌。

（三）主要功能消失，大量衰败

巴渝碉楼和平年代的防御功能荒废无用，总体形势区域衰败。主要原因在于进行防御的建筑空间封闭狭小、进出不便、采光不足、修建耗费劳动力，改造难度大，难以适应现代农村生活发展。20世纪80年代中后期，改革开放后，进城务工人员大量迁徙，农村空心、空巢化发展，造成农房大量闲置，碉楼解决仓储、居住的附属功能进一步颓废，进入2000年后，现代建筑材料持续更新换代，传统碉楼的土木石结构从美观与安全性上更难以适应现代生活起居，大量碉楼在这一时期随着农村人口流动、乡村土地大量撂荒而衰败，只有极少部分因为造型特别突出而得到保护，如云阳彭家楼子被列为国宝，而其余大量碉楼仍面临消失的危机，或因为长久不使用而逐渐坍塌，或因为存在安全隐患而被拆除。在众多已经消失的碉楼中有很多建筑珍品，如南川大观张之选碉楼因为大雨冲刷而一夜垮塌，武隆翻匾村刘汉农七层高碉楼的庄园长期荒废，最后因为造成安全隐患，被人为拆除，成为当地建筑遗产保护工作中难以弥补的遗憾。

（四）乡村振兴，文保复兴

近年来，随着新农村建设工作的推进，碉楼作为巴渝地区的特殊建筑文化遗产得到重新发掘，在规划和建筑界、文化界引起了一定关注，部分区县围绕碉楼文化保护开展相关工作，并利用碉楼打造旅游观光特色景点，如巴南丰盛镇对碉楼群的旅游开发、石柱枫香坪碉楼与当地土司文化联合的少数民族历史展示、万州围绕石砌箭楼司南祠和丁家楼子成功申报中国历史文化传统名村都是其中的典型代表，这些都是巴渝碉楼建筑作为地方传统建筑文化遗产重新焕发活力，服务乡村建设的较好示范，对后续乡村旅游开发、文化振兴具有很好的启发作用。

四、巴渝碉楼保护利用措施

碉楼作为重庆西部山地人居特色建筑，与广泛分布于境内的滨江古镇、村落的干栏建筑吊脚楼，共同组成了重庆山地水岸的乡村立体特色景观风貌。对碉楼实施保护，是对川东民居特色建筑工艺体系的完善，是践行中共中央国务院《关于实施中华优秀传统文化传承发展工程的意见》目标的重要举措；同时，还可以通过研究巴渝碉楼实现传统建材性能优化，推动欠发达地区农村生态宜居建设，有利于实施乡村振兴战略，以推进乡村绿色发展通过传统碉楼的保护与复建、改良推广等，建立资源环保性被动式节能建筑示范，有助于重庆及川东周边地区的社会经济建设和农村生态文明发展。

总体而言，对建筑文化遗产最好的保护是利用。巴渝碉楼的历史文化根源与建造技艺是前人智慧的凝集，针对当前巴渝碉楼现状，建议对仅存的300多座碉楼和其依托的区域开展如下保护利用计划。

一是定点保护。制定保护标准，对具有一定历史文化价值的碉楼进行定级挂牌，为美丽乡村和城乡风貌规划建设提供参考。同时对一批具有较高历史文化价值但尚未得到重点保护的碉楼建筑加以关注，实施抢救性保护，避免再次发生垮塌和造成建筑文化遗产消失，如巴南石龙杨家碉楼、江津四面山养晦山庄、忠县黄金镇方静如寨碉群等。

二是划片保护。对具有大面积碉楼分布、单体价值不高或建成时间较晚，但又形成了一定风貌的地区划片重点保护，为特色乡土建筑保留原始传统基因，如江津四屏镇、潼南古溪镇、北碚天府镇等地区都可成为巴渝乡土碉楼示范区。

三是风貌建设。碉楼建筑从防御建筑向居住性转变，可见其本身具有不断适应现代农村生活的特性，可考虑在风貌建设方面加以采纳和重点运用。在具有一定历史文化渊源的区县开展巴渝碉楼建筑风貌区建设，在农村风貌建设规划上有意识加以引导，打造乡村历史文化人文空间，如涪陵大顺、龙潭、青羊等地。

四是旅游观光。碉楼建筑作为农耕时代的特殊文化产物，在建筑风貌上具有丰富的文化特色体现，具有自带的旅游观光元素，可以以此为依托进行相关乡村文化旅游策划，借鉴国内其他三地碉楼以影视剧方式进行推广和宣传，使巴渝地区碉楼建筑走出岭谷山区，以民间文化的独特形式引起关注，带来旅游观光客流，促进乡村旅游经济发展。

五是生态建设推广。由于巴渝碉楼建筑不仅具有地方传统人文色彩，且具有灵活可塑性、适应性强、建筑用地少、向空间求面积的特点，符合现实生活需要；碉楼建筑用材自然环保，居住微环境具有冬暖夏凉的特点，具有可利用的现实性，可考虑在巴渝乡村生态建设中对材料加以进一步研发，提升品质，大量推广，形成重庆新乡村风貌，改善农村生活的文化与生活质量，保护绿水青山，树立文化自信，振兴乡村，用科学发展的方式留住传统人文，留住乡愁记忆。

清代家族、寺庙与巴渝场市的恢复和发展[①]

岳精柱[②]

随着清初“湖广填四川”移民运动的开展，使得大量移民涌入。移民们的积极耕垦，使巴渝大地农业得以快速恢复并繁荣起来。在此基础上，商业、手工业迅速发展起来，各地场市也普遍得以恢复建立。在此过程中，家族和寺庙分别从人力、组织以及文化引力方面发挥了重要作用，本文拟从此视角探究之。

一、巴渝场市建立情况

清初的大量移民，满足了巴蜀之地的劳动力需求。巴蜀之地的经济很快发展起来，其经济交易之处——场市也逐渐兴盛起来。

① 原载于《重庆师范大学学报》(社会科学版)2018年第3期。

② 岳精柱，重庆中国三峡博物馆巴渝与移民文化研究所研究馆员，重庆市移民文化研究会副会长兼秘书长，主要从事移民文化、谱牒文化研究。

表 1　清嘉庆前后重庆场市统计表[①148]

清代县（厅）名	面积（平方公里）	场镇数（场）	每场平均面积（平方公里）	备注
1. 巴县				1. 面积据《重庆市地图册》，成都地图出版社，1999 年版 2. 场市数依高王凌先生统计数据，高文不载之州县，据同治《酉阳直隶州总志》，道光《石砫直隶厅志》以及民国《潼南县志》补。潼南县为民国初年设，在清为遂宁县梓潼镇。民国潼南县有 27 场，其中 2 场为光绪时设，故作 25 场计。另巫山县 5 场，据光绪《巫山乡土志》。大宁县场数史籍失载，依相邻之城口场数计 3. 本表所列，主要为乾嘉间数据，乾嘉间所缺数据，以其先后相邻时期代替 4. 永川县高王凌作 25 场，似有误，据《光绪永川县志》，应为 27 场 5. 大宁县场市，卢华语教授以开县场数为计。笔者以城口数计，可能更接近，因两县皆在大巴山腹地
2. 江北厅	5567.90	112	49.71	
3. 合川	2356	72	32.72	
4. 铜梁	1334	29	46	
5. 璧山	913	13	70.23	
6. 大足（包括今大足、双桥）	1390	16	86.87	
7. 永川	1576	27	58.47	
8. 荣昌	1079	17	63.47	
9. 江津	3200	73	43.83	
10. 綦江（包括今綦江、万盛）	2734	38	71.94	
11. 长寿	1415	31	45.64	
12. 南川	2602	37	70.32	
13. 涪州（包括今涪陵、武隆）	5847	130	44.97	
14. 忠州	2167	44	49.25	
15. 丰都	2901	75	38.68	
16. 垫江	1518	16	94.87	
17. 梁山	1892	27	70.07	
18. 奉节	4099	47	87.21	
19. 云阳	3649	47	77.63	

① 岳精柱．“湖广填川”历史研究［M］．重庆：重庆出版社，2014.

续表

清代县（厅）名	面积（平方公里）	场镇数（场）	每场平均面积（平方公里）	备注
20. 万县	3443	48	71.72	
21. 开县	3956	6	659.33	
22. 巫山	2958	5	519.6	
23. 大宁（今巫溪）	4026	29	138.83	
24. 酉阳	5173	72	71.84	
25. 彭水	3903	49	79.65	
26. 秀山	2450	28	87.5	
27. 黔江	2397	17	141	
28. 石柱	3012	24	125.5	
29. 潼南	1593	25	63.72	
30. 城口	3282	29	113.17	
合计与平均数	82400	1183	69.65	

注：此表部分转用卢华语教授的研究成果。载《古代重庆经济研究》，重庆出版社2002年版，第170–171页。

巴渝场市的发展，无论从时间还是区间来看，都存在一定的差异，由下列各表可窥得一斑：

表2　永川场市表

时间段	明及前	康熙	雍、乾	咸、同	光绪	不明	总数
数量	6	8	4	3	5	9	35
比例（%）	17.1	22.9	11.4	9	14.2	25.7	

注：1. 据光绪《永川县志》卷3《场市》整理。2. 康、雍、乾时期建立之场市共占34.3%。3. 县城除外，下同。

表 3　大足场市表

时间段	康熙（包括清初）	乾隆	光绪（包括清末）	民国	不明	总数
数量	5	4	4	7	12	32
比例（%）	15.6	12.5	12.5	20	34.3	

注：1. 据民国《大足县志》卷 2《镇乡》整理。2. 康、乾时期合计占 28.1%。

表 4　宣汉县场市表

建置时段	明朝	顺、康、雍	乾隆	嘉庆	道、咸	同、光	民国	总数
数量	8	6	17	10	6	9	4	60
比例（%）	13.3	10	28.3	16.7	10	15	6.7	

注：1. 据民国《宣汉县志》卷 2《市场卷》统计整理。2. 顺、康、雍、乾时期合计占 38.3%。

表 5　达县场市表

建置时段	明朝	顺、康、雍	乾隆	嘉庆	道、咸	同、光、宣	民国	总数
数量	14	6	21	9	9	19	9	87
比例（%）	16.1	6.9	24.1	10.3	10.3	21.8	10.3	

注：1. 据民国《达县志》卷 2《市场》统计整理。2. 凡表中有“见乾隆志”者，计入乾隆时期。3. 顺、康、雍、乾时期合计占 31%。

表 6　巴县场市表（包括江北厅）

时间段	乾隆	同治	民国
数量	120	120	85
坊厢、街市	29 坊、15 厢	巴县：29 坊、 15 厢江北：22 街市	496 街巷

注:1. 据乾隆《巴县志》卷 2《场镇》，同治《巴县志》卷 1《场镇》，道光《江北厅志》卷 2《舆地》，民国《巴县志》卷 2《镇乡表》整理统计。2. 同治时期场市，包括同治时巴县 68 场和道光时江北厅 52 场，但不包括乾隆二十四年划归璧山的依来乡。3. 民国时期场市数量不包括江北厅。

从表1可知，在重庆8.24万平方公里面积上，嘉庆年间有1183场（各县城街道除外），平均69.65平方公里就有一场。特别是巴县、江北、合川、永川、铜梁、大足、荣昌、江津、长寿、涪陵、忠州、丰都、潼南等地，其平均数远远低于整个重庆的69.65平方公里，这些地区应是经济发达所在。璧山、綦江、南川、梁山、云阳、万县、酉阳、彭水等地，其场市平均数接近重庆整体平均数，属次发达地区。将酉阳、彭水归为次发达地区，似欠妥，尚需材料进一步证实。垫江、秀山等属经济较差地区。大宁、黔江、城口等地，属经济差的地区。据表1所反映信息，开县、巫山属最差地区。但是，开县、巫山场市平均数达500平方公里以上，高出平均数7—9倍，似难理解。而当时的开县，其经济不会这么差，其制盐和产煤规模大即可窥一斑。场市是因农村商业的发展而成，其繁荣程度不仅反映了该场商业发达程度，更反映了该场所覆盖区域（经济圈）的经济状况。因此，场市的恢复与增加，充分反映了农村经济的发展情况。

场市的普遍恢复和新建，又极大地促进了农村商业的发展，正如光绪《永川县志》所言："场市即多，易事通功，诚为民便。"[①卷3《场市》]光绪《长寿县志·原目》："贸迁化居，约期为市，虚往实归。"其他方志亦多描述："市井者，场镇也。利之所在，人必趋之。聚民间日用之需入市交易，谓之赶场。各有定期，辰集午散。"[②卷3《场镇》]"至于各乡场镇，每逢赶集，摩肩接踵，塞街填衢，以有易无，听民自便。"[③卷2《场镇》]"日中为市，以有易无，民咸便之。"[④卷2《市集》]农村集市，均有定期，每十天三场，或三、六、九或一、四、七，或二、五、八，相邻场镇，集市期一般都错开，以便交易。也有"无市期，俗谓之百日场"[⑤卷4《市镇》]者，反映出昔日商业一派繁盛景象。

在家谱中，亦有从事贸易之描述。赖氏入川祖于乾隆十九年，自广东兴宁入巴县。约居20年后至第三世，"始不得已而引诱于贸易之事。夫贸易固属易事

① 许曾英，等．永川县志（卷3《场市》）[M]．清光绪二十年刊本．

② 朱言诗，等．梁山县志（卷3《场镇》）[M]．清光绪二十年刻本．

③ 福珠朗阿，等．江北厅志[M]．清道光二十四年．

④ 王尔鉴．巴县志[M]．清乾隆二十五年．

⑤ 王鳞飞，等．酉阳直隶州总表[M]．清同治三年．

耳，而引历之苦衷实难言也，当奔走于巫山、汉口，其间停留之缱绻，往来之辛勤，迄今梦寐之际，犹记当年旅邸之凄凉而泣血泪下矣”[①]。由文中可知，其贸易规模较大，路程较远，从一侧面反映了当时商业的发达。

巴渝商业繁荣，诚如民国《云阳县志》所述：“盐业盛时，各乡殷阜，豪绅富贾，暨其子弟，岁常入城游止，动经旬月，服用丰美，挥霍偃蹇……然当年常有京货船、南货船泊城下，经数月一至，至辄大获，或囊货入厂，恣所嗜携取，不问价责直，归舟始收帐而去。又更赊货若干，以俟重到，不虞相负也。清末，遂渐销歇，尚偶有过者，今乃绝迹。”[② 卷14《礼俗中》]乾隆五年四川巡抚方显奏称：“川省地方，外省商贾贸易之人，实居太半。”[③ 卷120]此时期的传统商业很是发达。

广大农村场市的恢复与发展，成为当地经济文化的重要交流场所。人口的增加带来了大量的消费需求。移民们的剩余劳动产品，也需进行交流，作为物品的交流场地——市场亦相继建了起来。如陈孔立先生的移民社会理论所概括的移民社会结构的基本特点之五所言，巴渝地区场市的建立，和其他移民社会一样，随着移民人口的大量增加，市场也迅速恢复或新建起来。定远厅“山民……盐布零物借资商贾，负粮贸易，道多险阻，故家多畜猪，或生驱出山或奄肉作脯，转卖以资日用”[④ 卷5《地理志·苗俗》]。

从表2、表3、表4、表5来看，各地场市恢复建立比较集中的时段在乾隆和嘉庆年间，两时期所建场市之和分别占了各县总数的约34.3%、43.6%、31.3%和31%。表6反映巴县在乾隆时期的场市布局，基本成了定局，后世改变不大。这两个时期相对其他时期，比例所占很大，这和乾隆时期的移民高峰有关。而嘉庆时期又是移民后裔大量生长时期，人口增长快。同、光、宣时期亦如此，王笛根据人口平衡公式，对乾隆四十一年到嘉庆十七年间的四川人口进行了修正，从乾隆五十一年至乾隆五十六年，人口都稳定在1021.6万至1170.1万之间，六年间人口数变化不是很大，这说明此时期的移民人口的增加较前有所减缓，而嘉庆

① 赖仕兴，等．赖氏族谱［M］．清光绪丙子年修．

② 朱世镛，等．云阳县志［M］．民国十八年．

③ 清高宗实录［M］．中华书局，1986.

④ 余修凤．定远厅志［M］．清光绪五年．

十七年人口为2070.9万，较乾隆五十六年增幅较大[①72]，这应与大量移民来川后的人口繁育有关。因为在稳定了几十年后，移民又出现大量高涨之势，于理难以成立，何况政府已于雍正、乾隆时采取了一些移民限制措施，于此后，四川不可能再有大规模的移民。

于上述可见，人口的增加与场市的建立成正比关系。

二、寺庙在场市建立中的作用

经济史家全汉升先生曾以宋、明、清至现代中国庙市为研究对象，认为庙市乃定期市之一种，道出了庙会与场市的关系[②]。段玉明教授还详细论述了寺庙集市化与寺庙场镇化，指出了寺庙文化对经济交流的促进作用。认为庙市的墟市化在明、清时期是不可遏制的趋势[③848-852]。由于人们对神祇的拜祭，人员流动大，且神祇所在地成为中心，很容易形成市场，以满足拜祭者的商业需求。而庙会或曰寺庙文化的成熟，更促进了经济交流、商业的发展。清代的巴渝地区，亦不例外。

为了方便，下面将部分地方志中有关用家族和寺观命名的场市罗列出来。

表7　部分方志中的家族、寺庙与场市关系表

县名	总场数	家族名场市	家族名场市所占比例	寺观名场市	寺观名场市所占比例	资料来源
江津县	73场	梁家场　刁家场　杜市场　贾嗣　朱家　吴市　周杨　李市　吴滩　傅家　蔡家	15%	关圣　金紫　真武　慈云　三圣　金刚　紫云	10%	民国《江津县志》卷一《市镇》

① 王笛．跨出封闭的世界［M］．北京：中华书局，2001.

② 任放．二十世纪明清市镇经济研究［J］．历史研究，2001（5）.

③ 段玉明．中国寺庙文化［M］．上海：上海人民出版社，1994.

续表

县名	总场数	家族名场市	家族名场市所占比例	寺观名场市	寺观名场市所占比例	资料来源
永川	19 街 12 巷 35 镇	袁家　殷家　邬家　刘家　白家（以上皆巷）何家埂　陈家　张家　王家坪（以上皆场）	14%	普照寺　真武　川主　万福（以上皆街巷）石庙　普莲　梓潼　仙龙（以上皆场）	12%	光绪《永川县志》卷三《街市·场镇》
奉节	47 场	朱家坝　冯家坝	4%	香山寺　观音庵	4%	光绪《奉节县志》卷四《疆域》
大宁	95 场	谭家坝　涂家坝　冉家坝　黄杨坝　谢家坝　赵家坝　施家坪　田家坝　涂游坝　谭家墩　刘家坝　田家营　徐家坝　汤家坝	15%	天星观　二郎坝	2%	光绪《大宁县志》卷一《地理》
江北厅	52 场	舒家　林家桥　王家　李家　秦家	10%	官庙街　文庙街　三圣土主　文昌	8%	道光《江北厅志》卷二《街市·场镇》
綦江	38 场	陈家坝　封家　袁家坝　李家崖　刘罗坪　熊高山　罗汪村　欧家坝　蹇家沟　马家漕　蔡家坝　文村	32%	观镇　紫金庙　古佛坎	8%	道光《綦江县志》卷二上《疆域》
合川	39 场	孙家　萧家　蒲溪　张家桥	10%	金紫沱　二郎　东岳庙万寿　沙溪庙	13%	民国《合川县志》卷一《形势上》

续表

县名	总场数	家族名场市	家族名场市所占比例	寺观名场市	寺观名场市所占比例	资料来源
璧山	29场	丁家坳　郑家	7%	梓潼	3%	同治《璧山县志》卷一《市集》
潼南	27场	田家　安家　王家　夏家	15%	大佛镇　龙项寺　观音	11%	民国《潼南县志》卷一《舆地志》
大足	72场	马家街　李家坝场	3%	弥陀　观音	3%	民国《大足县志》卷二《镇乡》
铜梁	29场	尹家	3%	二郎　大庙　三教　万寿	14%	光绪《铜梁县志》卷二《乡镇》
南川	57场	陈家　田家　叶文坝	5%	二郎桥　观音桥	4%	民国《南川县志》卷二《区划》
长寿	12街 40场	傅何　晏家　焦家	6%	千佛　梓潼　古佛	6%	民国《长寿县志》卷二《镇乡》
黔江	5街 23场	蔡家漕	4%	—	—	光绪《黔江县志》卷一《街市》
彭水	4街 49场	保家楼　黄家坝　周家寨　张家坝　张家溪	9%	观音寺　文庙	4%	光绪《彭水县志》卷一《街市》

续表

县名	总场数	家族名场市	家族名场市所占比例	寺观名场市	寺观名场市所占比例	资料来源
秀山	41场	巴家屯	2%	庙泉	2%	光绪《秀山县志》卷二《地志·市集》
酉阳	70场 3街	涂家寨　白家溪　丁家湾　董家河　喻家坝　谢家坝　杨家沟　冯家坝	11%	庙溪　太极	3%	同治《酉阳直隶州总志》卷四《市镇》
荣昌	17场	梁家　吴家	12%	—	—	同治《荣昌县志》卷二《场集》
梁山	28场	柏家　石家　马家　杨家	14%	观音	4%	光绪《梁山（梁平）县志》卷三《场镇》
丰都	76场	王家　何家　董家　廖家　皮家　高家镇　孙家镇　蒋家沟　田家嘴　蒲家	13%	社壇　三圣　文会　观音寺　林家庙　关圣　石佛庙坝	11%	民国《丰都县志》卷八《场市》
垫江	33场	杠家桥　庄家桥　董家　母家桥　曹家　梅家	18%	赵家寺　裴江　庙　石坎庙	9%	光绪《垫江县志》卷二《场市》
万县	49场	孙家漕　余家　劭家　王家　陈家坝　熊家坝　大周溪　小周溪　余家嘴　龙家沟	20%	三元　佛寺铺	4%	同治《万县志》卷九《场集》

续表

县名	总场数	家族名场市	家族名场市所占比例	寺观名场市	寺观名场市所占比例	资料来源
开县	32场	马家沟 谭家坝 马家营 赵家 陈家岳溪 邓家	22%	关山庙	3%	咸丰《开县志》卷三《场市》
城口	29场	冉家坝 汪家河	7%	高观寺 袁家庙 寒溪寺	10%	道光《城口厅志》卷三《场市》
邻水	9街 36场	冷家渡 王家 梁家 袁市 牟家坪 古家	9%	观音桥	2%	道光《邻水县志》卷一《街道》
岳池	4街 31场	余家 罗渡溪 萧家	9%	白庙 观音溪	4%	光绪《岳池县志》卷三《市镇》
广安	36场	彭家 杨家坪 萧家溪 雷家(废) 汪家(废)	14%	东岳庙 白庙 观音阁庙坝场	11%	宣统《广安州志》卷九《乡镇》
大竹	48场	周家 童家 张家 北李家 姚市坡 欧家 高家坝	15%	二郎桥 新菴庙坝 观音桥 文星 神合 杨通庙	15%	民国《大竹县志》卷二《乡镇》
达县	99场	蒲家 李家坝 张家 覃家 明家河 王家 赵家(2) 固家 陈家坪 万家 马家 申家文家	13%	石庙 石观音 东岳庙 景市庙 新庙子 梓潼庙 白衣庙 四溪庙 老君垭 寿福 福善 东岳二郎 双庙	14%	民国《达县志》卷三《市镇》

下面是根据各地不同时期的方志记载的场市情况。

表 8　巴县不同时期的家族、寺庙与场市关系表

历史时期	总场数	家族名场市	家族名场市所占比例	寺观名场市	寺观名场市所占比例	资料来源
乾隆时期	120 场	彭家（2）　毛家　江家　舒家　王家　李家　陶家　蔡家　龙家　曾家	9%	圣灯　二圣殿　石庙店　观音　土主（2）　佛图关	6%	乾隆《巴县志》卷二《场镇》
同治时期	68 场	彭家（2）　毛家　江家　陶家　蔡家　龙家　曾家	12%	圣灯　二圣殿　石庙店　观音　土主　佛图关	9%	同治《巴县志》卷一《场镇》
民国	85 场 496 街巷	姚公　曾家　蔡家　陶家　马家　姜家　陈家（以上皆场）　江家　蹇家桥　萧家凉亭　曹家　蔡家湾　伍家　伍家后街　劭家院　雷家坡　瞿家沟　蔡家石堡　蒋家院　郑家上、下街　潘家　韦家院坝　王家码头　张家凉亭　曹家湾（以上皆街）　姚家　余家　金家　蹇家　蔡家　刁家　胡家　曹家　冉家　罗家　杜家　江家　曾家岩（以上皆巷）	7%	龙隐镇　土主　马王　文峰　崇文二圣　惠民　小观音　石庙（以上皆场）　太华楼　三教堂　韩家祠　小米寺　长安后　药王庙　龙王庙　罗汉寺　治平寺　太华楼　二郎庙上中下　陕西街　马王庙　三元庙（以上皆街）　报恩寺　万寿宫　关庙　天官　雷祖庙　老关庙　山王庙　老山王庙　三元桥　上清寺王爷庙　元通寺后街　地母亭　三圣　元通寺　镇江寺　地庙　王爷庙　北壇庙　老关庙　神仙洞正、后街　金马寺　金马寺横街　西来寺　报恩堂　永真堂　观音岩　五福宫　至圣宫（以上皆巷）	11%	民国《巴县志》卷二《场镇》《街道表》

表9 忠州不同时期的家族、寺庙与场市关系表

历史时期	总场数	家族名场市	家族名场市所占比例	寺观名场市	寺观名场市所占比例	资料来源
道光时期	62场	孙家 苏家坡 罗家坊（以上街市）王家 黎场 彭家 曹家 任家 黄家 冉家沟 江家 马家 江家（废） 贺家（废）	23%	老关庙街 清河寺普照（望水寺） 庙垭口 拔山寺 花桥寺 白马庙（废）	11%	道光《忠州志》卷二《街市坊表》
同治时期	66场	苏家坝街 严家桥街 王场 黎场 彭家 曹家 任家 黄家 冉家坳 江家（2） 马家 凌家 贺家 周家 汪家 万家 马杨	26%	老关庙街 清河寺拔山寺	5%	同治《忠州志》卷二《村镇》

表10 涪州不同时期的家族、寺庙与场市关系表

历史时期	总场数	家族名场市	家族名场市所占比例	寺观名场市	寺观名场市所占比例	资料来源
同治时期	120场	罗家 王家 韩家沱 白家（2） 石家沱 明家 罗云坝 李渡镇 荀家 沈家 包家 严家 汪家 郭祥坝	13%	新庙子 庙垭子 罗家庙 土地庙 裴江庙 新庙	5%	同治《涪州志》卷一《场市》
民国时期	151场	明家 杨家井 徐家 白家 屠家 沈家 江家 李渡荀家 高家镇 石家沱 罗家 百家 韩家沱	9%	玉皇观 土地坡 高庙子 土地庙 裴江庙 石庙 文星新庙 子文庙 包家庙 罗家庙 汪家庙 李村寺	9%	民国《涪陵县续修涪州志》卷五《城镇乡会》

表 11　綦江县不同时期的家族、寺庙与场市关系表

历史时期	总场数	家族名场市	家族名场市所占比例	寺观名场市	寺观名场市所占比例	资料来源
道光时期	38 场	陈家坝　熊高山　蔡家坝　封家　袁家坝　李家崖　罗汪村　欧家坝　蹇家沟　文村　刘罗坪　马家嶆	32%	观镇　紫金庙　古佛坎	11%	道光《綦江县志》卷二上《疆域》
民国时期	6 场			金紫庙　青龙（龙台寺）	33%	民国《綦江续志》卷一《场市》

表 12　宣汉县不同时期的家族、寺庙与场市关系表

历史时期	总场数	家族名场市	家族名场市所占比例	寺观名场市	寺观名场市所占比例	资料来源
乾隆时期	15 场	王家　谭家　邹家　曾家	27%	双庙　张庙	13%	乾隆《达州志》卷一《乡镇》
嘉庆时期	50 场	王家　马家　胡家	6%	下八庙　罗龙观　白马庙　双庙　上八庙　石庙　普光寺	14%	嘉庆《东乡县志》
光绪时期	50 场	王家　马家　胡家	6%	下八庙　罗龙观　白马庙　双庙　上八庙　石庙　普光寺　五官殿	16%	光绪《东乡县志》

续表

历史时期	总场数	家族名场市	家族名场市所占比例	寺观名场市	寺观名场市所占比例	资料来源
民国时期	62 场	王家　马家　胡家	5%	下八庙　罗龙观　白马庙　双庙　上八庙　老君塘　老君　土主庙　普光寺	15%	民国《宣汉县志》卷二《场市》

注：表中场市未含县城之市场，如民国时期，县城有东、西、南、北门四市场。

表 13　万源县寺庙与场市关系表

寺庙数	分布场市名	寺庙数	分布场市名
31	县城周围	6	固军　三溪口　魏家　草坝　田坝河
18	大竹河场	5	石塘坝　黄钟　罗文
13	竹峪场	4	板桥
11	白沙场	3	官渡　梨树　龙凤　长坝
10	旧院场	2	白羊　庙娅　河口　双龙　青花　大沙　王家
8	关坝	1	下溪口　兴隆　曾家
7	井溪场　铁矿场		

注：据民国《万源县志》卷二《祠庙》整理统计。

表 14　江津寺庙与场市关系表

寺庙数	分布场市名	寺庙数	分布场市名
38	县城周围	9	永兴　仁沱
25	黄泥	8	双河（二守镇）四明
24	白沙	7	观胜　转龙　吴滩
17	清平	6	德感　长冲　稿子　双龙　石门
16	杜市	5	五福　马骡　东胜　太平埂　龙门潭

续表

寺庙数	分布场市名	寺庙数	分布场市名
15	石蟆	4	西湖　板桥　旺龙　石盘　兴隆　金龙
14	先峰　三合	3	中兴　临峰　接龙　贾嗣　关圣　真武　双龙（十全）　大娅
13	游溪	2	九龙　福寿　沙埂　六合　金刚　昆那　太和　金银　悦来
11	金紫　朱沱　万福	1	滴水　永峰　自漩　周扬　吴市　三圣　几子　凤仪　紫云
10	珞璜		

注：据民国十三年《江津县志》卷四《寺观》整理。

表 15　长寿县寺庙与场市关系表

寺庙数	分布场市名	寺庙数	分布场市名
20	石堰	9	县城周围　千佛　沙溪　复元　罗围　海棠
17	傅何	8	太平　焦家　称砣　合兴
16	万顺　葛兰	7	但渡隣封　梓潼
15	河街　云台	6	古佛　扇沱　仁和　云山　永顺
13	晏家　双龙	5	深溪　九龙　松柏
12	渡舟　普子　兴隆	4	升平　复兴　黄葛　双河　青云
11	新市　八颗	3	天台

注：1. 据民国三十三年《长寿县志》卷二《庙宇》整理统计。2. 长寿县场市所建寺庙，最少是 3 处。

表 13 中的大竹河、竹峪、白沙、旧院、关坝等市场，表 14 中的黄泥、白沙、杜市、清平、石蟆，表 15 中的石堰、傅何、万顺、葛兰、河街、晏家等地，是当时寺庙分布较多者，也是当时经济相对较发达的地区。如大竹河场，就有川陕船帮的行业庙王爷庙、江西会馆万寿宫、川民会馆川主宫、黄州公馆禹王宫、

湖南会馆寿佛宫、纺织行业神庙机神庙等，竹峪场有川民公馆川主宫、江西会馆真君阁、湖广会馆禹王宫、黄州会馆帝主宫、江西会馆万寿宫、陕西会馆（又称三省会馆）等[①卷二《祠庙》]。江津的清平场，有禹王宫、万寿宫、鲁班庙、五圣庙等移民、行业会馆。江津黄泥场，虽无水路，但为重庆与贵州间的交通要道，有 25 座寺庙，其中会馆有万寿宫、帝君庙、南华庙、禹王宫、万天宫；行业庙有孔圣庙、张爷庙、关帝庙、王爷庙等[②卷四《寺观》]。会馆和行业庙，主要是商人和手艺人的活动场所，反映了黄泥这个地方的经济发展水平是很高的。长寿的葛兰场，有万天宫、三圣宫、帝主宫、万寿宫、禹王宫、后天宫等移民会馆[③卷二《庙宇》]。寺庙的多少，可以说是经济是否发达的一个重要因素。这些神，多是不同地域的移民搬来的地域神。众多地域神同处一地，相对较集中，则又促进了当地经济发展，场市便由此形成。故可以说寺庙活动与场市经济发展，是一种良性互动的关系。需说明的是，一些寺庙并未设在场市内，而是设在场市外。这些寺庙，虽不如场市内的寺庙对经济的影响程度大，但在这个市场圈内，同样不能否定它们对经济的影响，因为这些寺庙的祭祀活动，同样会吸引许多百姓，同样利于经济交流。寺庙，成了场市的文化引力，成了这些场市久盛不衰或越来越繁荣的重要因素。

三、宗族力量在场市建立中的作用

场市的建立，需要一定的依托力量，宗族就是最恰当的团体。方志中，记述利用宗族之力建立场市的不少。表 7 反映出，以家族命名的场市，9% 及以上的有 19 县，9% 以下的只有 9 县，特别是綦江达 32%，万县、开县也在 20% 以上，江津、大宁、潼南、垫江、大竹等四县在 15% 及以上。从表 8 到表 12，反映以家族命名的场市有不少。表 16 更说明家族在场市建立和发展中的作用。

---

① 刘子敬，贺维翰．万源县志［M］．民国二十一年．

② 聂述文，等．江津县志［M］．民国十三年．

③ 陈毅夫，等．长寿县志［M］．民国三十三年．

表 16　宣汉宗族建场统计表

场市名	创建时间	倡建宗族（姓氏）
三河场	光绪二十七年	彭、龙、张数姓
赤溪寺	道光年间	丁、陈、杨、石四姓
罗龙观	嘉庆二年	罗氏兄弟
月溪寺	民国五年	文、党、唐三姓
漆树沟	乾隆年间	黄、唐二姓
峡口场	乾隆年间	奚、杜、黄、彭四姓
双庙场	明中叶	向姓
暇耙场	乾隆初	宋、吴二姓
官渡场	明代	金、蔚二姓
南复兴场	嘉庆中	廖学纯、万紫春
豆城寨场	同治四年	邓之藩
方斗场	光绪元年	王锡之、寇初延
胡家场	乾隆十三年	赵思一
马渡关	乾隆初	于思藻
隘口场	道光二十八年	欧绍堂
双凤场	民国九年	冯忠曲、周定芝
鸣鼓场	道光年间	何体文
沿山场	道光初	冯学古
	光绪年间（复建）	曹回禄、唐世诗、任玉山
三溪口场	清初	罗仕儒、张在禅
池溪场	乾隆初	柯道学、张凤元
十字溪场	光绪二十七年	庞凤楼、文化山
铁矿坝场	同治元年	何得贤
土主庙场	同治年间	杨子容、李良轩

注：此表据民国《宣汉县志》卷二《营建》整理。

据民国《宣汉县志·营建》记载，宣汉在民国时共有62场（县城四市场除外），明确记录利用宗族力量创建的有9场；有14场是由某人或几人联合倡建。笔者认为，在这些人背后，应该有宗族的支撑。

表16反映，有一姓之力建场者，有几姓联合建者。而署名建场者，一般任族长者较多，或者亦是依靠宗族力量。利用宗族力量建立场市，有着得天独厚的条件，一是利用宗族既有的祖先祭祀活动之资源，二是利用宗族组织资源，便于组织财力和人口资源，即借用宗族的号召力。表16中，宗族力量建场有23场，而在乾隆及嘉庆年间建有8场，计占34.8%以上，比例非常高。巴中同乐乡曾有"孙家老子陈家娘，共同修起同乐场"①890之说。孙、陈两家族力量，共同修起了同乐场，也说明了家族力量在场市建立中的积极作用。这也正好与移民的高峰期和移民后裔生长期相一致。市场的开设，也有例外于寺庙之地者，如《定远厅志》记："山民贸易，定期赶场，有在山市旁者；亦有开于无人烟之处者，名曰荒场。"②卷5《地理志·苗俗》

四、巴渝场市特征

从上述分析可得出巴渝场市如下特征：

第一，在康熙、乾隆时期，处于场市建置高峰期。表2反映，永川场市在康熙时建置占22.9%，而在康、雍、乾三朝达34.3%。表3反映，大足场市在康熙时占15.6%，而在康、雍、乾时期达28.1%。表4宣汉、表5达县则更明显，在乾隆时期分别达28.3%和24.1%，若将顺、康、雍、乾合计，则分别为38.3%和31%。上述四县，在康、乾时期，新建场市都达到或接近30%。

表2、表3反映两县场市有较多不明建立时间者，这些多为老场镇，建立时间比较早。如永川的太安场、石庙场、五间铺等都是有100多家贸易户的大场，但都不明何时创建。表6反映巴县在乾隆十六年前，各乡里已有120处场市，而在同治时期，仍为120多处。因此，可以说巴县在康乾时期建置场市达到高峰时

① 方志编委会．巴中县志［M］．成都：巴蜀书社，1994.

② 余修凤．定远厅志［M］．清光绪五年．

期，为后世奠定了基础。

第二，巴渝地区，西部、东部的场市建立，有一定差异，西部在康熙时期为高峰，东部在乾隆时期为高峰。表 2、表 3 反映出，两县在康熙时期比例高于乾隆时期；而表 4、表 5 反映出，两县在乾隆时期建置数量远高于康熙时期。这可能跟宣汉、达县为山地、丘陵地区有关。

第三，各场市都有一定寺庙相伴。寺庙成了场市建立、繁华的文化引力，为场市建立提供了空间条件。大足县的弥陀场，“在县东十五里”，有“会馆二，曰惠民宫，曰江西庙，寺庙一曰弥陀寺”。回龙场，“在县东北四十里”，“街一，旧有会馆一，曰惠民宫，寺庙四，曰关爷庙，曰回龙寺，曰神农庙，曰机仙庙”。雍溪场，“在县东北八十五里”，有“会馆二，曰川主庙，曰禹王宫，寺庙三，曰文昌宫，曰甕溪庙，曰关岳庙”。三溪镇，“在县南六十里”，有“会馆四，曰南华宫，曰禹王宫，曰惠民宫，曰万寿宫。寺庙六，曰文昌宫，曰东岳庙，曰观音阁，曰牛王寺，曰五爷庙，曰关圣庙”。在一处场市，贸易户多，特别是所建会馆、寺庙多，都是文化、经济发达之所。会馆的修建，也是大量移民进入和经济繁荣的表现。

第四，巴渝场市的建立，与家族紧密相关。移民人口的增加，是建立场市的基础。宗族的力量，则是建立场市的组织资源、人力条件。在诸因素的综合作用下，巴渝地区的场市相继建立了起来。而场市的形成，相应就构成了移民的经济活动圈，使移民与该地的联系越来越紧密，从而增强了移民的地域认同。家族力量在场市建立中发挥了重要作用。

由于寺庙活动与场市经济结合，不仅在经济上，而且在文化上，实现了交流。不同之地的习俗，相互受到一些影响，一些具有巴渝和移民社会特点的风俗渐渐衍生，这有利于族群的文化认同，有利于族群的融合。市场圈或经济圈的形成，有助于移民的本土化。市场圈的成熟，亦成为移民社会转向本土社会完成的标志之一。

重庆行政区县历史命名中的巴渝水文化探析[①]

杨发军[②]

重庆位于中国内陆西南部、长江中上游地带，主要流经河流有长江、嘉陵江、乌江、涪江、綦江、大宁河等，因嘉陵江古称“渝水”而简称“渝”。同时，由于特殊的水环境影响，使巴渝水文化构成了巴渝文化中最厚重的部分，它所辖的38个行政区县的历史命名有66%与水紧密相关。

一、重庆行政区县命名中的千年水文化印记

重庆地处长江水系上游，境内河网密布，著名的嘉陵江、乌江、大宁河等河流均在重庆境内汇入长江。正是这些大江大河给重庆行政区县的命名留下了抹之不去的千年水文化印记。主要表现在以下几方面：

（一）因水直接命名的区县

巴渝先民为更清晰准确地认识自然和改造自然，他们利用大自然赋予的最直接的标志性“物”来命名地域名称。据统计，其中最多的是以“水”为形态的江河名来命名，现在重庆38个行政区县命名中有25个与水紧密相关，直接因“水”命名的区县主要有大足、黔江、开州、綦江、南川、永川、巫溪、合川、垫江、彭水等。

---

① 基金项目:2015年度重庆市教委科技项目“重庆行政区县历史命名的巴渝水文化研究”（KJ1503701）的阶段性研究成果；2015年度重庆市非物质文化遗产研究中心研究项目“重庆水文化调查与研究”（JD2015-Y004）的阶段性成果；2017年重庆水利电力职业技术学院院级重点项目“重庆城乡统筹发展中的生态哲学智慧”（K201701）。原载于《广东水利电力职业技术学院学报》2018年第16卷第2期。

② 杨发军，在读博士研究生，讲师，主要研究方向为马克思主义文化哲学和水文化教育。

大足区——其境内有大足川。古为“大足川”，现为“濑溪河”。大足川冲积沉淀的土地肥沃，流域内牲畜兴旺，盛产各种作物，社会稳定繁荣，故有“大丰大足大足川”之说。“大足”设县始建于唐肃宗乾元元年（758 年），据《太平寰宇记》记载“本合州地，与州同置，以界内大足川为名”[①]。“大足”设县以来一直沿用，直到 2011 年与“双桥区”合并才撤县设区。

黔江区——黔中乌江古黔江之说。据《郡县释名》中记载：“邑有黔江，自思州发源，凡五百余里，与岷江会于涪州之东。水常湛然彻底，以其出于黔州，呼为黔江，县因以为名。”[②] 因“乌江”古称“黔江”而得名。“黔江”最早设县于隋朝，称“石城县”，唐玄宗天宝元年改名“黔江”，沿用至今。2000 年由原“重庆市黔江经济开发区”改设为“黔江区”。

开州区——境内“南河”古称“开江”。最早设于后魏时期，隋唐宋元各朝沿用，明朝改为“开县”。据《郡县释名》：“开县，隋名开州，明改名县，邑有开江……县名以此。”[③]“开县”之名自明朝长期沿用，直到 2016 年 6 月，撤销开县，复设“开州区”。

綦江区——发源于贵州夜郎的綦江流经此地。现在的“綦江河”历史上称为“夜郎溪”，因“江发源于夜郎，作苍帛色，故名綦（綦字有苍青色的意思）……”“綦江”最早设市于元朝，明朝改为“綦江县”，沿用至 2011 年 10 月，撤县设区。

南川区——古时候的南江流经此地。历史上，“南江”又称“南川”，也就是现在綦江河的一支，源于现今南川区境内，故发源地就被称为“南川”。正如《四川通志》记载：“县有南江发源夷獠之界，……又至南江口流入大江，此县名之故也。”[④]2006 年，撤市设区。

永川区——“‘永’字三川称永川”。唐大历十一年（776 年），割泸州、璧山两县地始置县，因县城三河汇流，形如篆文的“永”字，故取名“永川”，至今

① （宋）乐史．太平寰宇记［M］北京：中华书局，2007，卷 149.

② （明）郭子章．郡县释名：四川卷上［M］.

③ （明）郭子章．郡县释名：四川卷上［M］.

④ （清）常明修，杨芳灿，等．四川通志［M］．成都：巴蜀书社，1984.

已有1200多年历史。光绪《永川县志》记载："城三水合流，形如永字，曰永川者，因水得名也。"①2006年，撤市设区。

巫溪县——巫山山脚的巫溪水。"巫溪县"旧称"大宁县"，因山西也有"大宁县"，且置县早于重庆，故1914年重庆"大宁县"改为"巫溪县"。宋朝设大宁盐治，元朝改为"大宁州"，明改为"大宁县"。

合川区——"三川毕汇为合川"。巴渝地区三条较大河流——嘉陵江、涪江、渠江三川汇聚于此，呈合拢之态故得名。"合川"历史悠久，最早可追溯到战国时期，古称"蟄江县"，后称"合州"。《元和郡县图志》："宋文帝元嘉中于此置东宕渠郡，后魏恭帝于东宕渠郡改置合州，以涪江自梓、遂州来，至州南与嘉陵江合流，因名合州。"1913年改称"合川县"，2006年撤市设区。

垫江县——"蟄江"误作"蟄江"。据垫江史研究表明：垫邑地垫低夷，河流纵横，溪沟交错，溪水冲刷沉积。从秦开始一直到南朝刘宋时期，现在的合川区合阳镇为垫江县之所，所在地正是嘉陵江、涪江、渠江汇合之地，水似衣之重叠，后人取其"重叠"之意，故曰"蟄江"。"垫江"之"垫"本作"蟄"，而在《汉书》中又将"蟄"写成"垫"，而后就沿用为"垫江"。北魏于临江县地置垫江县，仍沿"垫江"旧名。如段玉裁注《说文解字》："今地理志，郡国志巴郡下皆作蟄江县，……蟄江县在今重庆府合州。嘉陵江，涪江，渠江会于此入大江。水如衣之重复然。故以蟄江名县。"②在《蜀典》亦作同样解释。

彭水县——"彭彭水声之为名。"《彭水县志》记载，彭为鼓声，当时流经境内之乌江峡水发出"彭彭"似鼓之声，故名"彭水县"。最早隋朝设县，一直沿用。《郡县释名》："彭水县，隋名，文献通考曰'邑有壶头山、巴江、彭水'，因彭水为邑名也。"③

（二）因依水而命名的区县

江北区——因位于长江、嘉陵江以北而得名。

① （清）许曾荫，吴若枚．光绪永川县志：卷一［M］．1894.

② （清）段玉裁注．说文解字注［M］．上海：上海古籍出版社，1981.

③ （明）郭子章．郡县释名：四川卷上［M］．

《今县释名》:“在涪、岷二江之北。”[①]“涪江”即“嘉陵江”,“岷江”即“长江”。明朝时“江北”为巴县的一个镇,曰“江北镇”,清初为“江北里”,乾隆年间设“江北厅”,1912年改为“江北县”。1955年由重庆市第二区更名为“江北区”,沿用至今。

南岸区——长江之南岸。现在的“南岸区”名历史较短,先秦时期属“巴国”,秦汉属“江州”,南北朝属“垫江”,北周属“巴县”,而后一直沿用至民国时期。中华人民共和国成立后,为方便行政管理,依据其地处长江南岸的地理因素,故将民国时期的重庆市第五区更名为“南岸区”。

渝中区——渝州之中心。渝中区因坐落于重庆主城区最核心、最中心的渝中半岛而得名。渝中区所在地先秦为“江州”,学者认为“江州”古为“江洲”,而“洲”为三面环水,颇似江中之洲,故名。后设“巴郡”,部分学者认为“巴人”的“巴”就是“鱼”,“鱼”读作“巴”,现在重庆仍部分保留;还有部分学者认为“巴县……邑有巴江,在府城东北,阆水、白水合流,曲折三回,如巴字”[②]。“阆水”就是现在的“嘉陵江”,则推断“巴国”因水为名。1995年由“市中区”改为“渝中区”。

巴南区——原巴县长江段以南区域。现在的“巴南区”历史上一直隶属“巴县”,“巴南区”名历史较短,只能追溯到1995年。当年,重庆市为加强管理,将原“巴县”长江以南部分乡镇以及临近的“九龙坡区”的一些街镇进行合并重组,行政区划调整后改名为“巴南区”,因其主要辖地为原巴县长江以南部分而得名。

渝北区——渝州城北为渝北。因江北地处长江、嘉陵江以北得名,渝北设区时间较短,1994年由原江北县部分辖区改设为“渝北区”。

云阳县——山水之阳为云阳。对于云阳的来历有三种观点:第一种观点是地处山水之阳,四时多云曰云阳,这种观点得到普遍赞同,笔者也赞同此观点。《郡县释名》中记载:“以其地两山夹江,四时多云,[③]而邑当山水之阳,故名云

① 吕式斌.今县释名卷6[M].

② (明)郭子章.郡县释名:四川卷上[M].

③ (明)郭子章.郡县释名:四川卷上[M].

阳。”第二种观点认为地处云安之南为云阳。第三种观点认为地处缙云山之南而得名。

酉阳县——酉水之北为酉阳。“酉阳”最早设于汉高祖时期，因境内有酉水，且地处酉水北岸而得名。宋元明清以后治县于钟多镇，且位于酉水之北。1983年设立“酉阳土家族苗族自治县”。

沙坪坝区——长江边上多坪坝。现在的“沙坪坝区”一带最开始并不是坪坝之形，而是经过嘉陵江长期冲击以及泥沙沉淀而形成的，因坪坝之上多沙土，故曰“沙坪坝”。“沙坪坝”原为“古巴国”，后为“巴县”所治。1955年由原来“沙磁区”改为“沙坪坝区”。

（三）由水传说而得名的区县

九龙坡区——传说中的九龙滩。相传王家九个儿子本是龙子，被风水先生告知只要良辰起义即可打倒贪官做皇帝，但最后九个龙子没有按时辰动身，并被土地菩萨发现而使起义消息败露，最终被官府围剿。据《重庆市地名词典》记载：“九龙坡，……境内王坪山岩上‘镌有九龙滩古迹五个大字，滩在江心，有九石翘首若龙’，故名‘九龙滩’。后设店铺，称‘九龙铺’。又因地处长江北岸，呈斜坡地形，遂演化今名。”据考证，现在的“九龙坡区”早在明代就出现了九龙滩，而后一直沿用。抗日战争时期作为重要的军事及民用基地，先后在此设立了九龙铺码头、九龙铺机场和九龙铺集镇。①中华人民共和国成立后，由重庆市第四区更名为现在的“九龙坡区”。

北碚区——伸入江中的巨石且在渝州之北。有学者认为，“碚”是指伸入江中的巨石，而北碚就是有“碚”石（传说中的白鱼石）伸入嘉陵江。②“碚”源于一个神话故事：传说中的“碚石”并不是从来就有的，而是源于一个渔民。渔民一直找不到老婆，菩萨怜悯他就下凡装作一名村姑要求渔民背她过河，但条件是无论发生什么事情渔民都不能回头看，否则后果自负。渔民答应后就背着村姑渡嘉陵江，可是渔民渡到江中间觉得很奇怪，因为走了很久都没有到对岸，不过

① 邵桂宝．重庆市地名词典［M］．科学技术文献出版社重庆分社，1990.

② http：//bbs tianya cn/post-5111-24388-1shtml［EB/OL］.

他记着村姑的话没有回头看。但是又走了很久依然没有到岸，于是在好奇心的驱使下转过头。菩萨说他背叛了承诺所以让他变成一块白石头。白鱼石最初为“白碚”，日后慢慢演化为“北碚”，这是另外一种说法。

（四）以水运、商贸命名的区县

江津区——长江边上之要津。“津者，水渡也”，也就是现在的码头、港口之意。《太平寰宇记》载有：“地居江之津也，南齐移江州县于僰溪口，即此，西魏曰江阳，后周又增置七门郡，改阳为津，自隋始。”①《郡县释名》：“县左右江水环绕，而江北有津，人于此渡焉，故名江津。”②

万州区——“万川毕汇、万商云集”。唐朝贞观年间就有了“万州”之名，以地居四达之冲，众川之统会也。大部分学者认为一是因万州地处“万川合流之处”，二是认为因“万户城”而得名。③民国《万县志》载：“万之名源于北周万川郡，唐、宋、元皆以‘万’名州，明清始以‘万’名县，良以四川之江口嘉定、宜宾、泸县、重庆、涪陵，虽各受数水汇流之江要，皆限于一隅，若吾县则为全川之水所经，万川咸汇于吾县。”

大渡口——长江边的义渡。“大渡口”原名“北渡口”，清道光一士绅在巴县长江北岸马桑溪设义渡，因江宽水缓，过江人众，渡口规模为沿江数十里之首，人称“大渡口”。1965 年设区。

（五）因历史史实命名的区县

涪陵区——涪江岸边多王陵。众所周知，乌江于重庆市涪陵区汇入长江主河道，而在历史上“乌江”又被称为“涪水”。同时，古巴国时期王侯将相的陵墓散落在涪水两岸，故称这一带为“涪陵”。另据《涪州志》记载，“涪陵”唐朝称“涪州”，源于“在蜀江之南，涪江之西，故为名”。笔者认为第一种观点较可靠。重庆直辖后，重庆市涪陵区划为重庆管辖，并改市为区。

奉节县——诸葛亮“临大节而不可夺等”。“奉节”古称“鱼复”，《益部谈

---

①（宋）乐史．太平寰宇记卷 149［M］．北京：中华书局，2007.

②（明）郭子章．郡县释名：四川卷上［M］.

③（明）曹学佺．蜀中广记［M］．中国西南文献丛书第三辑西南史地文献第 26 卷．

资》:“鱼复，谓鳇鱼至此复回，不上也，对城隔江有鱼复县故址。”① 三国时期刘备改为“永安县”，后又改回“鱼复”“人复”等，唐贞观二十三年（649 年），为尊崇诸葛亮奉刘备“托孤寄命，临大节而不可夺”的高贵品德，将“人复”改名为“奉节”，沿用至今。

忠县——忠心可鉴“巴蔓子”。“忠县”古称“临江县”，梁朝时设郡，以附近“临江川”为名。现在“忠县”县名源于唐朝设置的“忠州”，而后各朝沿用，直到 1912 年改为“忠县”并沿用至今。县名得名于历史传奇人物——忠心耿耿的“巴蔓子”将军。②

二、巴渝水文化印记中的水文化内涵

马克思主义唯物史观认为，任何文化都与人紧密相关，都是人们在生产和生活实践中创造出的成果。著名地名学学者谭其骧也认为，对历史地名进行研究具有重要史料意义，原因在于地名是每个时代的人所命名的，必然反映一定的社会历史。正如谭其骧所言，对当今重庆 38 个行政区县命名的水文化研究，能反映出巴渝地区历史沿革中的生产生活、水传说、水运商贸、历史人物、历史史实等，这些都直接体现各历史时期人与人、人与社会、人与自然的关系。

（一）重庆地名渊源反映巴渝地区的地理环境及思维方式

地名的首要功能是准确地确定方位和直观地反映地理环境。现在的重庆古为巴渝地区，它在被称为“山城重庆”的同时，“江城”“雾都”“桥都”“温泉之都”等也是重庆的象征。勤劳勇敢的巴渝先人就世代居住于多河流、湖泊的重庆。

重庆 38 个行政区县中，因水直接命名的多达 10 个，因水定方位的也多达 8 个。探寻这些区县命名的渊源可见：一方面，巴渝先人为更好地在自己的土地上生产生活，智慧而又感性的他们就以居住地最具代表性的自然元素来命名所在地，由此“大足区”“綦江县”“南川区”等区县名就应运而生；另一方面，为了

① （明）何宇度．益部谈资：卷下［M］．

② 刘静，兰勇．历史时期重庆政区地名得名渊源初探［J］．三峡大学学报（人文社会科学版），2013（5）．

在江河密布的自然环境中更准确地定位，以江河为界加以方位冠之的区县名也就产生出来，例如“江北区”“南岸区”“巴南区”等。重庆行政区县地名多因水而生，这些地名的诞生就是巴渝祖先对世代居住地环境的最好诠释。

巴渝祖先在区县命名的思维方式上与其他地域、其他民族也有区别。如仔细研究重庆行政区县命名，可发现重庆行政区县名中只有表示南北方位的词，例如“巴南”“南岸”“江北”等，而没有表示东西方位的词。通过研究认为，这种不同于北方地区命名的思维方式的出现也是巴渝地区自然环境所引起的。在历史上，有很长一段时间，受到自然环境因素特别是大江大河的影响，人们一般很难跨越天堑而频繁到河对岸去生产生活，而重庆境内的大江大河多半是自西向东流，所以重庆区县名中只有南北方位，没有东西方位，这也是重庆区县命名的特别之处。

（二）水传说体现出人类对自然和神的敬仰

水传说是人们经口耳相传而逐渐流传下来的与水相关的人、物、事的奇闻异事，和其他传说一样，往往具备历史不确定性、精神思想性等特点。重庆行政区县命名中也存在相关的水传说，以“九龙坡”和“北碚”为典型代表。关于“九龙坡”来历的传说虽有神话色彩，但诠释了违背自然规律将遭受惩罚的道理，体现了人类对自然界、神等不可抗力的一种崇拜及敬畏之心。

关于“北碚”来历的传说主要告诉世人要讲诚信，做到言必信，行必果，经得起考验。同时，这个传说也让人心生不悦，原因就是劳苦百姓被具有超能力的菩萨愚弄而没有办法反抗，体现了人对神的敬畏之情。

水传说是水文化的一种，这也使得水传说具备了文化所具有的特征，即人们在生产和生活实践中遗留下来的痕迹。巴渝水传说是巴渝先民在生产落后的不发达阶段对自然、神、社会的一种看法和信仰。

（三）长江水运商贸体现水对经济发展的重要作用

巴渝地处中国西南内陆腹地，境内崇山峻岭，遍布大江大河，交通极为不便。聪慧的巴渝先民在这种恶劣的自然条件下不畏艰难，充分利用这一独特的地理条件，竭尽所能地认识和改造着自己生产生活的环境，对长江及支流航运的开发利用就是典型例证。

长江自西向东流经重庆，勤劳智慧的巴渝先民充分利用这一天赐的自然资源，在长江上建立起诸多港口码头。“江津”“大渡口”“万州”等区县的命名就直接和长江的水运商贸紧密相关。“江津区”位于重庆西南部，以地处长江要津而得名，在历史上“江津”是长江上游重要的航运枢纽和物资集散地。“万州”自古就是长江上游的重要港口码头，以“万川毕汇”“万商毕集”而得名。万州政府网有纪略：“万州古城，渝东名都。上束巴蜀，下扼夔巫。万川毕汇，千峰竞簇。水陆要津，西部门户。风光如画，璀璨长江明珠；贾客若云，繁华千年商埠。”[①] 这充分显示了“万州”之特殊地理位置以及长江对“万州”之重要性。“大渡口”以前为“马桑溪渡口”，因道光年间一士绅在此设义渡，其规模恢宏，地处要害，为沿江数十里渡口之首，因此也被称为“十里长江第一渡”，这一地名来历也反映出当时此地商贾云集，车水马龙，一片繁华盛景。

长江就是巴渝躯体的主动脉，长江之水乃是血液，这一大自然恩赐于巴渝儿女的礼物恰恰是巴渝经济发展的重要元素。“江津”“大渡口”“万州”等区县的命名正是长江水运商贸繁华与兴旺的真实写照，深刻体现出水对巴渝经济社会发展的重要作用。将来重庆的发展，“水”这一得天独厚的资源仍然会扮演更加重要的角色。

（四）与水相关的历史史实和人物彰显忠君爱国的精神

巴渝水文化印记中包含与水相关的历史史实和人物，充分彰显了后人对特定历史事件和人物的价值评价，或忠君、或爱国、或敬业等。

中国“忠文化”核心之地——重庆忠县，乃唐太宗赐名“忠州”，民国二年（1913年）改设“忠县”至今，是中国历史上唯一以“忠”命名的县。战国守土将军巴蔓子“刎首留城”、汉末巴郡太守严颜“宁当断头将军，不做投降将军”、三国“折冲将军”甘宁、西晋“散骑常侍”文立，明代巾帼英雄秦良玉等忠臣良将，使“忠义”特征享誉华夏。“奉节”之名源于唐贞观二十三年（649年），唐太宗李世民为尊崇诸葛亮奉刘备“托孤寄命，临大节而不可夺”的品质，改“人

---

① 万州纪略 .http：//www.wz.gov.cn/main/zjwz/wzjl/67_128/ default.shtml？ title［EB/OL］.

复”为“奉节”。

三、结语

文化的内涵是“人的本质力量的对象化”，即“人化”。人类通过劳动、社会实践协调人与自然、人与人的关系，在处理各种关系和实现“人的本质”的过程中认识和创造出的物质与精神成果就是文化。千年巴渝水文化印记正是中华文化以及人类文化的直接表征。巴渝先民是巴渝文化的缔造者、见证者、守护者，他们缔造了巴渝文化的丰富和深刻，见证了巴渝文明的辉煌与灿烂，守护着巴渝文明的进步和尊严。

通过梳理重庆目前各区县名称的来历可见：重庆与水息息相关、休戚与共；重庆由水而生、由水而兴；重庆因水而美、因水而荣；以长江为首的各大河流奠定了巴渝先民的人居环境、塑造了巴渝儿女的鲜明个性、充实了巴渝文化的丰富内涵；重庆将来的繁荣离不开对水资源的全面科学认识以及合理开发利用，离不开对独特巴渝水文化的继承和发扬。

GONGGONG WENHUA
公共文化

巴渝古籍数字化开发模式研究①

任　竞　袁嘉芮　袁佳红②

古籍是中华民族优秀传统文化的重要载体，具有极其重要的文物价值、史料价值和艺术价值，承载着数千年来中华民族的智慧成果，也是一个国家文明的重要标志。古籍数字化作为一种保护与传承古籍文献的重要手段，能够为古籍文献的“藏与用”之矛盾提供有效的解决途径，因而受到专家学者的一致重视。

为进一步加强古籍保护工作，2007 年 1 月 19 日，国务院办公厅下发《关于进一步加强古籍保护工作的意见》（国办发〔2007〕6 号），对全国古籍保护工作进行了总体部署，提出了“制定古籍数字化标准，规范古籍数字化工作，建立古籍数字资源库”的明确要求。近年来，随着信息技术飞速发展，我国古籍数字化工作取得了不小的成绩，但有关古籍开发模式的研究成果相对较少，针对巴渝古籍开发模式的研究目前依然空白。结合我国当前古籍数字化研究现状，本文提出了巴渝古籍开发模式，并展开讨论。

一、我国古籍数字化开发研究现状

古籍是中国古代书籍的简称，对于古籍的定义，说法不一，按国家标准《古

① 基金项目：重庆市科委制度创新项目“现代信息视域下巴渝古籍开发模式研究”（cstc2017jsyj-zdcxBX0011）。原载于《重庆文理学院学报（社会科学版）》2018 年 3 月第 37 卷第 2 期。

② 任竞，陕西西安人，重庆图书馆党委书记、馆长，研究馆员，主要从事中国古代文学研究。袁嘉芮，女，重庆人，重庆图书馆读者服务中心副主任，馆员，主要从事中国图书馆学研究。袁佳红，女，重庆南川人，重庆图书馆特藏文献中心主任，研究馆员，主要从事古籍与民国文献整理研究。

籍著录规则》(GB/T 3792.7—2008),主要指“1911年以前(含1911年)在中国书写或印刷的书籍”[①]。

古籍数字化概念从21世纪初出现至今,有学者从载体转化、使用目的、动态过程等角度对古籍数字化概念进行了描述和归纳。毛建军在综合上述定义的基础上将古籍数字化界定为:从利用和保护的目的出发,采用计算机技术,将语言文字或图形符号转化为能被计算机识别的数字符号,从而制成古籍文献书目和全文数据库,用以揭示古籍文献信息资源的一项系统工作。

(一)古籍数字化研究现状

我国古籍数字化工作开展已近四十年时间,最早始于港台地区,大陆地区古籍数字化工作起步较港台地区稍晚。随着计算机网络信息技术的飞速发展,古籍数字化工作特别是古文献数据库建设也赶上了前所未有的机遇。“中国基本古籍库”“中国方志库”“国学宝典”以及《四部丛刊》全文检索版等大型、综合性数据库的诞生标志着我国古籍数字化开发取得丰硕成果。

我国近十年来古籍数字化研究成果大体可以归纳为以下几个方面。

1. 古籍数字资源标准化体系建设

我国古籍数字化的主体大致分为公共图书馆、教育科研单位和商业机构三大类,其开发目的各不相同。其一,如国家图书馆、山东省图书馆、上海市图书馆等公共图书馆利用丰富的馆藏,开发了种类繁多的古籍数字资源库,积极推进我国古籍数字化工作。其二,各大教育科研单位如高校图书馆依托本馆珍藏的古籍文献,根据其教学、科研需求,建立了相应的古籍书目、全文和特殊资源数据库。其三,各类商业机构在进行古籍数字化工作时以市场需求或潜在的市场需求为导向,常常选择一些大型类书、丛书作为数字化对象。

我国古籍文献数量与开发单位众多,由于最初采取的封闭发展模式,各古籍数字化机构采用的著录格式、数据格式、著录文字等方面均存在差异,造成古籍数字化产品的格式五花八门、互不兼容的现状。从标准分类来看,尚缺相关行业

① 全国信息与文献标准化技术委员会.古籍著录规则:GB/T 3792.7—2008[S].北京:中国标准出版社,2008:1.

标准和地方标准；从标准内容来看，虽然涉及著录标准、数据加工标准和元数据标准，但标准内容不全面、不系统，尚缺采样、量化、编码、检索与应用等环节的管理标准和工作标准。

2. 古籍数字资源共建共享平台构建

近年来，在政府相关职能部门的统一部署下，列入我国《国家珍贵古籍名录》的古籍按照“统一规划、统一标准、合作共建、资源共享”的原则开展古籍数字化工作。除此之外，各类开发主体多根据自身业务需要来规划并开展该项工作，缺乏国家层面的宏观调控和管理，导致古籍数字化资源重复建设，造成人力、物力和财力上的浪费。因此，有专家提出制定合作馆藏总体规划、加强合作馆藏国际化交流的建议，认为通过统筹规划、共同建设，才能够达到对古籍数字化成果最大范围的利用。李明杰指出图书馆、学术机构和数字企业作为古籍数字化三大开发主体，应该资源共享、优势互补，并提出古籍数字化写作共享的构建途径——设立权威性、全国性的跨行业协调组织[①]。

3. 特种古籍数字化研究

特种古籍主要是指我国独具民族、地域特色，以及具有专题内容或特殊装帧形式的古籍文献，近十年来，特种古籍的数字化研究主要以民族古籍和中医药古籍为主。目前，我国已开发出蒙古、藏、维吾尔、哈萨克、柯尔克孜、朝鲜、满、傣、彝、壮等多个语种的少数民族语言输入法、检索系统及印刷体文字识别系统均取得初步成果，并应用于民族古籍文献的全文录入数字化工作中[②]，为少数民族古籍数字化建设打下了基础[③]。

4. 巴渝古籍整理与研究

巴渝文明起源很早，可以说从大禹治水开始，巴渝文化就是中国传统文化不

① 李明杰，俞优优．中文古籍数字化的主体构成及协作机制初探［J］. 图书与情报，2010（1）：34–44.

② 朱宗晓，王江晴，田微，等．少数民族古籍的数字化传播［J］. 图书馆建设，2013（3）：23–26.

③ 莎日娜．民族古籍保护开发利用研究述略［J］. 图书馆理论与实践，2007（2）：114–116.

可分割的一部分。三峡重庆库区不仅是文献记载巴人活动最频繁的地区，更是考古发掘发现巴人遗迹最丰富的地区。依据近年来逐渐积累的考古发掘资料分析，巴人早期活动区域以今重庆库区为主，至少在很长一段时期内，巴人是以今重庆库区为活动中心。

长期以来，由于对重庆遗留古籍的价值缺乏充分与深刻的认识，历史上重庆地方古籍的开发较为单一，大量的古籍并未得到很好的再利用。除重庆图书馆、重庆中国三峡博物馆、重庆市北碚区图书馆对馆藏古籍进行了少量的影印整理出版外，如《重庆图书馆藏稀见方志丛刊》《幼秋山馆行箧书目》《（道光）重庆府志》《北碚图书馆精品图录·古籍卷》以及其他单位馆藏古籍等，从未有过整理出版，更谈不上研究。

近年来，随着各单位古籍普查工作的完成和《巴渝文献总目》系列丛书的出版，重庆市古籍保护中心将重庆市现存45080部635754册古籍也摸清了家底。下一步，对于现存古籍中重要的地方文献及珍贵的文献资料，有必要进行整理出版，使这些资料能流传千古。

（二）古籍数字化产品开发模式

1. 政府规制模式

政府规制模式主要是指由政府相关职能部门及其下属事业单位（如图书馆、档案馆、博物馆、情报所、文化馆、高校、科研机构等）以利用和保护古籍文献为目的，采用计算机技术，将古籍文献转化为能被计算机识别的数字符号后进行整理、加工、存储以及制成古籍文献书目、全文数据库或数字化产品，并向大众提供无偿使用的运行模式。

我国非常重视古籍数字化工作的推进，在政府规制模式下，开展了一系列卓有成效的古籍保护工作，涌现出一批举足轻重的古籍数字化科研成果。2007年，国务院办公厅印发《关于进一步加强古籍保护工作的意见》（国办发〔2007〕6号），正式启动“中华古籍保护计划”，围绕“保护为主、抢救第一、合理利用、加强管理”的总方针，在古籍普查、文献修复、书库建设、人才培养等方面取得了丰硕的成果[①]。2016 年，国家古籍保护中心宣布“全国古籍普查登记基本数据库”和“中华古籍资源库”建成，并免费向社会发布，将为大众阅览和学术研究提供服务[②]。目前，我国拥有古籍文献馆藏的主要收藏机构大都建立了古籍资源数据库，同时，还进一步开展共建共享，建立了如中国古籍善本书目联合导航系统、中国高等教育文献保障系统古籍联机编目、中国科学院古籍联合书目数据库等古籍联合目录数据库。

政府规制模式依赖国家政策调控及国家财政拨款，由文化、文物等政府机构从宏观把控的层面组织专门人员实施运营，是当前古籍文献数字化建设过程中极为重要并被广泛应用的一种模式。

2. 企业参与模式

随着数字技术的不断发展和出版体制的放开，在古籍数字化进程中，有不少企业也参与到古籍数字化行业中，进行与古籍数字化相关的生产经营活动。数字企业在产品开发过程中紧扣市场需求，多选择使用面较为广泛的大型丛书或经典文献作为选题，开发出一批功能强大的大型综合数据库，不局限于书目型数据库。如以上海涵芬楼影印《四部丛刊》为底本开发的《四部丛刊》全文检索系统、《明清边海防》明清两朝边塞海疆地理文献汇编全文检索系统、配置有联机字典等多种工具的《宋会要辑稿》全文检索数据库和《通鉴全编》光盘数据库等。

企业参与模式对古籍文献的保护利用及开发起到极大的推动作用，却因为依赖市场导向、缺乏统筹规划而显现出人才缺乏、选题重复、资源浪费、本版不清、存在错漏等方面的问题。不可否认的是，随着我国的古籍数字化逐步走上正轨，将有越来越多的数字企业参与到古籍数字化产业中来，古籍数字化商业运作是未来古籍开发的发展方向。

① 韩永进 . 典籍传承智慧文明守望未来——写在“中华古籍保护计划”实施十周年之际［N］. 中国文化报，2017-05-22（8）.

② 国家古籍保护中心 .“全国古籍普查基本数据库”和“中华古籍资源库”正式发布［EB/OL］.［2017-10-22］.http：// www.thepaper.cn/newsDetail_forward_1539279.

二、公共文化产品开发模式借鉴

（一）政府和社会资本合作（PPP）模式

政府和社会资本合作模式（Public–Private Partnership，“PPP 模式”）在财政部《关于推广运用政府和社会资本合作模式有关问题的通知》中被定义为：是政府部门和社会资本在基础设施及公共服务领域建立的一种长期合作关系，由社会资本承担设计、建设、运营、维护基础设施的大部分工作，并通过“使用者付费”和“政府付费”获得合理的投资回报；政府部门负责价格和质量监管，以保障公共文化产品的社会利益最大化。

为转变政府职能、激发市场活力，2015 年 5 月，国务院办公厅转发财政部、国家发改委、中国人民银行《关于在公共服务领域推广政府和社会资本合作模式的指导意见》中提出，在教育、文化等共 13 个公共服务领域鼓励采用政府和社会资本合作模式。在公共文化服务体系建设过程中，部分省市开始了对 PPP 模式的实践探索。如北京西城区政府引入社会力量创建公共阅读空间，开创了公共文化服务领域 PPP 模式的雏形；江阴市图书馆以 PPP 模式推出的“三味书咖”城市阅读联盟，调动社会力量参与构建现代公共文化服务体系[①]。

与传统的政府规制模式相比，PPP 模式存在一定的优势：引入竞争环节，以效率为导向；建立长期契约与互补合作关系，降低综合性交易成本；实现最优综合效率，风险共担，利润共享。基于上述优势，有学者认为，PPP 模式可运用于在一定范围内、一定程度上涉及公益性、普遍性的需求，同时需要保证公平性和公正性，且可以通过付费方式进行市场化运作的产品或服务供给领域[②]。

（二）以中间组织为枢纽的 PIPP 模式

部分学者理性地认识到 PPP 模式存在社会资本的逐利性与项目公益性的矛盾，政府的强势地位对合作关系形成挑战。因此，在 PPP 模式中增加以中间组织为枢纽的 PIPP 模式或许能成为一种值得借鉴的运行模式。

---

① 宫昌俊，曹磊．江苏江阴市：推动城市阅读联盟的实践探索［J］．国家图书馆学刊，2015（4）：16–20.

② 胡汉宁，曹润林．中国 PPP 实践的若干思考［J］．学术论坛，2015（11）：69–73.

PIPP 模式，主要通过中间组织对政府与社会资本进行组织、沟通、协调，使三方力量共同推动公共项目的运行实施，在该模式中，中间组织在政府和社会资本间起着桥梁和枢纽作用①。其一，中间组织，如律师事务所、资产评估中心、审计师事务所、行业协会及商会等发挥自身专业性，既能够为政府甄选合作伙伴又能够对项目实施情况进行监管、评估。其二，中间组织能改变 PPP 模式中政府—社会资本的二元结构，通过三方优势互补来减少项目运行中的不确定因素。其三，中间组织有利于在公益性和功利性方面保持平衡，一方面防止政府对市场过度干预或产生权力寻租，另一方面解决社会资本获取信息不平衡、市场供求失衡等问题。

三、巴渝古籍数字化综合开发模式

（一）巴渝古籍数字化开发的价值与意义

《巴渝文献总目》对 1949 年以前的重庆地方文献做了系统全面的清理，揭示了重庆地区丰富的历史文献，为重庆古籍整理出版打下了坚实的基础。就目前不被大多数人熟悉的巴渝古代单篇文献而言，《巴渝文献总目》收全部散见于各种古籍之中的巴渝古代单篇文献 9071 条，按内容划分为诗词类、碑刻类、序跋类、传记类、金石类、综合类六个大类。其中，诗词类最多，有 7000 条左右，占全部单篇文献的 75%。而此前出版过的巴渝古籍，也以此为主，其代表性作品是《夔州诗全集》。其他的 25% 约 2000 条，碑刻类有 600 多条，序跋类有近 400 条，传记类有 600 条，金石类有近 400 条，综合类 100 多条。这些单篇文献，内容十分广泛，包括巴渝地区的地形地貌、山川河流、气候灾异、建置沿革、物产资源、语言文字、风俗人情、名胜古迹、政治军事、经济生活、文化环境等方面的历史，有着存史、资政、励志的重要作用。

互联网时代，古籍数字化是古籍整理开发出版的主要方向。古籍数字化产品走出象牙塔，融入国民生活，是重庆古籍整理出版首先要考虑的问题。因此，重

---

① 赵东 . 数字化生存下的历史文化资源保护与开发研究——以陕西为中心［D］. 山东大学，2014.

庆古籍整理，可以重点考虑分类系统整理和开发面向大众的通俗古籍读物两大方面，而重要古籍汇编、重要古籍校注的整理出版，也可以兼顾。比如：

1. 建立各类型的专门数据库。如重庆各区县自然、人文景观数据库；重庆各区县道观寺庙碑刻数据库；重庆各区县历代名人题咏数据库；纺织、陶瓷、厨具、饰品数据库等。

2. 开发通俗古籍读物。如重庆地方山水游记选注、地方志山水卷欣赏、重庆碑帖菁华等。

3. 重要古籍汇编。如巴渝三易（陈抟、二程、来知德）汇编、重庆禅宗史籍汇编、旅渝作家作品汇编等。

4. 重要古籍校注。如（乾隆）巴县志校注、《琉球国志略》校注等。

（二）多层次综合开发模式

采用何种模式开展巴渝古籍开发工作，首先需要明确两个目的：第一，满足专业研究人员的科研需求，为从事文史类研究或古籍文献整理的专家、学者、研究生等群体服务；第二，广泛吸引社会大众参与，吸纳社会资金用于古籍保护，同时推动巴渝古籍走出象牙塔，下移到广大民众中。换言之，在开发模式的选择上不能“一刀切”，要确保对巴渝古籍进行全方位、多层次的综合开发利用。

（三）政府负责统筹规划

古籍数字化事业的成果公益性、主体多元性、发展不均衡等特点，决定了政府参与的必要性。王立清认为，应该联合成立古籍数字化选题管理与控制小组，对全国范围内的公益性古籍数字化立项选题工作进行审核和批准，实行统筹规划，避免重复开发。由政府部门通过国家古籍保护中心做出我国古籍数字化工作的中长期战略规划，有利于标准化体系建设和共建共享平台的建立，形成古籍数字化开发常态化管理机制，整合古籍数字资源发布平台，完善古籍数字化相关法律体系和知识产权保护手段，为打造健康、规范、有序的古籍数字资源市场提供有力保障。

（四）企业开发特色产品

古籍数字化是一个系统工程，由于缺乏统一规划，造成资源重复建设，进一步导致古籍数字资源内容良莠不齐、主题同质化、产品供大于求等现象。而通过政府统筹规划，能够极大地避免一拥而上却发展不均衡的局面。政府与社会资本合作模式有利于形成公益性和商业性的双赢格局，将社会资本从系统风险中解脱出来，让企业能够专注于如何提升市场意识、目标意识、品牌意识、销售意识、服务意识，提高古籍数字资源开发利用水平，拓展古籍数字资源开发利用深度，提升数字资源开发利用综合效益，进一步促进古籍数字资源开发工作良性发展。

（五）中间组织执行监督评估

无论是国家财政支持的公益性古籍数字化项目还是政府委托的半公益性古籍数字化项目，有必要进行成本投入和效益产出评估。中间组织作为独立的第三方机构，能够得出相对公正、客观的古籍数字化项目效益评估，为古籍数字化项目未来的发展提供参考。

四、结语

综上所述，在古籍数字化项目建设中运用何种模式需要根据项目的公益性和公共属性来加以区分。首先，各类专门数据库、重要古籍汇编、重要古籍校注等纯公共文化项目需要由政府进行统一规制和以财政拨款的方式来保障项目的建设运行。其次，特色古籍文创产品开发、数字化（移动）古籍文献 APP 开发等受众面较小、前期投入高且预期收益不确定的项目，可通过特许经营权、未来收益权以及政府以奖代补的形式来确保社会资本获取合理的投资回报。再次，通俗古籍读物出版、传统文化教育产业、历史文化旅游产业等市场需求旺盛、预期收益稳定的“使用者付费机制”[①]的文化项目可以大力吸引社会资本参与经营。最后，必须强化监督与评估机制，着力构建科学、完备的项目评价体系，将统一规范的技术标准与社会评价相结合，客观评估巴渝古籍开发项目的综合实效。多元化、深层次、与产业相结合的巴渝古籍开发模式才能充分激活中华优秀传统文化的生命力，让书写在古籍里的文字活起来，让巴渝古籍保护事业成为实现中国梦不竭的精神动力。

---

① 李纪桦．从公共品属性视角探讨 PPP 模式在文化项目建设中的运用［J］．现代经济信息，2016（12）：52.

农家书屋功能整合创新："四维一体"模式应用研究①

淳于淼泠　李春燕　兰庆庆②

农家书屋建设是我国政府推行的农村公共文化服务重大工程之一。它的作用主要体现在两个层面上：一是现实层面，农家书屋作为文化惠民工程，是政府创新公共文化服务供给方式，为村民阅读书刊杂志创造了便利条件，提供了集中场所，营造了良好氛围；二是价值层面，农家书屋作为德政工程是政府培养和践行社会主义核心价值观的体现，有助于提升农村居民的基本文化素养、科学文化素质以及思想道德观念。

从农家书屋建设十多年的发展历程看，它在现实层面的基本目标已经达到，但距离价值层面的目标还相距甚远。尽管农家书屋才走完初期的发展阶段，对其作用不能苛求，但如果不站在一定高度来建设，农家书屋就很难成为乡村振兴战略中的文化精品，更难体现出它本应具有的文化特质和文化精神。

为此，在梳理学术界对农家书屋建设相关问题研究的基础上，借鉴比尔德贝克（Bilderbeek）等学者提出的服务创新四维模型，结合农家书屋建设实际来构建农家书屋的创新模式是很有必要的。

---

① 本文系国家社科基金重大项目"公共文化服务的指标体系构建与绩效评估研究"（12&ZD020）、西南政法大学2018年度硕士研究生科研创新项目"公共服务与社会稳定关系研究"（2018XZXS-022）研究成果之一。原载于《中国编辑》2018年12月总第108期。

② 淳于淼泠、李春燕、兰庆庆，西南政法大学政治与公共管理学院、重庆大学公共管理学院。

一、文献综述：农家书屋建设中的问题与模式研究

在农家书屋建设的十年（2007—2017 年）中，最显著的成绩是基本实现了农家书屋在农村行政村的全覆盖，基本解决了农村居民“买书难、借书难、看书难”的问题。农家书屋建设中的主要问题和发展模式又是什么？学术界进行了一些探讨，讨论主要集中在以下几个方面。

（一）农家书屋建设中的主要问题分析

学术界对农家书屋建设中存在的问题讨论比较分散，但从农家书屋构成的层次来梳理，大致可以归为四类。

一是服务对象方面。陈晓旷等人认为，由于农民文化程度偏低、未养成良好阅读习惯等原因造成农家书屋利用率低①。另外，黄雪丽在研究中提到村落主体参与度不足，主人翁意识缺乏也是农家书屋发展面临困境的主要原因②。

二是服务管理方面。谢敏仪认为在管理机制方面，书屋建成后采用自主管理、自我服务模式运行，人员及管理制度不健全等一系列问题严重制约了书屋的发展③。杜友文认为在管理人员上，目前农家书屋普遍缺少合格稳定的管理人员，村干部兼任管理员的情况十分普遍④。

三是服务内容方面。黄体杨等人认为，图书供给上主要有两个难题：一是没有及时检查，存在配送重复书籍的情况；二是每年更新图书几乎一样，没有做到因时、因地制宜⑤。金武刚提及，在图书资源建设机制方面，根据总署推荐书目进

---

① 陈晓旷 . 阅读推广视阈下的农家书屋长效发展机制研究［J］. 中国出版，2017（1）：28–30.

② 黄雪丽 . 农家书屋政策执行：困境分析与破解之道［J］. 图书馆论坛，2017（3）：44–50.

③ 谢敏仪 . 农村公共文化服务新模式：“流动的农家书屋”发展构想［J］. 图书馆理论与实践，2017（10）：81–84.

④ 杜友文 . 连云港市“农家书屋”建设中存在的问题与对策［J］. 图书馆建设，2009（4）：73- 76.

⑤ 黄体杨，陈立周 . 贫困地区农家书屋的“单向度发展”及其逻辑：以 B 市为例［J］. 图书馆论坛，2016（3）：12–20.

行统一配送的机制极易造成千篇一律的图书配置情况①。

四是服务设施方面。文芳等人认为农家书屋建设存在标准低、设施差的问题，主要表现在构建场所随意与内部设施陈旧两方面②。陈洲提到，农家书屋作为信息传播的载体，建设模式却落后于时代发展步伐，许多农家书屋尚未配置电脑设备③。

（二）农家书屋建设中的发展模式研究

针对存在的问题，一些研究者提出了农家书屋的发展模式，归纳起来主要有以下四种。一是“屋馆结合”模式。金武刚等人提出将农家书屋发展与公共图书馆建设相结合，借助图书馆资源带活农家书屋，促进农家书屋的可持续发展④。

二是“流动书屋”模式。谢敏仪提出“流动的农家书屋”发展构想。这种发展模式是针对现有农家书屋发展困境提出的，目的是建立农家书屋长效发展的服务机制，更好地发挥农家书屋在现代化建设中的作用⑤。

三是“数字书屋”模式。主要研究数字书屋的发展现状及发展模式。李天龙等人认为，新媒体时代，农家书屋的数字化建设迫在眉睫，通过构建线上图书馆的发展新模式，来实现农家书屋的提档升级，推动农家书屋不断前行⑥。

四是“地方实践”模式。即通过农家书屋的地方实践，总结出地方有一定成效的农家书屋发展模式。如边丽梅总结松原市农家书屋的做法，提出了“村校联

① 金武刚．农家书屋与农村公共图书馆服务体系融合发展探析［J］．中国图书馆学报，2014（1）：84–92.

② 文芳，吴青林，黄慧玲．精准扶贫视角下农家书屋的发展路径研究［J］．出版广角，2017（14）：43–45.

③ 陈洲．农家书屋实施主动服务策略研究［J］．图书馆研究与工作，2017（4）：25–29.

④ 金武刚．农家书屋与农村公共图书馆服务体系融合发展探析［J］．中国图书馆学报，2014（1）：84–92.

⑤ 谢敏仪．农村公共文化服务新模式：“流动的农家书屋”发展构想．图书馆理论与实践，2017（10）：81–84.

⑥ 李天龙．农家书屋数字化建设及其服务管理策略［J］．甘肃社会科学，2016（6）：233–237.

建”模式[①]；董健平分析了佛山市南海区农家书屋的融合创新，总结出“书屋升级”模式[②]。另外在农家书屋建设实践中，攸县“五黄蛋”延伸服务模式、长沙县分类评定“星级管理”模式、新晃县“书生管书屋”模式、永兴县“农家书屋阅读吧”模式等先进经验模式也在全国推广。

（三）相关研究述评

上述研究对农家书屋建设中的问题和发展模式做出了积极探索，为今后的相关研究奠定了一定基础。但就农家书屋建设的问题探讨来说，还存在重现象、轻规律的倾向，即较多讨论农家书屋所处困境的种种表现，较少触及产生这些困境的根本原因或内在规律；在发展模式的研究中还存在着重局部、轻整体的问题，也就是一种发展模式可以在某一方面促进农家书屋的发展，但农家书屋的服务创新需要更具有整体性、普适性的基本模式。

其实，农家书屋是农村公共文化服务得以实现的空间载体，作为公共文化服务系列的一环，农家书屋的本质属性是文化服务，“服务”既是农家书屋建设的逻辑起点，也是它的最终结果。农家书屋要取得服务实效，使农村读者满意，就要以“创新”为主要推动，才能完成农家书屋建设现阶段的“提质增效”任务。因此，创新不足才是农家书屋当前亟待解决的主要问题，而服务创新模式则是具有长效性的农家书屋发展模式。2017 年 6 月，国家新闻出版广电总局在《关于深化农家书屋延伸服务的通知》中首次将“创新服务模式”作为一项重要任务提出，这不仅需要在农家书屋建设实践中去积极探索，也需要在理论上加以总结和研究。

二、服务创新：西方理论研究及其启示

服务创新需要理论支撑，西方的服务创新理论和服务创新四维模式为我国农家书屋的创新提供了可资借鉴的理论。

---

① 边丽梅 . 农家书屋建设现状与总结：以松原市农家书屋建设为例［J］. 图书馆学研究，2015（2）：94–97，45.

② 董健平 . 融合创新：南海农家书屋转型升级的案例研究［J］. 图书馆论坛，2017（11）：29–34，8.

（一）西方服务创新理论

西方服务创新理论产生于20世纪90年代，是在熊彼特创新理论基础上发展而来的，即把熊彼特创新理论具体化、模型化，并运用到服务业与服务经济的创新上。所谓服务创新，即针对特定的客户提供一种新的解决问题的方法，它不提供有形的产品，它是人力资本、技术、组织和能力的集成，具有很强的异质性[①]。由于客户的需求千差万别，因此服务的本质特征具有异质性，这一特征要求服务必须创新才能适应客户需要。

（二）服务创新四维模型

把服务创新理论总结为一个整合概念模型的是比尔德贝克等学者，他们在1998年提出服务创新四维模型。其中，维度一是新服务概念，即面向服务理念，体现无形性的服务概念化创新；维度二是新顾客界面，即面向服务对象，体现异质性的服务个性化创新；维度三是新服务传递系统，即面向组织与员工，体现互动性的能力创新；维度四是技术选择，即面向技术运用的服务技术创新。该模型还强调不同维度间的关联及其相互作用所形成的整体效应[②]，如图1所示。

（三）服务创新理论及其模型的启示

首先，西方的服务创新理论为我国农家书屋建设提供了理论借鉴。尽管西方的服务创新理论及其模型针对的是服务业，运用领域是经济领域，创新动力是组织内部及其组织间的竞争；而农家书屋的创新针对的是公共文化服务，运用领域是公共领域，创新动力主要来自政府及社会，但两者在服务创新这一本质上具有共通之处，并为我国农家书屋建设最需要加强的服务创新打开了一个新的理论视野和研究思路。

其次，西方服务创新四维模型对创新实践具有一定的现实指导意义。作为一个概念模型，它针对服务创新进行的四维立体分析，不仅详细透彻且具体形象。

---

① GADREY J，GALLOUJ F，WEINSTEIN O.New modes of innovation：how services benefit industry［J］. International journal of service industry management，1995（3）：4–16，13.

② HERTOG P D. Knowledge–intensive business services as co–producers of innovation［J］. International journal of innovation management，2000（4）：491–528.

我国农家书屋作为亟待创新的服务实践活动，恰好需要这样的理论模型来指导，以摆脱目前创新乏力的困境。

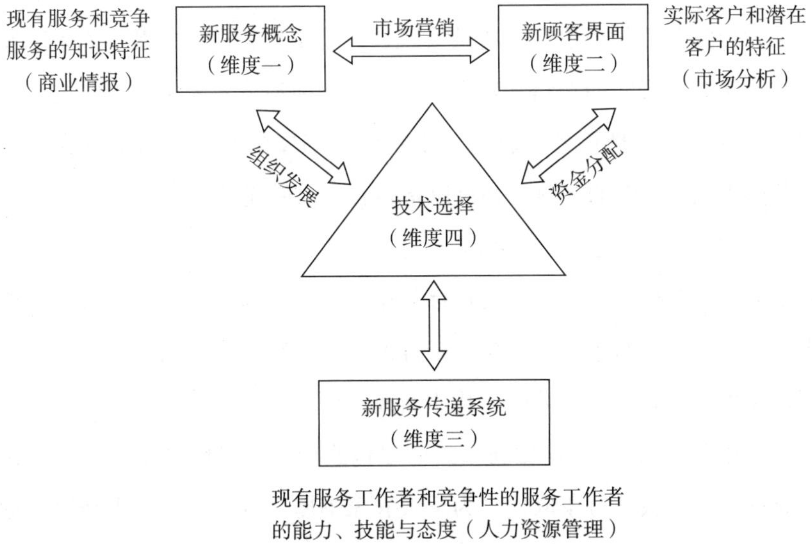

图1　比尔德贝克的服务创新四维模型

最后，西方服务创新四维模型与我国农家书屋创新的契合性。这种契合表现为两者的出发点具有一致性，农家书屋建设的出发点是为村民提供文化服务，这与服务创新四维模型基于提供服务而建立的出发点相一致。此外，二者的归宿也具有吻合性，服务创新四维模型的落脚点不仅仅是提供高质量的服务，而且围绕服务这一中心点，通过整合资源以解决问题；而农家书屋服务创新的归宿除了提供高质量的文化服务，更需要解决目前农家书屋发展中的低效能问题。

总之，服务创新四维模型作为概念模型，却映射服务创新整个流程，因而在启发创新方面，适用于指导具体的新服务或服务创新政策的实际应用。

三、“四维一体”模式：农家书屋建设的服务创新

（一）“四维一体”模式建构的原则

农家书屋“四维一体”模式的建构原则，一是兼顾现实性和前瞻性。所谓现实性，就是不能脱离农家书屋只是公共图书馆服务系列中最基层环节的实际，不

能赋予农家书屋过高的要求，也不能脱离现阶段农家书屋还处于较低水平的实际，以及政府主导农家书屋建设的具体国情；所谓前瞻性，就是要使农家书屋的发展与国家的农村公共文化服务目标相适应，以建立农家书屋长效机制为出发点。二是融合实践性与理论性。所谓实践性，就是创新模式来源于农家书屋建设的实践，应该是对实践的总结和反思，尤其是当前地方农家书屋建设的一些创新模式值得关注；所谓理论性，就是力求将农家书屋的服务创新上升为一定的理论，使其成为服务创新的支撑，并可以指导农家书屋建设实践。

（二）"四维一体"模式的建构

农家书屋"四维一体"模式的目标是服务创新，即政府和具体管理者要对自己提供的已有服务和新服务有清楚、准确的认识，特别要对服务创新特性有深刻的把握。要根据读者要求、社会变化不断改进原有服务并开发新的服务，形成农家书屋的"服务智力"。根据创新模式的建构原则，技术性维度不太适合初级阶段的农家书屋，以服务对象取代。为反映农家书屋建设的实际，围绕服务创新这一目标选择了书屋建设的四项重点工作，即服务对象、服务管理、服务内容、服务设施作为模式的四个维度，如图 2 所示。

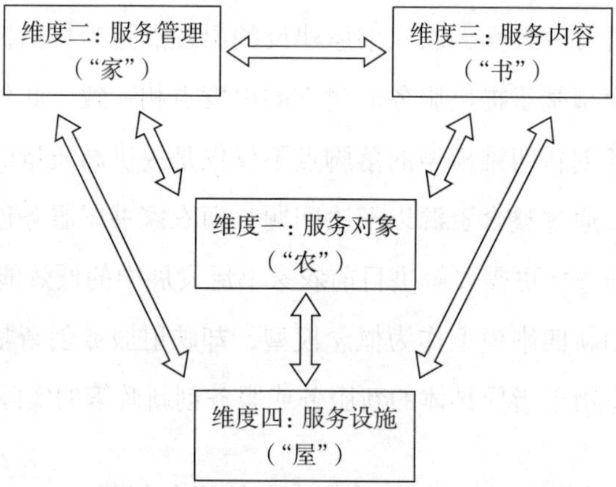

图 2　农家书屋"四维一体"模式

维度一，服务对象。它在"四维一体"模式中处于中心位置，是农家书屋服务创新最重要的维度选择。农民是农家书屋的服务对象和参与主体，农家书屋的特色在于突出“农”字、提炼“农”味、输出“农”智、一切都要从农民的需要出发，服务创新也是为了使农民得到一定的文化实惠，并最终得到他们的认可。那些认为农民文化素质不高、阅读兴趣不大造成了书屋冷清的看法，是将文化服务本末倒置，转移了服务主体的责任。随着农家书屋的发展，服务对象的分类服务、精准服务将成为必然趋势，这也是当前服务创新的新课题。

维度二，服务管理。农家书屋的服务管理是指服务管理制度和能力，以“家”来概括，意指“持家”“理家”。书屋管理员是书屋的“理家人”，一定的创新概念要转换为现实都要经过他们的实际行为，他们的素质、能力及相关制度决定了服务创新的效果。但在农家书屋中由于实行的是农民自主管理，管理员大都是村干部兼任，一些专职管理员缺乏专业培训，存在着管理知识不够、图书登记不规范、书目编号不科学等问题。这些基本问题不解决，创新思维和创新能力更无从谈起。农家书屋的发展对管理员的要求会越来越高，书屋管理的专业化、标准化、新颖化是今后服务创新的着力点。

维度三，服务内容。农家书屋的服务内容主要是图书，它是服务功能的直观体现，具体包括“供书、读书、管书、用书”。这一维度同时兼有书屋的硬件和软件两种属性，“供书”属于硬件性质，是有形的服务产品，而“读书、管书、用书”则属于软件性质，是无形的服务产品。在农家书屋建设初期，服务创新的重点是“供书”，而后期的创新重点则是对书的“读、管、用”上，这涉及读者的阅读、利用以及书屋的最终效应问题，创新难度更大。

维度四，服务设施。这是农家书屋的基础设施、基本载体，在“四维一体”模式中处于基础位置。在农家书屋建设初期，书屋设施是政府所抓的重点，也是建设成效最大的方面，突出体现在书屋建设数量的增长上。随着“互联网+书屋”的出现，极大地拓展了书屋的空间及服务方式。书屋的数字服务、延伸服务成为服务创新的沃土。

（三）“四维一体”模式的整合功能

“四维一体”模式不仅是服务创新概念的集合，更是农家书屋服务资源的整合。这是对西方服务创新四维模式的延伸及再创造。如图3所示，该整合模式由内环和外环两个部分构成。

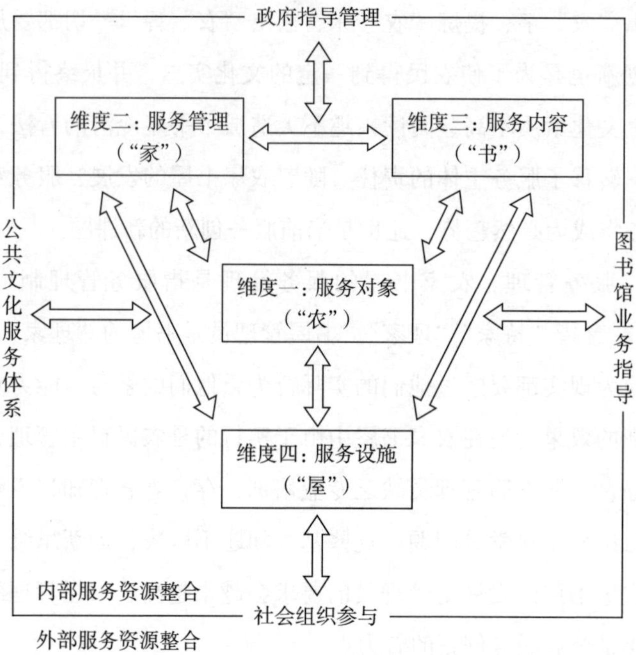

图3　农家书屋"四维一体"模式的内外整合功能

内环是以服务创新为目标展开的四个维度，它们之间相互联系、互为作用，体现的是农家书屋内部服务资源的整合功能。这种整合功能可以有效解决农家书屋建设中各部分的不均衡现象，包括服务设施和服务产品的"硬件超前"，服务管理和服务对象的"软件滞后"，形成服务创新的整体性推进。

外环是以政府为主导的，包括县级图书馆、公共文化服务体系、社会组织在内的农家书屋外部服务资源的整合。它们是农家书屋服务创新的外部支持系统，尤其是在书屋创新先天不良、内生力不够的情况下，外部支持系统就显得格外重要。这也是本模式与比尔德贝克服务创新四维模型最大的区别。服务创新四维模型主要是在组织内部以及组织与客户之间运行，而农家书屋作为农村公共文化项目，具有准公共产品的属性，必须要有政府及社会组织的支持。

四、农家书屋"四维一体"模式的应用对策

党的十九大报告提出，完善公共文化服务体系，深入实施文化惠民工程，丰

富群众性文化活动。要完成这一目标，就要把服务创新作为公共文化服务长效机制的发动机，让“四维一体”模式在农家书屋落地生根、开花结果。对此，以创新书屋为目标，遵循从理念到实践、从内部到外部的应用逻辑，从整体推进、内部创新、外部支持三个方面提出应用对策。

（一）“四维一体”，促进农家书屋的整体推进

我国农家书屋建设实践一度重视硬件设施的“屋”与“书”，忽略软件部分的“管”与“农”，导致一些农家书屋有“屋”没活动，有“书”无读者。“四维一体”服务创新的整体推进，就是要使农家书屋各方面工作均衡发展。为此，可加强以下几方面的工作。

第一，“四维”兼顾、齐头并进。政府在制定农家书屋发展规划、管理措施和相关政策时，要兼顾农家书屋建设各方面的工作，采取切实有效的措施，改变“四维”发展不均衡现象。“四维”兼顾并非“四维”平均用力，在农家书屋“软件”建设偏弱的现状中，加大对“软件”建设的力度才能做到真正的“四维”均衡发展。第二，“四维”评估、监督检查。农家书屋建设工作的监督检查、绩效的评估体系可以将四个维度作为一级衡量指标，以此改变以往重数量、轻质量的评估倾向。第三，“一维”突破，带活全局。“四维一体”的整体推进并不排斥在“四维”中某一维上下功夫或有所突破，由于“四维”之间相互联系、相互作用，因此只要能带动“四维”整体推进的都是值得提倡的。

（二）“书屋 +N”，激活农家书屋的功能要素

“书屋 +N”是农家书屋内部资源整合的功能体现，也是其内部创新的表现形式。“四维一体”模式要通过基本的“四维”带动若干的“N 概念”“N 要素”，只要是能激活农家书屋的都可以运用。具体做法如下。

其一，概念相加、激发创新。“书屋 +N”的“N”可以是一个创新概念，它是农家书屋创新的一种思路、一种前景。如农家书屋加上“延伸服务”“流动服务”“分类服务”“标准服务”等创新概念，就会给农家书屋带来新的、广阔的发展前景。其二，要素整合、激活创新。“书屋 +N”的“N”也可以是一个要素，只要这些要素具有创新性，就会使整个农家书屋“活”起来。如“书屋 + 电商”，可以集图书外借、电子书下载、电商知识培训、代购、快递收发等服务于一体；

“书屋 + 移动数字”，是在书屋配备多台移动数字阅读一体机，读者可以进行网络阅读或收看视频；“书屋 + 书车”，是配置送书的车辆甚至背篼，把书送到各居民点，把“流动书店”变为现实。其三，互动参与、激励创新。“书屋 +N”的“N”还可以是农家书屋的参与者。如“书屋 + 文化人”，是选拔农村有一定文化素质并热爱公益事业的文化人充当农家书屋的专职管理员；“书屋 + 书生”，是让大学生村官或在校大学生兼任书屋管理员，提高书屋的管理水平；“书屋 + 讲座”，吸引的是参加讲座的农村居民，通过讲座、学吧、阅读吧让更多的农民参加到图书阅读中。

（三）“政府 +N”，构筑农家书屋的保障机制

“政府 +N”体现的是“四维一体”模式的外部服务资源整合。政府及其相关部门利用公共政策、公共财政为农家书屋建设提供主要保障，但除了政府以外还应该有其他社会组织，共同构成农家书屋的社会支持系统。《公共文化服务保障法》第五十三条规定，国家鼓励和支持公民、法人和其他组织依法成立公共文化服务领域的社会组织，推动公共文化服务社会化、专业化发展。“政府 +N”落实到书屋建设上，其表现形式还是“书屋 +N”，具体做法主要是以下几点。

一是“馆、屋”合作，业务出新。政府要充分发挥地方图书馆的专业指导作用，将农家书屋纳入公共图书馆服务体系中，把书屋管理员列入图书馆业务培训系列中，图书馆在图书流通、信息交换、互联网建设等方面对农家书屋进行支持，建立“馆、屋”融合的试点。如大连市推出的农家书屋管理员要通过图书馆的学习培训，合格者方能持证上岗的制度就是一个很好的尝试。二是“服、屋”一体，活动出彩。“服”就是公共文化服务，农家书屋不仅是农村居民阅读、学习的场所，也是他们休闲娱乐的场所。农家书屋要与农村文化活动室、乡村文化广场、各种农村文化协会在设施上互用、人员上互通、活动上互帮、成果上共享，共同促进农村公共文化服务的繁荣。三是“社、屋”互动，出力出智。让社会组织在农家书屋建设中充分发挥图书提供、经费资助、人员支持、智力帮助的作用。例如在江苏宿迁，社会阅读组织每周末定期来农家书屋，为 6—12 岁的农村留守儿童开展阅读辅导、国学经典诵读和亲子共读等活动，发挥了政府难以发挥的作用。

五、讨论与总结

（一）“四维一体”模式对农家书屋创新实践的概括性

模型化研究的价值在于它对社会现象的高度概括。当前农家书屋建设实践并不缺少具有一定创新性的实践模式，如内蒙古、新疆的“马背书屋”，广西、福建的“海上书屋”，海南的“邮电书屋”以及本文提到的各地尝试的“延伸书屋”“创新书屋”，都在某一方面做出了成绩、显示了自身特色。但当前农家书屋研究还缺少一种能高度概括不同特点、不同类型、不同模式的创新模型。本文所讨论的“四维一体”模式试图构建一个能解释不同创新实践的、具有一定概括力的模型。当然，这一模式建构及其概括力还需要在农家书屋创新实践中去进一步完善。

（二）“四维一体”模式对农家书屋创新理论的阐释性

模型化研究需要一定的理论支撑。由于中国服务创新理论的不足，本文借鉴了西方服务创新理论及服务创新四维模型，将其“服务创新”的合理内核和“四维模型”的基本框架运用于中国的公共文化服务领域，并对农家书屋的服务创新进行分析和模型建构。这种理论和模型建构涉及不同文化背景的跨越和中国语境下的文化建构。比如涉及中国，尤其是中国农村的创新意识、中国农民的阅读心理和阅读习惯等。这些都是本文没有涉及的，需要在后续研究中进一步发掘。

（三）“四维一体”模式对农家书屋创新发展的应用性

模型化研究的目的是要应用于实践并引导实践。“四维一体”模式以服务创新为目标，从四个基本维度入手，探讨各维度的创新点以及不同维度之间相互关系所产生的创新作用，并从农家书屋内部创新及外部支持两个层面形成创新的内生和外生动力。尽管服务创新是农家书屋的当前热点及未来发展趋势，但“四维一体”模式的应用性还有待于今后通过实证研究去进一步检验。

我国省级公共图书馆利用捐赠文献的实践调查与分析①

万慕晨　欧　亮②

图书馆接受文献捐赠，是图书馆开拓文献来源和发展馆藏的一条重要途径。文献捐赠不仅能帮助图书馆收集各种类型的文献，实现馆藏资源的特色化建设，还能帮助图书馆丰富馆藏资源数量，在一定程度上缓解读者需求的无限性与图书馆资源供给相对不足之间的矛盾。《中华人民共和国公共图书馆法》明确规定，“国家鼓励公民、法人和其他组织依法向公共图书馆捐赠，并依法给予税收优惠”，“公共图书馆可以通过采购、接受交存或者捐赠等合法方式收集文献信息”。③因此，做好文献捐赠工作是我国公共图书馆应尽的义务和责任。

近年来，图书馆利用捐赠文献的水平在不断提高，相关研究主要集中在对捐赠文献工作的意义、规章制度、原则方针、工作规范、工作流程，以及图书馆针对捐赠文献的相关奖励机制、获取捐赠文献的策略、图书馆利用捐赠文献工作的

---

① 基金项目：本文系重庆社会科学规划青年项目“公共图书馆利用社会力量提升供给能力的对策研究”（项目编号：2015QNCB18）的研究成果之一。原载于《图书馆理论与实践》2018 年 8 月。

② 万慕晨，硕士，重庆交通大学图书馆馆员，研究方向：数字图书馆。欧亮，硕士，重庆第二师范学院图书馆副研究馆员，研究方向：图书馆服务。

③ 中华人民共和国公共图书馆法［EB/OL］.［2017-11-07］. http：//news.xinhuanet.com/2017-11/04/c_11.

实践等方面。如，黑龙江图书馆①和广东省立中山图书馆②等分别就其向社会征集捐赠文献的相关工作进行了介绍。

但是，通过调查研究方式对我国公共图书馆利用捐赠文献的现状进行研究的较少，而且相关研究介绍相对简单。③④因此，为能较系统全面地反映我国公共图书馆利用捐赠文献的现状及存在的问题，本研究拟从接收捐赠文献工作流程的角度对我国公共图书馆利用捐赠文献的现状进行调查分析，并提出相关改进措施，以期为我国公共图书馆利用捐赠文献常态化、规范化和制度化的发展提供参考。

一、调查范围和调查方法

省级公共图书馆（以下简称“省馆”）不仅是其所在省图书馆业务的研究中心和交流中心，还是全省中小型图书馆的业务辅导单位。因此，对我国省馆利用捐赠文献现状进行调查具有代表意义，有助于分析我国公共图书馆利用捐赠文献的现状及存在的问题。

笔者通过浏览图书馆网站查找 31 所省馆（未包括港澳台地区的图书馆）利用捐赠文献的相关信息，同时借助搜索引擎和学术论文数据库查找各省馆利用捐赠文献的相关网页或文献信息以便更全面地了解各省馆利用捐赠文献的情况。

二、调查结果

通过调查发现，截至 2017 年 8 月 11 日，31 所省馆都已普遍开展了捐赠文献工作，但各省馆对捐赠文献的利用水平参差不齐，调查结果详见表 1（因西藏图

---

① 齐月．公共图书馆地方人士著述工作的探讨——以黑龙江省图书馆为例［J］．图书馆建设，2010（8）：34–36.

② 刘如娣．图书馆名人捐赠整理经验试论——以广东省立中山图书馆秦牧捐赠整理为例［J］．图书情报工作，2015，59（S1）：72–74.

③ 欧亮，万慕晨．基于门户网站调研的公共图书馆利用社会力量现状分析——以我国省级公共图书馆为例［J］．图书馆理论与实践，2016（8）：52–56.

④ 张吻秋．省级公共图书馆图书捐赠工作情况分析［J］．河北科技图苑，2016，29（1）：60–62.

书馆在调查期间不能访问未列入调查表)。

（一）规章制度建设

通过访问网站和文献调查方式对31所省馆是否制定了捐赠文献的相关规章制度进行统计后发现，26所省馆有相关的规章制度。其中，18所省馆的规章制度设计相对较为完善，形成了捐赠文献管理办法，而其他省馆的规章制度则相对简单，仅是在文献征集公告或通知中提到捐赠文献。如，天津图书馆2003年制定了《天津图书馆接受捐赠地方文献细则》，分别对捐赠范围、收藏办法、捐赠请求、褒奖办法和联系方式等进行了说明；[①] 贵州省图书馆2005年制定的《贵州省图书馆文献捐赠管理办法》，分别对收藏范围、收藏办法、相关权益和捐赠办法等进行了说明；[②] 山东省图书馆2006年左右制定了《山东省图书馆关于齐鲁名人文库、山东地方文献资料中心接收捐赠图书细则》，分别对捐赠范围、捐赠原则、捐赠要求、奖励方法和联系方式等进行了说明；[③] 重庆图书馆2011年左右制定了《重庆图书馆接受捐赠文献管理办法》，分别对接受原则、捐赠理念、捐赠方式、双方权益和褒奖方法等进行了说明；[④] 安徽省图书馆2013年制定了《安徽省图书馆接收捐赠安徽地方文献细则》，分别对捐赠范围、捐赠原则、捐赠要求、奖励办法和捐赠方式等进行了详细说明；[⑤] 海南省图书馆2014年制定了《海南省图书馆接受捐赠文献管理办法》，分别对接收范围、管理办法、感谢方式和受赠

① 天津图书馆接受捐赠地方文献细则［EB/OL］.［2017-07-20］. http://www.tjl.tj.cn/ArticleChannel.

② 贵州省图书馆文献捐赠管理办法［EB/OL］.［2017-07-20］. http://www.gzlib.com.cn/show.asp.

③ 山东省图书馆关于齐鲁名人文库、山东地方文献资料中心接收捐赠图书细则［EB/OL］.［2017-07- 20］. http：//www.sdlib.com/channels/ch00439/.

④ 重庆图书馆接受捐赠文献管理办法［EB/OL］.［2017-07-20］. http：//www.cqlib.cn/？ q=fangmb.

⑤ 安徽省图书馆接收捐赠安徽地方文献细则［EB/ OL］.［2017-07-20］. http://www.ahlib.com/contents/.

方式等进行了说明；① 陕西省图书馆 2015 年制定了《陕西省图书馆常年面向社会各界征集地方文献》，分别就捐赠范围、接收方式和联系方式等进行了说明；② 四川省图书馆 2016 年制定了《四川省图书馆文献受赠办法》，分别对收藏原则、收藏办法、受赠方式和联系方式等进行了说明。③

表 1　省级公共图书馆利用捐赠文献情况

调查项目 / 图书馆名称	捐赠服务	规章制度	栏目	首页	宣传渠道				捐赠途径			收藏办法	查看页面	激励措施
					报纸	网站	微信	微博	到馆	邮寄	上门			
安徽省图书馆	1	1	1	0	1	1	1	1	1	1	1	0	2	1
重庆图书馆	1	1	1	1	0	1	1	1	1	1	0	1	1	1
福建省图书馆	1	1	0	0	1	1	1	1	0	0	0	0	0	1
甘肃省图书馆	1	0	0	0	1	1	1	0	0	0	0	0	0	0
广东省图书馆	1	1	1	1	1	1	1	1	1	1	0	1	1	0
广西图书馆	1	1	1	1	0	1	1	0	0	0	0	0	1	1
贵州图书馆	1	1	1	1	1	1	1	1	1	1	0	1	2	1
海南省图书馆	1	1	1	1	1	1	1	1	1	1	0	1	1	1
河北省图书馆	1	1	1	1	1	1	1	0	1	0	0	1	2	1
河南省图书馆	1	1	0	0	1	1	1	0	0	0	0	0	0	1
黑龙江省图书馆	1	1	1	1	1	1	0	1	1	0	1	0	0	1
湖北省图书馆	1	1	1	0	1	1	1	0	0	0	0	0	2	0
湖南省图书馆	1	1	1	1	1	1	1	0	1	1	1	0	2	1

① 海南省图书馆接受捐赠文献管理办法［EB/OL］.［2017-07-20］. http://www.hilib.com/web/default/ article.jsp？ menuId=50&articleId=375.

② 陕西省图书馆常年面向社会各界征集地方文献［EB/OL］.［2017 -07 -20］. http://www.sxlib.org. cn/difang/zjgg/200908/t20090825_472883.html.

③ 四川省图书馆文献受赠办法［EB/OL］.［2017-07-20］. http：//www.sc.gov.cn/10462/10778/10876/2016/.

续表

调查项目 / 图书馆名称	捐赠服务	规章制度	栏目	首页	宣传渠道				捐赠途径			收藏办法	查看页面	激励措施
					报纸	网站	微信	微博	到馆	邮寄	上门			
吉林省图书馆	1	1	1	1	1	1	1	0	0	0	0	1	1	1
江苏省图书馆	1	1	1	1	1	1	0	1	0	0	0	0	1	1
江西省图书馆	1	1	1	1	0	1	0	0	0	1	0	1	1	1
辽宁省图书馆	1	1	1	1	1	1	1	1	0	1	0	1	1	1
内蒙古图书馆	1	0	1	1	1	0	1	0	0	0	0	0	0	0
宁夏图书馆	1	1	1	1	1	1	0	1	0	0	0	0	1	0
青海省图书馆	1	0	0	0	0	0	0	0	0	0	0	0	0	0
山东省图书馆	1	1	1	1	1	1	0	1	0	0	0	0	2	1
山西省图书馆	1	1	1	1	1	1	1	0	1	1	1	1	1	1
陕西省图书馆	1	1	1	1	1	1	1	1	1	1	0	1	1	1
上海图书馆	1	1	0	0	1	1	1	1	0	0	0	0	0	1
首都图书馆	1	1	0	0	1	1	1	1	0	1	0	0	0	0
四川省图书馆	1	1	0	0	1	1	1	1	1	1	1	1	0	1
天津图书馆	1	1	1	1	1	1	0	0	0	0	0	1	1	1
新疆图书馆	1	0	0	0	0	1	0	1	0	0	0	0	0	0
云南省图书馆	1	1	0	0	0	1	0	1	0	0	0	0	2	1
浙江省图书馆	1	1	1	1	1	1	1	1	0	0	0	1	2	0

注："1"表示该图书馆有相关服务；"栏目"是指在图书馆网站上是否有关于捐赠文献的栏目；"首页"是指图书馆网站首页是否有关于捐赠文献的栏目；"查看页面"是指在图书馆网站是否有捐赠者可查看的网页，其中，此处"1"表示该图书馆有专门的捐赠文献查看系统，"2"表示该图书馆仅可通过 Excel 或简单网页查看。

（二）收藏范围

1. 记载本地区历史、政治、经济和文化教育等方面内容的一切出版物。如，海南省图书馆通过发布《海南省图书馆“博鳌亚洲论坛”与“三沙”文献征集通告》收集相关文献；上海图书馆和浙江图书馆分别通过发布《“拍上海——上海弄堂记忆”照片征集启事》和《“杭州记忆”老照片征集启事》收集相关照片文献。

2. 中外珍稀古籍、舆图、金石拓片、名家批校本、名家代表作手稿、革命历史文献、家谱等具有较高保存和研究价值的文献。如上海图书馆面向全球征集中国文化名人手稿，向社会征集顾廷龙先生的手稿、书信、照片、视听资料等；重庆图书馆面向社会征集抗战文献；河南省图书馆通过发布《家谱集结号——河南省图书馆志书家谱有奖征集活动》收集本省相关的家谱文献。

3. 未收入馆藏的其他文献资料品种或复本量较少的正式出版的文献资料。对此类文献，不同省馆有不同的要求，如重庆图书馆只接收近两年正式出版的中文普通图书（教材、教辅除外）、近三年出版的外文文献以及本馆缺藏或本馆需增加复本的图书（复本以 3—4 册为宜）；江西省图书馆重点接收近五年正式出版的图书，同时，对普通图书和江西地方文献的复本分别控制在 2—4 册以内，对学术价值和使用价值较高的赠书可适当增加复本量。

4. 省馆规定不予接受的相关文献。通过调查发现，有 9 所省馆在制度中有相关说明，但对此的表述繁简不一。如，贵州省图书馆认为满足以下条件的都不属于接受范围：①违反出版法、著作权法、版权法及相关法律的图书；②捐赠人无权支配的图书；③内容不健康，宣扬封建迷信，言论、观点、立场反动的图书；④涂抹、水渍及破损，已不能使用的图书；⑤内容失效不具学术及参考价值的图书。而河北省图书馆仅指出对违反国家相关法律的出版物和不符合本馆文献建设发展方向的文献不予接受。

（三）宣传渠道

1. 在图书馆官网设置专门的栏目或链接进行宣传。其中，有 21 所省馆在首页设有专门关于捐赠文献的栏目或链接，如山东省图书馆在首页设有“各界赠书”、山西省图书馆在“读者指南”栏目下设有“捐赠文献”栏目等。

2. 联合新闻媒体进行宣传。调查显示，有 24 所省馆在报纸上对捐赠文献进行了报道。如 2011 年上海图书馆通过联合中新网和《光明日报》等新闻媒体面向全球征集中国文化名人手稿，[①②]并取得了重要收获；[③]2012 年，河南省图书馆联合《河南日报》《大河报》《河南商报》等 7 家媒体，面向社会发起捐赠文献的倡议，取得了不错的效果；2013 年，湖北省图书馆联合《长江日报》公开征集家谱后，几天后就收到了第一批捐赠。[④]

3. 利用新媒体进行宣传。微信、微博等新媒体是现在使用较多的社交平台，但通过调查可以发现，仅有 21 所和 18 所省馆分别在微信和微博上对捐赠文献相关工作进行宣传报道，并且仅有 12 所省馆同时在微信和微博上进行相关宣传报道。

4. 形成品牌活动进行宣传。如，广东省立中山图书馆、浙江图书馆、首都图书馆和吉林省图书馆等分别形成了广东省捐赠换书中心、图书赶集、北京换书大集和“心连心书相承”图书捐赠等捐赠文献活动品牌；另外，上海图书馆将“文化援疆”捐书活动和“大家讲坛”系列联动，以“捐赠一本图书，换取一张入场券”的方式扩大宣传效果。

（四）接收管理工作

1. 捐赠途径。通过调查发现，有 12 所省馆的捐赠者可通过网页标明的地址直接邮寄捐赠图书，有 11 所省馆的捐赠者可到馆捐赠图书，有 5 所省馆提及可以由图书馆工作人员上门取书，还有 4 所省馆针对大批量捐赠时提到可通过双方商定选择捐赠途径。其中，安徽、湖南、山西和四川 4 所省馆的捐赠者可通过到馆捐赠、邮寄捐赠或图书馆工作人员上门取书 3 种方式捐赠文献；重庆、贵州、陕西 3 所省馆的捐赠途径除包括到馆和邮寄捐赠外，针对大批量捐赠，捐赠者还

---

① 上海图书馆面向全球征集中国文化名人手稿［EB/OL］.［2017-07-20］. http://www.chinanews.com/ cul/2011/11-23/3481445.shtml.

② 上海图书馆征集名人手稿［EB/OL］.［2017-07-20］. http: //epaper.gmw.cn/gmrb/html/2011-11/ 24/nw.D110000gmrb_20111124_5-09.htm.

③ 上海图书馆文化名人手稿征集取得重要收获［EB/OL］.［2017-07-20］. http: //epaper.gmw.cn/zhdsb/ html/2013-06/05/nw.D110000zhdsb_20130605_4-01.

④ 湖北省图书馆收到首批企业捐赠的 8 套家谱［EB/OL］.［2017-07-20］.http://www.chinanews.com/ sh/2013/08-06/5128256.shtml.

可与图书馆协商选择捐赠方式；另外，广东和湖南 2 所省馆在介绍通过邮寄方式捐赠时还特别说明邮寄费用由图书馆支付。

2. 收藏管理办法。制定具体的捐赠文献收藏管理办法不仅能明确工作程序，还能正确引导捐赠者，提高捐赠文献的质量。调查显示，13 所省馆在图书馆网页中有明确的相关说明，但大部分省馆都对捐赠文献的相关权益内容进行了说明，仅有部分省馆对具体的收藏管理办法进行了说明。吉林、河北省图书馆仅说明当捐赠文献一经接受并办妥有关手续，其所有权和处理权等相关权益即归图书馆所有。江西省图书馆除对捐赠文献的相关权益内容进行说明外，还对具体的收藏管理办法进行了说明：当捐赠文献符合本馆入藏标准且本馆尚未收藏的，将被作为正式馆藏永久保存；当文献虽符合本馆入藏标准，但本馆已有收藏，只是入藏复本数量不足，将按馆定入藏复本数量和文献使用年限要求，补充作正式馆藏或临时馆藏，临时馆藏供读者短期借阅，达到本馆规定年限后下架剔除；当复本足够或不属于本馆入藏范围的捐赠文献，本馆将退回捐赠者；捐赠者不愿意退回或无法退回者，由本馆另行处理。

3. 捐赠查看系统。捐赠查看系统不仅有助于图书馆登记处理捐赠文献，还有助于捐赠者查询所捐赠文献的信息。①有 11 所省馆有专门的捐赠查看系统，但仅有 5 所省馆的捐赠查看系统有针对捐赠信息的检索功能，其中，广东省立中山图书馆的捐赠查看系统不仅提供捐赠文献的内容摘要，还提供封面扫描件。[①] ②有 9 所省馆仅在图书馆网站上供捐赠者通过网页或 Excel 形式查看捐赠文献的信息。③江西省图书馆和山东省图书馆的捐赠查看系统还集成了图书馆捐赠文献办法、捐赠登记表等功能，方便捐赠者浏览和使用。

（五）激励措施

通过调查发现，21 所省馆有对文献捐赠者激励措施的相关说明（见表 2）。

① 广东省立中山图书馆赠书留芳名［EB/OL］.［2017-07-20］. http://bmzx.zslib.com.cn/givebook/gbook.

表2　省级公共图书馆对捐赠者的激励措施

图书馆名称	激励措施
安徽省图书馆	收藏证书/网站发布/赠送读者证/名誉馆员、专架、媒体宣传/后代权利/出版“安徽省馆藏皖人书目”
重庆图书馆	收藏证书/网站发布/编入馆史
福建省图书馆	感谢函
广西壮族自治区图书馆	收藏证书、感谢信、荣誉证书/网站公布
贵州省图书馆	收藏证书/网站公布/签名
海南省图书馆	捐赠证书/网站公布/签名/捐赠仪式、设专架
河北省图书馆	收藏证书/网站公布/签名/名誉馆员、设专架、媒体报道/后代权利
河南省图书馆	收藏证书、优先使用文献/网站公布/专架保存/专门阅览室
黑龙江省图书馆	收藏证书
湖南图书馆	收藏证书
吉林省图书馆	收藏证明/网站公布/签字/专室、专柜陈列
江苏省图书馆	捐赠证书
江西省图书馆	赠书感谢状/网站公布
辽宁省图书馆	捐赠证书/网站公布
山东省图书馆	收藏证书/网站公布/名誉馆员、设专架、媒体报道/后代权利/收入齐鲁人文库的结集出版
山西省图书馆	收藏证书/网站公布/评选优秀捐赠者/专架、专区陈列
陕西省图书馆	收藏证书
上海图书馆	嘉奖/赠送礼品
四川省图书馆	收藏/证书网站、微博或微信公布
天津图书馆	证书捐赠/网站公布/借阅证/名誉馆员、专柜、媒体报道/后代权利/永久保存
云南省图书馆	荣誉证书

1. 向捐赠者颁发收藏证书或荣誉证书。通过调查，各省馆向捐赠者颁发收藏证书或荣誉证书的条件和表述不尽相同。如，在激励办法中，安徽、河南和山东等省馆表述为图书馆向捐赠文献资料的捐赠者均颁发收藏证书，而河北、贵州和吉林等省馆表述为“图书馆仅对接受了捐赠文献的捐赠者颁发收藏证书”；重庆图书馆在对捐赠者颁发收藏证书时表述更为详细，其仅对捐赠抗战类文献、地方文献、家谱类、符合图书馆捐赠细则的有 ISBN 号且本馆未收藏类以及中外珍稀古籍等具有较高价格类的捐赠文献者才颁发收藏证书。

2. 通过图书馆网站发布捐赠信息，对捐赠者进行宣传表扬。如，有 3 所省馆仅在捐赠激励方法中提到图书馆将不定期将捐赠信息发布到图书馆网站，但没有清楚地说明查看捐赠信息的具体位置，并且这些省馆的网站上没有关于捐赠文献的相关栏目，捐赠者想要查找相关表扬的信息非常困难；而重庆、安徽和海南等 4 所省馆在捐赠激励方法中比较清楚地提到图书馆将把捐赠者姓名及所捐文献题名、种类、数量等相关信息发布于图书馆网站主页赠书芳名榜上，方便捐赠者查看相关信息。

3. 赠送图书馆借书证，或颁发图书馆名誉馆员的荣誉称号，并设专架、专室等激励措施。如，安徽、山东和天津 3 所省馆对捐赠图书在 20 种以上的捐赠者赠送图书馆读者证，对捐赠大宗且有较高价值的捐赠者，图书馆将授予其图书馆名誉馆员的光荣称号，或设专架、专室予以收藏，并通过新闻媒体进行报道和宣传。

4. 大多数省馆还向捐赠者后人提供其捐赠文献的免费阅览、拍照、复制等服务。

除了上述激励措施外，河南省图书馆允许捐赠者优先使用馆藏文献；海南省图书馆专门举办文献捐赠仪式等；山西省图书馆每年对捐赠文献者进行评比表彰，对获得表彰的个人或单位授予相应的专项荣誉；天津图书馆举办捐赠文献展览，对捐赠者予以表扬，并将收入“津沽文库”的捐赠文献在天津图书馆作永久保存；山东省图书馆对收入齐鲁名人文库的作者同时入编“齐鲁名人文库”，并根据《捐赠山左乡邦、乡贤人士存档登记表》，适时结集出版“齐鲁名人辞典”；重庆图书馆对捐赠中外珍稀古籍等具有较高保存和研究价值的文献，除颁发收藏证外，还将捐赠人相关信息记入档案直至编入馆史，以表谢忱。

三、省级公共图书馆利用捐赠文献存在的问题

（一）规章制度不完善

明确、完善的捐赠文献规章制度是图书馆顺利开展捐赠文献工作的前提。通过调查发现，只有 18 所省馆对捐赠文献制定了相对较为完善的规章制度，并且其中有些规章制度还有待进一步完善或更新。如，针对捐赠文献的激励措施很多省馆还未形成相应的规章制度，有些图书馆的捐赠文献制度已经制定了十多年，但还未根据社会环境的变化进行修订；有些图书馆的规章制度中仅有联系地址，并没有联系电话等联系方式；此外，很少有省馆针对电子图书捐赠制定相关的规章制度等。

（二）文献收藏范围界定模糊

明确的文献收藏范围界定不仅能让捐赠者明确所捐赠文献是否符合图书馆需要，而且还能帮助图书馆获得最需要的文献资料。调查结果显示，尽管有很多省馆对文献收藏范围进行了界定，但其中有些馆对此的界定或表述较为模糊。如，有的省馆对此的表述会使捐赠者认为其捐赠的任何图书、光盘等文献资料都会被图书馆接收；又如，有省馆提到“捐赠者认为有相当价值应当成为公藏的文献”的收藏范围界定也会导致图书馆与捐赠者对“文献价值”的不同理解而产生误解，从而影响文献的收藏。

（三）宣传工作重视不足

通过多种方式、多种媒介对捐赠活动进行积极主动的宣传，不仅可以扩大图书馆捐赠工作的影响力，而且还可以激发捐赠者的捐赠热情。对调查结果分析可以发现，虽然很多省馆已经对捐赠文献工作进行了宣传工作，但仍有较大的改善空间。如，图书馆网站是读者访问、利用图书馆资源与服务的重要平台，但目前仅有 19 所省馆在网站首页设有捐赠文献的专门链接或栏目；又如，微信、微博是当前广泛使用的互动交流平台，但目前仅有 12 所省馆在两个平台上进行了相关宣传。

（四）接收捐赠文献管理工作设计不够人性化

对捐赠文献的接收管理是图书馆获得捐赠文献的关键步骤，但通过调查发现，有些省馆的管理工作程序设计不够人性化。①部分省馆的《接收捐赠存档登记表》中除姓名、性别等信息外，还要求捐赠者提供其出生年月、学历、单位、职称、职务、研究方向、个人简历和照片等较为私密的信息，对文献捐赠者造成了困扰；②部分省馆在捐赠方式中提到“请捐赠者先将捐赠清单发送给图书馆采编部”，但其中并没有任何联系方式，这必然增加捐赠者的捐赠难度，从而有可能导致捐赠热情降低；③很多省馆都提到了“捐赠文献一经接受和办妥有关手续，其所有权和处理权等所有相关权益归图书馆”，但对图书馆的具体收藏办法却很少提及，而捐赠者对此又非常关心，从而可能会影响捐赠者的捐赠激情；④捐赠文献系统不仅能方便图书馆对捐赠文献的登记、统计等处理，同时也方便捐赠者对所捐赠图书的检索和查询，但通过调查显示仅有35.48%的省馆有专门的捐赠系统，并且仅有5所省馆的捐赠系统有查询检索功能。

（五）激励制度欠缺

图书馆要从社会各界获取捐赠文献，就需要根据捐赠者的需求建立完善的激励制度，影响并推动社会力量参与捐赠图书的公益事业。但是通过调查发现，为激励捐赠者的积极性特地强调了相关激励制度的省馆仅有40%，而制定了相对完善的规章制度的省馆就更少。如，很多图书馆将相关的激励措施混杂于“赠书须知”“相关权益”和“捐赠办法”中，非常不便于捐赠者查找和了解；又如，虽然有些图书馆单独列出了相关激励措施，但又过于简单，仅说明凡捐赠文献者、会颁发捐赠荣誉证书等；而有提及如对相关激励措施不满意可与图书馆商议相关的人性化激励措施的就更少见了。

四、对策与建议

（一）重视文献捐赠工作，完善规章制度

调查显示，仅有58%的省馆有较为完善的规章制度，并且在这些规章制度中还存在着制度不完善、更新不及时等问题。可见，图书馆对捐赠文献工作的重视度还不够，图书馆应转变观念、积极规划，并根据图书馆接收捐赠文献的业务流程制定收藏范围、宣传措施、接收办法和激励制度等环节的规章制度，从而规范和保证图书馆捐赠文献工作有序开展。

（二）结合发展战略，明确收藏范围

随着全社会公益意识的增强，图书馆会接收到更多的捐赠文献。为确保捐赠文献工作的顺利开展，图书馆需要根据自身馆藏建设及发展的需要，确定捐赠文献的收藏范围。对捐赠的文献进行取舍，不仅能使捐赠文献得到充分利用，还能促进捐赠工作的深入开展。

（三）强化宣传工作，扩大影响范围

图书馆通过各种渠道向社会发布完善的文献征集通知，可以扩大图书馆捐赠工作的影响范围，让有意捐赠文献的捐赠者能了解到相关信息，从而吸引更多的社会力量参与到图书捐赠事业中。为保证图书馆捐赠文献工作的顺利开展，并能获得丰富的文献，图书馆在宣传方面，首先应完善文献征集通知，如明确图书馆文献收藏范围和捐赠者权益等事项，确保捐赠者能清楚图书馆所需和自己的权益等；另外，图书馆还应积极探索利用多种宣传渠道和设置灵活方便的捐赠方式，以保证捐赠者能方便快捷地了解图书馆的捐赠文献工作，从而奠定捐赠文献工作的基础。

（四）践行体验设计，细化接收工作

通过调查和相关研究[①]可以发现，图书馆在捐赠文献接收管理时还不够人性化，整个过程缺少体验设计的理念。体验设计就是在具体的服务过程中融入更多人性化的内容，让用户能更方便地使用或更加符合用户的操作习惯。在设计具体的捐赠文献接收工作时，图书馆不仅要从管理者的角度进行设计，更重要的是要从捐赠者的角度进行设计，并且设计还应细化与捐赠者有关的每个环节，从而让捐赠者能方便快捷地捐赠文献。

（五）完善激励制度，激发捐赠热情

明确、完善的激励制度，不仅是图书馆对捐赠者真诚感谢的具体表现，也是

① 张吻秋．省级公共图书馆图书捐赠工作情况分析［J］．河北科技图苑，2016，29（1）：60–62.

激发捐赠者捐赠热情的重要途径。首先，应针对不同的捐赠者设计不同的激励措施，如图书馆对捐赠文献未收藏的捐赠者应提供感谢函，对重要捐赠文献的捐赠者不仅要提供收藏证明，还应提供荣誉馆员、媒体报道等激励措施，同时，还应说明对相关激励措施不满意者可与图书馆商议等。其次，图书馆应在征集文献通知中单独列出激励措施的条款以方便捐赠者了解。最后，激励措施的表述一定要清楚明了，避免双方对相关内容理解的不一致而影响捐赠工作的顺利开展。

公共文化视角下梁平木版年画整体性保护研究①

高扬元　梁　星②

习近平总书记在党的十九大报告中强调："经过长期努力，中国特色社会主义进入了新时代，这是我国发展新的历史定位。"③在中国特色社会主义新时代，人民日益增长的美好生活需要和不平衡不充分发展之间的矛盾已成为中国社会的主要矛盾。"人民美好生活需要"既包含着物质层面又包含着精神层面。非物质文化遗产在历史上一直作为民间公共文化供应的主力，因而有效地传承与保护非物质文化遗产有利于丰富人民精神文化生活，提高民族文化自信。在全球化时代背景下，因工业化大生产的影响以及外来文化的冲击，人们普遍对文化供应产生了更新更多样的要求。大部分"非遗"项目存在其内容的局限性，生产方式简陋、低效，规模不足，传播模式单一，导致其生产与供应活力不足，难以满足人民日益增长的多样化文化需求。新的时代背景要求非物质文化遗产的保护模式应嵌入公共文化建设之中。

"公共文化服务体系是政府主导、社会参与形成的普及文化知识、传播先进文化、提供精神食粮、满足人民群众文化需求、保障人民群众文化权益的各种公

---

① 基金项目：重庆市社会科学规划项目（2014YBYS101）。原载于《重庆大学学报（社会科学版）》2018 年第 24 卷第 5 期。

② 高扬元，重庆大学艺术学院党委书记，副研究员，硕士研究生导师，主要从事非物质文化遗产、艺术教育及管理研究。梁星，女，重庆大学艺术学院硕士研究生，主要从事非物质文化遗产研究。

③ 习近平．决胜全面建成小康社会夺取新时代中国特色社会主义伟大胜利——在中国共产党第十九次全国代表大会上的报告［M］．北京：人民出版社，2017.

益性文化机构和服务的总和。”① 非物质文化遗产作为民族传统文化的重要表现形式，也是公共文化的重要组成部分。无论任何文化形态都不应是僵死的，只有具有鲜活的生命力，不断地在变化中成长，结合新的方式传播、发展，才能为大众所接纳与传承，进而成为社会意识中的一种文化惯性。在历史上，非物质文化遗产一直承担着这样的角色。随着社会不断变迁，传统中的某些部分似乎被遗忘和消失了，我们应该结合新的社会环境（社会形态、社会制度等）、文化环境（风俗、礼仪、宗教）等进行创新性保护。李砚祖曾提出："工艺美术的历史结构中必然存在两种文化基因，一是具体的工艺美术品，一是工艺美术的存在方式和文化意义。"② 丹纳在《艺术哲学》一书中指出，"认识一件艺术品不是孤立的，在于找出艺术品所从属的，并且能解释艺术品的总体"③。将梁平木版年画纳入公共文化建设体系，得到政府、社会的关注与扶持，能够为其传播提供良好的契机，使其摆脱单一的年画作品的物质性保护，进而通过新时代的公共文化形式为更多的大众所知晓、理解、传承和保护。"作为一种面向公共领域的、非营利的文化供给系统，公共文化是以国家福利性配置机制和'第三部门'志愿性配置机制为核心，通过公益性文化营销的路径，由代表国家、社会或社团的法人或其他组织，向公共领域提供文化产品和文化服务的公益性文化组织形态"④。公共文化作为一种公益性的弥补市场失灵的组织形式，能够有效缓解"非遗"文化自身的文化供应与大众文化需求不匹配的社会现状，为"非遗"保护提供新的传播方式与手段，以适应新的社会需求，从而实现"非遗"公共文化价值。

一、从活态性看梁平木版年画本体的完整性保护

活态性是"非遗"公共文化的基本特征。每一个活的文化因子组成了梁平木版年画活的灵魂，割舍掉其中任何一部分都会直接影响梁平木版年画的完整性和生命力，割裂式抢救相当于肢解这一活的文化生命体。这就要求我们不能只关注

---

① 闫平．试论公共文化服务体系建设［J］．理论学刊，2007（12）：112-116.

② 李砚祖．工艺美术概论［M］．北京：中国轻工业出版社，1999：14.

③ 丹纳．艺术哲学［M］．傅雷，译．合肥：安徽文艺出版社，1993：43.

④ 陈鸣．西方文化管理概论［M］．太原：书海出版社，2006：291.

个别的文化现象，而应结合其所处的整个“活的”文化生态系统，对具体“非遗”文化进行全面、多层次的完整性保护。梁平木版年画作为国家级“非遗”文化，是一个复杂的公共文化体。既具有文化遗产具体可视的物质属性，又包含民间俗信、制作技艺等非物质属性；是由多道工序、若干子项目组合而成的一项体系完整的民间特有的文化表现形式。主要表现为：既有线稿绘制、雕版技术、纸张制作、印刷、套色、开脸等制作工艺，又有师徒传承制度、年文化习俗、民间信仰、民歌民谣、戏曲元素等。这里面的每一个子项目作为梁平木版年画的组成条件都不能单独割裂开来，在梁平木版年画这个文化组合体中，某一子文化因素遭到破坏的同时也会波及其所在生命体系中的其他文化因素，从而导致整体文化生态环境的变异甚至解体。梁平木版年画并不限于农历过年张贴使用，年画作坊还常年供应花纸、花笺（多为花草果蔬或鱼虫鸟兽等象征性纹案或吉祥文字）。因此，保存梁平木版年画作品并不能替代其制作工艺，也不能全面反映群众在年节时分张贴年画时的年文化氛围或日常张贴装饰这类民间俗信文化活动的文化基因。

对梁平木版年画这一“非遗”文化进行完整性保护能够全面、系统地维护梁平木版年画所承载的外在艺术表现形态与内在精神文化内涵，既包含有形的、外化的年画作品，又包含无形的、内含的精神元素。只有关注到各文化因子的存在方式和存在过程，从其历时性和共时性的多重维度进行观照，在时间上纵向关注其变迁规律与文化意义，在空间上横向保护其制作工序、民俗习惯等，正确处理好传承、保护与发展之间的关系，才能保持梁平木版年画的本真性与生命力。在梁平木版年画作品的保护中，由于它是物质的、具体的、可视的，容易为大众所理解，保护起来相对容易。而梁平木版年画的产生本源与存在方式，其制作活动、张贴方式、文化内涵等非物质性元素，这种以工具为载体，以人的口传心授为传播的形式，因其是无形的、不可视的，其文化意义则不容易引起大众的关注和理解。这就需要政府部门、文化工作者及梁平木版年画“非遗”传承人通过宣传、引导等方式，使普通民众更深入地认识与了解梁平木版年画。其中的民间信仰内涵、教化内容、播种知识、自然禁忌、祭拜过程应被大众熟知；其选材、制作工序、销售运作、张贴习惯应被大众学习；其独特的艺术表现手法、巴渝人民自得的娱乐精神应被公众欣赏与吸纳。

目前，梁平县文物管理所已设立梁平木版年画相关展馆，但仍停留在传统博物馆藏品观念中。梁平木版年画这类作为非物质文化遗产的“活态化”公共文化，其本身具有独特性、传承性、流变性、综合性、民族性。对雕版、年画这类实物的收藏保护是首要的，年画通过这类具体实物来实现自身功能，传达民间观念。博物馆对于有形物的收藏是必需的，但不是唯一的。传统固态化、符号化的线性馆藏难以展现非物质文化遗产的全部特性。令人担忧的是，目前博物馆的展示仅重视单个年画作品而忽略了其中的关联性。梁平木版年画自产生之始，经历了鼎盛与衰败，既保留了民间古老的信仰崇拜，也在与历史、社会、自然的互动中，不断地变革与创新。如其中的门神，由最初的严肃、恐怖的鬼神形象发展为诙谐、和善的人物形象。又如抗战时期出现的《钟馗斩妖图》，画面中印有“日本军阀”“汉奸汪精卫”字样。这些都体现出梁平木版年画表现形象从神性到人性的变迁，其表现内容出现了从神话题材演变成现实题材的趋势。单一的固态化展示并不能展现出其中的变化与联系，其中活的生命元素也在这样的展示过程中符号化、僵死化。非物质文化遗产庞大的价值体系，一部分通过无形的非物质形式呈现，一部分通过众多事物的联系呈现，一部分通过人的参与实践在行为活动中呈现。将梁平木版年画作为一个整体来进行保护与传承，前期所有科研工作，都旨在深入认识与阐释其整体价值体系，从而让公众得以认知了解。传统博物馆的展示工作仅限于年画收藏品本身，因此迫切需要把梁平木版年画与公共文化建设相结合，将梁平木版年画的物质性产品与生产制作工艺融入当地公共文化活动中，如在展示其刻版、年画、原料、工具等固态藏品基础上加以语音、视频、年画艺人的定期展演等，使梁平年画与公共文化服务两者互嵌其中，既完整地展示了梁平木版年画的所有文化因子，也丰富了其作为公共文化的价值内涵。

在梁平木版年画的发生发展过程中，其存在方式和群众的生活方式紧密地联系在一起，它既是民间生活方式的一部分，又是推动民间生活方式发展进而更新精神内核的物质载体。民间传统手工艺一方面适应着民间生活方式的需要，另一方面又以自身特有的文化结构反作用于民间生活，使之保持生机活力。今后应保持年画与民间互动的乡土性，参与到公共文化建设中以全面展示梁平木版年画的整体风貌，通过多维度展示与全民参与，在年画与人民群众之间建立有效的连接。从而系统地呈现出梁平木版年画的形式、内容、变化，让观众看到梁平木版年画的具体实物与制作过程、年画作品表面呈现的艺术风格与背后复杂的历史沿革等，使群众对年画的审美、制作、张贴、传承成为一种自发性行为，还原木版年画的文化空间与生存土壤，实现"非遗"文化整体性保护的目的。

二、从地域性看梁平木版年画关联性保护

作为巴渝地区独具特色的"非遗"公共文化，梁平木版年画具有明显的地域性特征。"在民俗形态的公共文化中，各地民俗的丰富多样性正是公共文化差异性在地域空间上所体现的鲜明特征。"[①] 而区域内的某一民俗公共文化又与该地其他民俗文化具有密切的关联性。保护梁平木版年画，应关注与其同地域的其他民俗文化，进行关联性保护。人类文明的形成和发展过程是不断适应环境以及对人性本质的不断自省的过程。梁平木版年画作为人类的生活方式与精神文化的物质载体，同其他人类文明载体的各种创造物（包含物质形式与精神形式）在一定程度上具有"异质同构"的关系。在实施非物质文化遗产保护过程中，应对整个文化生态系统中的所有文化遗产类型、组成的各文化因子进行深入挖掘分析，研究各文化表现形式中的内在联系和外显形态，避免保护的片面性。梁平木版年画题材内容广泛，涉及政治、经济、文化、宗教、历史、戏曲、民间信俗等诸多领域，映射着梁平社会生活的方方面面，这就使得梁平木版年画的发生发展过程必定与其他民间文化创造有着千丝万缕的联系。以"梁平三绝"（指梁平木版年画、梁平竹帘画、梁山灯戏）为例，农耕文化作为其产生的母体，在此基础上产生的任何文化表现形式都具有当地独特的乡土气息。梁平地区相对封闭，使得在此产生的文化形式都保有古拙、质朴、耿直、粗犷、泼辣的独特气质。

梁平县的百里竹海，北接大竹、垫江，南连达州、开江，全长70多公里。这为梁平县的土法造纸术（重庆市级非物质文化遗产）创造了得天独厚的条件，

---

① 荣跃明．公共文化的概念、形态和特征［J］．毛泽东邓小平理论研究，2011（3）：38-45.

梁平竹帘就是在造纸过程中被发明出来，用作舀纸（过滤纸浆）的工具。梁平竹帘的原料为慈竹，也得益于百里竹海的馈赠，随着造纸行业的衰落，梁平竹帘从单一的实用工具发展成梁平竹帘画，以民间工艺品的形式存在。同梁平木版年画一样，梁平竹帘画同样是多重文化因子的集合体，是艺术性与技术性的结合，在艺术表现和文化内涵上与梁平木版年画产生多重联系。从色彩语言上看，梁平竹帘画家在对色彩的把握过程中，喜用高度概括和提炼的装饰性色彩，用色大胆主观，讲究写“意”，不追求物质再现；梁平木版年画用色强烈浓艳，表现喜庆以红、黄、绿、青为主要色调，通过色彩的对比、调和使整个画面呈中调，呈现出既沉着、浑厚又富含一丝欢快、不羁的视觉效果。二者的美学追求都是对大自然的精神反馈，都保有独特的原始美感，展现出西南地区人民豪爽、大气的地域性格。从精神内容上看，二者又都受双桂堂佛教文化的影响，双桂堂的创立对梁平人民的审美取向产生了深远的影响，同时也一定程度地促进了梁平地区文化事业的发展。传统梁平竹帘画所体现的“仁”“义”“孝”“和”也同梁平木版年画作品的精神内涵不谋而合。

戏曲、美术或其他艺术表现形式都是民间日常生活中集体意识投射的结果，它们都从属于群众集体意识历时性建构的公共文化系统中。无论是梁山灯戏的剧本还是梁平木版年画的绘制内容都真实地记录了梁平人民物质精神文明的嬗变过程，在这同一文化系统中，梁山灯戏与梁平木版年画在风格和内容上有着相互渗透的关系。从艺术风格上看，梁山灯戏与其他地方小戏有明显的地域差异，它自成一派，区别于大部分地方小戏的“弋阳腔”和“梆子腔”。梁山灯戏采用独特的“梁山调”灯弦腔，又加之神歌腔和小调，喜欢边唱边跳，舞蹈动作的基本特点是扭、拽、跳，演唱形式喜庆欢快，动作热情、奔放、质朴、粗犷；梁平木版年画最大的特点是人物两眼始终是“对对眼”形式，且最后都要进行一道梁平年画独有的开脸工序，打破了人体比例规范、摒弃了门神固有的威严气质，甚至跨越了制作媒材的限制，年画艺人称“我们梁平年画是想怎么画就怎么画”。两者的艺术语言是梁平人民倔强、自由、直率性格的象征。在历史变迁及与外界文化的交互影响中，梁山灯戏与梁平木版年画都自始至终保有其特立独行的艺术品格，有意识或无意识地表达了梁平人民刚直、朴实的文化情怀。从表现内容上看，梁平木版年画中包含大量的戏曲题材，与梁山灯戏剧本产生交叉，二者又都受梁平地区特殊的民俗文化与佛教文化的交织影响，二者的艺术载体不同却都是梁平人民从民间生活中繁衍出的艺术表现形式，都包含对神话故事的再创造。梁山灯戏演出一本，梁平年画绘制一幅，前者是听觉的转换与语言的描述，是动态的；后者是视觉的转换与图形的表现，是固化的。

“二十九，贴倒有”，梁平人民在过年时节贴上独具特色的梁平年画，祈求驱邪纳福，加之喜庆吉祥的梁山灯戏，配以精细典雅的梁平竹帘画作馈赠好礼，浓重的年节气氛，民间的友好往来，这显然都是梁平人民智慧的创造。就梁平木版年画而言，梁平县的土法造纸术的衰败直接导致梁平木版年画失去原有的制作原料而产出困难，年味的淡化也导致梁平木版年画的需求量大大减少。如果只对个别文化项目实施单一的圈护抢救，不仅不能有效地起到保护作用，甚至在无形中伤害到更多未被列入保护范畴的优秀文化遗产。梁平县多种“非遗”类型目前处于一种互利共生的状态，因而都可采用同等形式的整体性保护方法，以便系统高效地保护和发展区域内相关联的公共文化。如建设大众文化活动中心，组织民间文化社团等，为大众提供公益性的文化开放空间，将当地“非遗”文化公共产品化。进行梁山灯戏剧场演出，恢复当地原有的优秀传统剧目，举办民间手工艺比赛或民间剧目表演比赛，邀请梁平县“非遗”项目传承人与普通民众参与表演并提供相应奖品，有利于提高群众与传承人的积极性。“非遗”公共文化的保护与传承必须重视大众的参与性与民间文化活动普遍意识的渗透，也即是说在完善硬件设施之外更要强调人的文化意识和文化自觉。完善的公共文化建设体系为“非遗”展演活动提供相应的场地、工具、资金，有利于吸引群众积极参与到公共文化活动中，从而使“非遗”的传承潜移默化地融入群众的生活。

对与梁平木版年画同地域相关联的多种“非遗”文化进行关联性整体保护的意义在于，其并非传统意义上单一地向群众进行文化产品输出，而是让群众参与“非遗”公共文化的生产与创作活动，使群众由被动转向主动，由一个单纯接受文化输出的局外人转向创造实践的参与者。“公共文化服务满足的是人类素质的提升与自我发展的需要，面向的对象为全体社会成员”①，公共文化的核心价值在于公平正义，是以政府为主导的非营利性组织为大众提供的公共文化产品，使大众能够平等地享受文化输出。在具体操作中，可针对各类“非遗”文化自身属性与需求，政府定向地进行资助与鼓励，将常规意义上的补贴转变成奖励形式发放给积极参与活动的团体与个人，使“非遗”文化更加群众化、生活化。

三、从系统性看梁平木版年画的综合性保护

民俗性“非遗”公共文化的产生、发展，是受多因素影响的结果。梁平木版年画同样深受其自然环境、社会环境、人文环境的系统性影响，因此对其保护应综合考虑多方面影响因素，进行综合性整体保护。“文化本来就是人群的生活方式，在什么环境里得到的生活，就会形成什么方式，决定了这群人的文化性质。中国人的生活是靠土地，传统的中国文化是土地里长出来的。”② 土地是优秀民族文化的根基，它激发了人的创造力和适应环境变迁的自我更新能力。“文化生态环境作为文化艺术形态生成的第一要义，它的决定性作用在于对相关事物形成横向上的统一特征和纵向上的递进并连续化的演变历程。”③2017 年文化部非物质文化遗产司负责人在接受《光明日报》采访时称：“整体性保护的内涵，不仅仅限于单项的非物质文化遗产及与之相关联的诸种条件，也包含了非物质文化遗产及与之构成传承链条的文化、社会、经济、自然环境等因素的系统整体。整体性保护要求注重文化遗产与周围环境的依存关系，强调非物质文化遗产应保护在其所属社区及自然与人文环境之中，强调必须将其所生存的特定环境一起加以完整保护。”④ 也即是说，将梁平木版年画嵌入公共文化建设中进行综合性整体保护，要求我们不仅要注重对“非遗”最终的物质成果保护，更要关注其产生发展过程中

---

① 曹爱军，杨平．公共文化服务的理论与实践［M］．北京：科学出版社，2011：25.

② 费孝通．文化与文化自觉［M］．北京：群言出版社，2010：12.

③ 戚序，贾国涛．中药与朱仙镇木版年画用色的内生性关系分析［J］．重庆大学学报（社会科学版），2011（3）：123-129.

④ 韩业庭．整体性保护破解“非遗”传承难题——访文化部非物质文化遗产司负责人题名［N］．光明日报，2017-03-16（005）.

所处自然环境变迁、社会形态更迭、历史性嬗变、人文环境变化等因素的影响和各因素互动、相互渗透的关系。尊重其内在文化的丰富性和生命源泉，关注组成某一文化形态的各文化因子的产生发展过程。要保留这些多元的“活态因子”，只能在系统、综合保护区域内整个文化生态系统中得以实现。地域、种族、环境的差异导致各地区文化创造的不同，具体表现在材料、设计、制作方法、用途等区域性特色，保证了当地文化的独特性和可识别性。仅梁平一县之地就有五项国家级（梁平木版年画、梁平竹帘、梁山灯戏、梁平癞子锣鼓、梁平抬儿调）和十五项市级非物质文化遗产（土法造纸技艺、梁平土陶技艺等）的现象绝非偶然，这就要求我们从其发源环境深究其因，并根据其影响因子的发展、变化进行综合性保护。

（一）自然环境

梁平县气候湿润温暖，山川绵延，水资源丰富，正是在这种地势气候下生长出了广袤的百里竹海。百里竹海为梁平县大量的非物质文化遗产项目（梁平竹帘、梁平木版年画、土法造纸技艺、梁平竹雕等）提供了原材料基础。二元纸（梁平木版年画的专用纸，以白夹竹为原料）就是在这种自然资源条件下诞生的。“土地产出材料，材料决定器物。”① 材料的地域性决定了梁平木版年画的地域性特征。张道一先生在谈起梁平木版年画时认为，“梁平年画的艺术价值不仅仅在于它丰富的色彩配置和运用上，更重要的是它的印刷媒材——纸的制作工艺和特殊处理，用这种纸张印出来的画，色彩淳朴厚重，有文人画的雅致，加之后期的‘开脸工艺’更是精彩不已，这是北方任何一个地方的传统木版印刷年画所没有的，在南方地区亦不多见，也正因如此，使得梁平年画具有极其明显的地域特色”②。以桃花坞年画的用纸作比较，在鸦片战争前多用毛太纸、檀皮纸，纸面清洁、光滑，鸦片战争后则采用西方工业产品“白有光纸”，其更精韧、白净；而梁平木版年画所用的手工二元纸从未被工业化产品所替代，其质地更粗糙、更原生，甚至能看到不均匀的竹纤维纹路。这是梁平人民随遇而安、尊重自然规律、

① 柳宗悦．工艺文化［M］．徐艺乙，译．桂林：广西师范大学出版社，2006：81.

② 张道一．“西部论坛”中关于西部艺术的演讲［D］．重庆：重庆大学，2011.

与自然和谐相处的传统造物观念的体现。在风格内容上，梁平木版年画也与其他地区年画存在地域性差异，如苏州的桃花坞年画主要描绘百姓生活和民风民俗，多出现美景与美女，风格内敛清秀，更受西洋铜版画影响，吸收了西方的绘画透视技法，彰显出较强的绘画功底；而梁平木版年画以民间信仰为主要内容，主要描绘门神形象，少有景物、仕女，其风格热情奔放，手法夸张，地域相对封闭，受外界文化影响较少，更接近于原始混沌的象征思维，而前者则是科学写实的逻辑思维。由此我们也可窥探梁平人“不与秦塞通人烟”的地域心理图式。综合保护当地原生的自然环境才能保持非物质文化遗产的原真性，也是使其可持续发展的必要条件。

（二）社会环境

人是自然的产物，也是社会化的产物。从社会环境看，在农耕文化的大背景下，区域内的文化创造内容符合当地人民的社会生活方式。例如梁山灯戏就是对群众生活方式的听觉转换或视觉转述。而特定人群的文化创造和生活方式都受制于物质生产基础这一根本原则。社会存在决定社会意识，生产方式决定生活方式，又能直接影响某些文化创造或作用于生活方式间接影响文化创造。对于梁平木版年画、梁平竹帘画这类艺术创造来说，其本身就是物质生产活动，它们与土法造纸术共同构成一个产业链。梁平竹帘为土法造纸术提供生产工具，土法造纸术中生产的二元纸成为梁平木版年画的专用纸，年画的畅销又为造纸术、竹帘提供了必需的生存环境。三者互利共存，相互影响，牵一发而动全身。由此可以看出，民间的生产活动、物质消费、精神文化生活等社会生活方式的各个因素都对群众文化创造产生影响，它们共同成为不同文化表现形式的形成因子。在当今全球化背景下，社会生产活动、物质消费、精神文化需求等作为文化创造的动因，其中的各因素产生变化，使得民间文化创造不得不寻求自我更新。李泽厚就曾提出，本土文化在新时期可以实现“创造性的转变”，但在具体操作过程中能不能实现“创造性转变”或怎么实现，成为当今非物质文化遗产保护的重要议题。实际上，我们需要立足于物质基础的视角观照各方面的利益诉求。比如当前出现的艺术品投资热，就是当经济发展到一定程度，人们不满足于经济的富足而对精神文化生活需求日益增强的结果。梁平木版年画艺术从某种程度上说带有一定的增值性，从其手工纸制作、雕版技术、印刷、套色工艺等方面看都具有很强的收藏价值，而商人、艺术爱好者对年画的投资使得梁平木版年画在原始产业链基础上形成了新的资源动力。

（三）人文环境

梁平木版年画是年文化的产物，同时受到梁平双桂堂佛教文化的影响，形成自身的地域性特色。“任何一种艺术，特别是民间艺术，都需要立足于它原生的文化境遇进行考察，与民俗生活紧密联系，才能深刻了解它所蕴含的文化意蕴。”①

第一，梁平木版年画是梁平年文化习俗的视觉表述。在农耕时代，张贴年画一直作为过年的必要仪式。“过年”被认为是一年中辞旧迎新的关键时节，包含群众对新的一年的期待，同时也表现了对不可预知灾祸苦难的恐惧心理。因此，为了保证能顺利度过一年中新旧交替的关键时刻，人们便无意识地、自发地形成了相应的驱邪、纳福等祈愿习俗。以梁平人民贴门神画行为为例，一方面，古人认为门是阻隔混沌危险的外界空间与和谐安宁的家庭空间的结界，门神如同家庭的保护神；另一方面，又包含庆祝新年到来的喜悦，体现群众自娱性的狂欢意识。

第二，梁平木版年画深受双桂堂佛经版画影响。明末清初，禅宗宗师破山海明创办了双桂堂，在其中组织传抄、刻印佛经以弘扬佛法，推动了梁平地区造纸业、刻版、印刷业的发展。梁平木版年画雕版艺人全昌明表示，在历史上，大部分雕版艺人不仅雕刻木版年画，雕刻经文、佛经版画等类似的活计他们都会接。因此梁平木版年画在材料、内容、风格上势必会受到双桂堂佛经版画的影响。在生产材料上，二者都选用梨木和二元纸。在表现内容上，梁平年画也多描述民间信仰题材，少有其他地区美人、小儿及风景题材。讲究“画中有画”，喜用狮子、龙纹做衣物器皿等装饰图腾，例如在《将帅》中就用狮子面部做衣纹装饰。在艺术风格上，雕版艺人们在雕刻过程中总是自觉或不自觉地沿用佛经版画的刻版习惯，起、行、顿、挫、顺、逆、虚、实，行云流水的刀法成为梁平木版年画的

① 王建民．艺术人类学新论［M］．北京：民族出版社，2008：231.

独有特色。双桂堂佛经版画和梁平木版年画虽功用不同，但两者间的渊源显而易见，双桂堂佛经版画在梁平当地影响并推动了木版年画的普及与发展。

梁平木版年画的产生深深扎根于梁平地区的传统文化中，它富含丰富的历史、文化、美学价值，能够多方面体现梁平地区的社会文化特质。

学界一直重视对非物质文化遗产整体性保护的探讨，如建立民俗村、文化生态博物馆等，在此基础上提出的非物质文化遗产保护方法多注重原生文化的真实面貌和生态特征。在目前看来，将非物质文化遗产保护与公共文化建设有效结合的具体案例与学术讨论成果较少。这实际上是结合了非物质文化遗产生产性保护与博物馆保护两大重要保护方法，并将其与政府主导、群众广泛参与的公共文化活动相结合，具有一定的开发潜力与理论价值。将民间文化表现形式与当地人民的生产生活方式、文化习俗等日常生活内容有机结合，可为区域内民间文化创造提供贴合民情的必要场地与活动形式。以梁平地区的过年习俗为例，有庆祝新年的音乐舞蹈、有贺年问候的礼品、有祈愿祭祖的民俗仪式活动、有装点气氛的饰品、服饰等，而梁平县的文化创造如梁平木版年画、梁山灯戏、梁平竹帘、癞子锣鼓、牛皮灯影、民间刺绣、鼓吹乐、梁平狮舞等都与年文化相关联。年味的淡化使得一系列的文化元素弱化甚至消失，反观某些文化项目的消失又导致年文化氛围整体的削减。笔者建议将年文化元素融入公共文化建设中，以上一系列的“非遗”项目都可以通过展示、表演、比赛等形式参与到公共文化服务体系中，为“非遗”文化提供更多的传播途径与模式，让更多的“非遗”项目流动起来，从而实现其公共文化价值。

基于地域精神塑造的乡土景观设计研究[①]

胡　瑶　章　波[②]

一、乡土景观的概述

（一）乡土景观的内涵

乡土景观可分为自然环境景观和人文景观两大部分，是人们在长期顺承与适应一个地区自然和气候条件过程中生成的生产生活景观。这种在地性的独特变迁发展，形成了广阔大地上各具特色的乡土风貌，从辽阔的北方大漠，到诗意的江南水乡，它都带有深深的地方烙印。乡土景观见证着一个地方的时间和历史，是场所精神的寄托，是人类“生存的艺术”[③]。在人类长期的发展中，人与自然、人与环境以及人与人之间的交流，形成了各地独特的自然生产生活环境，同时也伴生了不同的地域文化和精神。这种文化和精神主要表现在这些特定区域的生态环境、民风民俗、传统习惯等，它们是一个地方的魂，是区别于其他地区最显著的特征。

乡土景观是质朴的、自然的、传统的。它以大地景观为背景，以乡村聚落景观为核心，由经济景观、文化景观和自然景观构成环境综合体，乡土景观又可以说是根据土地自然条件、生产和生活成为一体的“农业生产景观”和“农民生活

① 基金项目：重庆工商大学校内科研项目（670101536）。原载于《重庆工商大学学报（自然科学版）》2018 年 12 月第 35 卷第 6 期。

② 胡瑶，女，安徽蚌埠人，助教，硕士，从事设计教学管理研究。章波，重庆工商大学艺术学院。

③ 陈义勇，俞孔坚. 美国乡土景观研究理论与实践——发现乡土景观导读［J］. 人文地理，2013（1）：155-160.

景观”的复合景观[①]。从自然环境景观角度来看，乡土景观包括乡村的生态田野，以及通往田野或村庄的乡间小路。从人文景观角度来讲，包括3个方面：第一是传统村落，这些村落依据当地地形环境而建筑，融于大地景观环境中，它是乡土景观中最核心的空间场所，承载着当地人的日常生活、民俗活动等；第二是乡土设施小品，这些生活设施小品是乡村生活中不可或缺的东西，是人们智慧的结晶，无声地述说着乡土的故事点滴；第三是生活场景，这些生活场景浓缩了当地传统文化，体现了乡土景观的活力与特色，是当地生活艺术的体现，是参与性景观的落脚点，述说着这里的文化与故事[②]。

（二）乡土景观的构成要素及特征

乡土景观的构成要素包括自然环境角度的山林、水系，人造景观的村落、农田、道路以及地方长期形成的文化景观等，如表1所示。每一类型的要素里涵盖了与当地居民生活息息相关的具体元素。

表1　乡土景观的构成要素

	村落	民房、房前屋后林、聚落等
人文景观	农田	耕地、菜地、村头集会地、篱笆等
	道路	农用道路、田间小道等
	其他	地方的祠堂、石碑、石墙等文化风景，以及水井、水车等生活风景
	河流水系	自然河流、水渠、池塘等
自然景观	树林	近郊山林、杂木林等

由这些不同要素构成的环境形成了以下特征：大地般的宽广与辽阔感；伸向远方的平远感和深远感，稳重的安定感与宁静感；具有典型的地域性景观；具有可以成为地区象征的场所；丰富的水系与植被，各种生物可以生息的生态环境；

①［日］进士五十八，铃木诚，一场博幸．乡土景观设计手法——向乡村学习的城市环境营造［M］．北京：中国林业出版社，2008.

② 绿道乡土景观．“乡土学堂”——源于乡土的景观设计五要素［DB / OL］．http: // www. sohu. com/ a / 67158533-401921，2016-04-01.

丰富的四季变化；山脚或者树林的边缘坐落村落，形成具有稳定感与安全感的居住环境；按照人性化尺度营造的农村构筑物；以当地建筑材料为主的统一与协调的村落景观；具有历史性遗产（生活文化资产）等①。这些独特的地方元素，形成了各地不同的景观风貌。

二、乡土景观设计的问题分析

随着近年来国家政策对农村社会经济发展的不断关注，乡村建设发展显著。乡村旅游开发的逐步兴起，为乡村景观环境带来了巨大的变化。这些可喜成绩的背后也随之带来了诸如乡土生态环境的破坏、乡村风貌的遗失、乡土文化特色的丧失等隐患。究其原因，有几点：

1. 在现代化发展的进程中，信息的快速传播为全球经济与文化的交流带来了便捷，不同地域间的文化开始不断地相互融入借鉴，引起了城市和乡村环境的同质化现象。

2. 技术的标准化、材料的便捷流通，导致了地域建造技术难以传承，地域景观随之失去特色，民族本地区应有的个性景观丧失殆尽。

3. 地方政府缺乏对乡土景观的正确认识，管理与从事乡村建设人员的业务水平有限，片面地追求经济发展速度和产业回报的效益，忽略了乡村所在的村落环境是自然发生、渐进生长的客观规律。其乡村建设照搬城市化建设的模式，用简单的拿来主义造成了走到哪里都好像似曾相识的乡村环境感觉，缺少创意的新鲜和对地域文化的认同，最终导致了独具特色的地域乡土特征丧失。

农村发展、农民致富固然重要，但不能以农村环境和乡土文化的破坏为代价，不能放弃对地域文化、地域精神的继承与发扬。在当下的特色小镇、新农村建设大潮中，对乡土景观的整体性把握，特色性的提炼和保护，对地域乡土景观价值的挖掘和应用，是今天农村建设与发展的重要任务。

---

①［日］进士五十八，铃木诚，一场博幸．乡土景观设计手法——向乡村学习的城市环境营造［M］．北京：中国林业出版社，2008.

三、乡土景观设计策略

（一）整合地区资源，服务整体需求

乡土景观营造应结合地方长期形成的历史情况，避免简单的拿来主义，避免以程式化的思维简单地对待千差万别的自然条件和地域传统，从地区整体环境及资源出发考虑总体设计。设计应以地区区域发展为依托，整合本地的自然环境资源、历史人文资源、旅游品牌资源等。深入挖掘地区的人文历史和产业特色，注重在精致品牌特色上做好文章，并与区域内其他旅游资源和旅游景点的开发进行结合，从而满足地区整个区域的整体功能需求。

（二）结合村庄现状，合理规划功能

结合当地的环境及村民生产生活现状，在充分保护利用自然生态、历史人文的基础上，以当地的地域文化为核心，合理布局，有意识地植入雅俗共赏的文化元素，提升整个乡村的品位。设计应因地制宜，依据其自身地形、地势状况决定各功能分区主题及特色。各功能分区应保留乡村的场所和故事记忆，延续本地乡土的特色。

（三）注重参与体验，传承地域文化

塑造地域的精神，传承地域的文化，乡村建设需要依赖于对地区文化的提炼与运用。地域的历史文化是本区域人民在历史长河求生过程中的积淀产物，它有着一条纵线贯穿的时间轴[①]。地域的民俗文化是乡土景观的魂，是村庄历史的记忆和其自身文化传统的传承[②]。结合当下现代景观的设计语言与手法，充分发掘和提炼乡村特色，利用文化的内涵来延续乡村的历史和记忆。设计应注重地域文化内涵的传承与运用，形成独特的地域文化体验景观。将地域文化形象化、符号化，用创意激活乡土文化，将文化物化到具体环境。设计同时鼓励村民、游客的文化体验与参与，让游客形成对当地特有的历史文化、民俗文化等的体验。

---

① 梁轩．酒店室内设计中地域文化的应用研究［J］．重庆工商大学学报（自然科学版），2017，34（3）：123–128.

② 刘铁梁．村庄记忆：民俗学参与文化发展的一种学术路径［J］．温州大学学报（社会科学版），2013（5）：3–12.

（四）强化乡土特色，展现浓浓乡愁

乡土特色是乡村的根本所在①。乡土景观的面貌厚重、朴实。在建设乡村综合环境时，应注重对乡土精神的提炼，注重乡土景观设计的再生。乡土景观元素来源于乡村生活、来源于自然，朴实无华，但却与地域特征密切相关，并蕴含一定的文化意义和地方精神。

设计应秉承减少干预的原则，尊重原有村落与民居。在地域建筑的利用上，将那些对村落整体功能影响较大、较为破旧的建筑予以拆除，新增的建筑应延续地区民居风格，并与周边环境合理协调，其余均采用整治的手段进行保留利用。对区域内体现浓郁乡土气息和乡土生活的古井、古树、石磨等重要的景观要素进行保护利用。

乡土材料如旧，它是记忆的载体，能让人们感受到时间的流淌和岁月的痕迹。在材料的使用上要强调对木、夯土等乡土原生材料的利用，对区域内新建、改建、扩建的建筑立面、护坡挡墙以夯土、石头材质为主，广场、道路地面主要采用青石板、卵石等材质，保持村貌的协调统一和浓郁的地方特色②。

在绿化植物的选择上，应利用乡土植被，避免城市化的造绿行动。充分利用当地的原生植被作为骨架，对环境影响较大的一些杂乱植被进行清除。同时，将当地生产性的种植作物、经济作物与原生植物结合，最终形成人工种植和原生林木相得益彰、互相弥补的自然融合的美好格局。

四、区域乡土景观资源的设计实践

灌坝村隶属于巴中市南江县杨坝镇，在杨坝镇西北，距杨坝镇5公里，处于光雾山十八月潭景区环线的关键节点位置，经济较为落后。借助旅游开发这一历史性的机遇，村民们迎来了本地百年难遇的发展契机。如何通过规划设计带动本地经济的发展？如何通过设计实践改变落后的村落面貌，让这里获得新生，建设村民、游客认同的乡土景观环境，留住这里的记忆和乡愁呢？

---

① 唐祖辉，徐文辉，高鹏．浙江新农村景观乡土特色的表达手法［J］．浙江农业科学，2013（3）：290–296.

② 彭一刚．传统村镇聚落景观分析［M］．北京：中国建筑工业出版社，1992.

结合灌坝村村民生活现状及农村经济永续发展的现实需求，在搞好规划区域的新村风貌、土地整合、道路建设、水域建设、广场及停车场建设等五大基础设施的同时，依据灌坝村现有的自然风貌和产业特点，因地制宜，发展旅游接待、黄羊经济、高山蔬菜、干果野菜、高山狩猎等五大产业，使灌坝景区成为光雾山国家级风景区的前沿客厅，并带动当地村民走上致富的快车道。

（一）总体规划

规划设计以建设十八月潭景区旅游服务接待点为契机，有机结合民房改造、水土整治和农村的产业结构调整等具体项目，因地制宜，务实求真。在充分保护利用自然生态、历史人文的基础上，以“羊文化”为核心，合理布局，有意识地人为植入雅俗共赏的文化元素，提升灌坝景区品位。使之既要融入光雾山国家级风景区的大景区格局，又要打造独立的国家4A级景区节点。成为融接待、观光、体验、休闲、养生为一体的绝佳去处。景观设计内容包含6个方面，分别为十八月潭的旅游服务接待点（满足基本功能）；高山有机蔬菜示范片（提供饲草及有机食品来源）；有机生活及避暑休闲度假的高山乐土（提供消费基础）；川东北唯一的狩猎文化体验基地；南江特色民俗体验的最佳场所；高山乡村旅游和新农村建设典型村（寻求新的发展）。

（二）记忆重生、再现乡情，景观功能空间的重生

整个区域因地制宜，依据其自身地形、地势状况决定各分区各自主题特色。各功能分区通过空间轴线，将整个乡村环境进行合理连接，保留乡村历史和记忆的场所，延续乡土特色。围绕羊文化，整合高山地区的特色产业链，注入参与性极强的文化性和娱乐性，使其吃、住、游、乐、玩都有自身独特之处。其具体可分为7个区域。

1. 罐塘明月——滨水区（含黄羊宾馆、饮食一条街及滨水景观）。对现有环境加以整治，集寨堡、民居特色于一体，对现有建筑风貌进行改造，加入具有地域文化特色的小品，使之成为景区游客的聚散、购物及接待中心。设计水上活动舞台，为杨坝地区山歌文化的展现提供场地。

2. 群羊下山——石芽坡地（羊公馆、水车磨坊）。围绕羊文化，整合高山地区的特色产业链，设计注入参与性极强的文化性和娱乐性。民居改造以符合寨堡

乡村风情为特色，适当融入本地乡村民居符号，打造一体化的设计环境。

3. 坝上秋色——山地景色。对该区域的设计，利用当地特有的高山气候资源条件，对现有坡地进行整治，种植高山萝卜、黄花、甘蓝、香椿等特色蔬菜，打造高山有机蔬菜种植基地。既为周边城镇的餐饮提供蔬菜产品，带动地区经济发展，又可开展田园观光、艺术写生等体验活动。

4. 老林旧事——狩猎区（狩猎广场，羊较场，山地猎场，山神庙，猎户宾馆、神庙钟声等）。主要展现本地古老的狩猎文化。充分利用林间山岭坡地，种植玉米、高粱、红薯等旱作粮食，既为放养飞禽走兽提供食物链，也可为参与游客提供真实的现场体验场地和无污染的绿色食品，让人们在现场体验狩猎文化，学习狩猎技巧的同时，得到休闲和养生。

其他 3 个区域如下：瓜果飘香——高山有机蔬菜基地；居民聚居点——梨花院落；林泉雅趣。

根据现场的实际情况，在对该区域的设计中，结合川北民居风格和寨堡风格对该区域的民居建筑和居住环境加以改造。合理布置休闲设施，实现人畜分离、集中养殖，使村民家家都各具自身特色，将这里建成一个集居民聚居、体验休闲及旅游度假的乐园。

五、结语

在强调人文关怀、场所精神、文化体验的后现代设计中，结合旅游开发的乡土景观建设，首先，要确保乡土生态环境不受破坏；其次，要保护地方的生产生活风貌，保留乡土文化的原汁原味，在乡土景观的建设中要注重对地域精神的传承和塑造，才能留住该地区的记忆和乡愁。

WENHUA CHANYE
文化产业

现代文化产业体系的政策效应、问题及发展对策[①]

孟东方[②]

党的十九大报告明确指出“推动文化事业和文化产业发展”“健全现代文化产业体系和市场体系”，为推动新时代我国文化大发展大繁荣指明了方向。如何推动现代文化产业体系的建构与完善，一直是学术界关注的焦点问题。如何培育现代文化产业体系，激发其活力，消除文化产业梗阻，促进现代文化产业体系日益成熟完善是亟待研究和解决的问题。

一、现代文化产业体系的政策效应

“文化产业”一词最早出现在霍克海默和阿多诺合著的《启蒙辩证法》一书中，他们提出在资本主义社会“整个世界都要通过文化工业的过滤”。[③]资产阶级不仅在经济掌握着绝对的主导权，而且在文化领域也掌握着绝对话语权。资产阶级通过将文化工业化，实现了精英文化向大众文化的转变，这在给大众带来文化娱乐和文化享受的同时，也解构了阶级文化，使无产阶级无法摆脱资产阶级设置的“牢笼”。在霍克海默和阿多诺之后，许多西方学者认为，文化产业不仅具有意识形态的属性，而且本身也具有经济属性，文化产业是国家经济发展的重要方式。

① 基金项目:2017 年中宣部自主选题项目“中国发展理论与实践研究”；国家社科基金项目“‘四个全面’战略布局实践路径研究”（16BKS011）；重庆工商大学重点项目“习近平特殊品质研究”。原载于《中国行政管理》2018 年第 12 期总第 402 期。

② 孟东方，重庆工商大学党委副书记、教授、博士生导师，国家“万人计划”哲学社会科学领军人才。

③ 霍克海默，阿多诺．启蒙辩证法［M］．上海：上海人民出版社，2003.

我们党历来高度重视文化建设。2003 年开始，文化体制改革中把经营性文化产业与公益性文化事业分开，国家先后出台了数十个与现代文化产业发展相关的政策。从我国文化产业的发展历程来看，“政策效应”非常明显。所谓“政策效应”，就是指产业与政策之间的“共振”关系，即党和国家的文化政策对文化产业的发展具有引导性、推动性和支撑性，具体表现在以下几个方面。

一是推动了我国现代文化产业的跨越式发展。我国现代文化产业发展从 2003 年起步，用了 8 年时间，到 2010 年，产业增加值首次超过 1 万亿元大关，占 GDP 的 2.75%；2013 年，产业增加值达到 2 万亿元，占 GDP 的 3.67%；2017 年，产业增加值接近 4 万亿元大关，占 GDP 的 4.2%，成为国民经济的重要产业。[①]15 年来，我国现代文化产业一步一个台阶，连续实现跨越式发展，这与国家的现代文化产业系列政策引导和支持是分不开的。

二是优化了我国现代文化产业发展环境。现代文化产业的发展需要良好的产业发展环境。15 年来，国家出台了现代文化产业系列引导、大力扶持和强有力支撑的现代文化产业发展的政策，包括文化产业综合政策、文化与相关产业融合发展政策、文化产业资金扶持政策、文化产业税收优惠政策、文化产业园区（集聚区）认定关系相关政策、动漫企业认定管理相关政策等，形成了促进现代文化产业发展的良好政策环境。

三是推动了文化新业态强劲发展。现代文化产业的发展，高科技是主要特征。随着互联网技术的发展，现代文化产业尤其需要和互联网有机结合，文化产品和服务才能更有生命力和竞争力。国家根据互联网技术的发展和文化产业的发展现状，出台了鼓励“互联网 + 文化”的政策，推动我国文化产品和服务在生产、传播、消费上的数字化、网络化发展。通过十多年的发展，我国基于互联网和移动互联网的新型文化业态迅猛成长，已经成为我国现代文化产业新的增长点，“互联网 + 文化”的优势逐渐显现。2017 年，全国规模以上文化信息传输服务业的营业收入达到 7990 亿元，比 2016 年增长 34.6%，文化新业态发展势头非常强劲，体现出勃勃生机。

四是提升了文化骨干企业的整体竞争力。现代文化产业的发展，需要强大的

---

① 数据来自于国家统计局网站，以下类同。

骨干企业作为支撑。国家出台的相关政策对骨干企业的培育作用明显，我国现代文化产业的骨干企业规模不断扩大，专业化生产水平不断提升，发展后劲不断增强。到 2017 年，我国文化骨干企业 5.5 万家，2013 年以来年均增长 8.6%，有从业人员 854 万人，实现营业收入 91950 亿元，2012 年以来年均增长 10.3%，为我国现代文化产业的可持续发展提供了强大支撑。

五是扩大了现代文化产业的投资规模。现代文化产业的发展离不开大量资金的支持。国家通过文化产业政策引导，使社会资本持续进入现代文化产业，投资主体呈现多元化趋势，为文化产业的持续壮大和发展提供了强有力的资金支持。2017 年，我国文化产业的固定资产投资规模达 38280 亿元，国家预算资金约 5%，而企业自筹资金高达 83%，社会资金进入现代文化产业有加速迹象，投资多元化格局正在形成。

六是加快了现代文化产业“走出去”的步伐。在国家政策的支持和引导下，我国文化产业“走出去”的步伐不断加快，国际影响力不断提升。2017 年，我国现代文化产业产品进出口总额 971 亿美元，文化产品贸易连续实现顺差，对“一带一路”沿线国家文化贸易取得积极进展。同时，我国的国际版权输出也有较大提升，图书版权贸易逆差逐渐下降，标志着我国现代文化产业“走出去”的步伐日益加快。

二、现代文化产业体系面临的挑战及其培育困境

现代文化产业是现代服务业的重要组成部分。据国家统计局数据显示，2017 年现代文化产业增加值突破 3.5 万亿元、GDP 占比突破 4.2%，现代文化产业的发展成效非常明显。但是，与新时代新要求相比，尤其是精神文化生活在满足人民对美好生活需要方面，现代文化产业体系的培育还存在较大差距，现代文化产业体系还面临不少问题。

（一）现代文化产业本身问题

一是现代文化产业距离国民经济支柱产业还有一定差距。《国家“十三五”时期文化发展改革规划纲要》提出，“十三五”末文化产业成为国民经济支柱性产业。根据产业发展的一般要求，一个产业要成为国民经济支柱产业，其生产总

值至少要占GDP的5%。根据2017年数据显示，要在“十三五”末实现这一目标，还需要不断努力。

二是文化企业的创新创意能力和竞争力还不够强。创新创意是文化企业的生命，没有创新创意，文化产品就没有吸引力，文化企业就没有竞争力。新时代文化企业要满足人民群众对美好生活的期待，必须在创新创意上下功夫。当前，我国文化产业企业的创意能力和竞争力还比较弱，存在传统文化资源挖掘不够、外来文化吸收不够、科学技术运用不够、“产品类型大同小异，科技与文化含量低，原创性不足等问题”，“难以在国际市场上产生巨大影响力”。①

三是整个现代文化产业结构及布局还需优化。从产业结构上看，我国现代文化产业中低层面的文化产品和服务供给多，优质产品和服务供给不足；传统手段生产能力富余，现代高科技生产能力不足；文化产品及服务向内（国内）向后（历史）的多，向外（国际）向前（未来）的少。从产业布局上看，我国现代文化产业主要集中在大城市和沿海经济发达地区，中西部地区文化产业布局较为薄弱，难以满足新时代中西部人民群众对美好生活的需要。

四是培育文化产业体系的高端人才相对短缺。培育现代文化产业体系，急需一大批优秀的文化产业发展人才，尤其需要相当数量的文化产业发展高端领军人才。而目前我国文化产业领域，低层次人才相对过剩与高层次人才相对不足的矛盾并存，直接影响我国现代文化产业体系培育。与此同时，文化从业人员结构不平衡。以动漫产业为例，无论是创意人才、动漫系统人才还是运营策划人才都相对缺乏，但是中期生产人员、软件运用人员、模仿制作人员则相对过剩。②

五是文化企业投融资力度不够，社会投资活力不足。培育现代文化产业体系，需要充足的资金支持。除了国家资金支持外，还需大量的社会资本投入。文化产业投资回报的周期相对较长，资本回报率缺乏优势。如果没有相应的政策引导，社会资金主动投入、长期投入文化产业发展有限，需要更多的政策引导和

① 卫志民．文化创意产业发展的现状、制约与突破［J］．河南大学学报（社科版），2017（2）．

② 段莉．我国文化产业就业与人才问题研究［J］．华中师范大学学报（社科版），2017（2）．

支持。

（二）培育现代文化产业体系的困境

一是文化企业过分依赖产业政策。国家政策扶持有力推进了现代文化产业体系发展，却导致了部分文化企业对国家政策的过分依赖。在生产经营中，企业不是把主要精力放在如何提高自身的核心竞争力上，而是放在获得更多更优惠的政策上。一旦优惠政策削减或取消，这部分企业的经营就会出现问题。

二是产业政策目标中经济效益和社会效益失衡。目前，现代文化产业的政策支持多体现为实现经济效益。比如，对文化产业的评估指标大多在经济指标。在培育现代文化产业体系的过程中，需要出台相应政策，积极引导文化企业更加重视社会效益，使得社会效益与经济效益相对平衡。

三是支持骨干文化企业做大做强与扶持中小微企业之间的平衡困境。骨干企业是文化产业发展的中流砥柱，大量中小微文化企业则是文化产业发展的活力所在。培育我国现代文化产业体系，需要大力支持骨干文化企业做大做强，也需要同时扶持中小微企业的发展，充分释放中小微企业的活力，以促进文化产业的创新。现实中如何在骨干企业做大做强与中小微企业扶持中寻找平衡点，是个极具挑战的现实课题。

四是央地产业政策配合度不高。发展现代文化产业是国家战略，对整个文化产业的发展应有全国性统一考虑和规划。但对地方而言，不同地区有不同实际，地方政府根据自身实际出台相关配套政策，引导辖区内的文化产业发展。但是，有的地方政府出于各种因素考虑，在出台配套政策过程中过于“任性”，以至于国家相关政策的权威性得不到保证，对整个现代文化产业体系的培育带来不利。

五是产业政策的系统性与长效性协调不足。培育现代文化产业体系，需要国家整体规划、系统实施。但是，现行的相关政策，局部出现了国家层面与地方层面、国家层面各部委之间，缺乏统筹考虑，存在各自为政的问题。有的政策长效性不足，甚至见子打子、朝令夕改，对现代文化产业造成干扰和破坏。

三、培育现代文化产业体系发展的基本对策

基于上述问题分析，解决之道在于补齐现代文化产业“短板”，激发现代文

化产业发展自身活力；消除现代文化产业“梗阻”，促进现代文化产业体系培养形成。

（一）补齐现代文化产业“短板”，夯实现实文化产业发展的基础

一是补齐“结构短板”。本着高质量发展的导向，坚定现代文化产业作为国民经济支柱产业的发展目标定位，不断优化现代文化产业发展战略实施计划，使目标的推进有序进行；面向现代高科技的发展，着力现代高科技生产能力的提升，不断增强优质产品和服务；适应新时代人民群众的需要，努力形成现代文化产业发展内部结构优化、产品层次有序、区域布局合理的新常态，使现代文化产业发展自身活力不断彰显。二是补齐“创新短板”。促进思维创新，从突破固有的思维定式和习惯规则，努力培养敢为人先的突破精神和冒险意识。促进价值创新，将现代文化产业置于历史价值、中国价值和世界价值的范畴，不断赋予其鲜活的生命力。特别是要根植我国深厚的文化底蕴，不断挖掘其新的价值和意义，并站在人类命运共同体的维度予以科学审视。促进科技创新，高度重视科技创新能力在文化产业发展中的运用，不断赋予现代文化产业发展的科技含量，提高竞争力，保存竞争优势。促进制度创新，继续加大对旧有体制机制的改革和创新，包括转制改制、投融资、进出口、知识产权保护等各个方面。三是补齐“人才短板”。结合现代文化产业发展实际和建设目标定位，完善人才流动制度，激发主体创新活力，营造人才发展良好环境，实现人才多渠道供给，提升人才竞争力。如大力推动高层次创新人才计划，安排文化产业专项发展资金，建立健全激励机制，促进人才、技术、成果良性互动，让高层次创新人才不断涌现。

（二）消除现代文化产业“梗阻”，完善现代文化产业的体制机制

一是消除观念“梗阻”。切实消除现代文化产业发展中的“等”“靠”“要”思维观念，树立竞争力就是产业发展生命的理念。从国家政策扶持的角度，应积极构建“倒立项”式的成果导向性的激励机制，加大产业发展的成果科学考核。从文化产业发展主体自身的角度要将产品意识、精品意识深植企业灵魂。通过有效的体制机制改革、制度创新，使企业活力迸发，通过科技引入和创意推动，使企业竞争力凸显，从而从根本上消除现代文化产业发展的政策依赖。二是消除政策“梗阻”。加大政策规划设计的系统性考量，避免政策的“碎片化”，将现

代文化产业体系建设放到整个国民经济发展中通盘考虑，系统设计好相关政策和制度，避免出现“头痛医头、脚疼医脚”的情况。加大政策出台的广泛性审视，避免政策的“随意性”，重点是要完善依法决策，防止政策在地方绝对“灵活运用”，加大政策执行的督查力度。特别是国家要建立健全文化产业发展监督检查机制，确保中央的政策得到贯彻落实，地方的配套政策科学合理。加大政策实践落实的严肃性管理，避免政策的“形式化”，建立政策制定者和文化企业一线的直通机制，并实施差别化监督检查。三是消除路径“梗阻”。破除“体制内”与“体制外”的二元格局，让更多体制内的文化工作者投身于文化产业，采取更加灵活的方式让体制外的文化产业工作者参与文化研究。加大对传统文化产业的帮助与扶持，让传统文化工作者有良好的生活基础和工作条件。引导文化产业发展中的合理分配，既要保护合法收入，调节过高收入；又要清理规范隐性收入，坚决取缔非法收入，确保文化产业能够持续健康发展。

（三）激发现代文化产业的“活力”，增强现代文化产业的竞争力

一是激发资源活力。充分挖掘中华民族优秀传统文化、革命文化和社会主义先进文化，及时总结和提炼中国特色社会主义建设的伟大成就，要让更多文化作品反映时代发展新貌，回应人民群众对精神文化需要。兼顾文化发展的“民族性”与“世界性”，统筹国内文化资源与国际文化资源，创造出世界市场喜闻乐见的文化产品。二是激发竞争活力。不同所有制文化产业之间能够公平竞争，做到毫不动摇地发展公有制文化产业经济，毫不动摇地鼓励、支持、引导、保护民营文化产业经济发展。在做大做强文化企业的同时，保护好中小文化企业的积极性，为中小文化企业拓展发展空间。不断扩大开放，让更多优秀的国外企业参与市场竞争，同时也要鼓励我国文化产业“走出去”，不断开拓国际市场。三是激发消费活力。培育好人民群众的文化消费观，营造好文化消费氛围，让文化消费成为人民群众的自觉意识。不断优化文化消费结构，不断提升人民群众的文化消费能力和水平；不断推动文化“供给侧”改革，为人民群众提供更多高质量文化产品。

重庆文化资源整合与文化产业发展的路径创新研究[①]

李重华　王资博[②]

重庆高度重视文化资源挖掘保护和合理利用，推动了文化的繁荣发展。2017年，重庆文化产业发展在拥抱新时代中实现了新作为，全市文化产业预计实现营业收入1993.44亿元、增加值662.94亿元，增加值同比增长11.86%；2017年全市主营业务范围属文化产业的企业注册数达100902家，首次突破10万家，同比增长13.82%。重庆是国家历史文化名城，熔巴渝文化、革命文化、抗战文化、三峡文化、移民文化等于一炉，有些文化资源得天独厚，建议进一步采取创新举措，使其在助推文化产业发展的进程中发挥更大更好的作用。

一、重庆文化资源挖掘与文化产业发展的三大亮点经验

（一）从“重庆非去不可”到“行千里·致广大”，重庆文旅产业融合方兴未艾

2012年上半年，重庆市为贯彻全国“两会”精神、迎接党的十八大胜利召开，充分发挥政府“有形之手”与市场“无形之手”的积极作用，深度宣传营销了“重庆非去不可”主题口号，进一步提升了重庆文旅融合的知名度和美誉度。近年来，重庆紧紧瞄准国际国内龙头文化企业，加快引进顶级文化企业落户重庆，新建华侨城欢乐谷、万达文旅城、六旗山水小镇、九龙皇庭珠宝城等一批

---

① 重庆社会科学院2018年度重大调研课题“中华优秀传统文化创造性转化创新性发展路径研究”的研究成果。原载于《新西部》2018年7月上旬刊。

② 李重华，重庆社会科学院文史研究所所长、研究员。王资博，重庆社会科学院文史研究所副研究员。

重大文旅项目。据世界旅游及旅行理事会（WTTC）2017 年 10 月发布的城市旅游影响数据显示，重庆位列全球发展最快的 10 个旅游城市榜首。龚滩古镇入选 2017 年度中国最受网民喜爱十大古镇。2018 年 3 月全国“两会”期间，特别是 5 月 16 日全市旅游发展大会上，重庆强调了“行千里・致广大”的价值定位，力求以“诗”和“远方”结合来推动文旅融合优化升级。重庆将牢牢把握“山水之城・美丽之地”目标定位，全面打好“三峡”牌、“山城”牌、“人文”牌、“温泉”牌与“乡村”牌，展现“城在山水间、山水在城中”“有山有水、依山伴水、显山露水”的独特魅力，彰显生命之美、生活之美、人文之美。

（二）从“人无我有”到“人有我优”，重庆特色文化资源挖掘利用出新出彩

重庆文化资源丰富，有些还得天独厚。涪陵“816 地下核工程”乃是周恩来亲自批准修建的核工业基地，是三线建设的标志性工程，历时 18 年，建设者逾 60000 人，整整一座山被挖空，内有大小洞室 18 个，道路、导洞、支洞以及隧道 130 多条，最大的洞室核反应堆大厅高达 79.6 米，上下 9 层，总面积 104000 平方米，为世界第一大人工洞体，入选“第三次全国文物普查百大新发现”。如今，“816 地下核工程”遗址与周边的资源融合，将打造出一个特色小镇。世界文化遗产大足石刻千手观音集雕刻、彩绘和贴金于一身，以规模之大、手的数量之多和形态之复杂，被誉为“国宝中的国宝”。大足石刻千手观音抢救维修工程获评“全国十大优秀文物维修工程”。大足区不断将世界文化遗产品牌资源优势转化为文化产业发展优势，在抓规划、促营销、打基础、优服务等方面做了一系列工作并取得了成效，带动了大足石雕、大足剪纸等特色文化创意产品的俏销。2017 年 9 月，文化部公示了第一批 10 个“国家级文化产业示范园区”创建资格名单，重庆市南滨路文化产业园脱颖而出，获得创建资格。值得一提的是，该园区依托丰富的巴渝文化、开埠文化、宗教文化、抗战文化和现代艺术等历史文化资源，保护利用慈云寺、法国水师营、立德乐洋行等 460 多处文化遗址和弹子石、慈云寺、米市等历史文化街区，以“文化 +”为主要方向推动经济结构转型升级。

（三）从传统文化产业到新兴文化产业，重庆文化产业插上了数字科技翅膀

2017 年 5 月，猪八戒网获得第九届“全国文化企业 30 强”提名企业，这是重庆直辖 20 年来文化企业的历史性突破。如今，猪八戒等数字文化企业带领大批中小企业茁壮成长。2017 年 7 月，重庆数字出版产业报告成为唯一入选中国数字出版蓝皮书——《2016—2017 中国数字出版产业年度报告》的省份报告。以重庆日报报业集团、华龙网、重庆电视台为代表的一批主流媒体迈出了融合发展坚定步伐，重庆日报报业集团、重庆广电集团打造“中央厨房”，实现“一次采集、多种生成、多端传播”;《课堂内外》杂志社不断探索盈利模式转型，新媒体新业务收入占比可观。2017 年，重庆新增网络出版服务单位 4 家，数量位居西部前茅；两江新区国家数字出版基地获评总局新闻出版产业优秀基地。

二、建议通过“全民营销”、重视名人效应和大片威力来促进重庆文化产业发展

（一）人人都当宣传员

建议由市里统一部署，要求各机关企事业单位、各村社号召职工、学生，市民、村民通过各种关系积极进行宣传。为此，各机关企事业单位、各村社每年至少召开一到两次专题会议，进行动员，并确保每个职工、每个学生和每个家庭都有一本宣传手册。作为对大家的回报，可以考虑近两三年内，本市居民凭身份证就可以买到景区打折门票，学生凭学生证享受更大优惠，既提高景区人气，也使不熟悉景区者尽快熟悉景区，以便宣传。

（二）通过主流媒体、外事机构、友好城市以及出访、学习等机会加强对外宣传

建议通过提供一定的工作便利，请驻渝外事机构在本国进行有一定影响的宣传。以互惠的方式，请友好城市在本国进行有一定影响的宣传。以给予本人或其家庭适当奖励的形式，鼓励在国外学习或经商者进行有一定影响的宣传。以给予个人一些补贴的形式，要求机关国有企事业单位的出访活动进行适当的宣传。要敢于“占领”世界主流媒体，重奖做出突出贡献的外国旅行社。自然景区再独特

总有一定的同质性，而人文景区则有唯一性。钓鱼城“折断上帝之鞭”，在西方比在国内有名得多，也进入国家申报世界文化遗产预备名单，应有针对性地加大宣传力度。“明清文化看北京，汉唐文化看西安”，抗战文化是重庆最重要的文化资源，不仅对港澳台同胞、海外华侨华人有很大的吸引力，就是对西方人，还有一些亚洲国家，同样很有吸引力。建议重庆加大对抗战文化的宣传力度，要争取“抗战文化看重庆”。

（三）重视名人效应和大片威力

“随着全球媒体的文字和镜头，默克尔为成都美食做了个大广告，让国际社会刮起一股强劲的‘成都美食风’。”中国旅游新闻网的一篇报道写道。这值得重庆借鉴。电影《少林寺》之于登封，《千里走单骑》之于丽江，《泰囧》之于泰国，大家都非常熟悉——《变形金刚 4》之于武隆就更不用说了。所以，重庆可以考虑与好莱坞合作，拍摄一两部国际大片，如《折断上帝之鞭》（即反映钓鱼城保卫战），扩大影响。也可以与韩国合作，拍摄《金九在重庆》（主要反映以金九为首的韩国临时政府在陪都的重要活动），并请中韩明星出演，以吸引更多的观众。可围绕由于意大利外交官出卖，蒋介石险些殒命黄山，于是中美合作从赛珍珠诺贝尔获奖作品《大地》中找到密码，展开反轰炸谍报战以及罗斯福致重庆市民状等情节，与好莱坞合作拍摄《黄山遇险》电影，以资宣传。

三、建议进一步加强重庆重要文化资源的保护与合理利用

（一）文物资源保护与合理利用

建议尽快把抗战文物点全部上升为区县或市级文物保护单位切实保护起来，并为三线建设的标志性工程“816 地下核工程”以及老鼓楼衙署遗址申请全国重点文物保护单位和国家大遗址保护。重庆在抗战时期地位特殊，抗战文化是重庆最重要的文化，全市原有抗战遗址 767 个，现存仅 395 个，其中文物点占三分之一以上，消失者主要是文物点。市和一些区县第三批文物保护单位申报工作已经启动，可以抓住时机，把这些文物点全部上升为区县或市级文物保护单位切实保护起来。涪陵“816 地下核工程”，可以尽快申报全国重点文物保护单位，并申请国家大遗址保护。巴县衙门附近的老鼓楼衙署遗址见证了重庆近千年的历史变

迁，填补了西南城市考古的重大空白，总面积约26500平方米，发掘面积12640平方米，发现各类遗迹261个，出土文物9000余件（套），不仅入选“第三次全国文物普查百大新发现”，而且入选“2012年度全国十大考古新发现”，现为全国重点文物保护单位，还可以申请国家大遗址保护。

建议以蒋介石黄山官邸和涪陵“816地下核工程”为重点，发展抗战和三线建设等特色旅游。蒋介石黄山官邸一带已建成抗战遗址博物馆，包括15处文物，占地500余亩，是市内以至整个西南保存最完整、规模最大，也是最重要的已对外开放抗战遗址，可以与附近的于右任旧居、孔香园（孔二小姐旧居）、德国大使馆旧址以及中央工业实验所旧址等抗战遗址一起打造特色旅游。为了使不同的游客群体都有新奇感，进一步增强异质性，可特别推荐抗战兵工洞旅游线路——仅原第一兵工厂（今建设厂）开凿的116个洞至今保存完好者尚有50多个，包括该厂在内的6处抗战兵器工业旧址群已成为全国重点文物保护单位。

万盛海孔洞（“可容纳万人，光线充足，气象雄阔”），是抗战时期我国自己设计制造的第一架运输机诞生地，三线建设时期是晋林机械厂所在地，也是大好的旅游资源，可以打造黑山谷“姊妹”景区。

建议把重钢旧址打造成重庆的“华山文创园”，发展文化创意产业。“华山1914文创园区——历史空间里的文化脉动”——人民网这样报道。华山文创园是“台湾文化创意产业的旗舰基地”，原为台北酒厂废墟。重钢旧址要建立工业遗址博物馆，更应当打造“重庆文化创意产业的旗舰基地”。南岸慈云寺—米市街—龙门浩市级历史文化街区等都可以发展文化创意产业。

（二）世界遗产保护与合理利用

建议综合保护世界遗产大足石刻。要求大足区及其周边地区相关企业采取有效措施处理好工业废气和废水，限制大足区及其周边地区发展对大足石刻影响比较大的工业。大足邮亭工业园区已建成电镀园，龙水工业园区已建成酸洗中心，对电镀和酸洗废水进行集中处理，这种做法值得推广。建议为裸露在外的石刻安装类似于雨篷和吊帘之类的防护物，每天游览结束后拉下帘子，挡风和工业废气，遇雨防雨。四川省江安县底蓬镇村民自发筹款4万多元，修建一幢三层楼房，为79尊明代摩岩石刻佛像遮风挡雨。

建议加快已进入“中国世界遗产预备清单”的白鹤梁和钓鱼城申报世界遗产步伐。白鹤梁建立世界上唯一的深水博物馆，被联合国教科文组织誉为“保存完好的世界唯一古代水文站”。钓鱼城被欧洲人称为“上帝折鞭处”“东方的麦加”，乃是“迄今中国保存最为完好”的古战场遗址，也是全市唯一的“双国重”单位。白鹤梁和钓鱼城已进入“中国世界遗产预备清单”，加快其申遗步伐的策略，一是深挖其历史文化价值，特别是在中外历史文化中的唯一性，并最大限度地体现于申报书中。二是务必在保持“真容”的前提下，使候选遗产显得更加完美，使周围环境很和谐。三是为了充分显示地方政府的重视，应提供充足的保护经费。四是为了充分显示公众的关注，不妨借鉴日本富士山申遗的一些做法，如静冈和山梨两县举办音乐会、说书表演、演讲和座谈会等活动，富士山周边民间团体发起 246 万人申遗签名活动，并向国会递交申请书，“富士山申请世界遗产国民会议”开设网页，呼吁志愿者到富士山捡垃圾，举办 223 万人为富士山喝彩活动，并每天更新申遗进展情况和有关富士山文化活动消息。钓鱼城还可以争取西方人的关注与支持。

建议联合湖北为长江三峡申报世界遗产。长江三峡举世闻名，如果说白鹤梁和钓鱼城可以申报世界文化遗产，则长江三峡可以申报世界“双遗产”。1999 年，重庆申报的长江三峡已进入“中国世界遗产预备清单”。建议联合湖北一起申报，互利共赢。

在线路打造上，建议把大足石刻、金佛山和武隆喀斯特连成一线，或以大足石刻、金佛山带动钓鱼城，以武隆喀斯特带动白鹤梁，以陪都引出钓鱼城。大足旅游网应当向敦煌旅游网看齐，努力办一个精美的大足石刻专网，突出宣传千手观音，口号尝试“敦煌有千佛洞，大足有千手观音”。钓鱼城也有必要拍成世界大片，并请西方志愿者进行宣传，以外国游客带动国内游客。白鹤梁突出其深水位置。

建议进一步以大足石刻带动龙水小五金发展。每年宝顶香会节，同时举办龙水五金节，每当宣传大足石刻时，即把龙水五金很自然地带进去。龙水五金与大足石刻相伴而生，龙水小五金技艺已成为市级非物质文化遗产。可学双立人，改进技艺，培育龙头企业，打造完整产业链，并借鉴谭木匠营销手法，让龙水小五金重振雄风。

（三）非物质文化遗产的保护与合理利用

要高度重视人才断代问题。重庆巴南国家级非物质文化遗产代表性传承人4人、市级传承人21人、区级传承人75人，35岁以下仅占3%。国家级非物质文化遗产梁平二元纸和年画印刷技艺各只有1个传承人，年龄较大，没有人可以传授技艺。国家级非物质文化遗产川江号子传承人曹光裕5名弟子中年龄最大者60多岁。市文化委可以联合市教委推动职业教育人才培养与非物质文化遗产传承相结合，调整专业设置，实施对口培养。利用职业教育改造民间传统手工艺父子师徒世代相继、口传身授的传承模式，推进专业与产业、职业岗位对接，教学过程与生产过程对接。重庆文化艺术职业学院虽已设立非物质文化遗产传承系，但只有音乐、舞蹈和美术专业，需要继续扩大试点。巴南编印《木洞山歌》等乡土文化教材，在全区中小学课堂进行传承，都是很好的做法。

建议为非物质文化遗产生产性保护企业发展出台一些优惠政策。鉴于非物质文化遗产生产性保护企业的特殊性，有必要专门为非物质文化遗产生产性保护企业发展出台一些优惠政策，如减免非物质文化遗产生产性保护企业及相关行业的相关税收，放宽非物质文化遗产生产性保护企业及传承人信贷质押条件，简化审批手续，并像北京一样建立非物质文化遗产发展基金会。

建议从“吃穿”——重庆火锅与夏布入手，壮大文化产业和旅游业。支持重庆火锅产业集团建设重庆火锅文化产业园。建议尽快制定夏布地方标准，建立夏布研究所，建设夏布深加工区——也是旅游观光（体验）区。

如果康宁的蜀绣能绣一些千手观音，或用梁平二元纸和年画印刷技艺印制一些千手观音，肯定会大受欢迎，特别是在宝顶香会节上。

四、长江经济带战略下培育重庆文化产业新增长点的路径思考

（一）将“育点”纳入相关规划

建议将“长江经济带战略下培育重庆文化产业经济新增长点”作为重庆市主动融入国家战略、推动产业提档升级、建设内陆开放高地、建设文化强市、改善社会民生等的重要内容，完善配套投资政策、土地政策、财税金融政策、科技政

策、产业政策、开放政策、外贸政策、人才保障政策等，酌情纳入相关规划设计考量。

（二）健全“协调协作机制”“引才育才机制”

一是部际协调。由沿线省市有关部门提出请示，建议文化部牵头建立长江经济带文化产业发展部际联席会议制度，多部门统筹协调，指导区域联动、集群布局，推动以往的单打独干转变为区域串联式发展。

二是区域协作。在向东向西开放中，重庆居于战略节点位置，要发挥战略支点作用。要推动健全省市高层决策会商、专家咨询论证与地方城市协作共治制度，建议建立长江经济带 11 省市分管领导高层协商决策机制——“长江经济带文化统筹论坛”。建议以巴蜀文化、盐油古道、茶马古道、土家族苗族文化等跨境文脉为纽带实施成渝经济区、渝黔湘鄂武陵山经济协作区相关文化产业的一体发展。

三是协会引才。建议成立“长江经济带文化产业人才交流协会”，定期发布“人才需求目录”和编制“人才蓝皮书”，促进区域人力资源、企业人才需求信息对接和人才引进。

四是协同育才。在加强重庆市高校艺术、设计、软件、传媒、表演等专业学科建设的基础上，推动实施长江经济带校校协同创新、校所（科研院所）协同创新、校企（行业）协同创新、校地（区域）协同创新、区域交流与合作协同创新的文化产业人才培养模式。建议组建文化科技跨界人才培养基地——“重庆市文化科技研究院”。

（三）强化“沿江整合”“沿库整合”“沿道整合”，提升共生合力增长效益

一是沿江整合。充分发挥长江的水运、水利、水能、水景观等优势，以推进长江经济带产业空间集聚、跨区域交流协作，把长江沿线培育成为国际黄金旅游带为目的，加快打造沿江高效、畅通、便捷、开放的“3 小时高铁城市群交通圈”“2 小时城市群内城际交通圈”。建议联合四川、湖北、贵州等省份，组建“长江文旅集团”“长江影视集团”“长江传媒集团”“长江动漫集团”等。整合重庆文化艺术节等 11 省市文化节会资源，打造“长江文化节”，定期举办“长江

杯”武术散打赛、武隆越野赛、长寿湖铁人三项等重大文体赛事活动。

二是沿库整合。与湖北深度合作打造畅通、高效、平安、绿色的黄金水库，完善基础信息系统，推动构建“库区文化产业圈”，推出“环库智慧游”，通过统一形象设计、产品推介、节庆轮流主办等活动，整合三峡文化、三国文化、民俗文化等优势旅游资源，实现资源共有、品牌共建、线路共推、客源共享、市场共赢，合建国家文化产业示范园区、基地，改善“库区产业空心化”状况，助推万州等城市发展，并增强对周边农村发展的带动能力。

三是沿道整合。依托黄金水道推动建立水铁路空一体的对外综合交通网络，突出两江新区、保税区、铁路口岸、国家级开发区等平台的起始枢纽作用，激活“渝新欧大通道”的文化功能，衔接长江经济带和“一带一路”，推升重庆对外文化产业经贸合作。通过在渝合作共建国际开发园区（如中国—中东欧经贸文化合作园区），创新合作共建方式，建立利益分享机制，促进优势互补、互利共赢。

（四）释放“长江诗城”“长江龙城”“长江美丽山水城市”“世界温泉之都”等特色品牌潜力

一是开发“长江诗城”。重庆奉节诗史长、诗词多（万余首）、诗品高、诗人显，是名副其实的“长江诗城”。李白、杜甫、白居易、陆游、苏轼等历代诗人都曾到重庆奉节留下传世名篇，刘禹锡更是让三峡竹枝词传唱大江南北的诗豪，这些软实力值得转化为硬实力。

二是打造“长江龙城”。重庆坐拥“铜梁龙舞”、秀山“龙凤花烛”、巴南“木洞龙舟”与“接龙吹打”等国家级非物质文化遗产，并有“九龙坡”“化龙桥”“小龙坎”等地名文化，龙文化值得系统营销，可制作主题突出、特色鲜明的“长江龙城”文化旅游的形象促销专题片。

三是规划建设“长江美丽山水城市”。要加强生态文明建设，利用重庆山水田园、森林绿化、历史文脉、山城形态、都市风貌、世界遗产等特色资源与土家族、苗族等民族文化资源，积极发展观光游、文化游、体验游、休闲度假游、智慧游，将“食、住、行、游、购、娱”连在一起。

四是按国际标准经营“世界温泉之都”。建议丰富休闲度假、生态旅游、文化旅游、民俗艺术、娱乐表演、商务会展、疗养保健等相互补充、立体互动的产业形态，大力引进国际旅游组织和知名旅游运营商、品牌连锁酒店落户重庆，实现城市旅游的产品、购物、服务和营销等全面执行国际惯例和标准体系，最终将重庆打造为知名的世界旅游目的地。

（五）实施“五型”文化产业经济成长计划

一是创新驱动型。在两江新区国家级基地打造成“文化 + 科技”产业集群；拓展“众创空间”，打造升级版的江北区“嘉陵三村 · 微企创业园”。在文化创意产业领域，对新认定的国家级技术中心、研究中心、实验室等，给予项目补助。

二是资源带动型。要加快对市规划局会同市文物局开展的历史文化资源梳理工作的成果转化，开发更多影响力大、艺术性高、经济效益好的文化产品和服务。其中，合川“钓鱼城”可率先发展“军事文化体验”主题产业。

三是消费促动型。更加重视消费在“混合动力”中的地位，积极推出满足消费者多层次、个性化的文化产品和服务，如 3D 打印产品、《重庆市珍贵古籍》电纸书、“白帝托孤”古音复原等。建议将相关产品及服务纳入政府采购范围。

四是投资拉动型。创新 PPP 投融资模式；通过产业承接、项目对接、金融链接，吸引资金流投往重庆；支持长江经济带发达省市到重庆发展“飞地产业”，对文化产业园区利益实行合理分成；加强区域投资合作，提高产业关联度，在渝培育具备国际竞争力的产业集群。

五是出口牵动型。建议在沙坪坝区打造“信息 + 文创”产业集群，前端研发、中端拓展、后端衍生，实现由“重庆制造”向“重庆创造”转变，增加笔电等出口产品的文化品牌含量，延伸产业链价值。鼓励建立海外经营实体。

五、进一步加快重庆新兴文化产业发展的对策思考

（一）抓好一个定位：建设“数字创意强市”

建议出台《重庆市实施数字创意强市战略暨推进“新兴技术 + 文化创意产业”行动计划》。建议由市委市政府层面来启动“数字创意强市战略”，市委宣传部、市文化委、市经济信息委牵头，有关部门按职责分工负责，共同草拟该行动计划，报市委市政府审议。进一步强化重庆市国家级大数据综合试验区、数字出版基地、文化科技融合基地、文化产业示范园区特别是西部动漫节、动画基地等

的资源整合。进一步加大投入，突出“123”扶持，扶持10个“数字创意”大数据、云服务平台，扶持20家“数字创意”骨干企业，扶持30个见特色、见效益的“新兴技术+文化创意产业”项目。

（二）用活两个平台：做大“自贸区”“国家数字出版基地”

一方面，建议用活“自贸区”。出台扶持及激励政策，鼓励企业以“自贸区”为平台做大做强新兴文化产业。借助自贸区在行政审批、金融服务、财税支持等方面先行先试的开放政策优势，出台新兴文化艺术产品保税仓储、保税展示、保税租赁、保税交易等政策及影视等版权输出奖励制度、相关监管制度、负面清单制度，探索与新兴文化企业相适应的外汇收支便利化措施，进一步健全重庆市新兴文化产业与贸易相关的促进政策，支持利用文博会、动漫节等拓展境内外文化市场信息与交易的渠道，探索文化贸易开放作为自贸区的“试验”功能，打造西部文化外贸的战略支点和重要枢纽。鼓励和引导行业带动力较强的国有、民营、外资等各种所有制新兴文化企业入驻，积极发展一批有助于促进重庆市国际文化贸易的专业文化贸易公司和海外代理机构，拓展文化保税产业链条。支持自贸试验区内文化企业通过境外上市等方式开展境外融资并将资金调回境内使用。支持技术引进，对新兴文化企业开展产品认证、境外专利申请和商标注册、境外收购技术等予以扶持。鼓励运用大数据解决国际业务中文化产品供需脱节的矛盾，降低运营成本。

另一方面，建议用活“国家数字出版基地”。建议市文化委和两江新区管委会联合出台《关于进一步加快两江新区国家数字出版基地发展的实施意见》。要加大投入，支持其抓住“一带一路”和长江经济带机遇建设西部新兴出版高地，突出“融媒体”发展。加快发展移动出版、移动阅读、在线教育、知识服务、按需印刷、互联网广告等新业态，扶持一批数字出版技术、装备和服务平台项目，促进衍生品开发。以优惠政策吸引优质战略投资者和行业内龙头企业入驻，鼓励并支持有条件、有实力的出版企业在海外开设驻外机构、子公司。加强数字出版与其他新兴文化企业间的合作，鼓励跨所有制跨行业企业整合联营、兼并重组。鼓励本市小微企业与大中企业产业合作，择优给予小微企业奖励。以资源共享、资金补贴等形式吸引新闻出版单位和数字出版企业共建大数据平台。鼓励新兴技术的研发应用，简化转化推广流程。重视优秀网络文学、动漫等原创作品推介，扶持其创作研发、版权开发。将数字阅读纳入全民阅读。探索建构出版业 VR 研发体验中心。建立数字出版“双效”评价考核指标体系，每年评选表彰一次。

（三）夯实三个保障：建构“西部文化创新人才高地”

首先是组织保障。由市委宣传部和市文化委主管，在市大学城依托川美并整合市内外资源，组建“重庆文化创新中心”，统筹推动新兴文化产业理论、科技、产品、业态、平台和模式创新。建议由市文化委启动新兴文化产业发展专家库建设，优化政策规划与“第三方”评估。其次是人才保障。借势“双一流建设”引进和培养新兴文化产业人才。建议市文化委、市教委、市科委等鼓励和扶持重庆市的“文化学”建设，采取前、中、后期等方式支持有关区县、高校和科研院所试点建立“文化学科（人才）特区”，对相关平台、基地、实验室等给予政策资源倾斜；鼓励高校和职业院校开设相关专业、课程（如人工智能应用）和实施校企合作，并择优给予扶持。再次是科技保障。在市科学技术奖中设一定指标，激励文化科技创新。支持新兴文化产业企业、科研院所、高校等共享研发平台，推进技术与创意、产业、市场等的对接。实施新兴文化产业重大、重点科技创新项目，完善项目的征集、推介、培育、实施、跟踪评估与动态管理机制。抓好知识产权保护，培育文化科技品牌。

重庆文化产业品牌发展现状及对策研究①

赵君辉　刘　琳②

习近平总书记在党的十九大报告中提出，要坚定文化自信，推动社会主义文化繁荣兴盛。他说："没有高度的文化自信，没有文化的繁荣兴盛，就没有中华民族的伟大复兴。要坚持中国特色社会主义文化发展道路，激发全民族文化创新创造活力，建设社会主义文化强国。"

近年来，重庆市文化产业迎来了"黄金发展期"。特别是党的十八大以来，重庆市文化强基固本、提档跨越，文化事业和文化产业比翼齐飞。重庆文化产业已经从初级阶段进入了转型升级、提速发展的关键时期，全市文化产业增加值位列西部第3位，为建设文化强市迈出了坚实的步伐。

一、重庆文化产业与品牌发展现状

据统计，2016年重庆文化产业增加值为615亿元，增速为13.67%，占全市GDP比重3.5%；2017年，重庆文化市场主体首次突破10万家，全市文化产业增加值为662.94亿元，为建设文化强市迈出了坚实的步伐。然而，我们也清醒地看到，重庆文化产业总体发展仍然存在短板，与发达地区相比，与建设文化强市的要求相比，与满足人民群众对文化生活的美好需求相比，都还存在不小的差距。

一是总体规模偏小，尚未形成产业支柱。重庆文化产业总体规模远不及经济发达的北上广，与省域市场更大的"邻居"川湘陕相比也有一定差距。例如，

① 原载《新闻研究导刊》2018年1月第9卷第2期。

② 赵君辉、刘琳，重庆日报报业集团重庆晨报。

2016年重庆文化产业实现增加值仅为615亿元，占GDP比重3.5%；同期北京增加值为3570.5亿元，占GDP的14.3%；广东增加值为4256.63亿元，占GDP的5.26%；四川增加值为1323.78亿元，占GDP的4.02%；湖南增加值为1911.26亿元，占GDP的6.1%；陕西增加值为802.52亿元，占GDP的4.14%。

二是市场主体偏弱，资源整合能力不强。尽管重庆已有一批全球知名企业，包括万达文旅城、六期乐园、华侨城等相继落户，但目前重庆文化企业95%以上仍为小微企业，全市产值1亿元（含）以上的文化企业不足100家，至今没有收入上100亿元的文化企业，规模以上文化企业不足1000家，尚无一家企业入选“全国文化企业30强”，全国新三板挂牌文化企业约700家，A股上市文化企业200多家，重庆仅有16家民营文化企业在新三板挂牌，国有文化企业还未实现上市零突破。市场主体竞争力较弱，资源整合能力不强，是重庆市文化产业发展的一大痛点。

三是文化产业品牌缺失，成为重庆文化产业发展瓶颈。近年来，重庆市文化产业品牌建设正在逐步推进，并取得了一定的成效。例如，2017年重庆获评“中国十大数字阅读城市”，原创舞剧《杜甫》荣获中国舞蹈最高奖“荷花奖”，电影《血战湘江》、电视剧《绝命后卫师》和广播剧《宝贝回家》三部作品荣获中宣部“五个一工程奖”，重庆日报报业集团“中央厨房”获国内新闻技术领域最高荣誉——“王选新闻科学技术奖”，《重庆日报》“逐梦他乡重庆人”报道获第27届中国新闻奖新闻名专栏一等奖，8种报刊入选“全国百强报刊”，2种期刊入选“全国期刊数字影响力100强”等。但整个文化产业品牌建设总体上还处于粗放阶段。虽然除四大国有文化产业集团的品牌影响力不断扩大外，民营文化企业也涌现出如猪八戒网、享弘影视、软岛科技、五洲传媒、维普资讯、西演集团、壹秋堂夏布、雅屿陶瓷、微品传播等一批在国内较有知名度的文化产业品牌，但仅有猪八戒网上榜第九届“全国文化企业30强”提名企业名单。重庆依然缺乏世界知名的文化公司和文化品牌。

二、重庆文化产业品牌发展存在的不足

文化品牌是文化产业品牌化的结果，是文化的精神价值与经济价值的双重凝

聚，有着无形资产的丰富含金量。文化品牌主要涵盖文化艺术、新闻出版、广播影视、网络动漫、广告演艺、休闲娱乐、文化旅游、会展收藏、体育健身等主要文化产业领域及其他衍生行业。它是以物质为载体，以文化为依托，是一种浓缩的心理或社会内涵的符号系统。它提供给消费者多种精神享受，使消费者能够区分出不同文化销售者的产品或服务，使市场呈现差异化竞争。高文化内涵的产品是文化消费的核心产品，文化品牌价值越大，在市场上的竞争力就越强。一个品牌可以带动一个行业的发展，也可促进一个地区的经济腾飞。文化产品要想走向世界并在市场上站稳脚跟，就必须打造自己的文化品牌并实现文化产业的品牌化发展，否则就不可能走出国门，更谈不上与西方同行平等竞争。

重庆文化产业品牌发展主要存在以下不足：

第一，政府培育文化产业品牌力度不够，缺乏统筹规划。首先是现有文化产业发展政策不够系统和全面，如《重庆市文化发展“十三五”规划》中对文化产业品牌的发展没有明确导向；其次在文化产业发展的资金扶持上，是全国唯一没有设立省级文化产业发展专项资金的地区，与北京、上海、广东每年安排4亿—5亿元、陕西3.4亿元、深圳5亿元相比，差距较大，文化产业品牌发展专项基金就无从谈起。

第二，对现有文化产业品牌价值挖掘不够。重庆的历史人文优势和丰富的文化资源没能转化成文化产业品牌优势，没有充分挖掘重庆丰富的历史文化资源的现代元素市场价值，相当一部分文化产品往往以“毛坯”的形式出卖，文化品牌附加值没有得到有效开发，缺乏综合效益。

第三，产业规模小，品牌带动力明显不足。从民营文化企业来看，全市95%的文化市场主体是小微企业，规模以上文化企业不足1000家，产值1亿元（含）以上的文化企业100家，对打造文化产业品牌底气不足。同时，民营文化企业大多数是白手起家，更注重市场营销的当下利益，更注重投入与产出的比例，更在乎企业是否盈利、是否能维持员工的各种福利待遇。存在急功近利的心态，没有制定长远的目标与打算的文化企业，自然无法打造出具有原创精神和时代色彩的文化品牌。国有文化企业大都是从文化事业单位转型而来，有的还没有找准自己的品牌定位和市场目标。

第四，文化品牌产业链尚未形成，品牌附加值低。全市文化产业品牌的附加值普遍偏低，尚未形成完整闭环的产业链条。一般而言，好莱坞电影的国内票房只占总收入的 26% 左右，动画片的国内票房仅占 20% 左右，其影片在海外播映市场、录影带和电视收入、电影改编、电子游戏的收入、电子派生品的销售等衍生产品收入却占了总收入的 2/3。相比而言，近两年来重庆拍摄完成 31 部影视作品，票房、院线收入占总收入的 80% 以上，品牌产业链开发很不健全，衍生产品收入十分微薄。四川美术学院的现当代艺术在全国乃至世界上都有非常高的声誉，但属于市场下游的画廊、拍卖等产业链严重缺失。这种现象在动漫产业、新闻出版领域也同样存在。出现这种状况的原因在于产业板块之间的业务缺乏紧密、有效的联动，产业链上各环节互不协调，缺乏成熟可信的代理业务，不少企业独自包揽产业链全线开发经营，降低了资源利用效能。在产业链短缺的情况下，题材范围狭窄，内容单一，缺乏内涵和有效创意，导致一些文化企业陷入发展困境。

第五，文化消费市场低迷，制约文化产业品牌发展。根据国际经验，一定的 GDP 发展水平与文化消费支出具有明显的相关性。据此分析，在人均 GDP 达到 1700 美元时，我国合理的文化消费总量应该在 2 万亿元以上。早在 2008 年，我国人均 GDP 就已经突破 3000 美元，而居民教育、文化、娱乐服务消费总量，排除其中一半的教育支出，当前中国居民文化需求的满足程度还不到 1/4。据统计，2016 年，重庆城镇居民人均文化娱乐消费支出为 1026 元，仅占个人支出比重的 4.88%；农村居民人均文化娱乐消费支出为 205 元，仅占个人支出比重的 2.06%。与全国的占比 7%、西方发达国家的占比 30% 相比，低迷的文化市场消费严重束缚了文化产业品牌的市场拓展。

三、重庆文化产业品牌发展的对策

文化产业品牌化是文化产业发展的必由之路。文化产业品牌化是文化产业发展的核心竞争力，是文化产业公信力的基本表现形式，它决定着文化产业的话语权，关乎整个文化产业的科学发展。

建议从以下途径入手，全面推进重庆文化产业品牌化发展。

（一）加强统筹规划，推进文化产业品牌化发展

一是加强系统化顶层设计。制定《重庆市文化产业品牌发展战略实施意见》，对全市文化产业品牌建设的发展路径、具体方法、保障措施提出指导性意见。二是编制《重庆文化产业品牌报告》，按年度研究国内外文化产业品牌发展近况，分析重庆文化产业品牌发展中出现的新问题，推介重点文化产业品牌建设的成功案例，指导全市文化产业品牌建设实践。

（二）实施品牌发展战略，引领文化产业高质量发展

一是深入挖掘现有文化品牌的经济价值，探索文化品牌向产业化发展的有效途径。二是加强扶持，打造重庆自己的龙头文化品牌企业。做大做强国有文化企业，培育支持华龙网、猪八戒网、视美动画、五洲传媒等优质文化企业，让龙头文化企业的品牌示范效应发挥带动作用。

（三）优化品牌建设路径，谋划文化产业品牌大格局体系

打造文化品牌需要精细化的市场目标选择与定位，培育文化品牌需要以差异化的战略来进行产品研发和市场拓展，尽可能地避免和消除同质化产品竞争。改造和提升演艺娱乐、文化旅游、工艺美术等传统产业，加快发展动漫、游戏、网络文化、数字文化服务等极具活力和潜力的新兴产业，构建结构合理、门类齐全、科技含量高、竞争力强的现代文化产业品牌体系。做精文化产业“核心层”。坚持高端引领，强化新闻出版、广播电视电影、文化艺术服务等产业发展的品牌创新。做强文化产业“外围层”。着力发展网络文化、休闲娱乐等文化服务产业，增添文化内涵和创意元素，提升产业品牌附加值。做大文化产业“相关层”。做好文化及衍生产品的研发、生产销售，完善品牌产业链。

（四）强化文化产品供给，扩大文化消费需求

一是抓好载体建设，保障文化消费供给。尽快推动全市各区县形成一个以上规模的文化产业园，以产业发展带动文化消费。二是打造区域文化消费品牌，刺激文化消费。如打造“两江四岸”城市文化都市旅游等贴近生活、贴近群众的文化消费品牌。三是挖掘市场潜力，引导文化消费。通过政府购买服务、对原创剧目补贴等政策引导企业和艺术院团创新生产传播主流价值、群众喜爱的文化产品，引导大众增强文化消费意识。四是注重文化市场培育，以文化活动促进文

化市场繁荣。在做好重庆演出季、重庆文化惠民消费季等活动的基础上，开拓更多有影响的文化节庆活动，不断提升文化消费热度。通过文化体验，促进文化产业品牌及时发现发展中的不足并改正，同时也因其人性化的经营策略获得更新的活力。

（五）开阔国际视野，创新文化产业品牌营销传播方式

一是以史为鉴，通过借鉴国外成功模式，根据自身实际情况，做好品牌产业的创意与定位，以国际化视野实现文化突围。二是为解决文化创造的丰富性与国际市场诸多限制之间的矛盾，在出口文化产品的内容方面，不拘泥于国内小语境的表达方式，而是在遵循世贸规则中锁定世界市场，以争取更大的市场空间，尝试按国际化要求研发外向型文化产品，推行文化品牌的“内外兼修”。三是全方位、多渠道展开对外文化交流，按照国际化视野建设重庆文化产业品牌要求，坚持国际化标准，适应国际化的规范，拓展国际化市场，抓住“一带一路”倡议机遇，善于“借船出海”，实施“走出去”战略，让重庆文化产业品牌与世界著名文化品牌在对话和竞争中实现自身的强筋壮骨，使民族文化品牌成为世界品牌。

参考文献

[1] 年终盘点：2017 年全国各地文化产业发展大揭底 [EB/ OL]. 中国经济网，http：//www.ce.cn/culture/zt/whcynz- pd2017/index.shtml，2017-12-29.

[2] 王秋原. 品牌的缺失——文化产业发展的瓶颈之一 [J]. 艺术科技，2013 (12)：122.

[3] 王枫. 品牌战略——突破文化产业发展瓶颈的必由之路 [J]. 文化产业，2010 (5)：8-35.

重庆文化产业与科技产业融合的实证分析
——基于投入产出表[①]

郑洋洋[②]

现代信息技术、传播技术、数字技术和激光技术等高科技广泛应用于文化产业，才使文化产业成为一个新兴的朝阳产业，早在2009年7月出台的《文化产业振兴规划》中就把发展新兴文化业态，采用数字、网络等高新技术，大力推动文化产业升级作为我国文化产业振兴的重点任务之一，而发展新兴文化产业业态实质上就是促进文化与科技融合、技术与智力融合。2017年4月，《文化部"十三五"时期文化产业发展规划》多次提及"文化+""互联网+"等概念，强调增强文化科技创新能力、促进文化科技成果转化，为文化产业与科技产业融合发展提供了新的契机。

重庆作为国家中心城市和长江经济带西部重要节点城市，是长江上游重要的科研创新中心，又是国家历史文化名城，文化产业和科技产业发展迅速。2012年5月授牌的重庆北部新区国家级文化和科技融合示范基地为重庆文化产业与科技产业的融合发展搭建了良好的平台。笔者以《重庆市2012年投入产出表》和《重庆市2015年投入产出表（延长表）》中的数据和产业融合的相关理论为基础，利用投入产出分析方法对重庆文化产业和科技产业的融合发展进行探讨，可以从实证的角度明确重庆文化产业与科技产业的融合发展现状及发展趋势，为文化产业与科技产业融合继续推进提出相应的对策建议。

---

① 原载《城市》2018年10月。

② 郑洋洋，中国海洋大学文学与新闻传播学院硕士研究生，研究方向：文化产业发展研究。

一、文化产业与科技产业融合及相关研究述评

（一）文化产业、科技产业及其融合

按照《重庆市2012年投入产出表》和《重庆市2015年投入产出表（延长表）》中的产业分类，文化产业包括造纸印刷和文教体育用品，文化、体育和娱乐；科技产业包含通信设备、计算机和其他电子设备，信息传输、软件和信息技术服务，科学研究和技术服务。

产业融合是指不同产业或同一产业内的不同行业相互渗透、相互交叉，最终融为一体，逐步形成新产业的动态发展过程。文化产业与科技产业融合即通过这两大产业之间资源、要素的互相流动与合理的使用配置来促进产业发展并在国民经济系统中实现“1+1>2”的效果。这两大产业之间融合发展首先在于二者之间事实上的交叉、融合，更重要的是科技、文化作为两种重要的生产要素，在文化产业与科技产业融合当中发挥着重要的作用，分别体现为科技的扩散作用和文化的渗透作用。通过科技创新的扩散作用，增强文化产业价值链上各价值活动的价值创造能力，缩短主要价值活动之间的时间距离和空间距离，提升产业链的整体效率；通过文化渗透、穿越产业边界，将文化产业的特有要素和内容注入科技创新的过程中，促进文化与科技融合，融合过程中资源、要素的互通，在价值型投入产出表中表现为对另一产业的价值投入，最终体现为两大产业之间较高的前向关联和后向关联。但在文化产业与科技产业融合发展过程中，内部细分产业之间资源、要素流动的效率存在差异，从而会产生融合度的差异。

（二）文化产业与科技产业融合研究述评

关于文化产业融合方面的研究主要集中在融合机理、融合模式和融合度测量评价等几个方面，关注点主要集中在文化与旅游、信息、互联网等相关性比较强的产业领域。其中，文化产业与科技产业的融合研究主要有以下成果：

一是在理论研究上，崔向阳研究了南京都市圈文化产业与信息产业的互动关系，认为信息技术促进了文化产业的发展，文化产业促进了信息产业的复苏，二者之间的融合产生了新兴文化产业，肯定了文化产业与信息产业之间的互动

与融合，并提出了发展为文化产业提供支撑的信息产业、以信息产业改造文化产业以及发展新型信息文化产业三种基本的产业互动模式。彭英柯、宋洋洋立足文化科技融合中生产方式进化型和产业分工差异化型两种融合机制，提出了技术驱动、跨越发展及政府推动三种文化科技融合模式，分别强调通过技术研发和技术引进等方式促进技术创新，通过企业的跨产业多元化经营实现业务融合或产生新业态，通过产业、财政和人才政策从“产学研”全方面促进文化科技融合。程强、顾新和周全总结了文化科技融合发展研究的微观视角和宏观视角，分别关注文化产品竞争力提高和文化产业的发展。以上学者的研究主要考虑如何以科技促进文化产业的发展，但文化产业与科技产业的发展是一个相互促进的过程。

二是在实证研究方面，冯晓棠提出，文化产业与信息产业融合的基础是二者在产业划分中存在的交叉型和重叠性，并梳理了存在交叉重叠的应用电视设备及其他广播电视设备制造、影视录放设备制造、无线广播电视传输服务、互联网信息服务和软件开发等12个细分产业小类，随即通过完全消耗系数和完全分配系数的分析计算得出信息产业的文化融合度和文化产业的信息融合度，其中融合度计算为完全消耗系数和完全分配系数的算术均值。袁丹等4名学者在2002年、2007年和2010年我国投入产出表的基础上对文化产业、信息产业及内部细分产业之间的关联做了较为深入的分析和探讨，结论显示文化产业和信息产业的细分产业间具有较强的后向关联和前向关联。

二、模型解释及数据来源

（一）实证方法

由于产业融合是一个动态的产业创新过程，存在着产业之间界限模糊不清，难以准确界定的问题，很难找到一种统一的测算产业融合程度的方法。冯超运用赫芬达尔—赫希曼（HHM）指数，在西旅集团、陕旅集团、曲江文旅三大旅游企业业务范围分析和文旅项目归总的基础上，对西安曲江旅游产业与文化产业的融合度进行了计算。古冰将人工神经网络（ANN）模型用于文化产业与旅游产业融合度测算，弥补投入产出表统计时间间隔问题，提高了实证过程的精确性，文化产业与旅游产业的融合度：$\rho=\alpha_1\theta_1+\alpha_2\theta_2$，其中 $\alpha_1=\frac{\text{旅游业总产业}}{\text{旅游业总产出}+\text{文化业总产出}}$，$\alpha_2=\frac{\text{文化业总产出}}{\text{旅游业总产出}+\text{文化业总产出}}$，$\theta_1$= 文化业对旅游业投入系数，$\theta_2$= 旅游业对文化业投入系数。另有部分学者运用灰色关联法对文化产业与其他产业的关联做了实证分析。

以上几种方法中，赫芬达尔—赫希曼（HHM）指数适用于从微观角度研究两大产业间的产品、业务的融合度，难以获取全面、准确的企业数量和业务范围信息，对产业融合的整体把握相对困难。灰色关联法虽然能够从宏观层面判断两个或多个产业之间是否存在关联效应，但是无法确认这种关联的性质是否属于产业融合，产业关联是产业融合的基础，但二者之间存在本质上的差异。相比之下，投入产出法在产业融合分析和测算中的中观视角更加全面，所表达的投入产出关系对产业融合而言也更加清晰和明确。

（二）模型解释

投入产出分析方法由美国经济学家里昂惕夫在 1936 年提出，能够定量分析不同产业部门之间相互的投入产出关系。利用投入产出模型对文化产业与科技产业的融合进行分析测算，涉及的指标和参数如表 1 所示。

（三）数据来源

国家统计局、国家标准化管理委员会等相关部门曾多次对《国民经济行业分类》国家标准进行修订，2007 年至今的投入产出表分别执行过 GB/ T 4754—2002、GB/T 4754—2011 相关规定，最新修订 GB/T 4754—2017 已于 2017 年 10 月 1 日开始执行，见表 2。

表1 指标和参数说明

指标	计算公式	指标内涵与参数解释
直接消耗系数	$A=(a_{ij})=\left(\frac{x_{ij}}{X_j}\right)$	**A** 是以直接消耗系数 a_{ij} 为元素组成的矩阵，体现各经济部门之间的直接投入与消耗关系。其中：x_{ij} 表示第 j 部门对第 i 部门产品的直接消耗量，即第 i 部门对第 j 部门的直接投入量；X_j 表示第 j 部门所接受的总投入
完全消耗系数	$B=(b_{ij})=(E-A)^{-1}-E$	**B** 是以完全消耗系数 b_{ij} 为元素组成的矩阵，体现各经济部门之间包括直接和间接在内的全部投入和消耗关系。其中，**A** 为直接消耗系数矩阵，**E** 表示单位矩阵
影响力系数	$\alpha_j=\frac{n\sum_{i=1}^{n}b_{ij}^*}{\sum_{i=1}^{n}\sum_{j=1}^{n}b_{ij}^*}$	影响力系数 α_j，也称后向关联系数，用以衡量第 j 部门产出变化而产生对其他部门投入需求变化的敏感程度，表现为对其他部门的拉动作用。其中，b_{ij}^* 是里昂惕夫逆矩阵 $\boldsymbol{B}^*=(\boldsymbol{E}-\boldsymbol{A})^{-1}$ 中的元素
感应度系数	$\beta_i=\frac{n\sum_{i=1}^{n}b_{ij}^*}{\sum_{i=1}^{n}\sum_{j=1}^{n}b_{ij}^*}$	感应度系数 βi，也称前向关联系数，用以衡量第 j 部门对各部门产出变化而产生对本部门投入需求变化的敏感程度。其中，b_{ij}^* 是里昂惕夫逆矩阵 $\boldsymbol{B}^*=(\boldsymbol{E}-\boldsymbol{A})^{-1}$ 中的元素
融合度系数	$\rho_{ij}=\alpha_i\beta_j+\alpha_j\beta_i$	融合度系数 ρ_{ij} 是一个对比性指标，表示 i 部门和 j 部门之间的融合程度用以对比不同部门或部门内部细分产业之间融合的程度

表 2　重庆 42 个部门投入产出表部门划分

GB/T 4754—2002（2002、2007）	GB/T 4754—2011［2012、2015（延长表）］
农林牧渔业	农林牧渔产品和服务
煤炭开采和洗选业	煤炭采选产品
石油和天然气开采业	石油和天然气开采产品
金属矿采选业	金属矿采选产品
非金属矿及其他矿采选业	非金属矿和其他矿采选产品
食品制造及烟草加工业	食品和烟草
纺织业	纺织品
纺织服装鞋帽皮革羽绒及其制品业	纺织服装鞋帽皮革羽绒及其制品
木材加工及家具制造业	木材加工品和家具
造纸印刷及文教体育用品制造业	造纸印刷和文教体育用品
石油加工、炼焦及核燃料加工业	石油、炼焦产品和核燃料加工品
化学工业	化学产品
非金属矿物制品业	非金属矿物制品
金属冶炼及压延加工业	金属冶炼和压延加工品
金属制品业	金属制品
通用、专用设备制造业	通用设备
交通运输设备制造业	专用设备
电气机械及器材制造业	交通运输设备
通信设备、计算机及其他电子设备制造业	电气机械和器材
仪器仪表及文化办公用机械制造业	通信设备、计算机和其他电子设备
工艺品及其他制造业	仪器仪表
废品废料	其他制造产品

续表

GB/T 4754—2002（2002、2007）	GB/T 4754—2011［2012、2015（延长表）］
电力、热力的生产和供应业	废品废料
燃气生产和供应业	金属制品、机械和设备修理服务
水的生产和供应业	电力、热力的生产和供应
建筑业	燃气生产和供应
交通运输及仓储业	水的生产和供应
邮政业	建筑
信息传输、计算机服务和软件业	批发和零售
批发和零售业	交通运输、仓储和邮政
住宿和餐饮业	住宿和餐饮
金融业	信息传输、软件和信息技术服务
房地产业	金融
租赁和商务服务业	房地产
研究与试验发展业	租赁和商务服务
综合技术服务业	科学研究和技术服务
水利、环境和公共设施管理业	水利、环境和公共设施管理
居民服务和其他服务业	居民服务、修理和其他服务
教育	教育
卫生、社会保障和社会福利业	卫生和社会工作
文化、体育和娱乐业	文化、体育和娱乐
公共管理和社会组织	公共管理、社会保障和社会组织

在不同国家标准下进行的统计数据有所不同，加之重庆市统计局提供的投入产出表为42个部门简表，产业间的合并统计难以区分，故笔者所选数据均由《重庆市2012年投入产出表》和《重庆市2015年投入产出表（延长表）》整理所

得，以保证统计口径的一致性和数据的客观性、准确性。相比目前大多数学者单独运用全国或各省份 2007 年、2012 年投入产出表进行投入产出分析而言，2015 年的投入产出表（延长表）时效性更强，并能够与 2012 年投入产出表在统一口径下进行分析与对比，能更好地把握产业发展的趋势。根据前述两表，结合笔者研究需要，将文化产业和科技产业进行归类整理。

与一些学者研究文化产业与信息产业或科技产业的融合在产业分类上的不同是，将科学研究与技术服务纳入科技服务业的框架，有助于在研究中观测产、学、研相结合的思想，对文化产业与科技产业融合的理解更加全面。

表 3　文化产业和科技产业分类

<table>
<tr><th>Ⅰ级部门</th><th>Ⅱ级部门</th><th>Ⅲ级部门</th></tr>
<tr><td colspan="2">第一产业</td><td rowspan="3"></td></tr>
<tr><td colspan="2">第二产业（其他）</td></tr>
<tr><td colspan="2">第三产业（其他）</td></tr>
<tr><td rowspan="2">文化产业</td><td>文化制造业</td><td>造纸印刷和文教体育用品</td></tr>
<tr><td>文化服务业</td><td>文化、体育和娱乐</td></tr>
<tr><td rowspan="3">科技产业</td><td>科技制造业</td><td>通信设备、计算机和其他电子设备</td></tr>
<tr><td rowspan="2">科技服务业</td><td>信息传输、软件和信息技术服务</td></tr>
<tr><td>科学研究和技术服务</td></tr>
</table>

三、实证结果分析

以《重庆市 2015 年投入产出表（延长表）》整理出的数据为基础分析重庆文化产业与科技产业融合的现状，并与 2012 年的数据进行对比，分析重庆文化产业与科技产业两大产业之间融合发展的现状与趋势（见表 3）。实证指标主要选取直接消耗系数，用以展示文化产业、科技产业及其内部细分产业之间的直接消耗；影响力系数和感应度系数用以衡量文化产业和科技产业两大产业以及细分产业之间的前向关联和后向关联；融合度系数用以区别不同细分产业之间融合程度的差异。在分析的过程中，通过2012年和2015年的数据对比，把握文化产业与科技产业的融合趋势；通过文化产业和科技产业的对比，了解科技的扩散作用和文化的渗透作用的相对水平；通过细分产业之间的对比，明确细分中的优势和短板；通过融合系统内部和在国民经济整体中表现的对比探讨细分产业对融合系统的作用水平。

（一）直接消耗系数分析

直接消耗系数能够反映投入产出表中各经济部门之间的技术经济联系，相比间接消耗而言，直接消耗所表现的这种关联关系更强，对于衡量产业间的融合而言比间接消耗与完全消耗更具直观性。

表4展示了2012年和2015年之间文化产业、科技产业以及第二产业（其他）、第三产业（其他）之间的价值投入情况。通过比较可以发现，科技产业对文化产业的直接消耗系数2015年为0.0144，较2012年的0.0093有所提高，虽然提升的绝对值不大，但是提升幅度高达54.8%。同时，科技产业对其自身的直接消耗系数有所下降，虽然幅度不大，但说明科技产业对文化产品和生产资料的需求正在以较快的速度增长。

表4　文化产业、科技产业I级部门产业间直接消耗系数

产业	年份	文化产业	科技产业
文化产业	2015	0.3048	0.0144
	2012	0.3017	0.0093
科技产业	2015	0.0049	0.5148
	2012	0.0041	0.5378

文化产业对科技产业的消耗也呈增长趋势，两大产业之间经济活动中的关联性增强，文化产业与科技产业的融合发展正逐渐推进。值得注意的是，文化产业对自身的直接消耗系数保持在0.3左右，比例较小，说明文化产业发展对其他产业的依赖性较强，给科技产业通过增加对文化产业的投入推动产业融合留下了较为充裕的发挥空间。

表 5 更为细致地展现了文化产业和科技产业各细分产业及其与第二产业（其他）、第三产业（其他）之间的投入情况。从细分产业的直接消耗情况来看，科技制造业对文化制造业的直接消耗系数从 2012 年的 0.0023 增长至 2015 年的 0.0038，增长幅度超过 65%，而对文化服务业的直接消耗涨幅较小；2015 年科技服务业对文化制造业和文化服务业的直接消耗系数分别为 0.0349 和 0.0041，都已超过其他第三产业对相应文化产业直接消耗的平均水平，与 2012 年相比这种优势还在扩大；相比之下，文化产业对科技产业的直接消耗整体上比较均衡，增长平稳。

表 5 "2+4" 部门产业间直接消耗系数

产业	年份	第二产业（其他）	第三产业（其他）	文化制造业	文化服务业	科技制造业	科技服务业
第二产业（其他）	2015	0.6092	0.1345	0.2310	0.0920	0.0936	0.2077
	2012	0.5822	0.1086	0.2117	0.0788	0.0588	0.1699
第三产业（其他）	2015	0.1052	0.2372	0.1262	0.2020	0.1240	0.2032
	2012	0.0793	0.1817	0.0937	0.1558	0.0679	0.1492
文化制造业	2015	0.0067	0.0244	0.3395	0.1689	0.0038	0.0349
	2012	0.0052	0.0211	0.3378	0.1465	0.0023	0.0261
文化服务业	2015	0.0006	0.0022	0.0002	0.0298	0.0003	0.0041
	2012	0.0005	0.0017	0.0001	0.0236	0.0002	0.0030
科技制造业	2015	0.0057	0.0019	0.0025	0.0027	0.6555	0.0811
	2012	0.0055	0.0017	0.0021	0.0024	0.6688	0.0686
科技服务业	2015	0.0066	0.0095	0.0024	0.0022	0.0077	0.0816
	2012	0.0049	0.0087	0.0019	0.0019	0.0044	0.0768

综上，文化产业与科技产业两大产业及内部细分产业相互之间的直接消耗即

两大产业之间产品、资源和生产要素等互相进入对方部门经济活动的过程日渐活跃，相互之间的直接消耗呈增长趋势，为产业融合打下了良好基础。

（二）影响力系数分析和感应度系数分析

在直接消耗系数矩阵的基础上推导出里昂惕夫逆矩阵和完全消耗系数矩阵，根据数据最终得到第一产业、第二产业（其他）、第三产业（其他）与文化产业、科技产业及细分产业的影响力系数和感应度系数（见表 6）。影响力系数用以衡量经济活动中本产业对其他产业的波及程度，某产业的影响力系数若大于 1 或小于 1，表明该产业的影响力系数在全部产业中居于平均水平以上或以下。感应度系数用以衡量经济活动中受其他产业的波及程度，系数解读同影响力系数。

从 2015 年“3+2”部门的影响力系数和感应度系数来看，文化产业和科技产业的影响力系数均处于平均水平以上，超过了第二产业（其他）和第三产业（其他）的影响力水平，对国民经济的拉动作用明显，均可作为国民经济发展的主导产业，有良好的产业融合基础，两大产业之间的融合能够进一步增强国民经济的贡献力。“3+4”部门的影响力系数和感应度系数计算结果印证了文化产业和科技产业在国民经济拉动力上的优势，相应细分产业也都已经达到或超过了第二产业和第三产业其他部门的平均水平。科技制造业的感应度系数均大于 1，前向关联效应强，其他产业发展对科技制造业的需求较大，表明科技的扩散作用在产业融合过程中能够通过科技产品的供给起到较强的推动作用。文化制造业的影响力比文化服务业更强，但文化服务业影响力的增长势头好于文化制造业，文化产业整体对包括科技产业在内的其他产业拉动作用明显，有利于产业融合的推进。

表 6　各产业影响力系数和感应度系数

“3+2”部门	影响力系数		感应度系数		“3+4”部门	影响力系数		感应度系数	
	2012 年	2015 年	2012 年	2015 年		2012 年	2015 年	2012 年	2015 年
第一产业	0.7034	0.6343	0.5963	0.5413	第一产业	0.6809	0.6029	0.6026	0.5512
第二产业（其他）	1.2249	1.2279	1.8684	1.9894	第二产业（其他）	1.1822	1.1699	2.2572	2.4788

续表

"3+2"部门	影响力系数		感应度系数		"3+4"部门	影响力系数		感应度系数	
	2012年	2015年	2012年	2015年		2012年	2015年	2012年	2015年
第三产业（其他）	0.7263	0.7599	0.9105	1.0494	第三产业（其他）	0.7030	0.7232	1.1092	1.3327
文化产业	1.0529	1.0532	0.6539	0.5955	文化制造业	1.1183	1.1016	0.7777	0.7128
					文化服务业	0.7947	0.8172	0.4179	0.3594
科技产业	1.2925	1.3258	0.5963	0.8244	科技制造业	1.5930	1.6054	1.3661	1.1476
					科技服务业	0.9218	0.9843	0.4693	0.4174

文化产业与科技产业感应度系数都小于1，并且文化产业感应度相比2012年还出现了下降的趋势，文化供给对其他产业发展推动力不足的缺点较为明显，对文化产业与其他产业融合发展形成一定的阻力。文化产业和科技产业细分部门中的感应度系数除科技制造业外均未达到国民经济各部门的平均水平，产业融合承受前向关联压力较大。感应度系数大于或小于1，说明该产业的感应能力在全部产业中处于平均水平以上或以下，根据感应度系数可以分析瓶颈部门。文化服务业与科技服务业在重庆国民经济发展中的瓶颈效应较为明显，但在文化产业与科技产业融合系统内部瓶颈是否依然存在还需要进一步分析。

进一步对文化产业和科技产业组成的融合系统内部的影响力系数和感应度系数进行分析以排除其他产业对文化产业与科技产业融合测度的干扰。对表7的分析发现，在融合系统内部，科技产业的影响力和感应度总体占优，科技的扩散作用是两大产业融合的主要力量。在影响力即产业的拉动作用上，文化产业呈增长态势，科技产业略有下降，二者之间的差距在逐渐缩小。感应度上，文化产业整体感应度基本稳定，融合系统对文化制造业的需求较为旺盛，接近平均水平；文化制造业感应度系数大于影响力系数，说明文化制造业的供给推动作用比供给拉动作用更显著，文化服务业则反之。科技制造业的感应度有所下降但仍占主导，科技服务业的前向关联稳步提高，供给推动潜力较大；科技产业整体呈现感应度更高，能够通过科技产品和服务推动文化产业发展。

表7　文化产业和科技产业细分部门内部影响力系数和感应度系数

细分部门	影响力系数				感应度系数			
	2012年	排序	2015年	排序	2012年	排序	2015年	排序
文化制造业	0.7700	3	0.7344	3	0.9169	2	0.9132	2
文化服务业	1.0131	2	1.1860	2	0.5202	4	0.4988	4
科技制造业	1.5312	1	1.4009	1	1.7107	1	1.6275	1
科技服务业	0.6857	4	0.6786	4	0.8523	3	0.9605	3

通过与表6的对比可以发现，文化制造业在融合系统内部的影响力系数小于在国民经济整体中的影响力系数，表明文化制造业发展层次较低，对处在较高层次的科技产业产品和服务的需求较低，在融合系统中的拉动作用较弱。科技服务业虽然在重庆国民经济整体中感应度较低，但在文化产业和科技产业融合系统内部表现良好，短板存在但不明显，在2015年已经接近平均水平，这也从侧面说明科技服务业对文化产业和科技产业融合发展的推动效率优于在融合系统之外的推动效率，科技服务业能够在文化产业与科技产业融合发展中做出较大贡献。文化服务业的感应度是产业融合中最明显的短板，在文化和科技四个细分产业中居最后一位，仅为平均水平的50%左右，融合系统中各产业部门对文化服务的需求不足，通过推动文化服务业的供给侧改革，丰富文化服务内容，提高文化服务水平来改善文化服务业与融合系统中其他部门的前向关联水平具有较大的空间和潜力。

（三）融合度系数分析

$$\rho_{ij}=\alpha_i\beta_j+\alpha_j\beta_i$$

其中，α、β 分别代表影响力系数和感应度系数。

文化产业和科技产业融合系统内部细分产业间的融合程度存在较大差异，通过产业融合度的分析比较可以判断当前产业融合的阶段和层次。衡量产业融合度应综合考量前向感应度和后向影响力，本研究中的融合度系数是一个对比性指标，用来对比文化与科技细分产业之间的融合度差异，确定目前最主要的产业融合形态。经过分析，所得结果如表 8 所示。

在文化产业和科技产业融合系统的内部，科技制造业与文化产业的融合度最高，科技制造业与文化制造业的融合度 2012 年为 2.72、2015 年为 2.47，科技制造业与文化服务业的融合度 2012 年为 2.53、2015 年为 2.63，约为同期科技服务业与文化产业融合度的 2 倍。相比 2012 年，2015 年科技服务业与文化服务业的融合度有了较大程度的提高，文化服务业与科技制造业、科技服务业的融合度均超过文化制造业。截至 2015 年，文化服务业与科技制造业成为融合程度最高的区域。由此可知，在融合系统运作过程中，科技扩散作用的实现主要通过设备制造来提升文化产品和文化服务的体验水平，文化的渗透作用则更多地表现在提升科技产品的文化内涵中。文化产业与科技产业融合系统中，科技服务业与文化产业的融合水平还处在较低水平，科技服务与文化产业需要建立更直接的联系，推动科技产业与文化产业内的产、学、研融合进程，促进两大产业更加均衡、健康地融合发展。

表 8　文化、科技产业细分部门产业融合度

	文化制造业		文化服务业	
	2012 年	2015 年	2012 年	2015 年
科技制造业	2.72	2.47	2.53	2.63
科技服务业	1.29	1.33	1.22	1.48

四、结论与建议

基于《重庆市2012年投入产出表》和《重庆市2015年投入产出表（延长表）》提供的数据，通过直接消耗系数、影响力系数、感应度系数和融合度系数对2012—2015年重庆文化产业与科技产业的融合发展进行了实证分析，得出以下结论：文化产业与科技产业及两者的细分产业之间直接消耗系数均有不同程度的提高，两大产业之间资源、要素的相互流通越来越频繁，联系越来越紧密，有良好的产业融合基础；文化产业与科技产业及两者的细分产业影响力系数都达到了重庆国民经济所有部门的平均水平并超过了相应第二产业和第三产业的水平，对国民经济的拉动及互相之间的拉动作用较强，两大产业的融合可以进一步加强这种优势，提升国民经济贡献力；文化产业与科技产业融合过程中，科技的扩散作用强于文化的渗透作用，其中科技的扩散作用以科技制造业为主，工具性较强；文化的渗透作用主要受制于文化服务业的感应度，融合系统内其他产业对文化服务业的需求较小，文化制造业的感应度也没有达到平均水平；文化制造业发展层次较低，在文化产业与科技产业融合系统中的拉动作用小于在国民经济整体中的拉动作用；科技制造业与科技服务业在与文化产业融合程度方面差异明显，科技服务业与文化产业融合需要加强。据此，提出以下几点建议：

一是强化产业融合基础，引导和加强两大产业融合发展。第一，完善文化产业和科技产业发展规划，制定和落实相关产业政策，将两大产业定位为重庆国民经济发展的主导产业，巩固长江上游科研创新中心的城市形象，将重庆建设为西部文化产业高地，增强重庆文化产业和科技产业的竞争力以及经济贡献力。第二，鼓励两大产业间资源、人才和技术等要素的流动和交流，形成政府鼓励、企业自主、社会支持的产业融合氛围，并为此保持渠道的畅通，运营、管理和维护好重庆北部新区国家级文化和科技融合示范基地，建立集工业产权和文化产权于一体的产权交易平台。第三，培育文化产业与科技产业融合的新业态，鼓励企业产品、业务和商业模式创新，引导和规范新兴文化、科技业态的发展。

二是继续强化科技的扩散作用，平衡科技扩散中的工具属性和价值属性。我国现行的文化政策对提升文化产业科技含量的关注点较为片面，仅仅关注与文化产品生产过程和生产工具中科技含量的提升，忽视了对于文化内容科技含量的提升。科技的扩散作用不仅要表现在利用科技手段提升文化产品的感官体验，而且要关注文化内容的生产，提升诸如游戏、影视产品的故事性。在这一点上，我们与美国等发达国家还有较大差距。例如，电影《火星救援》就通过与科研机构、科技服务机构的合作完善了影片内容的科学理论与技术逻辑，既传达了极佳的视觉效果，又传播了科技知识和文化，达到了工具属性与价值属性的统一。

三是推动文化产业供给侧改革，补齐文化服务业的短板，加强文化产业对文化、科技产业融合的供给推动，充分发挥文化渗透在产业融合中的作用。第一，丰富文化服务内容、提升文化服务体验以增强融合系统对文化服务的需求，挖掘重庆独特历史文化资源，借助文化产品、服务增强文化的渗透作用，在科技产业发展中形成重庆特色。第二，向科技产品和服务注入更多的人文关怀以拓展科技产品和服务的运用范围，特别是借助人工智能，将工业科技成果向民用、社会化延伸，发展人工智能机器人用于创意设计、新闻报道、儿童教育和老年陪伴等领域，解决一些社会问题和文化问题。第三，尊重科学技术发展规律，加强科技文化建设构建优良的科技创新生态环境，在科技文化的建设中主动借助当代文化产业的力量。

四是提升文化制造业影响力水平，拉动文化制造业对融合系统内其他产业的需求。在促进文化产业与科技产业融合发展中，优化文化制造业内部产业布局，减少简单、低质量和低附加值的文化产品生产，淘汰文化制造业中的落后产能，提倡精品化、定制化和高端化的文化生产路线。同时，要推动文化产业结构升级，在政策、资金和人才等方面提供引导和支持，将一部分文化制造主体转变、提升为文化服务主体，由文化产品生产向创意设计转变，增加对科技产业的需求，增强文化产业在与科技产业融合过程中的拉动作用。

五是在文化产业和科技产业融合的推进过程中，要提升科技服务业与文化产业的融合水平，关注和推动科技成果转化，转化后的科技成果更容易与文化产业产生密切联系。更加充分发挥信息传输、软件和信息技术服务在文化产品生产传播中的作用，优化、创新文化产品传播、销售和文化服务提供的渠道，促进文化与“互联网 +”、人工智能等新兴科技的融合。重视科研机构等科技服务部门在文化产业与科技产业发展上的咨询、建议功能，建设一批产、学、研相结合的文化科技融合平台，支持建立有关科研机构，举办相关学术会议和论坛。文化产业主体如学术期刊、学术网站等为科研机构提供信息、资源和要素上的便利。

参考文献

[1] 欧阳友权 . 文化产业概论 [M]. 长沙：湖南人民出版社，2007.

[2] 张灏瀚，沈山 . 第五产业论 [M]. 北京：中国社会科学出版社，2014.

[3] 厉无畏，王慧敏 . 产业发展的趋势研判与理性思考 [J]. 中国工业经济，2002(4)：5-11.

[4] 崔向阳 . 南京都市圈文化产业与信息产业互动研究 [J]. 南京社会科学，2008(3)：141--151.

[5] 彭英柯，宋洋洋 . 文化科技融合理论研究——基于产业融合机制角度的分析 [J]. 经营与管理，2013(8)：75-78.

[6] 程强，顾新，周全 . 国外文化科技创新研究评述与展望 [J]. 国外社会科学，2013(3)：39-47.

[7] 冯晓棠 . 文化产业融合发展研究——投入产出分析视角 [D]. 太原：山西财经大学，2016.

[8] 袁丹，雷宏振，兰娟丽，等 . 文化产业与信息产业的产业关联与波及效应分析 [J]. 统计与信息论坛，2015(4)：65-70.

[9] 马婷婷 . 考虑信息化与工业化融合的工业部门绩效影响研究 [D]. 南京：南京航空航天大学，2012.

[10] 冯超 . 文化产业与旅游产业融合度研究 [D]. 西安：西安外国语大学，2014.

[11] 古冰 . 基于投入产出法及 ANN 模型的文化产业和旅游产业融合分析 [J]. 商业经济研究，2017(18)：170-173.

[12] 臧旭恒，杨蕙馨，徐向艺 . 产业经济学 [M]. 北京：经济科学出版社，2013.

[13] 许宪春，李善同 . 中国区域投入产出表的编制及分析（1997 年）[M]. 北京：清华大学出版社，2008.

[14] 周城雄 . 推动科技创新与文化产业融合发展的思考 [J]. 中国科学院院刊，2014(4)：474-484.

重庆地区博物馆文创设计开发实践与探索①

李 华 易 平②

博物馆文创是一个复合的载体，它依托博物馆得天独厚的藏品资源和研究背景，通过创意灵动的设计碰撞，赋予产品独特的文化元素和人文情怀，集合文化意蕴和纪念意义，同时兼顾功能性、形式感和趣味性，以满足观众把博物馆带回家的愿望和期待。

2015 年 3 月，我国博物馆行业首个全国性法规文件《博物馆条例》正式施行。条例规定，博物馆在不违背其非营利性属性、不脱离其宗旨使命的前提下，可以开展经营性活动，为加速博物馆文创产业的发展带来新机遇。2016 年 5 月，国务院办公厅转发文化部、国家发展改革委、财政部、国家文物局等部门《关于推动文化文物单位文化创意产品开发的若干意见》，及 10 月 18 日国家文物局出台的《关于促进文物合理利用的若干意见》，对推动博物馆等文化文物单位文化创意产品开发工作做出部署。相关政策的连续出台，引起了众博物馆与相关企业对博物馆文化创意产品开发工作的重视。

一、重庆地区积极开展博物馆文创工作

重庆文博系统积极响应国家相关文化创意产品开发的政策和号召，充分调动文化文物单位积极性，加强文化资源梳理与共享，提升文化创意产品开发水平，完善文化创意产品营销体系，促进文化创意产品开发的跨界融合。

---

① 文创基金项目：重庆社会科学规划项目（2016YBYS087）。原载于《大众文艺》2018 年 10 月。

② 李华，女，河南南阳人，重庆自然博物馆副研究馆员，从事生态学研究与博物馆展示教育工作。易平，女，重庆人，四川美术学院副教授，硕士生导师。

1. 参展交流　促进发展

博物馆文创能够作为文化产品的一分子出现在行业里，让公众认识博物馆，了解博物馆文创，也让博物馆文创去接受市场的检验。专题性展会在提升博物馆该类文创产品品质及行业宣传方面，会有积极作用，参展的目的不是卖产品，而是去宣传文化，做有效展示，树立博物馆自己的品牌。因此展会上频繁见到各博物馆身影，仅2017年，重庆自然博物馆参加的展会（或联展）就有6场之多：1月，法兰克福国际文具及办公用品博览会（Paperworld）；8月，全国文化创意产品第一次集体亮相的北京国际图书博览会；9月，以“交流·交易·交融”为主题的第六届重庆文化产业博览会；10月，以“重庆市文博创意产业联盟”抱团发展方式参加的第十一届合肥国际文化博览会；12月，以“文创新时代、共享新方式”为主题的中国青岛（国际）文创产品博览周和广州国际文物博物馆及版权博览会等。2018年上半年也已参展3次。

通过参展，扩大了重庆和国内外文创产品交流，拓宽了产品设计开发、生产和营销思路，提高了重庆文创产品知名度和美誉度，有利于文博单位准确把握和借鉴国际、国内文创产品开发的发展趋势、最新成果和先进经验，增强了文创产品开发、创造和营销的自信心和竞争力。其中，法兰克福的“中国文博创意展”是我国文博文创行业第一次联合参加国际展会，是以文创产品拓宽文物对外交流渠道，促进中国文博创意产业发展的一次创新性探索。

2. 论坛研讨　驻入活力

2018年6月，重庆自然博物馆和重庆科技馆积极承办了由中国自然科学博物馆协会主办的“2018年全国科普场馆文化创意产品开发研讨会”。来自全国30个省市自治区，包括博物馆（含科技馆及其他相关专题馆）、科研院校及相关企业等120余家单位，共280余名代表参加了本次会议研讨。

本次科普场馆文创产品研讨会围绕“博物 + ？ = 文创”主题，从文化创意产品的社会需求、文化创意产品的创意来源、文化创意产品在发展旅游业中的作用、文创产业目前困境与对策、科普文化创意产品的类型、科普文化创意产品的品牌战略、科普文化创意产品的市场整合营销、新媒体对文创发展的影响、博物馆开发文化创意产品的成功案例与经验分享等9个方面进行探讨。

此次研讨会的召开为国内科普场馆文创工作搭建起一个交流平台，给重庆博物馆文创的开发注入了活力。

3. 文创赛事　寻觅佳作

创意与设计是博物馆文创的灵魂，但大多数博物馆缺乏文创灵魂的掌舵者，文创设计大赛成了博物馆寻觅文创佳作的重要方式。2017 年 5 月，重庆市文化委员会、重庆市文物局组织开展了“文化名城魅力巴渝——重庆市文化创意产品设计大赛”，面向全国征集优秀文化创意设计作品。参赛作品根据“文化名城魅力巴渝”的大赛主题，主要依托重庆市各文博单位推荐的文物元素进行设计创意，充分挖掘和利用重庆历史文化资源，促进博物馆文化创意产品开发，让文化遗产保护成果更好地服务群众。大赛吸引了全国近 20 个省市的参赛者，美国纽约视觉学院、华东师范大学、四川美术学院等 14 所高校也提交了作品，在国内文化文创业内也掀起了一股文创热潮。

同年，首届红岩文化创意产品设计大赛暨第五届红岩青年创意大赛启动，围绕红岩文化、抗战文化、统战文化中丰富的红色资源进行具有时代感和创新性的诠释设计。大赛的成功举办有助于提高红岩革命历史博物馆文化产品的研发设计能力，提升红岩品牌形象，弘扬革命传统文化。

4. 专题培训　拓展经验

博物馆文创从部分国家级博物馆的自行探索，到去年《博物馆条例》为它正名，到今年国家政策为其开路，越来越受到关注，以文创为主题的培训学习也越来越受青睐。

除了鼓励和组织文博单位“走出去”参加培训会，重庆市也承办并组织一些培训会，创造文创经验交流学习的机会。2016 年 10 月，为认真贯彻落实国务院转发文化部等四部委《关于推动文化文物单位文化创意产品开发的若干意见》精神，由国家文物局主办，中国文物交流中心、重庆市文物局、重庆中国三峡博物馆承办的“2016 年文物单位文化创意产品开发与经营专题培训班”在重庆举行，来自全国各省市的 90 余家博物馆的 100 余位文创工作专业人员参加了培训。2017 年 12 月，重庆市文物局组织全市 51 家博物馆主要负责人赴故宫博物院深入学习故宫博物院在文创产品开发管理与经营方面的经验，促进重庆文博单位文化创意产品开发。

5. 跨界融合　谋求发展

为加强文博创意资源管理和发掘，提升开发设计水平，拓宽产品推广和营销渠道，树立重庆市文博创意产品品牌，重庆中国三峡博物馆、重庆红岩革命历史博物馆、重庆自然博物馆、重庆市文化遗产研究院、大足石刻博物馆、开州博物馆、巫山博物馆共同发起成立“重庆市文博创意产业联盟”，联盟成员将在文博创意产品研发、资源共享、技术交流、人才培养、产品推广、市场营销等方面发挥各自优势和长处。

同时，重庆中国三峡博物馆、重庆人民大礼堂、重庆康翔实业集团有限公司、重庆米房子文化发展有限公司、重庆昌辉文化传播股份有限公司，拟共享各自优势资源，共同组建重庆母城记忆旅游发展有限公司，将创新文化旅游产业发展模式，以政府和市场间的深度合作及分工协同，对大礼堂片区的文化旅游产品和服务体系进行提档升级。

重庆中国三峡博物馆在文创开发中也积极探索与高校的合作，2018 年 11 月由西南八家博物馆共同主办，即将开幕的《王的盛筵——西南青铜礼乐文化展》上的文创产品，就是重庆中国三峡博物馆与重庆师范大学、四川美术学院师生以及成都市百家百城文化艺术有限公司协同创新的作品。

二、重庆地区博物馆文创试点特色

2016 年 11 月，国家文物局公布了全国博物馆文化创意产品开发试点单位名单，全国共有 92 家博物馆入围，重庆中国三峡博物馆、重庆红岩革命历史博物馆、重庆自然博物馆等 3 家博物馆位列其中。各文博单位在文创工作中摸索前进，逐渐形成了巴渝文化、红岩文化、自然创意等各具特色的文化创意系列产品。

1. 展览馆藏衍生文创开发

重庆中国三峡博物馆把文创产品开发作为博物馆文化的传播和博物馆文化服务的延伸，通过开发文创产品实现把博物馆“带回家”。现已开发了 10 大类近 400 种文化创意产品，获“最受欢迎文创产品奖”的“花鸟画系列”文创产品是重庆中国三峡博物馆根据原创展览“自然的吟唱——中国传统花鸟画艺术展”创意设计，该组产品包括日常用品、首饰和学习工具等30余种产品，曾随展览赴法国、英国展销受当地观众喜爱。

重庆红岩革命历史博物馆继2016年研发“红梅”系列文创产品取得市场认可后，又研发了“荷花”系列文创产品和小朋友比较喜欢的“小萝卜头系列”，以及红岩党性教育基地的智慧读本，立足红色旅游市场，不断推陈出新开发适销对路的产品，在弘扬红岩精神的同时不断拓展红岩文化产品市场。

同时，许多区县博物馆也开始着力创意产品开发，增加文创产品的厚重感、存在感和追寻感。开州博物馆开发的文创产品，从产品到包装、从内容到形式、从历史内涵到商业价值，都彰显了开州特有的文化元素以及突破创新的设计灵感，其中皮影系列入选“重庆市首届十大文博创意产品奖”。大足石刻艺术博物馆千手观音坐像取自千手观音原龛经典造像，用材考究、造型精致，尽显华美。开州博物馆根据开县馆藏皮影设计出馆藏皮影高仿品（系列）产品。巫山博物馆的百寿漆屏、拓片系列文创产品的原件为馆藏珍贵文物——清代百寿碑。

2. 博物馆文创多元化经营

重庆自然博物馆采取与社会机构合作，深入挖掘本馆展藏品资源，进行文化创意产品开发经营，获得了较好效果。以恐龙、动物园系列产品为代表的文化产品较好体现藏品特点和展览特色，深入持久传播博物馆文化。文创产品呈现出开发经营模式多元化发展、品牌影响力和社会知名度不断提高、社会效益有效增强的良好局面，走在了同类博物馆的前列。

第一，文化创意产品需求旺盛。重庆自然博物馆新馆于2015年11月建成，基本陈列对外实行免费开放。截至2017年底，累计接待观众500余万人次，文创产品销售额已达2000余万元，文创产品需求旺盛，市场前景广阔。

第二，联合开发模式效果凸显。该馆为公益一类事业单位，目前暂无专项资金和经营实体支持文化创意产品开发。在此情况下为了满足观众需求，采取与社会机构合作进行文化创意产品开发经营，获得了较好效果。

第三，藏品资源优势潜力巨大。重庆自然博物馆拥有藏品11万余件，涵盖动物、植物、古生物、古人类、旧石器、矿物、岩石、土壤等类别，而其中的恐龙化石、动物标本、矿物晶体等具有明显收藏优势，具有与文化创意产品开发相关联的巨大潜力。

目前，该馆文创产品开发已呈现出开发经营模式多元化发展，销售商品分为玩具、文具、家具、手工、饰品、科普图书、矿石晶体等七大类，“明星产品”有重庆龙等恐龙模型玩具、动物园系列文具、大百科系列科普图书等。在2016年“传承文化创意生活——重庆市首届文博创意产品展示会”上，恐龙系列文创产品获得十大文博创意产品奖，《重庆自然博物馆的来信》明信片获人气奖单项奖。

三、博物馆文创的未来与发展

根据《艺术市场》杂志2016年底的报道，全国2256家具有文创产品开发能力和产业规模的博物馆中实现盈利的只有18家，占比不到1%。毕竟，不是哪个博物馆都能拥有故宫那样的品牌号召力。受资金、人力和运营模式所限，博物馆文化创意产业在一片见好的机遇和形势下，依然面临着重重问题和挑战。

1. 博物馆文创的方向

博物馆文化创意产品，有广义和狭义之说。狭义文创，即各种具有文化创意的衍生品，而广义文创还涵括具有创造性劳动的原创展览和教育活动等社会服务项目。

好的博物馆文化创意产品，首先需要满足普通纪念品的属性，一要好看，以艺术性设计思维和考究的材质赋予产品美感；二要好用，就是要让产品具备一定的实用功能，而不仅仅是束之高阁的观赏品；三要好玩，以趣味性增强产品对不同类别目标消费者的吸引力。此外，博物馆文创产品非常重要的一点是一定要承载故事，以展览及展示环境的情景触动消费者，讲述文物背后的故事，满足观众有想把博物馆带回家的意愿。如果不能对文化创意产品的方向建立明确的认知，就难以形成有效的市场竞争力。

2. 博物馆文创的处境

博物馆文化创意产品的灵魂是“文化”，核心是“创意”，但博物馆内从事文化创意产品开发的人员往往并不具备行业经验和设计能力，而社会设计机构又往往不重视产品差别化的文化内涵，大部分产品还处在贴标、仿制阶段，T 恤、抱枕、铅笔、书签等同质化现象普遍，缺乏灵魂与核心。

同时，有意开展研发的有个性化内涵的产品又需要长期而大量的资金投入，故宫每款产品平均开发时间是 8 个月，研发投入为二三十万元，其一年的文创产品研发成本是一两亿元。没有专项资金的保障，研发之路是无法良序稳步推进的。再加上大多数博物馆是公益性事业单位，长期处于体制中，整体缺少商业思维和服务创新意识，在如何平衡公益与利益间摇摆不定，没有勇气打破传统思维和管理运营模式，只是在改革的浪潮中随波逐流。

3. 博物馆文创的出路

博物馆文创选择正确的营销渠道，能给产品带来更多关注。即使在网络媒体如此发达的今天，对大多数博物馆来说，销售渠道仍然是十分局限的，而销售量上没有突破，就无法摊销商品价格成本，面对市场时就缺乏竞争力。

博物馆文创产业链很长，涉及藏品研究、元素提炼、设计、生产、销售等环节，博物馆因体制和职能所限，除了在文化资源和消费导流方面有所优势，许多环节都需要专业社会机构来分担。博物馆着重加强对馆藏资源的深入研究以及文化内涵的解读传播，并通过知识产权来维护自己的合法权益，然后采取合作、授权、独立开发等方式与社会力量深度合作，进行文化创意产品研发、生产和经营。

四、结语

现代博物馆已逐渐成为各大城市的文化地标，走进博物馆也成为越来越多社会人群的主动选择，随之而来的文化消费需求与日俱增。博物馆文化创意产品承载着观众的参观故事，是博物馆文化内涵的有效延伸，更是文化记忆的最佳载体。重庆地区的博物馆在全国文化创意产品开发政策和试点工作支持的推动下，将进一步弘扬中华优秀文化和重庆特色文化，助推文化强市建设和全市经济社会协调发展。

参考文献

［1］华翰 . 博物馆文创的核心价值是创新［N］. 中国文物报，2016- 07-15（001）.

［2］易军 . 基于重庆中国三峡博物馆为例分析博物馆的文创产品开发［J］. 管理纵横，2017（3）：170-173.

［3］张惠瑶，贺鸣 . 博物馆文创衍生品开发与知识产权保护问题研究［J］. 法制与经济，2016（4）：28-33.

［4］单霁翔 . 什么阻碍了博物馆文创的发展［N］. 光明日报，2016-05-06（005）.

［5］张振鹏 . 博物馆运营全面进入文创时代［N］. 中国财经报，2017-02-16（007）.

［6］吴优 . 博物馆文创产品开发与知识产权保护［J］. 浙江经济，2016（6）：64.

［7］马晶晶 . 当代博物馆文创产品与产业的发展现状与对策探讨［J］. 吕梁学院学报，2015（4）：59-63.

WENLV RONGHE
文旅融合

重庆旅游产业与文化产业融合发展探析①

张宏祥②

一、重庆旅游产业与文化产业融合的现状

（一）重庆旅游产业的发展现状

众所周知，重庆市是一个拥有丰富的自然旅游资源和蕴藏着悠远的历史文化的城市。重庆市不仅在地理位置方面占据着重要的优势，而且重庆的美食以及温泉已经闻名于世界。重庆市还是一个具有深厚独特的历史文化内涵的城市。这些得天独厚的条件为重庆的旅游行业提供了良好的基础。近几年，据调查显示，重庆市的旅游业总收入在全国排行占据的位置处于中游。导致这种情况的原因一是对旅游资源不能很好地开发与管理；二是没有创新的旅游产品吸引顾客。所以说重庆市的旅游行业还需进一步提高。

（二）重庆文化产业的发展现状

重庆是长江上游的中心城市，是具有三千多年文化积淀的历史文化名城，文化建设的空间和潜力非常大。在当前改革发展的关键时期，大力发展文化产业，将其培育成为重庆市的支柱产业，既可提升重庆的城市品位和文化影响力，又可带动经济高速增长，促进城市的快速发展，增强城市的综合实力。当前重庆市的文化产业存在几点问题。第一，重庆文化产业的发展局限于传统文化产业上，在开发过程中，没有很好地发挥重庆市的“特性”。所以在产品销售的过程中产品携带的地方色彩不够，在市场上竞争的能力比较弱。第二，现代的文化产业人力

---

① 原载于《才智》2017年8月。

② 张宏祥，硕士研究生，重庆交通职业学院讲师，研究方向：旅游管理。

资源缺乏，缺少专业从事文化产业的人力资源。

（三）重庆旅游产业与文化产业融合的现状

当前，虽然重庆市在行业旅游业上取得一定的发展，但由于旅游产品不新颖，旅游产品多而不精、游览面窄，还有不能很好地利用本地的良好资源等一系列问题，导致在全国的旅游总收入排行较低，不能很好地拓展产业发展空间，促进其经济的发展。重庆市的文化产业与旅游产业相融合在很多方面都有一定的欠缺。例如，缺乏专业性的融合型人才、没有丰富的产业融合经验和没能建立一套完整的法律体系等问题，导致现在重庆市还不能充分利用旅游市场，使文化产业借力旅游得到迅速发展。

二、重庆旅游产业和文化产业的融合发展对策

（一）发挥“1+1＞2”的辐射效应

优化文化产业布局，推动落后县区加快做大做强艺术创意、民俗文化产品、文化会展等文化旅游产业；推动发达地区发展文化软件、创意设计、动漫游戏等特色产业，形成优势互补、良性互动的文化产业发展格局。同时积极探索文化旅游产业特色县域发展模式，引导不同县区走特色县、特色镇、特色街道、特色村等发展道路，对本土文化深层次的挖掘，推动发展特色化、集约化、规模化和专业化。

（二）加强重庆基础制度环境建设

政府在促进旅游与文化产业融合发展的过程中扮演着多重角色，需要为旅游产业与文化产业的融合发展提供良好的基础制度环境。成立系统的管理部门，提供大量的资金支持。在旅游业与文化产业融合发展的过程中要成立系统的管理部门，还要建立健全相关的法律法规，对其商标以及版权等问题进行很好地保护。这样可以更好地对旅游业的发展有很透明的管理。因为旅游行业和文化产业不属于一个部门管辖，重庆市政府应在对其融合方面进行有效的指导，使旅游业和文化产业能够更加有效快速地合作与发展。在资金问题方面，政府部门还需提供大量的支持，鼓励两个产业不断研究开发新的产品，拓宽市场范围。对重庆市的发展有着良好的作用。

（三）大力培养产业融合的人才

目前，无论是重庆市还是全国，旅游业和文化产业的专业人员真的是人才济济。但是对旅游业和文化产业融合的人才可是少之又少。当一个产业需要发展的初期首先考虑的就是对人才的需求这个问题。因此，重庆市应对产业融合型人才的培养更加注重。首先，在各个学校开设相关的专业课程，对学生们进行有效的理论性教学。其次，进行实践。政府部门提供有效的平台，通过学习交流的方式吸取经验。最后，组织相关培训部门对在职的人员进行继续教育。以此来提高产业融合型人才的培养。这在一定程度上解决了人才缺乏的问题，对旅游业和文化产业融合的发展提供了很好的基础。

三、小结

随着人们生活水平的提高，追求的东西越来越多，质量也会越来越高。重庆市的旅游产业与文化产业的相互渗透和发展，既满足了旅游者的心理需求，也拉动了重庆市的经济发展。重庆市的旅游产业和文化产业的融合一定要借助多方面的能力。例如，政府的外力、企业的拉动能力和旅游者的需求与人才的贡献能力，它们的相互配合，才能使两大产业的融合更加迅速地发展。

参考文献

[1] 杨颖 . 产业融合：旅游业发展趋势的新视角 [J] . 旅游科学，2008（4）：6–10.

[2] 韩顺法，李向民 . 基于产业融合的产业类型演变及划分研究 [J] . 中国工业经济，2009（12）：66–75.

[3] 厉无畏 . 产业融合与产业创新 [J] . 上海管理科学，2002（4）：4–6.

[4] 谌可佼 . 重庆旅游产业与文化产业融合发展探析 [D] . 重庆工商大学，2013.

[5] 黄细嘉，周青 . 基于产业融合论的旅游与文化产业协调发展对策 [J] . 企业经济，2012.

民族地区旅游产业精准扶贫研究[①]

——以重庆市酉阳县为例

周　兵　黄显敏　任政亮[②]

一、文献综述

精准扶贫的关键在于产业扶贫。产业扶贫是基于贫困地区各自的相对优势资源，以产业为依托，以脱贫为目的，以扶持政策为支撑，以市场为导向的扶贫新阶段重大战略部署[③]。纵观已有文献，学者们对产业扶贫所持的观点各有偏倚。在扶贫机制上，刘建生等学者通过对比传统产业扶贫与产业精准扶贫之间的差别，从微观角度探讨了产业精准扶贫的机制所在[④]。他们认为产业精准扶贫是一个共同参与的过程，通过利益相关将产业透过村庄作用到村民身上。在扶贫路径的选择上，李志平从福利角度出发对政策进行动态分析，并用“送猪仔”和“现金折扣”来分别喻义我国产业精准扶贫的两种途径，得出一个反经济常识的结论：中长期来看，“送猪仔”的直接扶贫路径扶贫效果更好[⑤]等等。

---

① 基金项目：国家社会科学基金重大项目“我国分省经济发展方式转变与产业、人口、教育、就业和迁移政策仿真模型及技术支撑平台构建研究”（13 & ZD156）；重庆市社会科学规划重大项目“脱贫攻坚产业扶贫模式研究”（2017ZDYY33）。

② 周兵，男，重庆工商大学教授、博士生导师，主要研究金融与投融资。黄显敏，重庆工商大学长江上游经济研究中心。任政亮，广州大学经济与统计学院。

③ 余欣荣．特色产业扶贫重在“精准”［J］．行政管理改革，2016（4）．

④ 刘建生，陈鑫，曹佳慧．产业精准扶贫作用机制研究［J］．中国人口·资源与环境，2017（6）．

⑤ 李志平．“送猪崽”与“折现金”：我国产业精准扶贫的路径分析与政策模拟研究［J］．财经研究，2017（4）．

理论和实践证明，旅游扶贫已成为产业扶贫的重要方式之一。邓小海等学者对旅游扶贫的理论价值和现实意义进行探讨[①]，王新歌对如何实现旅游扶贫的精准识别作了研究[②]，党红艳等学者对旅游扶贫的效应进行测度[③]。随着我国旅游扶贫工作的进一步开展，专家学者们从旅游扶贫的根本目的出发，强调抛开以往的旅游项目开发模式，将核心固定于“脱贫”上，寻找每个村落的脱贫优势资源，整村推进，借助旅游扶贫的契机实现村民们从物质脱贫到精神脱贫的转换[④]，开始对旅游扶贫模式进行探索。（1）产业化旅游扶贫模式。张春景从贵州和福建抽选了3个相隔甚远但类型相似的村落进行走访调研，对它们的资源、基础设施、农作物、文化等方面作具体分析，发现这3个村应分别依靠野木瓜、杭白菊、山核桃和正安白茶，脐橙和锥栗，槟榔芋和四季柚这些产业来开展特色产业旅游[⑤]。黄吉等学者谈及了日本大分县的“一村一品”扶贫战略，其核心在于各村依据自己的特色优势产品打造独一无二的乡间产业，使得经济落后的大分县人均收入直线上升，前来考察、学习、游玩的海内外政要和游客络绎不绝，为旅游扶贫创造了坚实根基[⑥]。（2）农业化旅游扶贫模式：乔波等学者对综合了农业种植、旅游规划、生态环境等多方面资源的社区参与型生态农业旅游扶贫进行研究，得出在我国丘陵山区的旅游扶贫模式可考虑推行社区参与型生态农业旅游[⑦]。高文智选择齐齐

---

① 邓小海，曾亮，罗明义．精准扶贫背景下旅游扶贫精准识别研究［J］．生态经济，2015（4）．

② 王新歌，虞虎，李萍，林明水，陈田．燕山—太行山片区旅游精准扶贫识别案例实证——以河北涞水县为例［J］．生态经济，2017（7）．

③ 党红艳，金媛媛．旅游精准扶贫效应及其影响因素消解——基于山西省左权县的案例分析［J］．经济问题，2017（6）．

④ 张侨．旅游扶贫模式和扶贫效应研究——基于海南省贫困地区的调查数据分析［J］．技术经济与管理研究，2016（11）．

⑤ 张春景，张喆昱．文化精准扶贫案例研究——以马鞍村、下党村和赤溪村为例［J］．图书馆杂志，2016（9）．

⑥ 黄吉，钟婷，朱荪远．国外文化精准扶贫案例研究与借鉴［J］．图书馆杂志，2016（9）．

⑦ 乔波，严贤春，王伟，黄尤优，费文华．社区参与型生态农业旅游及扶贫效应研究［J］．资源与产业，2008（3）．

哈尔市为研究对象，探讨了“农业＋旅游”型的旅游扶贫模式，以生态旅游为目标、绿色农业为依托，通过开展农事体验、农产品品尝、农艺展示、田园观光等活动构建农业生态旅游扶贫模式①。(3)文化旅游扶贫模式：黄渊基等学者以武陵山片区为出发点，对文化旅游扶贫进行探索，认为文化旅游是落后山区扶贫开发的优选途径，不同的民族风貌和民族文化可以衍生出不同的生活习惯、吸引到外界的眼球，将游客吸引到落后的山区②。

二、民族地区开展旅游业开发扶贫的价值

(一)推进三次产业的协同发展

旅游业是一个综合性产业，由旅游资源、旅游设备、旅游服务三要素构成，具有极强的包容性，能较好地将第一、第二、第三产业整合到一个新的业态中。以水果、鲜花、蔬菜为主题的游园、采摘活动以及农耕、农事体验活动等就是旅游业和第一产业融合产生的乡村旅游；当修建农家乐、民宿、旅社时，为景区修建道路等基础设施时就是旅游业与第二产业融合产生的工业旅游；当涉及以文化为核心的旅游传媒、电子商务等与第三产业相关的融合即是文化旅游。因此，在民族地区开展旅游扶贫是一举多得的战略措施。随着民族贫困地区旅游业的进一步发展，居民们在壮大腰包的过程中，渐渐培养出主导自我发展的能力，为民族地区经济的长久发展奠定坚实的根基。

(二)有效利用民族地区剩余劳动力

拘泥于民族地区的地理位置、信息化程度和交通等问题，民族地区的人员流失不算严重，但民族贫困地区人均受教育年限较少、人力资源质量不高，劳动力主要从事农耕或者手工等对技术要求较低的工作，因而剩余劳动力相较于其他非民族地区而言数量较多。旅游业是典型的劳动密集型产业，主要以服务业为主，

① 高文智.农业生态观光旅游发展模式研究——以齐齐哈尔市为例[J].中国农业资源与区划，2016(4).

② 黄渊基，匡立波，贺正楚.武陵山片区生态文化旅游扶贫路径探索[J].经济地理，2017(3).

对工作人员的智力素质要求不高且需求量大，能很大程度上容纳当地的剩余劳动力，实现劳动力的“离土不离乡”。并且，在民族地区发展具有当地民族特色的旅游产业符合他们的传统经济生活习惯，让他们工作起来轻车熟路，有较高的工作热情。再者，文化旅游也为剩余劳动力提供了良好的就业机会。民族地区的旅游产业发展少不了文化展览和演出，当地居民对本族文化的了解自是外族人士不能相比的，他们将是旅游文化活动的主要参与者。

（三）取之于民，富之于民

精准扶贫的关注点在于“民”，因此，旅游扶贫自然是要以当地居民为主导。旅游扶贫的意义在于以贫困人群为核心，针对不同贫困类型的群体合理设计与之相匹配的扶贫方式，协助其用自己的双手创造价值。旅游业开发所用土地取之于民，所用资源取之于民，所用屋舍取之于民，所用劳动力取之于民，这些都是开展旅游业的必需之物。当地居民用属于自己的“财富”投资在旅游扶贫事业中，换回的将是很多倍的财富。这些财富不仅限于收入，更多地是创造财富的经验，这是一笔取之不尽用之不竭的财富，它能让居民们由贫困向脱贫、富有、持续富有转变，从根本上扼住贫困的咽喉。

（四）弘扬民族文化

我国是历史悠久的大国，积淀了丰厚的民族文化。在民族地区，不同民族之间人们的生活习惯、人情风俗、居所风格、农事方式、宗教信仰等有所不同，各有各的风格。在历史迅速演变的今天，有些民族贫困地区迫于生活的窘境，文化风俗渐渐开始褪色；有些民族贫困地区由于和其他民族久居，也渐渐将本族文化与他族文化融合，导致一些民族特色文化慢慢地在时间长河中消逝。而旅游业是文化传承的重要产业，在旅游景区设置书吧、艺术展览馆、民族手工小超市、文艺活动演出场所等已经成为标准配置。这样不仅能吸引更多的游客驻足观赏，为当地居民带来更多的收入，更重要的是能让当地的民族文化熏染更多的人，将此传播到更远的地方，使他们的文化源远流长、经久不衰，也为重视文化发展的泱泱大中华永远留存这些经典文化。

三、重庆酉阳县旅游产业扶贫实践

(一) 酉阳县开展旅游精准扶贫的现实基础

重庆市酉阳县是一个拥有 2000 多年历史的土家族苗族自治县，也是占地面积最广、少数民族人口最多的县。重庆市渝东南的“一区五县”民族地区都是贫困地区，其中酉阳县是贫困人口最多、贫困程度最深的县。

1. 拥有丰富的旅游资源和深厚的文化底蕴。2010 年，酉阳县凭借其特有的风采荣获“中国绿色名县”称号。县内旅游资源极为丰富：生态良好、空气清新，空气中负氧离子浓度极高，浓度含量超过 8 万个 /cm^3，享有“天然氧吧”的美称；山清水秀、风光旖旎，有幅员辽阔的菖蒲大草原和令人神往的超长版乌江画廊；气候适宜、春暖夏凉，在以“火炉”著称的重庆，酉阳夏季的最高气温不超过 30℃，年均气温在 15℃左右；旅游胜地、景点丰富，有“桃花源”等闻名中外的自然景观。

据酉阳县 2016 年统计公报显示，县内共有 18 个民族，县内户籍人口为 85.35 万人，少数民族人口占比较大，约为总人数的 84%。其中土家族和苗族人数较多，分别有 50.4 万人和 20.16 万人，其他 15 个民族共计 170 人。酉阳有着异于他处的民族节庆习俗和多姿多彩的少数民族文化艺术。

具体情况如表 1 所示。

表 1 酉阳县旅游扶贫现实基础

旅游资源丰富	桃花源景区	国家 5A 级景区，集秦晋历史文化、土家民俗文化、自然生态文化、天坑溶洞地下河共生岩溶地质奇观于一体，与长江三峡、张家界、凤凰古城、梵净山等景区毗邻
	酉水河景区	有“土家古镇”“十里长潭”“河湾山寨”“三峿奇观”“大江竹海”等景观，2013 年被授予“中国最具魅力乡村旅游目的地”殊荣
	龙潭古镇	中国历史文化名镇、国家 4A 级景区，主要景点有龙潭古镇、全国红色经典景区赵世炎烈士故居等近 30 个重点文物保护单位
	龚滩古镇	中国历史文化名镇、国家 4A 级景区，主要景点有乌江山峡百里画廊、阿蓬江峡谷、桃花湖等

续表

文化底蕴深厚	酉阳民歌	酉阳地属九溪十八峒的原始部落，民歌具有很强的民族性和原生性，是颇具特色的民族民间艺术形式，生动活泼，形象鲜明，音韵自然，风格朴素，具有很强的艺术感染力
	土家摆手舞	主要表现内容涉及人类起源、神话传说、民族迁徙、古代战争、狩猎捕鱼、刀耕火种、生产劳动、饮食起居等社会生活的方方面面
配套条件完备	基础设施	公路：包茂高速公路（渝湘高速公路 G65）纵贯渝、湘、黔；国道 G319 线（厦成线）、国道 G326 线（秀山—云南河口）纵贯全境
		铁路：酉阳火车站为县级枢纽站，西距重庆北站 352 公里，南距湖南怀化站 240 公里。主要办理旅客乘降，行李、包裹托运，办理整车货物发到（不办理整车爆炸品及整车一级氧化剂发到）
		水路：酉阳县乌江航道可直通长江水道。酉阳县主要通航河流为乌江、阿蓬江、酉水河等三条河流，可通航里程 178.5 公里，监管里程 117.5 公里

2. 旅游产业扶贫成效显著。首先是地方政府立足县情，采取“八步二公示法”对贫困人口进行精准识别，制定“1+10”扶贫政策体系，组建干部扶贫小分队驻村精准帮扶，推行“借、奖、补、贷”金融扶贫模式，建立差异化补助机制，修建贫困村基础设施，举办“桃女郎”选拔、全国中老年模特冠名、啤酒节、大学生狂欢节等一系列措施，开展酉阳旅游精准扶贫工作。截至 2016 年底，共接待国内外游客 1019.34 万人次，累计创造 46.0 亿元的旅游收入；有 65 个贫困村实现整村脱贫，实现脱贫人口 6.57 万人，比上年增长 29.8%，扶贫工作可谓是成效明显。其次是借助其他贫困区县旅游扶贫经验开展旅游开发扶贫。例如借鉴奉节县推出的“乡村旅游 +”模式，推行“乡村旅游 + 传统文化保护”模式和“乡村旅游 + 生态观光农业”模式分别打造了各有千秋的农家乡村游，建成了农业特色产业示范基地，吸纳的富余贫困劳动力超过 1000 人。

3. 政府政策的大力支持。国家层面的政策支持：1994 年，为解决 8000 万贫困人口温饱问题制定了《国家“八七”扶贫攻坚计划》，为我国扶贫攻坚拉开序幕；2013年，国家颁布《关于创新机制扎实推进农村扶贫开发工作的意见》，将特色产业扶贫列入精准扶贫的重点工作中，为旅游扶贫奠定基础；2014年，为全力支持贫困地区的旅游扶贫工作，发布了《关于实施乡村旅游富民工程推进旅游扶贫工作的通知》。市级层面的政策支持：2012年，重庆市出台了《武陵山片区、秦巴山片区农村扶贫开发规划》，致力于重庆4个重点贫困区县的脱贫摘帽，其中就包含酉阳县；2016年，发布《关于进一步加快乡村旅游发展的意见》，深入贯彻全市的乡村旅游业扶贫工作，为酉阳旅游扶贫提供参考；“十三五”期间制定的《重庆市“十三五”产业扶贫发展规划》中也提及，通过引导贫困群众依靠发展特色旅游业实现增收脱贫具有重要意义。区县层面的政策支持：在酉阳2015年的三项脱贫攻坚工作中有一项就是“抓旅游扶贫带动脱贫致富”，打造了12个旅游扶贫示范点；2016年的特色产业“四大工程”中强调培育特色乡村旅游业，新建大石、神女峡和石泉苗寨3个游客接待中心，评定了20余家星级农家乐；同年，酉阳县还实施了文化惠民扶贫行动，免费开放县文化馆、开展“书香酉阳”等专题活动、开展桃花源旅游休闲文化节等，为旅游扶贫添油加彩。

（二）酉阳县旅游开发精准扶贫的难点

精准扶贫、精准脱贫的关键在于“精准”，前期的识别需精准、干部帮扶要精准、模式选择得精准。因此，酉阳县开展旅游扶贫必须立足于“精准”，从贫困村落、贫困人口、下派干部多方面统筹兼顾，多层次建立工作流程图。借助先导流程图摸清挡在扶贫工作前方的“拦路虎”，为旅游开发精准扶贫顺利进行披荆斩棘。图1为旅游扶贫开展先导流程图，据此可归纳出酉阳县旅游扶贫的困难所在。

1. 贫困居民居所分散。民族地区的居住一般以寨子的形式聚族而居，建房也是倚寨而建。酉阳虽为少数民族聚集地，但由于某些历史原因和地理原因，不乏有散布在高山深处的贫困独居人家。首先，这些高山幽林常常是作为旅游开发首选，但由于居民散居不便于旅游景区的开发。其次，贫困居民分布太分散，不利于扶贫工作的统筹兼顾，加大了集中帮扶的难度。贫困村落的旅游业主要建立在贫困人口集中居住的基础上，依靠其丰富的旅游资源，共同推进该地区的旅游业发展。因而解决高山地区贫困户的搬迁问题将是旅游业开发扶贫工作首当其冲的任务。

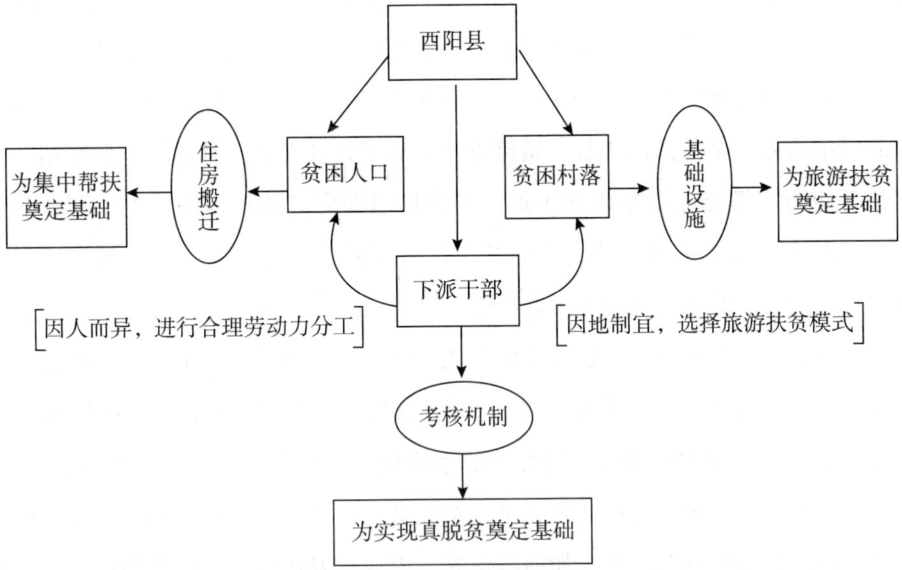

图 1　旅游扶贫开展先导流程

2. 贫困群众参与度不够。目前酉阳县的扶贫工作处于全面统筹阶段，主要有旅游开发扶贫、金融扶贫、科技创新扶贫、“互联网 +”扶贫等模式，贫困民众的参与度不高，未能积极响应下派干部的号召和安排，反倒助长了他们坐等“接济”的懒惰思想。而旅游开发扶贫的根本意义就在于“授人以渔”，在于将贫困人群放在旅游开发的主人位置上，激发其主人翁意识，协助其通过自我的努力将这片赖以生存的土地打造成属于他们的致富热土，达到精准扶贫的真正目的。

3. 干部考核机制不健全。贫困地区实现精准脱贫仅靠国家投入大把资金和颁布系列政策是不够的，还需要地方政府下派得力干部对扶贫工作进行全面引领和统筹。下派干部既是扶贫模式的统筹者，也是劳动力合理分工的引领者，对扶贫工作开展起着关键作用。目前酉阳县的旅游扶贫处于伊始时期，扶贫工作任重而道远，地方政府主要部门对于帮扶谁、怎么扶，没有明确的方向，导致扶贫职责、监督以及考核机制缺乏有效性，随即就会出现地方政府一直忙着扶贫工作，可贫困现状依旧没有大的改观的局面。再加上一些“懒政”行为的出现，最后导致“真脱贫”迟迟不能兑现。

4. 基础建设不够完善。基础设施是产业扶贫的“助推器”，同样，旅游扶贫也离不开基础设施的建设。在“交通靠走、通信靠吼、建居靠手”的民族贫困地区，完善基础设施建设是增加游客旅游的必要条件。酉阳县内以土家族和苗族为主，房屋多以吊脚楼和鼓楼为主，具有鲜明的民族特色，新建和修复这种异域风情的民宿将是一个浩大的工程。道路方面，除了桃花源镇、龚滩镇、麻旺镇、龙潭镇等重点乡镇修建了平坦的车道，其余村镇如离县城较远的可大乡和五福乡等，道路多为泥土或者坡路，有的甚至没有道路，为旅客前来游览带来诸多不便，也不利于旅游开发投资者投资旅游业。

5. 旅游扶贫类型单一。旅游业的发展并非择一处环境优美的地方、招揽一批游客前来游玩那么简单。旅游精准扶贫的关键在于“因地制宜”，对不同的贫困村落、不同的贫困类型施以不同类型的帮扶模式。酉阳是一个多民族杂居的县，目前的旅游类型为单一的旅游观光型，毫无特色可言。在多民族地区，不同村落之间所拥有的特色资源不同。如酉酬镇是土家族的发源地、花田乡是典型的贡米之乡、南腰界乡是红色文化基地、宜居乡是景美茗香的观景休闲之地等等，制定旅游开发扶贫的类型还需因村而异，应花更多力气去琢磨每个贫困村落的具体方案。

四、酉阳旅游精准扶贫的思路与建议

酉阳县目前仍有贫困村130个，贫困户3万多户，共计13万人左右，扶贫攻坚工作任重而道远，根据酉阳县的扶贫现状和县情，提出以下“三村两户”式旅游精准扶贫的建议。

（一）搬迁到村

针对贫困居民居住分散这一难题，应通过提高搬迁补助标准，做好搬迁保障服务，要采取晓之以理动之以情的方式说服那些思想保守的贫困户，以分散安置、集中安置以及特困安置等方式将高山居民、险境居民等全数搬迁到合适的地方，按贫困程度和家庭人口分配土地。

（二）建设到村

对于基础设施的建设，首先要修整道路，包括外界到村落的道路和村落间的道路，让旅客能漫步在乡间的每一个角落。其次要以村落为单位修整屋舍，包括民族文化书屋、艺术表演厅、特色民族民宿、民族风情展览馆等。通过设立少数民族风俗体验区，让更多游客前来体验不同的风俗人情，以此进行旅游开发式扶贫。

（三）分类到村

为使每个贫困村都能脱贫致富，应依照不同村落的特殊资源进行旅游类型确定。酉酬镇、兴隆镇、木叶乡、浪坪乡、管清乡所管辖的27个村属于土家族和苗族的主要集聚地，拥有丰富的民族文化，可考虑打造文化型乡村旅游；黑水镇、宜居乡、南腰界乡所管辖的25个村落地貌多样、风光独秀、气候宜人，可考虑打造休闲观光型乡村旅游；花田乡、铜鼓乡所管辖的16个村落属于典型的农业之乡，青蒿、苦荞、油茶等产量丰富，可修建农事体验景区和农产品采摘景区，打造农业型乡村旅游。

（四）股份到户

为激发贫困群众参与扶贫攻坚的主动性，积极倡导资产收益扶贫和进一步完善股权量化机制。可通过设立扶贫合作社，以旅游产业投资者、扶贫干部和外聘人才为领路人，鼓励贫困户以土地作为股份入股合作社，真正使贫困人群成为扶贫攻坚工作中的一分子，走自我开发脱贫的道路。

（五）考核到户

为实现“一村一队、一户一人”干部精准帮扶模式，应对干部实践建立考核机制，在健全和规范各级部门间的考核制度的同时，考虑加入帮扶对象对他们工作满意度的评分。贫困群众自己推选代表参加扶贫会议，由群众向代表反映、代表向地方政府主要领导反映的形式进行合理考评，并以此设置奖惩规则，以求扶贫的精准成效。

区域文旅产业发展重点及路径思考

——以重庆市沙坪坝区为例①

姚　懿②

2016年全国文化及相关产业增加值为30785亿元，占GDP比重为4.14%，而在过去的五年，文化产业年均增长13%以上，接近GDP增速的两倍；旅游产业的增加值为32979亿元，占GDP比重为4.44%，旅游产业对国民经济和社会就业的综合贡献率均已超过10%，这两大产业在综合体量上已经成为国民经济和社会发展的战略性支柱产业。重庆市政府2014年就出台了《关于推进文化与旅游融合发展的意见》，作为重庆主城区之一的沙坪坝区，将如何实现文化与旅游共融共生，作为促进区域经济结构转型的重要抓手。

一、发展现状

沙坪坝区内现有市级“文化产业示范园区”2个、市级“文化产业示范基地”1个、文化创意产业园3处，规模以上文化企业31家，文化旅游企事业场所达759家（不含文物保护单位和互联网文化经营单位），旅行社门店200余家，星级旅游饭店6家，国家4A级、3A级旅游景区分别为3个和4个。2017年全区文化产业增加值估算约55亿元，同比增长8%；旅游接待人数3310余万人，同比增长4.16%；旅游收入123亿元，同比增长4.52%。

---

① 原载于《全国流通经济》2018年5月。

② 姚懿，中共重庆市沙坪坝区委党校，副校长，硕士；研究方向：旅游管理学。

二、优势及不足

1. 优势

沙坪坝区发展文旅产业具有相对优势，既有巴渝文化、沙磁（抗战）文化、红色文化、校园文化的历史积淀，人文资源丰富；又有多年来文化、教育、科技事业蓬勃发展的设施和人才积累，区内有高校 18 所，电大、职大 10 所，科研院所 65 所，科技工作者 8 万余人，辖区内 33 平方公里的重庆大学城是国内建设规模最大、综合功能最强、入驻高校门类最齐的大学城之一，入住师生约 25 万人。此外，还有区域特色突出的自然禀赋，东部有沿嘉陵江滨江水岸资源，中部和西部有歌乐山、缙云山脉的森林、农业资源，可供综合旅游开发的山水林田湖元素齐备。

2. 不足

从品牌能级看，目前缺乏带动力强的龙头型、领军型文旅企业，尚无一家国家级文化产业示范园区或基地，旅游企业多是门店而缺乏旅行社总部；从产业结构看，现有文化和旅游行业覆盖面比较窄，大量文旅企业主要集中在附加值较低的产业链下游末端，现代新兴文化产业比重微不足道，高端文化产品生产和高档娱乐服务企业基本没有；从资源转化看，与特色文化产业发展紧密相关的非物质文化遗产至今尚无国家级项目，而市级项目也不足 10 个，更无规模可言，特色文化资源的发掘和提升转化严重欠缺，科技成果、文化创意转化不充分，“墙内开花墙外香”的现象比较突出。此外，全区文化旅游在产业方面尚无清晰定位，也没有特色突出的文旅产业区域个性。

三、发展重点及路径

进一步深化文化与旅游、文化与科技、文化与教育等“三个融合”发展，并以此作为沙坪坝区独有的文旅产业核心竞争力，打造具有鲜明个性特色的城市名片，走出一条差异化、创新型发展的路子。

1. 促进文化与旅游的真正融合

沙坪坝区是科教文化名区，也是旅游资源大区，以文化丰富旅游内涵、以旅游促进文化消费是文化与旅游融合发展的重要方向。在 2015 年的政府机构改革中，该区已将文化、旅游两个职能部门合二为一，从体制机制上为文化与旅游融合发展搭建了平台。今年，在国家层面新组建了文化和旅游部，从体制上完成了文化与旅游的融合，着力推进文化和旅游领域治理体系和治理能力现代化，推动文化事业、文化产业和旅游业融合发展，满足人民美好生活需要，提高国家文化软实力和中华文化影响力，为文化产业和旅游业发展带来重大机遇。

沙坪坝区应抢抓机遇、谋定而动，大力促进文化、旅游在管理体制、运营机制、资源整合等方面的统筹协调发展，实现资源和载体的结合、内容与形式的结合、体验与休闲的结合、软实力与硬实力的结合，推动新的产业升级与消费升级，从加快推动文化旅游项目建设、延伸文化旅游产业链条、扶持引进一批文化旅游骨干企业，以及丰富“文化之旅沙坪坝”内涵和产品体系等方面着手，深入推进文化与旅游的融合发展。

2. 促进文化与科技的深度融合

现代经济的发展已经越来越多地依赖于文化竞争力和科技竞争力，随着文化与科技的交融日益广泛和深入，科技已渗透到文化产品创作、生产、传播、消费的各个层面和环节，成为文化事业和文化产业的重要支撑和引擎，新技术正在引领传统文化产业走创新发展之路，新材料与文化创意结合将驱动更多形态的产品创新，大数据、人工智能、VR、AR 在文化创意领域正在实现广泛应用，近年来文化产业与“互联网 +”战略的对接，文化与科技“双轮驱动”，也极大地推动了网络文学、网络音乐、网络电影、网络演出、网络动漫等新兴业态迅猛发展，推动了文化生产方式的变革，催生了新兴业态，改变着人们的文化消费方式，也拓展了文化和旅游产业新的发展空间。

沙坪坝区既有文化和科研两方面的优势，又有完整的产学研全链条，通过文化创意和科技创新，具有提升产业附加值和竞争力的充分优势，因此，应做好协调、统筹，依托中介机构将文化成果、科技成果在市场中实现融合，大力促进科技资源转化为生产力，推动科技成果与文化的融合发展，利用科技创新来提高文化产品（服务）的使用价值，为文化产业的发展提供科技支撑，同时为科技产品注入文化内涵，通过文化创意来提升新科技、新材料的观念价值。有了文化与科技高度融合的新产品（服务），将会为区域文化产业发展提供新的突破点，甚至由此形成新的产业链。

3. 促进文化与教育的充分融合

艺术培训是文化产业的重要行业之一，其产业链延伸更是涉及众多行业，随着我国人均 GDP 稳步上升，无论从基础教育端，还是从成人艺术培训端，艺术培训产业都有巨大发展潜力，据有关机构预测，2018 年全国整体艺术培训市场规模将超过 800 亿元。沙坪坝区在校学生近 30 万人，这类人群除了文化课的需求，对艺术培训、技能培训等需求巨大，他们就是大力发展文化艺术教育培训的丰沃土壤。鉴于此，文化与教育主管部门应大力引进和扶持培训机构，加强对师资和机构资质的管理，创新探索培训机构以大带小“抱团式”连锁发展的路子，力争使艺术培训产业在全市占据领先地位。

此外，还应充分发挥区内高校人才聚集的优势，利用“文化发展战略合作共同体”深化校地合作，借智借脑，为区域文化产业发展出谋划策。进一步加大文化创意转化，发展内容产业；搭建创业平台，让更多大学生有机会发挥聪明才智，激发创意，参与到文化产业的发展中来。

四、结语

区域间的竞争最根本的是文化的竞争，文化的竞争又充分依赖于文化、旅游产业这个载体。习近平总书记在“两会”期间参加重庆代表团审议时发表重要讲话，要求重庆加快建设内陆开放高地、山清水秀美丽之地，努力推动高质量发展、创造高品质生活，这一重要指示涵盖了经济与社会、城市与乡村、自然与人文等各个方面，为重庆未来发展成为宜居宜业宜游的美好城市指明了方向，也为沙坪坝区文化旅游产业发展提供了不竭动力。

参考文献

［1］文化旅游产业融合发展的实现路径［EB/OL］. 旅游研究，2016-10-13.

［2］2016 年全国文化及相关产业增加值为 30785 亿元，同比增 13%［EB/OL］. 中国经济网，2017-09-26.

旅游对舞蹈类非物质文化遗产传承的影响

——以土家摆手舞为例[①]

马　振[②]

一、土家摆手舞的旅游生产性传承

“摆手”是土家族规模最大的民俗文化活动，是土家族优秀传统文化的集中展示。摆手舞是“摆手”活动的一部分。摆手舞分大摆手和小摆手两种，集舞蹈艺术与体育健身于一体。大摆手主要是民众祭祀本民族的共同祖先，规模浩大，参与者众多。小摆手主要祭祀的是本姓祖先，规模相对较小。摆手舞舞姿大方粗犷，有单摆、双摆、回旋摆、边摆边跳等多种动作，摆手舞的动作特点是顺拐、屈膝、颤动、下沉，风格雄健，动作豪迈。声乐包括摆手歌和起腔歌，器乐主要是鼓和锣。

摆手舞历史悠久，在“梯玛”念诵的民族史诗《迁徙记》中，这样写道：“摆手的人们呀，咱们的萝卜无论是大的还是细的，都放到背篓里，摆手用的东西，都放到背篓里。”土家族的这次大迁徙，据学者研究大约发生在五代时期，这证明较为成熟的土家摆手舞已经存在有上千年了[③]。摆手舞中反映了土家族人民祭祀、战争、生产、生活、婚姻、民俗等众多内容，对于研究土家族而言，具有非常重要的价值。2006年，土家摆手舞成为第一批国家级非物质文化遗产项目。

---

① 原载于《中南民族大学学报（人文社会科学版）》2018年9月第38卷第5期。

② 马振，回族，上海建桥学院副教授，主要研究非物质文化遗产和旅游文化。

③ 湖南省文化厅．湖南省非物质文化遗产名录［M］．长沙：湖南人民出版社，2009：325.

摆手舞一直依托土家族祭祀活动得以传承，祭祀仪式社会功能的发挥需要民众对社会价值体系的认可。丹尼斯·朗认为：合法性“是以共同的规范为先决条件”，它的存在是基于“受它支配的那些人的共同价值观”之上的[①]。改革开放以后，土家族传统的价值观正趋向多元化，人们对祭祀仪式也不再感到神圣。原有的“共同价值观”已经失去了对土家民众的吸引力，祭祀活动存在合法性面临挑战。

与此同时，现实生活中，摆手舞却因为参与旅游发展，出现了许多新的表征：张家界景区土家风情园的唯一表演项目就是“梯玛”带队表演的摆手舞；恩施自治州的各个旅游景点的表演项目中都有摆手舞；湖北来凤·中国土家摆手舞文化旅游节于2009年举办，2010年重庆酉阳举办中国土家摆手舞欢乐文化节，湖南永顺、龙山、重庆巫山等地举办了多届“舍巴”节；在土家族地区演艺类旅游产品如张艺谋的《印象武隆》、梅帅元的《天门狐仙》《魅力湘西》《夷水丽川》等表演中，都有摆手舞的身影。土家摆手舞正以各种形式参与旅游发展，在旅游经济中实现舞蹈自身的传承，形成了土家族摆手舞的旅游生产性传承。

二、参与旅游后摆手舞文化功能的演变

1. 民间信仰制度功能淡出。传统的摆手舞活动依托本民族祭祀活动得以传承，活动中包含诸多民间信仰的内容，起到了证明信仰制度的合理性、维护信仰制度继续存在的作用，民间信仰制度功能很强。随着时代的发展，祭祀活动已经不是土家民众日常生活的一部分，摆手舞的民间信仰制度功能开始退化。参与旅游发展后，虽然有诸如土家风情园的“梯玛”带领土家儿女、游客同跳摆手舞的节目，其中，还展演了部分祭祀活动，但舞蹈中的宗教祭祀仪式仅限于旅游展演，已经远离土家民众的生活。摆手舞的民间信仰制度功能已经淡出现代生活。

2. 经济功能凸显。土家族居住地的政府积极举办与摆手舞相关的旅游节庆、土家族摆手舞传承人投身旅游表演、旅游景区倾力打造摆手舞表演节目等现象，都凸显了摆手舞参与旅游后的新的实用功能经济功能。

---

① 丹尼斯·朗.权力论[M].陆震纶，郑明哲，译.北京：中国社会科学出版社,2001.

首先，政府举办与摆手舞有关的旅游节庆，主要目标就是“文化搭台，经贸唱戏”。土家织锦村是一家生产西兰卡普、民族服饰的民营企业，在2009年的来凤·中国土家摆手舞文化旅游节举办期间，组织村里30多名织锦工人加班加点，生产土家民族服饰和西兰卡普民族产品，三个月产销量相当于2008年全年的水平，其中仅销售土家民族服装就达2300多套。在摆手舞文化旅游节招商酒会上，来凤县与省内外客商签约招商项目21个，签约金额达21.58亿元①。2010年中国土家摆手舞欢乐文化节在重庆酉阳召开，活动的主要内容包括开幕式、土家美食节、旅游商品展销、大型经贸洽谈会、摆手舞文艺会演，中心内容都与发展当地经济相关②。2012年“中国（湘西）土家族舍巴节”在湖南永顺著名旅游景区芙蓉镇举行，利用民族节日打造旅游节庆已经成为增加地方经济收入的主要手段③。

其次，摆手舞与旅游产品紧密结合。在湖南张家界土家风情园里，每天要进行两场摆手舞表演。表演开始前，身着民族服装的土家青年在摆手堂前摆开六面大鼓，先由身着黑衫、头缠黑色头巾、手持铜铃的“梯玛”主持祭拜祖先的仪式，然后由身披西兰卡普的青年男子表演战争场面，最后所有参与者围绕广场中央的图腾柱跳起摆手舞。游客也可以随着鼓声加入队伍，学跳摆手舞，在欢乐的气氛中获得新的旅游体验。

> 我们都是土家族，我就是本地人，我们这个景区差不多有200个员工，我们从小都会跳摆手舞，现在跳的动作是文工团的过来教的。我们一天要跳两场，所有空下来的员工都要参加。我是张家界旅游学校毕业的，在这里工作有两年了，这里的工资还可以，一个月差不多2500元。游客都喜欢看这个表演，他们都要等到看了这个表演才出去（离开），毕竟我们这个景区里

① 洪业前.来凤土家摆手舞文化旅游节招商21亿［EB / OL］.［2009-05-27］. http:// news. cnhubei. com / gdxw / 200905 / t688352. shtml。

② 银雪，郭晋嘉.重庆酉阳土家摆手舞文化节10月开幕［EB / OL］.［2010- 08-17］. http://www. chinanews. com / cul / 2010 / 08-17 / 2473622. shtml.

③ 彭南科，向水生.湘西土家族“舍巴节”今日在千年古镇芙蓉镇举行［EB / OL］.［2012- 04-26］. http://news. cntv. cn / 20120426 / 104478. shtml.

面，就只有这个表演是大型的，所有游客都看得见，还可以直接进来和我们一起跳。老板就指望我们的表演能多吸引点客人进来，好多赚点钱。（采访对象：小田，20 岁，女，土家风情园员工，从事拦门酒仪式表演）

我们导游今天说这个景点值得看，尤其是最后的表演，是张家界最有民族特色的歌舞表演，比较原生态。我们看了很多介绍，现在终于可以看看土家族原生态歌舞。整体看下来感觉场面很大，参加的人很多，舞蹈动作雄壮、优美，民族服装也很美。但总感觉不太看得懂，不晓得前面那个缠黑头巾的男的是干什么的（指领舞的“梯玛”），他前面在那里说一通话也不懂（祭祀活动），为什么有不同的动作，他们应该多点介绍，有个人讲讲，或者放个解释的牌子也好，让我们看得懂，不然就只是凑热闹。（采访对象：邹先生，吉林公司员工，跟团来张家界旅游）

张家界历史最悠久的旅游演艺产品《魅力湘西》，也有摆手舞表演节目。魅力湘西的表演，持续时间为一个小时，分上下半场，分别在室内和室外举行。下半场的表演就设在室外的摆手堂前，所有民俗类节目以摆手堂为背景展演。节目的最后，是全体观众在摆手堂前的广场上齐跳摆手舞，达到狂欢的顶点。

在恩施土家族苗族自治州最成功的旅游表演项目《夷水丽川》中，汇集了大量的土家族、苗族的歌舞，以亚洲最大的溶洞腾龙洞为背景，在洞中展演民族歌舞文化，节目中也有许多场景表现摆手舞。诸如此类的例子还有很多。在土家族聚居地的其他旅游景点中，摆手舞作为吸引游客的文化符号，频繁地出现在游客的面前，演职人员全部是本地人，为解决本地劳动力就业、发展地方经济做出了贡献。

3. 艺术制度功能方面创新性突出。摆手舞的核心艺术规则有双手摆手、膝部颤动、顺边同拐等，在参与旅游发展后，虽然核心动作没有根本性的变化，但在细节上有了更多的创新。因为民间舞蹈一旦走上舞台，观赏性、表演性和艺术性就成为最高标准。原生态的摆手舞双手摆动与膝部的颤动以及顺边同拐结合在一起，动作显得机械、僵硬和不协调，这与娱神的最初目的有关，作为娱神的祭祀舞蹈，追求艺术性并不是其原有的诉求。参与旅游后，作为旅游展演的舞蹈，使游客快乐是核心目的，舞蹈动作必须具有符合大众审美的艺术特征。无论是土家风情园等旅游景点的摆手舞、各地举行摆手节所表演的舞蹈，还是土家族各地方政府推广的摆手舞的广场舞形式，在艺术性方面都大大加强，动作或柔美、或刚劲，在保留原有艺术特征的基础上，舞蹈动作更趋协调。

4. 文化的社会整合功能得到强化。传统社会中，作为土家族整体文化的文化因子簇，摆手舞与其他许多优秀的土家文化因子簇一起构成相互联系的结构网，共同完成文化濡化的任务，达到社会整合的目标。参与旅游经济发展后，地方政府为了发展经济、旅游企业为了获取更多的经济利益，政府举办各种与摆手舞相关的旅游节庆来推动经济发展，旅游企业利用多种手段改编摆手舞来获取利益，客观上使得摆手舞的影响范围扩大、影响深度加强，文化的整合功能得到强化。

在政府组织的与摆手舞相关的旅游节庆活动中，摆手舞作为重要的民族文化符号得到展现，成为民族文化欣欣向荣的象征。在湖北省恩施土家族苗族自治州来凤县，摆手舞原本流传在百福司镇舍米湖村一带，来凤县政府为了举办摆手节，抽调多名舍米湖摆手舞代表性传承人在全县各个单位展开培训，县文体局还制作了摆手舞光碟发放到学校、行政单位等，最终实现了几千名市民同跳摆手舞的场景。全县民众对摆手舞的接受程度也因此得到提高。恩施土家族苗族自治州同样利用摆手舞文化资源，将摆手节列为自治州的重要节庆，并利用各种机会在全州培训、展演摆手舞，使得摆手舞的影响范围从酉水流域扩张到清江流域。长阳土家族自治县2005年举办了“长阳土家文化周”，重头戏新编土家摆手舞剧《梦幻土家》引起广泛关注①，演员候选者多达2000多名民间艺人。2010年重庆酉阳举办了中国土家摆手舞欢乐文化节，更是创下了10万人同跳手舞的吉尼斯世界纪录。通过这些活动，摆手舞成为土家族民众民族认同感的重要载体。

三、摆手舞舞蹈本身的变化

摆手舞参与旅游发展后，除了在一些“拼盘性”的旅游民间歌舞表演中充当

---

① “梦幻土家”——湖北剧院上演原生态文化引起关注［EB / OL］.［2005 - 05 - 12］. http: / / news. 163. com / 05 / 0512 / 15 / 1JIH7N7T0001122B. html.

舞蹈元素以外，也有以摆手舞为核心主题、结合其他土家族民俗打造的舞蹈类旅游产品。舞蹈本身在旅游产品中有如下变化。

1. 大摆手严重简化。参与旅游发展以前，据《中国民族民间舞蹈集成·湖南卷》下册（中国舞蹈出版社 1991 年版）记载，大摆手一般为八个部分：排甲起驾、闯驾进堂、纪念八部（群舞）、兄妹成亲（男女双人舞）、迁徙定居（群舞）、建设家园（群舞）、自卫抗敌（群舞）、送驾归堂。时间可以持续七天七夜。另据《土家族摆手活动资料》（岳麓书社 2000 年版）记载，各地的大摆手有 7 部分、8 部分不等，持续时间有 3 天和 7 天不同。舞蹈动作包括爬山舞、涉水舞、砍杀舞、射箭舞等多达 20 多种，仅建设家园部分就有 12 个动作。

张家界土家风情园景区所展演的大摆手为武陵地区保存较完整大摆手舞蹈，现仅包括纪念八部、迁徙定居、自卫抗敌三部分。时间持续共 20 分钟，舞蹈形式保留了群舞，舞蹈动作简化到只有 5 种。

2. 小摆手趋向艺术化。据记载，土家族各地的小摆手主要以祭祀本姓祖先为主，规模较小，舞蹈形式以群舞为主，一般是在长者的带领下围鼓起舞。舞蹈动作比大摆手少，且动作主要是表现生产生活的内容。持续时间一般不超过 3 天，大多在本村的摆手堂举行。跳摆手舞都伴有摆手歌，无论是开场还是舞蹈过程中，摆手歌伴随舞蹈全过程。如舍米湖的小摆手最早只有 4 个农事动作，古丈县的小摆手有 6 个农事动作，永顺县也是 6 个动作，主要包括砍火畲、挖土、撒种子、种苞谷、插秧等。

参与旅游发展后，小摆手保留了上述动作的基本形式，但在展演中都已经做了艺术化的处理。一般的舞台表演时间不超过 5 分钟，如前文所述的《夷水丽川》《魅力湘西》的最后一个节目都是摆手舞，形式上是小摆手，舞蹈都是群舞，除了在舞蹈开始阶段由山歌引入外，整个表演中摆手歌已经淡出。舞蹈队形不再仅仅是围鼓而舞，而是出现了单圆圈、双圆圈、方阵行等多种队形。

总之，摆手舞参与旅游后，有简化、艺术化的趋势。首先，为吸引游客，旅游歌舞表演团队成员多数为年轻人，且女性居多。而实际上摆手舞代表性传承人多为男性，年龄都在 70 岁以上，企业从经营上考虑，不会让他们成为表演团队的正式演员。其次，这些代表性传承人作为培训老师进入旅游表演团队培训摆手舞，因受时间限制，很难传授一些比较复杂的动作，且受旅游表演的限制，许多与表演无关的程序都被省略。再次，传承人不愿将辛苦钻研学习的舞蹈动作无偿传授给他人，尤其知道对方将摆手舞当作一种赚钱的技能时，传承人更不愿意倾其所有进行传授，所以经常出现同一个师傅教出来的不同地方的徒弟，跳出来的摆手舞不尽相同的现象。同时，数字化影像技术的普及，也使得传承人不愿意随便表演展现自己的舞蹈。最后，专业舞蹈演员的加入促进了舞蹈艺术化。由于政府的推动、旅游经营商的经济投入，大多数旅游展演的摆手舞都有专业舞蹈演员的参与，他们在舞蹈的艺术性、协调性等方面对摆手舞进行符合当代游客审美的改造。

四、摆手舞传承主体的变化

1. 代表性传承人参与旅游活动。摆手舞代表性传承人通过各种机会参与旅游发展。2013年，湘西非物质文化产业园在吉首市乾州古城挂牌，湖南龙山农车的张明光作为摆手舞的国家级代表性传承人进行摆手舞展演。据他介绍，由他传授的摆手舞学习者不下千人：“现在学习摆手舞的中年人居多。每逢有重大节庆演出，需要大规模的摆手舞活动时，我就会带领乡亲们参与，一场演出下来，每个人有百八十块钱的收入。”同为国家级的代表性传承人湖南永顺双凤村的田仁信，2000年受聘于永顺县文化局，给当地的毕兹卡艺术团演员教摆手舞，并在2002年带领艺术团参加在北京中华民族园举行的土家舍巴节，作为领舞者参加演出。省级摆手舞代表性传承人湖北来凤舍米湖村的彭承金，人称“鼓王”，也在来凤县、恩施州多次培训文化局下属的艺术团成员，并带领他们参加上海世博会旅游节巡游、澳大利亚旅游节等。

2. 传承对象范围扩大。在摆手舞传统的传承方式中，传承对象主要是本村村民，参与旅游发展后，各地方政府工作人员、旅游企业的表演团队都成了传承对象。比如上述的张明光老人就说自己的徒弟不下千人，他曾经培训过湖南龙山县文工团专业演员。上文的田仁信老人培训毕兹卡艺术团演员也属于此类情况。重庆市酉阳县为在全县范围内全面推广普及酉阳摆手舞，拉开了“酉阳广场摆手舞一定要普及全县村村寨寨”的帷幕，培训教师就是酉阳县大河乡的土家摆手舞国家级传承人田景仁。

3. 新的传承主体的出现。摆手舞原有的传承人都是自然人，参与旅游发展后，旅游专业表演团队成为摆手舞传承团体。如张家界景区土家风情园的摆手舞表演队伍已经存在近十年，每天表演两场。演员最初虽是由摆手舞传承人培训，但十年来，其摆手舞的学习方式基本上都是由老演员带新演员，多年来表演摆手舞的演员换了很多批，但相对固定的摆手舞表演方式一直传承。可以说土家风情园已经成为摆手舞的传承单位，以法人的形式传承着摆手舞。

五、结语

综上所述，摆手舞在参与旅游发展后，舞蹈自身有简化、艺术化趋势，传统文化功能淡出，经济功能、文化整合功能得到加强。摆手舞传承中的代表性传承人成为旅游演艺产品的创作者或主要表演者；传承时间以旅游节庆为主，传承地点多在旅游景区，传承的目的包括吸引游客；传承的过程就是旅游商品的生产和消费过程；传承对象也不局限于本村居民，扩展为本地区民众，甚至包括游客。摆手舞传承的主要要素与旅游要素相重合，充分体现了旅游生产性传承的特点[①]。

① 马振．旅游对手工艺类非物质文化遗产传承的影响——以土家织锦“西兰卡普”为例［J］．中南民族大学学报（人文社会科学版），2014（3）．

国内外乡村旅游发展经验对重庆的启示①

李　丽②

乡村旅游作为农村资源与旅游产业相融合的一种业态形式，成为发展农村经济的一种新手段，成为人们出游的一种旅游方式。乡村旅游起源于欧洲，鉴于工业化和城市化进程加快，乡村和农业的观光休闲功能日益满足城市人的旅游需求，因此，在欧美、日本等发达国家乡村旅游受到极大推崇，目前欧美、日本、中国台湾地区等已有相当规模，走上了规范化、规模化发展的轨道。鉴于我国乡村旅游起步于改革开放中后期，发展较晚，且乡村旅游发展地区不平衡，北京、云南、四川等地乡村旅游成为中国乡村旅游发展较为成功的典型。欧美、日本、中国台湾地区等国家和地区在长期实践中探索出一些适合本国或本地区乡村旅游发展的模式，研究和借鉴这些国家和地区的乡村旅游发展的成功经验对于重庆乡村旅游在供给侧改革下的发展新方向提供借鉴，具有重要的现实意义。

一、国外乡村旅游发展的成功经验

乡村旅游起源于国外，其已有一百多年发展历史，在法国、英国、美国、日本等国家已探索出一些适合本国国情的乡村旅游发展经验，因此，本文选择法国、英国、美国、日本为主要代表国家，对各个国家乡村旅游的发展背景、原因、发展类型以及成功经验进行分析，具体情况见表1。

---

① 基金项目：重庆市教委科学技术研究项目之软科学“基于供给侧改革视域下重庆乡村旅游的转型与升级研究”（KJ1741473）。原载于《乐山师范学院学报》2018年2月第33卷第2期。

② 李丽，女，重庆人。重庆商务职业学院餐饮旅游学院助教，硕士，研究方向：旅游经济与管理。

表1中列举的发展乡村旅游比较有代表性的国家有以下共同性：一是政府重视乡村旅游的统一规划，从战略高度对地区乡村旅游发展进行科学合理规划，将景区景点融入乡村旅游整体开发中，同时保持乡村旅游中资源原真性，将原始的乡村资源融入乡村旅游产品开发中。二是政府相关的政策支持，从土地政策、财税政策等方面全方位支持当地乡村旅游的发展，从制度上保障乡村旅游的发展；三是充分发挥当地农户的作用，利用农户农忙及农闲时间充分开发乡村旅游产品，共享乡村旅游发展带来的利益。同时，发挥行业协会的作用，为当地乡村旅游可持续发展起协调作用。四是提倡多元主体加盟乡村旅游经营，这能够使乡村旅游在发展过程中，协调好利益相关者的利益，让利益相关者能够从乡村旅游发展中获益。五是积极开展乡村旅游营销活动，通过营销事件来提升乡村旅游的影响力。

表1　法国等国家乡村旅游发展的成功经验

国家	发展背景	原因	发展类型	成功经验
法国[1-4]	“二战”后，法国农村空心化严重，农村人口老龄化、密度稀疏	1.政府主导发展；2.行业协会发挥重要作用	1.农场美食品尝；2.农产参观；3.骑马和遗产、文化类参观	1.“农户+企业+协会+政府”的发展模式；2.多元化、体验性、原真性的乡村旅游产品；3.多主体参与乡村旅游目的地营销；4.经营者本地化；5.行业组织发挥了重要作用
英国[5-6]	工业化及高度城镇化	1.发达的经济和城镇化；2.传统历史人文和独特的地理因素；3.良好的制度环境	1.田园式乡村旅游；2.复古式乡村旅游；3.生态式生态旅游	1.政府政策及财力支持，干预力度小；2.充分肯定农业主体地位，将农业与旅游业充分融合；3.完善旅游规划系统，融入景点与景点融合

续表

国家	发展背景	原因	发展类型	成功经验
美国[7-9]	1. 公共土地政策用于户外游憩；2. 早年移民政策引导民众进行土地开发；3. 城市化进程加快，城乡二元结构差距凸显	1. 公路网络建立；2. 国家公园的促进作用；3. 复苏乡村经济；4. 强大的市场需求	1. 以遗产资源为依托的遗产旅游；2. 以自然、生态资源为依托的自然旅游/生态旅游；3. 以农业资源为依托的农业旅游	1. 依托优惠政策扶持乡村旅游；2. 依托特色资源开发主题产品；3. 依托节庆营销塑造旅游形象
日本[10-11]	农业和地域开发等农业政策实施的产物	1. 传统农业产业地位优势不在；2. 人们注重"本土化"回归；3. 乡村精英示范带动作用	1. 观光型乡村旅游；2. 休闲娱乐乡村旅游；3. 文化型乡村旅游	1. 产业集权化；2. 财政支持；3. 农地放松管制

二、国内乡村旅游发展的成功经验

虽然国内乡村旅游发展滞后于国外，但在国内部分地区的乡村旅游发展仍具有本土特色。为便于比较，特选取台湾地区、四川成都、云南、北京等地区的乡村旅游作为典型，总结这些地区乡村旅游发展的成功经验。

由表2选取的4个代表地区发展乡村旅游的成功经验，可总结出它们的共性表现为：一是政府积极推动乡村旅游发展，且牵头联动其他部门对乡村旅游发展进行科学合理规划；二是将农业与旅游、教育有机融合，将生态、生产和生活有机融合为一体，打造人们的一种日常生活方式；三是引入政府、社区、企业、协会、村民利益相关者，共享乡村旅游发展带来的利益，科学协调利益相关者的利益，促进乡村旅游可持续发展；四是结合当地区域特色，深入挖掘文化特色，通过赋予文化内涵来提升当地乡村旅游的品质，也即利用一些当地传统的节庆活动或是旅游活动，提供当地乡村旅游品牌；五是打造乡村旅游产业链，整合当地乡村旅游资源，打造产业链。

三、国内外乡村旅游发展经验对重庆的启示

上述国内外代表国家和地区乡村旅游发展的经验为重庆乡村旅游的可持续发展提供可借鉴的经验和启示。

表 2　台湾等地区乡村旅游发展的成功经验

地区	发展背景	发展类型	成功经验
中国台湾[3]	台湾农业因工业、商业快速发展处于停滞、萎缩状态，为改变台湾农业困境	以休闲农业为典型，乡村民俗、休闲农场、乡村花园、休闲牧场、休闲林场、休闲渔业、教育农园	1. 政府推动，合理规划与执行；2. 将生态、生产、生活三生一体，发展多项目乡村旅游类型；3. 产业链打造；4. 营销推广
四川成都[12-14]	成都市民休闲、度假观念浓厚；政府倡导和扶持	农家乐，国家级农业旅游示范点，农业产业基地，旅游古镇，森林公园	1. 政府倡导和扶持，提供乡村旅游保障体系；2. 乡村旅游资源整合开发，形成产业链；3. 城市文化引导乡村旅游市场定位，特色产业支撑乡村旅游产品开发；4. 个体农户融入乡村旅游开发中
云南[15-16]	领略乡村文化，体验农村生活，进行休闲度假	景区带动型模式，乡村组织型模式；公司农户型模式；产业依托型模式；综合开发模式	1. 政府与社会充分合作，政府牵头编制乡村规划，开发景区景点；2. 建立起政府、社区，以及企业、村民之间的参与性协调，真正的利益共享机制；3. 利用传统节日和旅游活动营销，打造品牌

续表

地区	发展背景	发展类型	成功经验
北京[17-18]	20世纪80年代后期，北京昌平县十三陵旅游区首次出现了观光桃源，乡村旅游自发发展	农业观光休闲、民俗文化休闲、休闲度假	1.突出区域特色，明确功能定位；2.推行标准管理，引导行业自律；3.政府部门联动，完善基础设施；4.引入社会资本，创新融资模式

重庆乡村旅游起步较晚，以1998年在重庆南山诞生的第一家“农家乐”为标志开始发展起来。经过近20年的发展，重庆乡村旅游取得较为瞩目的成就，在2016年国庆期间，由中国旅游研究院发布的数据显示，重庆在乡村旅游十大客源地中排全国第一，且铜梁、开州、奉节三地进入“2016年全国乡村旅游热点目的地50强”名单。虽然取得如此成就，但在发展过程中仍存在以下问题，如缺乏合理规划、乡村旅游项目分布较散；区域特色不明显，定位不清，区域乡村旅游同质化现象较为严重；乡村旅游产品体验感不强、营销宣传较少；乡村旅游服务人才及管理人才缺乏；在乡村旅游开发过程中出现破坏环境等问题。据此，为使重庆乡村旅游继续保持竞争优势及实现自身可持续发展，根据上述国内外具有代表性国家和地区乡村旅游发展的成功经验，得出以下启示：

（一）政府牵头，协调相关部门，科学合理规划，完善政策体系

乡村旅游的可持续发展是一项系统、复杂工程，需要政府牵头引导，联动农业、林业、水利、交通、环保、商业等其他部门，共同合力，根据当地的地脉和文脉，科学合理、统筹规划乡村旅游的整体发展，形成全域旅游视域下的乡村旅游整体发展观。科学规划后，需要整合配套相关的政策。其一，提供宽松的土地政策，鼓励农民按照整体规划投入到乡村旅游的开发中，通过农民自身或者联合企业、协会发展多种形式的乡村旅游的规模经营。其二，完善财政税费优惠补贴政策。为支持乡村旅游的发展，必须从财政上设立专项资金，扶持地区乡村旅游发展的公共设施及基础设施建设，从政策上保障乡村旅游公共服务体系的建立；此外，通过宽松的融资渠道和政策，联合金融等部门，对农户、企业等参与到乡

村旅游开发的个人或团体进行科学合理评估、监督和检查，保障乡村旅游项目与当地生态环境协调发展，对以牺牲生态环境开发乡村旅游项目的，坚决严惩，从资金保障到环境保障制定一套系统的评估标准。此外，切实保障融资资金实实在在用到乡村旅游项目的开发上，按照政府统一规划实施项目。

（二）积极推进产业集群化发展，打造乡村旅游产业链

由于土地分散，乡村旅游项目类型多，但规模小的特征，使乡村旅游产业链体系停留在较为表面的层次。为优化合理配置资源，实现乡村旅游发展的最大效益，有必要从产业链视角进行考虑。因此，要积极推进乡村旅游产业集群化发展，积极打造集生态、生产和生活为一体的乡村旅游项目，延长乡村旅游产业链，打破农户与农户各自为阵的同质化竞争的局面，充分利用地缘优势，进行资源互补，形成互补经营的规模优势。此外，根据每个地区的区域资源特色，可进行乡村旅游分类发展。

（三）深度挖掘地区文化特色，适时营销，打造乡村旅游 IP 效应

乡村旅游的发展离不开当地农村资源，如何科学挖掘当地农村资源，赋予当地乡村旅游资源可持续生命力，需要将当地的民俗、历史文化等人文内涵展现出来，用当地不可复制的核心文化来塑造乡村旅游品牌，通过传统民俗等节日或者打造旅游节庆活动，运用新媒体适时营销，长此以往，形成乡村旅游 IP 效应，塑造乡村旅游特色品牌。

（四）协调乡村旅游发展过程中多方利益均衡

随着乡村旅游发展带来的经济利益越来越明显，没有参与到乡村旅游开发中的利益相关者，因乡村旅游发展带来的一些负面影响而对乡村旅游产生抵触情绪，这不利于当地乡村旅游的发展，因此，必须考虑乡村旅游发展整个地区相关利益者的利益，特别是社区的利益，当普通的社区居民对乡村旅游发展产生负面抵触情绪时，乡村旅游者的体验就会变差，长此以往不利于当地乡村旅游的发展。因此，在发展乡村旅游过程中，一定要协调多方相关者的利益，尽量让每个人都能从乡村旅游发展中受益，真正形成共建的利益共享机制。

参考文献

[1] 娄在．法国乡村休闲旅游发展的背景、特征及经验［J］．世界农业，2015（5）：147–150.

[2] 陈雪钧．国外乡村旅游创新发展的成功经验与借鉴［J］．重庆交通大学学报（社会科学版），2012，12（5）：56–59.

[3] 黄海辉．发达国家和地区乡村旅游的发展模式探析［J］．黑龙江对外经贸，2011（6）：112–114.

[4] 方忠权，郭艺贤．法国的乡村旅游及其启示［J］．广州大学学报（社会科学版），2008（3）：32–36.

[5] 陈泉．国外乡村旅游发展经验及启示［J］．淮海工学院学报（人文社会科学版），2015，13（3）：100–102.

[6] 杨丽君．英国乡村旅游发展的原因、特征及启示［J］．世界农业，2014（7）：157–161.

[7] 王真．美国乡村旅游发展研究及经验借鉴［J］．旅游纵览（下半月），2017（4）：59，61.

[8] 石金莲，崔越，黄先开．美国乡村旅游发展经验对北京的启示［J］．中国农业大学学报，2015，20（5）：289–296.

[9] 凌丽君．美国乡村旅游发展研究［J］．世界农业，2015（10）：60–63.

[10] 杨华．日本乡村旅游发展研究［J］．世界农业，2015（7）：158–161.

[11] 雷鸣，潘勇辉．日本乡村旅游的运行机制及其启示［J］．农业经济问题，2008（12）：99–103.

[12] 马勇，赵蕾，宋鸿，等．中国乡村旅游发展路径及模式：以成都乡村旅游发展模式为例［J］．经济地理，2007（2）：336–339.

[13] 杨小英．对成都发展乡村旅游的思考［J］．旅游学刊，2006（5）：9–11.

[14] 邹统钎．中国乡村旅游发展模式研究：成都农家乐与北京民俗村的比较与对策分析［J］．旅游学刊，2005（3）：63–68.

[15] 杨青，谢恩晓．云南乡村旅游发展经验对缅甸的启示［J］．全国商情（经济理论研究），2015（13）：53–55.

[16] 幸岭. 云南乡村旅游发展现状研究 [J]. 经济问题探索，2008 (5): 138–141.

[17] 石金莲，崔越，黄先开. 美国乡村旅游发展经验对北京的启示 [J]. 中国农业大学学报，2015，20 (5): 289–296.

[18] 郭焕成，孙艺惠，任国柱，等. 北京休闲农业与乡村旅游发展研究 [J]. 地球信息科学，2008 (4): 453–461.

重庆主城与渝东南地区旅游互动动力系统分析[①]

姚长林[②]

区域旅游互动动力系统主要反映出在该区域内各个与旅游互动有关的城镇在此系统中合作时应具备的各类要素和互动作用规则，通过利用该系统对所有可能存在的系统条件进行显示，并逐渐对系统中显示的各类影响因素进行分析，确保找出科学、有效、全面的解决方案，并将其作为确立动力系统的主要依据，保证该系统的稳定性与可行性。而重庆主城与渝东南地区作为重庆区域内的旅游互动动力系统主要要素，为了提升其旅游互动动力系统整体作用，应当将该系统中各项子系统的分析内容作为提升重庆主城及渝东南地区旅游互动合作的关键基础条件，达到提升重庆市旅游产值整体水平的目的。

一、重庆主城与渝东南地区旅游互动合作中的驱动系统

（一）驱动系统中的内部驱动力

以游客为主的内需推动力。当物质生活已经超出其正常生活需求时，人们就逐渐在物质生活中将重心转移向精神生活，而受到现代社会及经济发展的不断推动，加上我国各处自然景观优美、景色宜人且存在各类特点时，人们就已经产生了旅游的意愿，通过利用各类交通工具去往具有旅游价值的地区丰富精神世界，感受大自然的馈赠，为此，我国的旅游业也逐渐兴起。而完整的旅游业除了需要旅游地和游客外，还需要通过各个旅游地区的合作，通过加强沟通互相刺激内需，达到全面发展旅游业的目的。而重庆主城与渝东南地区也能够通过利用这种

① 原载于《现代营销（经营版）》2018 年 10 月。

② 姚长林，中共重庆市黔江区委党校。

形式，利用两个地区的差异性和特点不断刺激游客，将游客从一点送往另一点，以交换、互动的形式互相促使旅游业发展，使重庆主城与渝东南地区互相促进发展，体现内需推动力的优势及作用。

以旅游产业为主的内在推动力。重庆主城与渝东南地区形成互动式旅游产业体系的主要目的之一就是需要通过其内在推动力提升两区的旅游产值，获取更多的区域旅游经济效益，由此可见，内在推动力是促使两区旅游产值稳定性的重要基础条件。以旅游市场和两区的优势而言，重庆主城与东南地区在旅游产业形式方面存在较大差异性，重庆主城以繁华都市消费为主，而渝东南地区则以生态自然环境为主，而为了有效利用这两个区域的差异性，则需要增强重庆主城与渝东南地区的沟通能力，通过加强合作、明确分工以及利用两区域的综合性加强对重庆主城与渝东南地区所有资源的整合力度，将其内在推动力提升至最大，增大该区域旅游产业规模的同时实现一体化旅游，提升综合旅游竞争力。

（二）驱动系统中的外部驱动力

在旅游引力系统中涵盖不同的功能要素，其本身具有较强的资源特点，在系统运行阶段能够为旅游互助合作提供基础保障及外部动力。渝东南是重庆市的主要功能拓展区和都市重点发展区，不仅具有能够展现出重庆地域文化的建筑，同时也包括体现现代社会和科技水平的都市景象，且各地因其特色迥异，分别展现出不同的重庆文化特色；而渝东南地区为重庆市的连片山区区域，位于武夷山、大娄山附近，且包含黔江、武隆、酉阳等六个县，其中四个县分别为土家族、苗族等少数民族的自治县，是少数民族主要聚集居住的区域，面积达 1.98 万平方公里，不仅包含秀丽的自然生态景观，同时也蕴含极为丰富的少数民族文化特色，具有极为丰富的少数民族及自然资源。据不完全统计，与东南地区内的主要旅游资源单体中，56% 为自然景观，而其余则为建筑文化资源单体。

二、重庆主城与渝东南地区旅游互动合作中的支持系统

（一）各大支持类子系统

1. 当地政府及负责部门

旅游项目不仅是发展重庆市第三产业的重要因素，同时也是重庆发展经济的

重要渠道之一，为此，发展旅游产业也是当地政府部门及相关负责单位应当给予大力支持的主要项目类型，为此，当地政府部门应加大支持力度，保证加速重庆主城与渝东南地区的旅游产业一体化体系的形成。一方面，重庆主城与渝东南地区之间存在较长距离，因此为了快速实现两区域的旅游产业一体化，则必须根据重庆市地势及交通发展情况，建立“飞地式”交通沟通形式，并提升两地区内旅游资源、旅游资金、交通设施以及旅游人才培养等方面的沟通与合作效率，促使各方面资源实现融合的同时，展现出当地政府的支持作用和力度。

另一方面，重庆政府部门除了需要加大对旅游项目的支持力度，同时也必须展现出其主导者、管理者、组织者的作用，通过利用政府作用与两大区域旅游产业签署合作协议，并重点对两个区域内的交通、环境、政策制度以及教育形式等进行改善和调整，为提升重庆主城与东南地区的旅游一体化产业提供稳定的环境条件。此外，当两大区域内的旅游市场出现秩序混乱、环境恶劣、安全系数降低等问题时，当地政府及相关部门则必须充当协调者，加大对旅游游客、游区居民以及旅游负责方的协调工作，通过利用资金、政策、信息、人才等手段对旅游区进行支持与管理，并确保旅游产业在正式进入市场化运作阶段后加大旅游产业宣传与推动力度，加强对重庆主城及渝东南地区的建设力度，提升社会公共基础设施和服务水平，完善旅游产业体系。

2. 当地旅游企业

重庆主城与渝东南地区为形成具有一体化、科学化的旅游产业体系，不仅需要政府部门的大力支持，同时也需要通过结合两区域内的旅游企业达到促使旅游项目贯穿至两大区域内的基本目的，通过创新、开发等有效手段完善一体化旅游产业体系的各项细节内容，保证提升两区域旅游互动水平。旅游项目包含旅游产品、销售、售后等多个环节，而作为发展旅游项目的主要条件，两区域内的旅游资源如何能够充分发挥其优势并形成全面互动则成为旅游企业支持两区域的主要问题。为此，重庆主城与渝东南地区的所有相关旅游企业需要加大联合手段，通过将手中的旅游资源与其他区域、城镇的旅游资源相互整合，并采用联合手段对旅游产品进行开发，以互补、合作的形式形成两区域内富有特色的新产品，并利用该产品拓展两区域的旅游经济市场，例如通过整合旅游资源寻找、开发出最具特色的旅游路线，例如根据重庆主城及渝东南地区特色创新出精品旅游路线和主题性旅游路线，在促进一体化旅游产业体系形成的同时充分利用现有资源提升重庆市旅游产业综合竞争地位。此外，旅游企业在针对该旅游体系进行推广及营销时，可针对重庆地区特色、旅游理念、文化色彩等进行大力宣传，并将整体效应作为营销基础，通过剧本交易会、各类节日活动等形式对重庆主城及渝东南地区旅游产业进行推广，增大旅游吸引力的同时也提升了对重庆文化的宣传力度，进一步加大了对重庆主城与渝东南地区旅游互动的支持力度。

（二）各大保障类子系统

1. 旅游交通保障系统

重庆处于地理位置较为优越的区域中，不仅经济发展实力依托区位优势不断提升，重庆主城的交通网络在不断优化基础上更为完善，基于此发达性，民航、铁路及公路等的高效建设则为城市立体交通体系的创建带来了积极有效的助推力。现阶段重庆逐渐加大了对五大功能区的建设力度，依托可行性的发展战略，渝东南地区的交通建设指标随之不断提升，不仅乡村的公路及客运得到了良好发展，各个乡村之间的交通也更加畅通，这就为渝东南地区经济及旅游事业的发展带来了积极有效的助推力。

与此同时，渝东南地区依托地理环境及旅游资源，逐渐搭建了更为畅通的旅游交通网络，在通道及道路网络建设水平不断提升的过程中，以武陵山为主导的大区域旅游环线也逐渐建成，这不仅能够为游客提供更为便捷的旅游路线，更能为周边的旅游景点带来更多客源，在张家界及梵净山等旅游景点高效衔接的同时，渝东南区域发展旅游经济的区域优势也能有所凸显。而重庆主城及渝东南等区域之间游客的输送效率也能大幅度提升，区域空间也能在此基础上得到延伸及拓展。以旅游互助合作为切入点进行研究不难发现，重庆空中及公路网络更加完善，这就能够提高重庆主线到渝东南地区交通的畅通性，二者之间的路程也随之缩短。

2. 旅游接待服务设施

旅游业的长远发展与接待设施是否完善存在密切联系，一旦缺少科学配置，不仅会为旅游业的发展带来消极影响，地区经济的高效建设更会受到严重制约，因此，这就需要确保旅游接待设施的发展与旅游业的发展实力相契合。重庆主城是城市发展的关键区域，无论是政治还是经济的发展，都以重庆主城为基准，这就在一定程度上带动着重庆主城的发展，其经济实力及城市化进程都呈现明显优势，相对的其旅游服务功能也更加趋于先进水平。通过对可靠资料进行研究不难发现，重庆主城中五星级酒店占据整体城市的较大比例，渝东南地区则寥寥无几。

渝东南地区由于受到相应因素的影响，发展实力与重庆主城相比仍旧存在较大差距，不仅城市发展实力有待进一步提升，酒店行业的发展更呈现滞缓趋势，尤其是高档酒店更是较为匮乏。从酒店规模来看，渝东南区域的旅游酒店总量较大，其中中低档酒店占据较大比例，虽然该种配置能够基本满足大多数旅游者的基本需求，但是追求更高品质的酒店在渝东南地区就基本难以得到满足，基于此，急需对渝东南地区的旅游资源进行优化及整合，通过提高资源利用率，重点强化基础设施配置工作，通过严格控制中低档酒店数量，采取积极措施，提高酒店档次，满足不同旅客的多样化及高标准需求，从而进一步提高当地的游客接待能力，推动旅游区更快更好地发展。

3. 旅游信息化服务系统

在经济发展进程中，建设智慧城市逐渐成为主流趋势，重庆主线与渝东南地区的旅游业发展水平在不断提升的同时，信息化建设指标也随之强化，并在发展中更具规模。基于重庆市的旅游业发展现状，旅游政务网等网络平台也得到高效创建，而南岸区及巴南区则并没有设定单独的旅游信息化服务网站，在实际应用阶段，只是将信息直接链接到政务网等相关网站上，而重庆主城的其他区域中，则根据实际需求，单独创建了网络服务平台。

渝东南地区在发展阶段则将旅游信息化服务工作纳入了重点范畴，依托行政区创建的不仅有功能强大的旅游政务网，更有细化而专业的网络平台，在需求环境下，建设指标也有所强化。通过构建多样化的网络平台，不仅能增强旅游信息的流动性，更能为旅游业的高效发展提供信息支持。通过利用网络平台，能够加深游客与旅游业之间的联系，而游客在对平台进行利用时，不仅能更加全面地了解区域中的旅游信息，更能对旅游产品进行自主选择，无论是区域间还是旅游行业之间的信息都能高度共享，但是盲目开发网络平台却是不可取的。在未来根据实际需求，还可以对网络平台的功能进行完善，以便推动旅游业信息服务质量的不断提升。

4. 旅游人力资源

旅游业的本质就是在满足游客需求的基础上，提供专业服务，因此人力资源是决定旅游经济增长的关键因素，也就是说，旅游业的竞争归根到底是服务性人才的竞争。现阶段，渝东南地区的旅游业还处于劳动密集为主的阶段，就业以低技能为主，行业进入门槛低，特别是高学历人才严重匮乏。为确保两区域旅游互动合作顺利进行，可以在两区域内实现旅游人力资本的互动合作，吸引主城旅游人才到渝东南地区发展，吸引高校学生回流家乡，解决高学历人才短缺问题，切实保证旅游人才供求平衡。重庆主城旅游企业可对渝东南地区旅游服务人员进行相关培训，提升其服务质量，以保证两区域旅游互动合作的顺利进行。

三、旅游互动合作的阻力因素

（一）市场壁垒

市场壁垒是经济发展过程中的常见现象，这种反经济行为的地方保护主义严重阻碍经济的发展，区域间市场壁垒主要有经济性壁垒、行政性壁垒和法规性壁垒。重庆主城和渝东南地区涉及 15 个区县，都有自己的管理体系和旅游机构，各自为政，缺乏一个多元化的协调机制来进行统筹和协调，致使行政区市场壁垒横生，这必然影响生产要素的自由流动，使区域旅游合作与互动很难开展。

（二）经营管理的复杂性

随着旅游经济的发展，旅游产业要素相互交织，形成了紧密结合的旅游产业链，涉及“食、住、行、游、购、娱”等多个行业，也使得参与主体涉及政府、旅游企业以及当地居民、社区等多方。在区域旅游互动合作中，各方关注的都是自己的现实利益，各方为了维护自身利益而获取管理权限，管理权限越大，可以获取的资源和利益就会越大，这也进一步使经营管理复杂化。再加上在利益补偿机制和协调管理机构方面的缺失，不同主体的利益分配不均衡，参与主体最终丧失互动合作的积极性，导致互动合作难以进行。

（三）区域发展的不平衡性

根据表2，2015年重庆主城接待游客总数和旅游收入均是渝东南地区的3倍多，说明两个区域旅游发展不均衡，这使市场主体即旅游企业间表现为一种不均衡关系，使其合作受阻。另外，重庆主城因为城市化水平较高，相关的配套设施已经十分成熟，而渝东南地区则属于滞后发展地区，其基础性支撑能力不足，城市功能设施以及公共安全应急等基础设施建设滞后，旅游配套设施不足，旅游交通可进入性差，如黔江距离重庆约330公里，乘飞机约40分钟，乘火车需要约3.5小时，乘汽车走高速公路约4小时。但是如果去小南海、濯水古镇等景点，还需花费2小时左右，因此在地理可进入性上略差。另外，由于渝东南地区内所有区县均为国家扶贫开发工作重点县，劳动力素质低，人才短缺，使得旅游发展思路契合度不高，整体效果差，区域合作互利机制难以形成。

四、结语

综上所述，在旅游业发展进程中，积极探索更为有效的措施及系统具有重要意义。而区域旅游互动实践已经在我国的部分城市进行了试点，通过大胆尝试积极成果显著，但是这并没有在重庆主城—渝东南地区得到高度重视。为了推动当地旅游经济的快速发展，实现对资源的优化配置，本文就针对重庆主城—渝东南地区旅游互动动力系统进行了细化分析，虽然系统探究具有一定价值，也是旅游研究频繁应用的方法，但是其具体效果却仍待进一步考证。

参考文献

［1］李志伟.重庆主城—渝东南地区的区域旅游一体化研究［J］.四川旅游学院学报，2013（4）：63-66.

［2］史玉丁.旅游产业发展与民族文化传承互动关系研究——以渝东南区域为例［J］.四川戏剧，2016（11）：152-156.

［3］胡晓群，沈琦，徐恭位.城镇化与农业现代化协调度评价与分析——以重庆市五大功能区为例［J］.中国农业资源与区划，2015，36（4）：16-22.

［4］黄璐.基于共生理论的重庆城乡土地空间规划研究［D］.西南大学，

2014.

［5］汪姣 . 渝东南地区旅游发展 SWOT 分析及对策［J］. 重庆科技学院学报（社会科学版），2012（4）：93-94.

［6］江燕玲，潘卓，潘美含 . 重庆市乡村旅游运营效率评价与空间战略分异研究［J］. 资源科学，2016，38（11）：2181-2191.

WENHUA CHUANMEI
文化传媒

传统影视视域下的重庆城市形象传播[①]

艾雨浩[②]

城市是人类社会在市场经济作用下发展到一定程度的产物，代表着某一地区内物质经济和精神文明的聚集体。从研究角度来看，城市形象类似于一个复杂的系统，最先对城市形象进行系统性研究的美国学者 Kevin Lynch 在他自己于 1960 年所出版的著作 *IMAGE OF CITY* 中指出，路、边、区、节点等是构成城市形象的主要要素，并且认为城市形象主要是通过人们对其进行综合“感受”来获得。关于城市形象的概念，最初是由城市规划方面的学者引入我国的，目前学术界关于城市形象的经典表述为：城市形象是物态化和概念化的城市面貌通过作用于人的主体意识而产生的总体印象。[③]

拥有 3000 多年悠久历史的重庆不仅拥有丰富的人文、自然资源，且素来有着“两江文化历史名城”“山水之城”“温泉之都”“英雄之城”等美誉。重庆得益于长江、嘉陵江、乌江三江环绕的得天独厚的地理优势，作为长江上游的航运枢纽，在 1997 年成为我国迄今为止最“年轻”的直辖市，也是我国中西部唯一的直辖市，是我国长江上游地区的经济、金融、科创、航运和商贸物流中心，拥有巨大的现实优势和发展潜力。在此情况下，利用传统影视和新媒体技术手段对反映重庆历史人文特色、现今地域优势、未来发展潜力的城市形象进行记录的影音资料，无疑是对重庆良好城市形象塑造与传播最为有利的辅助依据。因此，梳理分析近现代以来传统影视视域下的重庆城市形象传播，不仅能详细研究近现代

---

① 原载于《传播力研究》2018 年 7 月。

② 艾雨浩，重庆工商大学文学与新闻学院。

③ 胡攀，彭劲松．地域文化与重庆城市形象塑造［J］．西部论坛，2012，22(5)：88–94.

历史背景中重庆城市的发展历程和社会环境的转型变迁，而且对未来重庆城市形象传播媒介的选用也将具有重要的启示意义。

一、电影镜头下的雾都风貌

电影既是一种艺术形式，又是大众传播媒介，它存在着艺术作品生产以及艺术作品消费的双向互动过程。[①]电影媒介技术令重庆这座著名雾都城市的形象变迁和社会发展在光影的世界里得到呈现，并为后人留存了宝贵的影像记录资料。

利用电影技术对重庆城市形象进行记录的最初时间大致是从1937年日本军国主义全面侵华开始。抗日战争全面爆发后，随着淞沪会战和武汉会战的相继失利，1938年12月，蒋介石率领相关要员从广西飞抵重庆，标志着国民政府战时陪都的诞生。同一时期，以周恩来为主的中共中央代表团在重庆相继成立了“中共中央南方局”“八路军驻重庆办事处”等部门，宣告国共第二次合作进入了更为实质的局面。随着重庆成为中国抗日民族统一战线的中心，中国电影制片厂、中央电影摄制场也陆续搬至重庆，以上海为中心的沿海电影人才也纷纷入渝参与抗战大后方电影的创作工作。以此期间为创作背景的电影题材主要描绘了侵华日军在我国国土上的残暴行径、我国国民遭受的悲惨境遇以及全国各族人民同仇敌忾抗战到底的勇猛豪情等，其中的代表作主要有《东亚之光》《重庆的防空》《大轰炸》《1942》等。

抗战胜利后不久，蒋介石不顾全国人民对和平的意愿，悍然撕毁“双十协定”，率先向中国共产党领导的人民武装发动进攻，中国人民解放军奋起反击，拉开了“解放战争”的序幕。关于涉及此阶段重庆的革命性质影片主要有:《重庆谈判》《江姐》《在烈火中永生》《报童》《雾都茫茫》等等。这些影片中反映的旧社会重庆依山而建的木制角楼，国民党军统特务设立的白公馆、渣滓洞监狱，蒋介石陪都官邸等影像皆在观众心中留下了对重庆深刻的城市印象，同时也在全国范围内对以红岩精神为代表的伟大无产阶级革命精神进行了广泛的宣扬与传播。

作为享誉国际的典型山水城市，犹如得到了大自然毫无吝啬般的馈赠，重庆

① 汪太伟．重庆抗战时期的电影艺术［J］．重庆社会科学，2005（4）：113-116.

拥有得天独厚的地理环境和自然资源优势，从电影镜像的角度来看，与同属直辖市的北京、上海、天津相比，重庆有着颇具自身特色的独特影像。因此近年来，到重庆取景拍摄或以重庆为主要故事场景的电影越来越多，比如以重庆话为主要语言的诙谐幽默盗宝电影《疯狂的石头》、展现因三峡大坝开建而被迫迁离故土的三峡移民电影《三峡好人》、着重渲染重庆城市形象特色的爱情故事电影《从你的全世界路过》等。这些电影都为现今重庆城市形象的对外传播贡献颇多。

二、电视剧中的山城百态

由于受自身时长所限，电影对长篇故事类型的题材往往只能做到大概或局部性的描绘与涉猎，由此可能会造成对于原著中某些关键性线索的遗漏，从而使观众无法领悟叙事素材的核心与精髓。而电视剧的诞生则很好地弥补了因电影时长所造成的缺漏。因此有业内人士曾指出，“电影是反映艺术，电视剧是反映生活”。

电视剧的历史由来已久，随着20世纪二三十年代电视的推广与普及，电视剧作为当时新型的传播媒介也逐步深入到广泛的受众群体中去。据相关可考资料显示，我国历史上第一部电视剧是1958年由北京电视台（中央电视台前身）制作，胡旭、梅村执导的《一口菜饼子》。1978年，随着十一届三中全会的召开和我国改革开放伟大战略的实行，人们经济生活水平得到了很大程度的提升，电视作为一种普通家用电器也逐渐进入了我国寻常百姓的家里。与此同时，我国电视剧也进入了快速发展的时期。80年代初，为顺应我国电视剧行业快速发展的潮流，重庆电视台陆续制作了大量的电视剧集，如《案件发生以后》《秋月》《烛光曲》等，其中由重庆电视台制作、张鲁编剧、潘小扬执导的两部电视剧《希波克拉底誓言》与《巴桑和她的弟妹们》先后斩获了1985年和1986年全国优秀电视剧“飞天奖”一等奖，成为重庆电视剧史上浓墨重彩的一笔，并极大地鼓舞和带动了重庆地区电视剧事业的向前发展。

从20世纪80年代后期开始，重庆电视剧的创作题材主要分为两类：一类是以重庆本地方言为主要语言，依托近现代以来重庆城市形象的变迁和社会演变下的市井生活百态，如1988年的电视剧《凌汤圆》反映了解放前重庆地区靠卖汤圆为生的小贩林名合在尝尽人间冷暖后，依靠自身智慧与努力终成当时陪都有名富翁的励志故事，该剧于1990年在中央电视台播出后引起了较大反响；代表了重庆本土方言剧最高创作水平的《山城棒棒军》（1997年），讲述了由于重庆城市特殊地理条件而形成的担货工“棒棒”这一职业人群在城市务工的生活百态，反映了重庆当地人民在社会转型期经济迅猛发展情况下个人与城市之间在剧烈摩擦下的世间辛酸冷暖，该剧也是整个西南地区方言剧里至今无法超越的经典之作。

另一类主要是以抗战题材和重庆解放前后谍战题材为主的革命历史剧，主要是强调政治意识形态和我国革命志士的大无畏献身精神。抗战时期，重庆作为与伦敦、莫斯科齐名的世界著名反法西斯战略指挥中心城市，通过不屈不挠地抵挡侵略和与法西斯战斗到底的顽强抗战精神，始终鼓舞着全国国民与日本法西斯斗争到底，而基于此类丰富素材，重庆吸引了国内众多电视剧制作公司来渝取景拍摄，其中包括了许多具有较大影响力的作品，如《重庆谍战》《记忆之城》《雾都》等。此外，因受嘉陵江、长江两江环绕，因江面水气的影响，重庆素来有着雾都的称号，阴郁的层层雾气为拍摄解放战争前后重庆地区共产党和国民党之间的谍战环境提供了最好的气氛条件，让观众在欣赏精彩纷呈故事的同时，也为重庆特殊的城市地理形象和“陪都”文化所吸引，其中公认的代表作有《潜伏》《风筝》《梅花档案》等。

三、结语

特殊的地理自然优势和悠久的人文历史为重庆的城市形象提供了丰富的创作素材，由此近年来不断吸引着众多电影、电视剧制作团队入渝进行取景拍摄，在用影像手段对重庆城市形象的变迁进行记录的同时，也向世人展示了精彩纷呈的重庆良好城市形象。这有利于增加重庆本地居民的城市价值认同感，同时可以促进重庆对资源、资本和人才的吸引，对于提升重庆城市的竞争力将是极大的裨益。为此，笔者建议重庆本土各影视创作团队应注重以本地城市形象特色和人文历史风貌为主进行高质量的影视创作，同时借助新兴媒体的传播技术手段，致力于争取川、渝、贵等方言相近地区的受众市场，重现重庆影视剧曾有的辉煌业绩，后再徐徐向全国市场拓展；同时重庆本地文化部门和有关单位应出台相关激励措施，提供必要政策、技术支持，为重庆良好城市形象的对外传播做出有利贡献。

刍议重庆区域文化在网络传播下的重新建构①

王成宇②

一、重庆区域文化现状

因受自然环境、经济条件、文化环境以及政治环境和宗教环境等的影响，形成了不同的文化区域，随着经济竞争的激烈，全球化日趋严重，区域文化受到高度重视，人们越来越意识到区域文化的差异性在竞争中的重要性。重庆区域文化因其独特的历史和地理环境，呈现丰富多元的特征，例如，耳熟能详的“抗战文化”“陪都文化”“巴文化”“码头文化”“开埠文化”“山地文化”“火锅文化”等，个个都颇具历史特色。但令人奇怪的是尽管具有诸多的文化，却难形成良好成熟的文化价值链。在区域文化产业上没有太多作为。究其原因，除了其他内外因素，传播过于循于传统，与现实社会生活的脱节是其不可忽视的原因之一。

网络传播的显著特点是信息的海量和全球性，通过网络在全球各地可瞬间了解所指向的信息。本文中所谈的网络传播下的区域文化构建思路主要指：区域文化在新的现代化进程中，受到各个方面因素的影响和作用，产生的重新再造和重构。其以网络信息平台为载体，不仅是文化自身的重新组合，而且因媒介的变化而发生了重构。

二、重庆区域文化重构的必要性

谈到区域文化就不得不与区域经济挂钩起来，形成区域文化产业，区域文化

① 原载于《现代商业》2012年4月。

② 王成宇，重庆邮电大学传媒艺术学院。

产业包括两个层面，一方面，涉及区域文化资源，以及其管理运作体现，如评价体现、运作体系和文化视觉系统和文化行为规范系统等等。而另一层面则是区域经济，其包括了区域经济实体、经济实力、意识、方式和体制等。这两者的有机结合形成区域文化产业，两者之间相互影响、相互促进。例如，安徽就以“徽文化”为其文化内涵，通过文化打造徽文化品牌产品系列，推出了不少文化价值链。而重庆尽管具有3000多年的文化，其历史文化也能如数家珍地被罗列出来，但因各种政治和内外原因，重庆的文化价值链打造仍需加强。例如，这些年的红色革命文化，重庆倾力打造，也出现了不少口碑，但也仅仅是停留在舆论之上，而对于如何进行文化价值链的打造上，显得乏力难以为继，且在文化传播上过于强化政治的倾向性，而缺乏亲和力的打造，对文化价值链的形成也起到了阻碍作用。所以纵观全国的区域文化产业，能排上名的有：东北区域、北京区域、广东区域、湖南区域、陕西区域以及云南区域，而重庆尽管是中国西南的重要城市之一，却无力跻身其中。从整个城市建设来看，重庆在近几年市政建设发生了巨大变化，人们的生活水平也得到了一定提高，重庆的区域文化建设在这样大好社会环境下迫切需要重新建构。

三、重庆区域文化构建策略

1. 创建多层次的重庆区域文化网站，建构满足不同类型的网络话语空间

随着信息平台的发展，人们接受信息的平台发生了翻天覆地的改变，从传统的报纸、广播和电视，到现在的互联网、手机等平台的转换。因信息平台所展示的内容的倾向性，人们对相关信息的了解呈现了既广又狭小的状态，这里所谈到的“广”是指网络信息平台的跨时空性，可以身处异地获取网络信息，而“狭小”则指，人们已经习惯依赖网络平台，但网络平台上不能看到的信息，均不会采用其他方式获取，从而挤压了获取信息的维度，让其获取信息的渠道单一而变得狭小。而细观重庆区域文化宣传，其主流仍还留在传统书报的宣传上，在网络上的内容信息上显得延缓，知识量小，形式单一的局面。远远不能满足普通大众的需求，这也是造成重庆区域文化宣传不到位的原因之一。如今不同功能与形式的网站众多，在创建相关文化网站的思路上应该从多层次多维度的角度，结合大

众需求，搭建适合不同类型需求的网络，为不同阶层提供更多的网络话语空间。例如，可以针对外地游客对重庆旅游感兴趣的旅游导视网站，以清晰的旅游线路为引导，进行相关的文化宣传。另一层面，作为博物馆除了常规的宣传型网站以外，可以开发专题型网站，就某个文化专题进行，详细介绍满足文化研究和爱好者的求知欲望。

2. 加强内容文化建设，建构各具特色的区域文化信息平台

随着区域文化特色竞争的激烈，内容建设越来越受到重视。重庆市是一个较大的城市，其所管辖区域甚大，从整体来说，重庆区域文化的范畴可以划分若干个小型区域文化，这就为重庆的文化宣传增加了难度，正如文章开篇所谈到的，众多的文化各有特点，难分伯仲。对于这样的区域文化在宣传上应该化整为零，把大的范畴细分，鼓励各区县，根据本地的地域特色，开展特色地域文化网站的开发与建设等，激发各类人的兴趣，满足其需求。这样随着文化宣传的深入化和细腻化，更容易形成文化特色，让文化内容更加丰富和具有特色。

3. 通过多元化的传播途径，打造区域文化品牌

随着科学技术的日新月异，网络媒介呈现多元化特点，各类型的移动终端设备的出现，为人们了解文化提供了更多可选择的空间。区域文化在这样的历史时期，不能再像传统文化建设那样的方式，建立了网站就一劳永逸，不求革新，如今的信息日新月异，创建实时性强、内容更新快、形式变化多的方式，才能打破现状，开发多元化的传播途径，在内容与形式不断与时俱进的境况下，才能促进区域文化品牌的塑造和形成。

《中国电影（重庆）》与抗战中期的大后方电影救亡[①]

谭　林[②]

《中国电影（重庆）》本名为《中国电影》，因中国近代电影史上曾相继出现三种与《中国电影》杂志同名或相似的期刊，分别为《中国电影杂志》（1927年在上海创刊，1929年停刊，主要刊登世界电影介绍、国内影片评论、影片摄制轶事、中外影星介绍等内容）、《中国电影》（1937年创刊于上海，当年停刊，主要刊登内容为电影讲座、戏剧介绍、电影动态、明星生活等）、《中国电影》（1941年创刊于重庆，主要刊载电影制作、电影路线、电影规范、电影技术及国际影坛动态等）、《中国电影》（1946年创刊于香港，主要刊载介绍国内电影制片厂、电影演员、国产影片、国内话剧社团及国内电影事业动态），故本文将1941年创刊于重庆的《中国电影》标注为《中国电影（重庆）》。

一、《中国电影（重庆）》的创刊

早在1920年，《东方杂志》便刊载文章指出了电影的教育功用，1931年兴起的左翼电影运动对电影武器功用的认知更是洞若观火。抗日战争进入中期即战略相持阶段后，电影作为抗战动员即政治宣传工具的属性不待蓍蔡。以重庆为中心的大后方虽有《扫荡报》《国民公报》《新华日报》《新蜀报》《中苏文化》等刊载当时的电影状况，但限于篇幅，内容多为介绍电影消息等诸如此类的虚舟飘瓦，

① 项目：本文系重庆市教育委员会人文社科重点研究基地项目“抗战大后方电影与民众动员研究”（项目编号：18SKJD007）的阶段成果。原载于《电影文学》2018年第13期。

② 谭林，成都师范学院文学与新闻学院。

无法刊载较为深刻、有价值的学术讨论。检阅上海和香港等地出版的电影刊物，其中“大半都是些歪曲的东西，不是谈某人的大腿，就是替下意识影片辩护，良好的影刊，真是若晨星之寥寥”①。针对电影不能更好地服务抗战需要的窘状，中国电影制片厂于1940年10月发动“冬季攻势”，誓要致力于电影抗战工作。于是，中国电影制片厂决定成立中国电影出版社，并邀请四十多位重庆电影界知名人士召开座谈会商讨《中国电影（重庆）》创刊事宜。1940年10月9日发行的《扫荡报》和1940年12月8日发行的《国民公报》均对此进行了报道。1941年1月1日，《中国电影（重庆）》发行创刊号，办刊宗旨中写道：“希望我们的刊物逐期改进，能成为一个学术研究，客观眼光，并能配合抗战建国的一支艺术别动队。”②

《中国电影（重庆）》从创刊到停刊共发行三期，各类内容的文章174篇。作为大后方唯一的电影学术刊物，“电影理论”栏目毋庸置疑是《中国电影（重庆）》的主体，中国电影制片厂厂长郑用之、副厂长罗静予，电影界知名人士杨邨人、蒋先启、徐迟、史东山、夏衍等纷纷撰写文章，可以说代表了当时中国电影理论的最高水平。也正是因此，引发了20世纪40年代中国电影史上一场重要的电影理论探讨，确定了中国电影的路线走向。与“电影理论”栏目的专业性相比，“每月笔谈”虽然刊载的也是电影理论，但该栏目的作者多为热爱电影的业余人士，内容多是以辛辣风格撰写的对电影现象批判的短评或杂感。如田开泽的《电影无用论》，作者并非诠释电影“无用”，反而强调电影的价值不容忽视。在文章中，作者在陪都重庆遇到一个“不平凡的人”说着“不平凡的话”：“抗战已进入艰苦的时代，尚还用那么多钱去弄电影，唉，中国真他 × 的！”③笔者还亲眼看见发表“中国真他 × 的”电影无用论者竟还是一名少将军人！文章以讽刺的手法展现了少将军人的无知，强调了电影对于抗战的功用。再如二娃子的《软性电影论者的卖淫群》，作者以一首诗深刻地讽刺了“软性电影论”者的丑恶嘴

① 编者.编后［J］.中国电影（重庆），1941（1）：63.

② 编者.编后［J］.中国电影（重庆），1941（1）：63.

③ 田开泽.电影无用论［J］.中国电影（重庆），1941（1）：22-23.

脸："软性电影自主张，奴颜事仇去当娼……电影汉奸啥道理，洋钱钞票管他娘；不如悬梁吊一颈，免得志士动刀枪；自古汉奸谁留命，错认有奶便是娘；奉劝男女同胞们，莫学他们坏心肠。"[①]"银本位"栏目主要刊载反映电影工作者的抗战热情及知名电影演员的拍片札记。"银幕外史"主要刊载的是以20世纪30年代上海影坛的趣闻轶事为主要内容的章回体小说。"影坛动静"主要是对国内外电影动态，特别是与反法西斯战争相关的电影动态的介绍。"电影厂报告"则是对国内电影业现状和主要电影厂的专门介绍。

二、《中国电影（重庆）》的抗战动员

20世纪30年代初期，左翼电影家与软性电影论者就电影的本质、价值倾向、内容与形式等进行了一场长达三年的"软、硬电影之争"。抛开这场论争的胜负不说，单就争论的内容就足以说明电影之于社会改造的至关重要性。抗战中期形势的发展使《中国电影（重庆）》编创者中的国民党官方力量、左翼力量与中间力量形成了初步共识：当前电影的首要任务应是抗战救亡。为此，《中国电影（重庆）》先后对电影服务抗战的必要性、电影的民众动员、农村电影的制作、电影从业者的要求等进行了广泛探讨。

在《中国电影（重庆）》创刊号上，时任中国电影制片厂厂长郑用之发表《抗建电影制作纲领》，称"吾人重视电影重于生命，甚于武器"，他深信"电影是一种生物，是一种教育，是一种食粮，是一种武器"，"现代钢铁的武器所不能做的事，我们要用电影去做到它"[②]。郑用之在文中提出了电影在抗战与中华人民共和国成立两个阶段各自的制作纲领，极力宣扬电影的抗战功用。顾而已认为"电影是机械化的艺术部队，而我只是战车上的一名机关枪手，这战车开动得越接近敌人，我们的机关枪才能够发挥效力"[③]。王平陵甚至视电影为"国防工业的

① 二娃子．软性电影论者的卖淫群［J］．中国电影（重庆），1941（1）：24.

② 郑用之．抗建电影制作纲领［J］．中国电影（重庆），1941（1）：24.

③ 顾而已．在电影战线上展望着［J］．中国电影（重庆），1941（1）：28-29.

一种，和一切军需品一样重视”[①]。在他们眼中，电影貌似和璧隋珠，被赋予了极高的抗战价值。而现实情况却是，抗战已进入中期，电影这种武器服务于抗战需求的初衷并未见较大成效。究其原因，电影制作者们没有切身体验，明晰现实，依旧承袭了在上海制作电影的经验，使大后方电影的供给侧出现失衡，供给的“都市电影”在农村放映的结果便是使农民如堕五里雾中，以至于徐苏灵感叹“这便是中国电影不能与抗战的力量配合起来，作为文化的斗争武器而出现的一大原因”[②]。

抗战中期，农村与农民应是抗战的主力。但广大的农民群众由于传统观念的束缚，民族意识与家国观念淡薄，电影工作者们的以瞽引瞽使电影的宣传与教育在农村又遭遇楚囚对泣，收效甚微，部分民众甚至不知抗战关乎中华民族的生死存亡。因此，如何利用电影动员广大的民众积极参与抗战，成为电影工作者们急切想解决的问题。面对电影界这种惨淡经营的局面，部分电影界人士呼吁“电影已不是一种奢侈品，而是一种民众读本；电影工作者是站在十字街头，电影的对象已不再是象牙塔里的艺术精鉴家，也不是少数特殊阶级的人，而是广大的民众”[③]。战时的电影应以对国家和民族的敬重为立场，密切联系各类爱国组织，以国策为准绳，努力动员民众将思想和行动集中到抗战救亡、复兴民族的使命中来。为此，郑用之在《中国电影（重庆）》发表《民族本位电影论》，主张战时的电影“为了教育民众，宣传民众，灌输民众以必要的知识，巩固其民族思想，则电影本身更非时代化、民族化不可”[④]。他认为，民族本位电影须有明显的民族风格，尤其是要饱含中华民族长期以来的优良民族传统，要用民族精神充实普通民众的头脑，使之“形成今日的‘岳飞’，现代的‘文天祥’，描写 20 世纪的‘战国时代’，创造三民主义的‘戚家军’”[⑤]。要想达成这个目标，战时的电影应以展现“鼓励民众效忠国家、精诚团结、踊跃从军、奋勇杀敌”为基本要求。电影剧

① 王平陵 . 战时电影编剧论［J］. 中国电影（重庆），1941（2）：19-22.
② 徐苏灵 . 纪录电影之估价［J］. 中国电影（重庆），1941（1）：38-42.
③ 罗学濂 . 卑之毋甚高论［J］. 中国电影（重庆），1941（1）：14-17.
④ 郑用之，王绍清 . 民族本位电影论［J］. 中国电影（重庆），1941（3）：10-13.
⑤ 郑用之，王绍清 . 民族本位电影论［J］. 中国电影（重庆），1941（3）：10-13.

作者在创作电影剧本时应将剧情故事和人物形象简单化，切忌使用大量蒙太奇，避免因使用比喻、象征、衬托等手法造成主题朦胧、疏散，尽可能以最低的摄制成本实现抗战动员效果的最大化。

针对“电影下乡”遭遇的尴尬，《中国电影（重庆）》对战时农村电影的摄制进行了探讨。杨邨人认为，农村电影在题材的选取上最好是农民自己的故事。蒋先启认为，农村电影应始终牢记“怎样使广大的群众认识我们的国家”这个目标。为实现这一目标，农村电影应具体表现我们的国家和民族正在遭受着日本帝国主义的侵略；应阐明民众与国家和抗战之间唇亡齿寒的关系；应呈现“敌伪奸淫焚杀和欺骗毒化的事实”和军民同舟共济的真实故事。同时，农村电影应走通俗化道路。在电影的摄制上应考虑农村民众的欣赏水平，务必通俗易懂，可同纪录片一样在影片中加“剧情报告”，以增强剧情的感染力和宣传动员的效果。如史东山导演的《好丈夫》“用字幕代替声音，用‘误会’制造高潮，用长镜头和跟镜头再现‘妻子送郎上战场’……力图以农民的心境促成农民的醒悟”[①]，适应了农民的观影习惯，取得了良好的动员效果。此外，《热血忠魂》《白云故乡》《保家乡》《八百壮士》《孤岛天堂》等电影下乡使广大民众开阔了眼界，增长了见识，激发了抗战热情，抗战宣传动员效果明显，成为“宣扬国策、推行主义的一支新力军”[②]。为了巩固这种局面，电影工作者们应“到各省区离都市较远的农村里去实地考察，能实际到农村中去生活践行”[③]，使农民对电影的真正需求得到满足。此外，《中国电影（重庆）》不仅对电影从业者应具备的基本素质提出了要求（如《电影从业员的进修问题》《电影从业员的政治训练》《演员的基本条件》），也将高级军官对电影的看法进行了宣传（如《张治中将军谈“电影”》《梁寒操副部长谈电影》《陈诚将军亲上银幕指挥作战》），进一步提高了电影工作者和广大民众的抗战热情。但遗憾的是，在电影下乡过程中，电影的艺术性被附庸

---

① 董广．视点聚焦、乡土认同与男性想象：陪都电影女性叙事的三个维度［J］．重庆师范大学学报（社会科学版），2018（1）：30–34.

② 蒋先启．“电影是普及教育的一支新军”：电影与教育［J］．中国电影（重庆），1941（1）：27–30.

③ 蒋先启．关于农村电影内容的商榷［J］．中国电影（重庆），1941（3）：30–32.

于政治性，再加上当时的复杂背景，终于引发了一场中国电影的路线之争。

三、电影路线之争与苏联经验

1940年10月5日，中国电影出版社邀请了时任“中制”厂长郑用之、副厂长罗静予，电影界著名人士孙师毅、史东山、沈西苓、金擎宇、何非光、潘孑农、郑君里等45人在中国电影制片厂花园茶座召开“中国电影的路线问题”座谈会。座谈会针对当时电影界存在的部分乱象进行了批判，对中国电影今后应走的路线达成了一致。这次座谈会记录刊登在《中国电影（重庆）》创刊号上。

抗战进入中期后，电影界部分人士仍在拿资本主义国家商业电影的惯用技法取悦于市民，不讲究电影的通俗化和大众化，导致农村民众茫然不解；更有甚者如上海电影界部分人士仍在摄制鬼怪、迷信之类的民间故事，导致古装片泛滥，注重娱乐而背离抗战。电影界新亭对泣的这种窘状，亟待国家通过电影政策的调整来改变。为此，罗静予发表了《论电影的国策——并互换迎接电影技术的大革命》一文，强调更新电影技术的重要性，主张“以最大力量扶持电影事业”应成为电影的国策。苏联在1929年支出的电影经费占当年国家总支出的8%，这种“国策”使苏联人能够独立制造影片原料及放映机件，并认为“苏联正用着这些技术上的进步，创造了电影艺术上更新的风格，为着对一个理想上的新社会的努力，尽其具有重大意义的使命”！[①]然而，这篇文章却成为中国电影路线之争的导火索。潘孑农根据抗战中期国家所面临的困难，主张“抗战的电影国策必须以抗战的政治经济体系为体系，换言之；我们电影国策必须呼应政治现状以及国家的财力”[②]。针对电影抗战效果的如汤泼蚁，他断定这种现状并非因电影技术，而是电影界没有准确的路线所导致。罗静予主张的电影国策过于强调电影技术而忽视了电影艺术在题材的现实性、受众的广泛性、政治的警觉性、定位的大众化等

---

① 罗静予．论电影的国策——并呼唤迎接电影技术的大革命［J］．中国电影（重庆），1941（1）：59-62.

② 孙师毅，王平陵，辛汉文．中国电影的路线问题——座谈会记录［J］．中国电影（重庆），1941（1）：7-16.

内容与形式上的呈现，重申政治宣传是当前电影的首要使命。其实，潘孑农真正批判的是“抗战电影的制片家是在走着以前上海民营影片公司的商业竞争路线，老牌大导演，明星大会串，百万金的巨片”① 这种置抗战救亡于不顾，忽视电影的政治性的现象。针对潘孑农的批判，罗静予给予了回应：“电影国策的准绳应该是达到训育感发大众为目的，使他们担当复兴国家民族的任务。”② 至于如何训育大众，则应制定电影的国策，在技术方面弥补“人尽其才”而仍不能解决电影无法有效发挥民众动员效果的遗憾。罗静予深知电影材料只能依赖进口的痛苦，因此，他认为中国的电影“必须在抗战中奠立一个基础，以为新中国广大土地上不可缺乏的宣教的武器。这个基础的建立，却须赖电影国策对技术上有正确的决定”③。在史东山看来，潘孑农与罗静予的争论是当时两种电影路线的集中反映：“一条路线是想法在营业上求得利益以扩展自己的事业；另一条路线尽量把全副精神集中在宣传教育上，而把营业作为附带的业务。”④ 郑用之主张向苏联的电影教育学习，汲取经验，避免电影流于娱乐而忘却抗战救亡的功能。《中国电影的路线问题——座谈会记录》在《中国电影（重庆）》创刊号刊载后引发了更大范围的争论。

反观以《中国电影（重庆）》所引发的电影路线之争，既是电影界在抗战背景下政治宣传与民众动员的救火追亡，也是抗战中期财匮力绌、物力维艰的倒悬之危。争论的双方未就观念的分歧而判若鸿沟，而是呈现出一种正复为奇的复杂局面。事实上，罗静予并非电影的唯技术论者，他在《论电影的国策——并互换迎接电影技术的大革命》一文中也强调了电影的政治宣传功用，并主张学习苏联

① 潘孑农 . 关于中国电影的路线问题——在《中国电影》月刊座谈会中的谈话［N］. 国民公报，1940-11-03.

② 孙师毅，王平陵，辛汉文 . 中国电影的路线问题——座谈会记录［J］. 中国电影（重庆），1941（1）：7-16.

③ 孙师毅，王平陵，辛汉文 . 中国电影的路线问题——座谈会记录［J］. 中国电影（重庆），1941（1）：7-16.

④ 孙师毅，王平陵，辛汉文 . 中国电影的路线问题——座谈会记录［J］. 中国电影（重庆），1941（1）：7-16.

电影经验，使电影成为教育武器。受此影响，《中国电影（重庆）》刊载了大量国外电影评论和译介文章，尤其是苏联电影的经验。其中，创刊号刊载了苏凡译介的《卡尔曼：谈纪录电影摄影师修养》一文，译者认为纪录电影应成为抗战建国的重要力量，“凡抗战中一切真实的影片纪录，必能真正地感动我们自己和国际友人，真正地坚定我们的抗战意识和提高外人对我们的估计”。徐苏灵在《中国电影（重庆）》发表文章《纪录电影之估价》，认为中国电影当前急需的是纪录电影，中国的抗战大众不需要明星、美人，需要的是真实的记录。中华全国电影界抗敌协会也在《中国电影（重庆）》创刊号发表《致苏联电影界书》，阐明电影在苏联十月革命中发挥的武器功用，并渴望汲取苏联电影界的斗争经验，得到苏联电影界的援助。

作为在抗战时期的大后方发行的唯一电影学术刊物，《中国电影（重庆）》成为全国电影学术研究的重要阵地，其引发的电影路线之争对电影理论的研究与电影创作的实践产生了深远影响。通过电影路线之争，电影界对电影抗战救亡功用的认识渐于趋同。遗憾的是，“中国电影的路线问题”座谈会召开后不久，国民党制造了“皖南事变”，武器的批判替代了批判的武器，创刊于1941年1月的《中国电影（重庆）》只出版了三期后于1941年3月停刊。但毋庸置疑，《中国电影（重庆）》在抗战中期所发挥的政治宣传与民众动员成为大后方电影救亡的缩影。

浅析重庆抗战电影非虚构手法的特点和演变[①]

邬建中　林泽夫[②]

一、导论

现实主义美学是贯穿中国电影从始至终的一条主心骨，早在意大利新现实主义电影运动之前，中国电影就迎来了第一个辉煌时期——20世纪三四十年代的现实主义创作，蔡楚生、费穆等第二代导演使电影艺术真正深入人心，开创非虚构手法，并融入自觉的文化批判意识。这一奠基使得之后的“十七年”电影和第五代导演的集体创作都与非虚构主义美学手法紧密相连，而重庆地域电影起步较晚，非虚构手法可以说已经成为重庆地域电影发展的限制框架，在此大框架中，重庆地域电影依靠地域特色，形成了独具美学风格的非虚构手法。中国部分现实主义电影呈现出两极分化的趋向：一部分导演坚持现实主义理想，但其中一些导演虽然力求冷静让摄像机说话，可还是流露出些许作家电影的倾向，附带有精英、小众文化的情绪。[③]而早期的重庆抗战故事片导演却兼二者有之，催生了奇妙的现实主义下的家国情怀。

---

① 基金项目：本文系四川外国语大学重点科研项目“非虚构电影的声音与影像研究——以影视人类学的视角”（项目编号：sisu201701）的阶段成果。原载于《电影文学》2018年第17期。

② 邬建中、林泽夫，四川外国语大学新闻传播学院。

③ 张智华．我国当代现实主义电影思潮的变化与发展［J］．上海大学学报，2008（15）．

二、概念界定

（一）重庆抗战电影

重庆抗战电影是指 1938 年中国电影制片厂、中央电影摄制厂等电影文化机构随国民党政府迁都重庆后，任用何非光、史东山、田汉等编导在重庆本土摄制的一批抗战影片，目的在于树立大后方抗日文化战线，宣扬抗日民族思想。截至 1945 年日本军国主义正式投降，完成拍摄的重庆抗战电影共计 200 余部，其中抗战新闻纪录片占据绝大部分，故事片达到 17 部，代表作有《东亚之光》《保家乡》《血溅樱花》和《胜利进行曲》等影片。无论是在新闻纪录片方向还是在故事片方向，重庆抗战电影都呈现出一致的非虚构手法，以反映社会现状为出发点、以描绘实景为原则、以激发国人热血为己任，运用超前而又朴实的视听语言完整地为大后方平民百姓展现了战场之冷酷、日寇之凶残以及英雄之伟岸。

（二）非虚构手法

非虚构手法英文名为 documentary style，即"一种纪录片的风格"，最早起源于美国电影艺术家弗拉哈迪在 1922 年拍摄的《北方的纳努克》。弗拉哈迪以一种扮演的方式重现了原始文化的种种情境，被克拉考尔称为"简略的叙事"①。而这种"简略的叙事"经过苏联"电影眼睛派"维尔托夫一系列的理论研究和实践，正式形成一种专门应用于纪录片拍摄的美学手法和原则。在当今的电影研究中，非虚构手法更多的是对故事片中纪录性手法的一种统称，20 世纪 40 年代的意大利新现实主义电影运动将故事片中的非虚构手法推向顶峰和流行。因此，非虚构手法可以初步用巴赞对新现实主义总结的六个特点来表述：一个规定的社会文本；体现历史的真实和转瞬即逝性；政治、社会的发展变化；实景拍摄；对好莱坞表演方式的拒绝，尽可能地起用非专业演员；非虚构性摄影②。

（三）现实主义战争题材

现实主义战争题材专指不同国家、不同政治立场对第二次世界大战中的战争

① 朱珠．巴赞与克拉考尔非虚构主义电影理论之比较［J］．电影理论史家，2008（1）．

② 郑雪莱．世界电影鉴赏辞典［M］．福州：福建教育出版社，1991：126．

事件进行现实主义创作的电影题材分类。在时间上，现实主义战争题材分为两大类：第一类是战争进行时拍摄的，充满政治当局倾向性，例如本文所研究的重庆抗战电影；第二类是战争结束后甚至现代进行拍摄的，弱化政治性而突出反战的母题，例如新好莱坞时期兴起的《全金属外壳》《现代启示录》等反战影片。在主题上，现实主义战争题材影片的主题永远以反思性和严肃性为大纲，而其视听追求永远以非虚构性和还原度为目标，通过对战争残酷性的逼真描绘，来反对战争、反对侵略者。因此，非虚构手法便成为现实主义战争题材不得不采用的创作手法，从故事情节、人物塑造、美术设计、摄影技巧等各方面都展现出浓厚的非虚构美学。

三、文献综述

截至 2018 年 5 月 1 日，笔者在中国知网（CNKI）搜索到关于研究重庆抗战电影的学术论文总计 18 篇，其中硕博士论文 3 篇，期刊论文 15 篇；关于研究电影非虚构手法或风格的学术论文总计 14 篇，其中硕博士论文 2 篇，期刊论文 12 篇；关于研究现实主义战争题材的学术论文总计 18 篇，其中硕博士论文 5 篇，期刊论文 13 篇。而在研究主题方面，与本文一样以重庆抗战电影的非虚构手法为研究侧重点的论文有 7 篇，这些文献在重庆抗战电影的起源和发展、重庆抗战电影的非虚构手法等方面有两类不同的看法。首先，对重庆抗战电影的起源，第一类观点认为国民党南迁、中国电影制片厂和中央电影摄制厂的支持以及反战情绪的高涨是重庆抗战电影发展过程中不可忽略的背景条件。例如南开大学罗显勇副教授发表的《论重庆抗战电影“纪实主义美学”的成因和特点》一文中，明确提出：“中国电影制片厂和中央电影摄制场吸收了大量在上海的电影从业人员，把他们转移到陪都重庆，从而在重庆形成新的电影基地。”① 第二类观点认为，国共的两次全方位合作和抗日战争所导致的受众变化是重庆抗战电影萌发和发展的土壤。例如贵州大学汪太伟老师发表的《重庆抗战时期的电影艺术》一文中，明确提出：“抗战时期重庆电影业的从业人员已经认识到受众所发生的变化，即由都市

① 罗显勇．论重庆抗战电影“非虚构主义美学”的成因和特点［J］．当代电影，2013（1）．

的知识分子、市民转变为乡镇的农民以及各战区的士兵。”[①]其次，在对重庆抗战电影纪实手法的研究方面，第一类观点认为重庆抗战电影的纪实手法是以前期新闻纪录片的非虚构手法为基础的，经过开拓性的演变应用在故事片中，偏向于纪录片的纪实片风格，例如重庆师范大学周晶老师发表的《消解与重建——重庆抗战电影的影像精神》一文中，明确指出:“在中国电影发展历史中，重庆抗战电影非崇高、重意象的镜像风格的呈现，是抗战时期大后方电影创作的一大特征。”[②]第二类观点认为重庆抗战电影的非虚构手法是相对脱离于新闻纪录片而存在的，是一种更偏向于故事片银幕梦幻的故事片风格，例如重庆师范大学李悦所发表的《抗战时期重庆电影文学叙事研究》硕士论文中，明确指出:“此时期电影文学多以场景作为基本叙述单元并加以蒙太奇式的叙述连接，从而使得剧作结构呈现出电影化的影像特征。”[③]在这两方面问题的分歧上，本文对第一类观点表示认同，对第二类观点持保留意见。

纵观关于研究重庆抗战电影的18篇文献，更多的是研究论述重庆抗战电影的历史背景、发展状况以及非虚构手法的分析，而将纪实手法的演变与之后重庆地域电影的发展结合为一个整体进行系统研究的论文只有2篇。但是在之后的80年间，中国和中国电影发生了惊天动地的变化，重庆也历经解放和直辖，重庆地域电影也在曲折中缓慢发展，而起初重庆抗战电影中的非虚构手法成为重庆地域电影永恒的美学根基，也产生了许多演变或者遗失，在当今大好的市场环境下，此问题是急需探讨和研究的。因此，重庆抗战电影非虚构手法的特点和演变对于近当代重庆地域发展的影响，是此大类研究问题中的研究空白，这也是本文进行研究的一个重点和现实意义所在。

① 王太伟.重庆抗战时期的电影艺术［J］.重庆社会科学，2005（4）.

② 周晶.消解与重建——重庆抗战电影的影像精神［J］.电影评介，2011（22）.

③ 李悦.抗战时期重庆电影文学叙事研究［J］.重庆师范大学，2011（4）.

四、重庆抗战电影非虚构手法的萌发

（一）抗战纪录电影开疆扩土

在 1937 年之前，重庆的地域电影几乎处于空白期，整个电影行业为数不多的电影人才、资源等都聚集在上海，但是在日军侵华期间，随着上海局势越发紧张，尤其是 1937 年的“八一三”战事爆发，上海的电影业遭受重创和威胁，田汉、夏衍等爱国艺术家奋起反抗，带队支援大后方的抗战电影拍摄。而另外，中国电影制片厂和中央电影摄制场（以下简称中电厂和央电场）带着大量的电影拍摄物资、经验转移到陪都重庆，如此，重庆抗战电影的勃兴条件充分。

重庆抗战电影的扬帆启航离不开抗战新闻纪录电影的过渡和实践准备，重庆抗战新闻纪录片的制作在一定程度上受 20 世纪 20 年代苏联“电影眼睛派”的新闻纪录片创作热潮的影响，刚进入 1938 年，中电厂便开始制作了一大批抗战新闻片和纪录片，其中包括《东战场》《克复台儿庄》《抗战第九月》《苏联大使呈递国书》《敌机暴行及我空军东征》《刘甫澄上将移灵》等新闻片和《中原风光》《抗战建国一周年》等纪录片。这一批新闻片和纪录片凭借着低成本、时效性、真实性等突出优点，在社会上赢得了一致好评，时局政治任务圆满完成。因此，在此后的 8 年间，重庆抗战新闻纪录电影虽然发展不及抗战故事电影，但创作从未间断。更重要的是，新闻纪录电影的真实性也奠定了之后重庆抗战电影的非虚构手法。

（二）抗战故事电影统领大后方文化艺术

故事片较之于新闻纪录片，虽然制作成本较为高昂，但是优点也极为明显，即更容易被大众所接受，故事片能够凭借其情节走向、人物成长、环境渲染等给予观众更强的代入感和情感煽动，这是新闻纪录片的直接性与真实性无法达成的。因此，在新闻纪录电影获得成功之后，中电厂和央电场开始着手抗战故事片的拍摄，并将纪录电影的非虚构手法大胆运用于这一大批故事片之中。其中何非光导演的作品这种运用最为显著，他从演员转行为编剧、导演，编导了《保家乡》《东亚之光》《新生命》《气壮山河》《血溅樱花》，是抗战电影史中导演作品最多的人[①]，质量也最为上乘。何非光导演的作品囊括了当时重庆抗战故事电影的所有特点，统领了大后方的文化艺术板块，在当时成为广大人民群众艺术生活的首要选择和电影谈资，同时也唤起了中国人民对日本侵略者的清醒认识和团结一致抗日的理念。

五、重庆抗战电影的非虚构手法特征

（一）以展现社会现实主义战争题材为内容原则

重庆抗战电影作为历史潮流和时局政治的产物，其主题内容自然是受到严格限制的，一方面，当时电影制作的人才、资金、资源等都来源于国营制片厂体制内；另一方面，也是中国社会和大众面临国家灭亡所必需的艺术良药。重庆的抗战电影也体现出了中国战区的独特之处，即正面战争与敌后周旋所并存，这两种内容选择在情节架构、人物塑造等方面都呈现出截然不同的侧重点。

1. 正面战争

何非光导演的“抗战四部曲”分别为《东亚之光》（1940）、《保家乡》（1939）、《气壮山河》（1944）、《血溅樱花》（1944），是重庆抗战电影最具代表性的四部作品。这一类影片情感表达细腻，但战争场面最为浩大，也更多地通过树立典型去表现国与国、民族与民族之间的正面冲突。影片《保家乡》便是通过中日民族两方的群像塑造——烧杀抢掠的日军队伍和英勇抗争的农民群众，通过这一短暂的抗争故事来映射中日正面战场上的境况和两个国家之间的血海深仇。《气壮山河》也不例外，但是值得一提的是何非光将正面抗日的背景搬到了缅甸，展现了中国远征军对抗侵缅日军的悲壮历史。而《东亚之光》和《血溅樱花》则展现正面更为别具一格，影片放弃了正面画卷式的描绘，立足于抗战即将胜利的发展趋势，侧面突入，不忘总结式和史诗式的批判目光，展现了正面战争大背景下个体人物的精神状态。

总而言之，无论是正面抗争的展现，还是运用典型的侧面突破，都属于正面抗争的家国层面的表达，它们更多采取长时间跨度、时空交错的蒙太奇叙事方

① 陈墨．“东亚之光”：何非光人生影事初探［J］．当代电影，2009（2）．

式，更多地注重抗战中敌我双方的群像塑造或者大环境压迫下的人性挣扎。《血溅樱花》中的山田桃太郎便是这一典型代表，这一人物形象经历天真善良—人性泯灭—幡然悔悟这一变化过程，心灵饱受折磨，最终在内外压迫和挣扎中完成自我的救赎。此外，何非光导演作为重庆抗战电影创作的数量和质量担当，从他的“抗战四部曲”中可以得出这样一个结论：展现正面战争的影片是占大多数的。

2. 敌后周旋

反法西斯战争在中国战区呈现了敌后抗争和底层人民占据极重要地位的特点，敌后周旋不仅仅停留于骚扰日军，更是起到了重创日军、凝聚人民的重要作用。因此，敌后周旋的题材内容是重庆抗战电影所不可能忽视的，相对于正面战争，更能展现普通老百姓面对辱国者的精神状态和民族危机感，而史东山导演自1932年担任中国电影制片厂编导委员会委员后，编导制作了大量的抗战影片，年幼之时便在社会上摸爬滚打的他在创作上呈现了一定的作者性，在其主要影片《胜利进行曲》(1939)、《好丈夫》(1941)、《还我故乡》(1945)中都更多地呈现出底层关怀，聚焦于抗战背景下底层人物的聪明才智与牺牲精神。

最具代表性的是由史东山导演、田汉编剧的《胜利进行曲》后半部分，那三段展现底层老百姓精神面貌的敌后抗争故事是依据湖南长沙乡村中的真实事件而改编的。一是农妇何大嫂誓死反抗日寇侮辱，抱着日寇一起滚入池塘；二是慧海和尚为营救他人破了杀戒，击毙敌人，自己也壮烈牺牲；三是三个12岁的小学生，在敌军官面前对着汪精卫的照片大骂“汉奸领袖”而被残忍杀害。

出现在史东山电影中这些不同年龄、不同职业、不同性别但是同属于社会底层小人物的真实描绘，感人肺腑的同时也展现了中国人民的刚烈和不屈。

（二）以运用非虚构性的拍摄手法为美学准绳

就拍摄手法而言，以新闻片、纪录片起步的重庆抗战电影呈现出严格的非虚构性美学追求，通过自然主义的摄影手法、灯光技巧尽量使所呈现的画面充满真实性和代入感，并且在演员运用调度方面甚至比1945年开始声名鹊起的意大利新现实主义电影更胜一筹。

1. 场面调度及长镜头

第一节中提到，何非光导演的系列影片都主要展现大场面的正面抗战，因此场面调度及长镜头的画面展现就显得理所应当，信息量巨大的大场面和多义性的场面调度相得益彰。《保家乡》作为何非光第一部重庆抗战电影，创作冲动来源于他偶然浏览一本关于南京大屠杀惨案的画册，于悲愤交加之下创作并拍摄了这一全村村民团结奋起抵抗日军的故事，但是在分镜头和摄影方面却与这一激情相反，最大限度地追求客观性和真实性。《保家乡》中有大量的长镜头，注重场面调度和排演，尽可能少地切割镜头。这一手法的选择对于《保家乡》这一环境情节较为紧凑的故事无疑是相得益彰的，长镜头和场面调度保证了时空的完整性和统一性，但同时又保证了故事情节、人物动作的多义性。例如在影片中日军虐杀婴儿、集体侮辱妇女、用火钳烫烙抵抗者等几场触目惊心的戏份，何非光没有选择快节奏分镜剪切，而是以客观冷静的长镜头来展现暴行，不仅带来身临其境的真实性，也顾及了观众在观看中的自主选择能力和冷峻深刻的思考空间。《保家乡》先后在盟国多个国家进行巡回公映，上座率、口碑都创下中国抗战电影之最，更一度成为英、美等国官兵的精神食粮，这一傲人成绩与该片的运镜方式是紧密相关的。如果说《保家乡》在早期奠定了重庆抗战电影的场面调度及长镜头偏好，那么《气壮山河》则是将场面调度理念深入到了重庆抗战电影乃至重庆地域电影的骨髓，何非光在该片中精心设计了很多精彩的长镜头，例如中方士兵行军的场面，影片取消了一如既往的特写镜头、空镜头的拼接，代之以一个展示队伍全貌和真实气势的运动长镜头；还有在多个战争段落中，使用复杂的场面调度来配合早期的摇晃镜头，完美替代了快节奏剪辑所带来的紧张感，并更多地体现了真实感和情景感。

2. 实景拍摄及自然光

实景拍摄及自然光的使用，是重庆抗战电影的前身——抗战新闻纪录片在非虚构手法上最为注重的一点，而过渡到故事影片之后，实景拍摄及自然光的使用更是成为一种美学追求。这种延续与一位摄影师是分不开的，吴蔚云在其一生的创作中都保持着现实主义倾向，在重庆抗战电影时期的不同阶段，他在参与摄制的新闻片《抗战实录》，故事片《保卫我们的土地》《热血忠魂》《火的洗礼》《孤岛天堂》《日本间谍》中都大力推崇实景拍摄和自然光的运用。

实景拍摄及自然光照明的手法选择在展现正面战争的影片中是近乎百分之百

的。而之所以将吴蔚云掌机的系列电影作为典型分析，是因为相对于其他影片而言，这些影片将故事焦点放置于个体人物，总体场景格局更小，按照电影工业流程而言应该更多地选择棚景拍摄。《保卫我们的土地》是重庆抗战电影第一部全部采用实景拍摄和自然光照明占比过半的影片，青年刘山带着一家老小到处逃难的过程中，满目疮痍的荒凉实景和自然真实的自然光，将影片的戏剧性降到了最低程度，感人肺腑，与《偷自行车的人》有着异曲同工之妙。自该部影片之后，实景拍摄和自然光运用便成了其他影片纷纷效仿的手法特征。经初步估算，《热血忠魂》和《日本间谍》的实景拍摄占比在95%以上，其他影片在90%以上。在摄影灯光方面吴蔚云更是坚持以自然光照明为主，不得已辅之以简单的人为照明。

（三）创新性的叙事结构

如果没有叙事、时空上的革新反叛，那么重庆抗战电影的非虚构手法就只是沿循新闻纪录片的政治产物，值得剖析的艺术潮流永远伴随着艺术突破。重庆抗战电影在叙事结构上开创了地图式的背景叙事，这种手法甚至在20世纪五六十年代好莱坞类型电影中风靡一时（好莱坞是否参考了重庆地域电影这一手法暂时无从考证）；在影片时空跨度的处理上，不仅延续30年代社会写实主义的戏曲式跨越时空，而且更为大胆和碎裂。

1. 开创地图式的叙事背景

相对于早期的重庆抗战新闻纪录片，地图式的叙事模式是开创性、突破性的，在当时的叙事系统中是极为新颖和超前的。这一特征是由我国著名戏曲作家、电影编剧田汉带到重庆抗战电影中的。田汉执笔的抗战影片数量不多，只有两部:《青年进行曲》和《胜利进行曲》，但都是采用相对分隔、间离化的叙事结构，大胆突破当时线性因果结构的禁锢。田汉在谈到《胜利进行曲》的剧本创作时，认为自己是用相对独立的“故事”来表现抗战题材，这一手法类似于当代西班牙影片《蛮荒故事》这种同一母题下的短片集。之所以将这种叙事结构称为地图式的叙事背景，顾名思义，就是片中的故事没有时间上的横向联系和因果上的纵向联系，而是处于地理位置上的包容联系，即片中的故事发生的地点虽然不同，但都同属于被惨遭侵略的中国大地。这种并行的故事组接方式表面上杂乱无章，实则联系紧密并且同属于同一母题之下。此外，地图式的并列结构使得正面战争与敌后抗战信息相互补充，影片的叙事空间变得更加宏大，影片主题得以广义升华。

2. 打破统一性的时空连续

由郑君里和蔡楚生联合创作的《一江春水向东流》代表了20世纪40年代中国电影工业的巅峰水平，其中很大程度上得益于《一江春水向东流》非连续时空的压缩和拼接，十分成熟地凸显电影的时空假定性。而在此之前即1944年的《气壮山河》中，何非光导演便超前、系统地凸显了时空假定性，影片中中国远征军入缅甸作战的情节占了大部分，要在短短1个小时内展现远征军数年的作战情境，那么时空连续性是必然需要打破的，也是重庆抗战电影尤其是正面抗战题材所常用的。例如何非光“抗战四部曲”和其他影片，虽然时空压缩和拼接相对而言不明显，但都尽量把影片时间压注在有情感表达的故事段落上，例如《东亚之光》中高桥三郎出征前和被俘后在俘虏营的双线叙事，有重点有侧面，两条线相互铺垫相互渲染；再例如《血溅樱花》中战争爆发前后，高云航、表妹立群、日籍同学春子、空军少尉山田桃太郎四个人的爱恨情仇与不同背景下的关系。由此可看出，何非光不仅仅钟爱宏大的叙事结构和时间跨度，并且在影视时空与现实时空的处理上是恰到好处的。

综上所述，相较于早期的新闻纪录电影和20世纪30年代现实主义创作，重庆抗战电影的非虚构手法特征的形成，有延续，但更重要的是延续中的革新以及立足于现代电影文化语境上回望历史的伟大开创。在这短短的十年光景，何非光导演以及他最具代表性的“抗战四部曲”奠定了重庆抗战电影的非虚构手法特征，筑成了当时重庆电影大厦的根基和主梁。而注重底层关怀的导演史东山、强调自然主义的摄影师吴蔚云、执着于独立叙事的编剧田汉等艺术大家在中国电影制片厂、中央电影摄制场的支持下不断为重庆抗战电影大厦的非虚构手法特征添砖加瓦，做出了进一步的巩固。

六、重庆抗战电影非虚构手法的演变

重庆抗战电影作为“二战”战火培育下的艺术昙花，在完成它的时代政治任务后，慢慢淡出了中国电影舞台，但其研究价值远远尚未终结，重庆抗战电影引领了重庆地域电影的第一次辉煌，其最大的美学特点——非虚构手法给之后的重庆地域电影的发展在各方面打下了深深的烙印。

（一）“山城”印象

重庆凭借着独特的山地地形特征，以及穿插于山城间的万千河流，在重庆抗战电影中留下了极具辨识性的画面元素。在非虚构手法中，展现故事发生的地理环境是不可避免的，由于早期重庆抗战电影中所坚持的实景拍摄，重庆凹凸不平的地形、近在眼前的山包、梯坎交错的小巷经常得到有意或无意的表现。而在接下来的重庆地域电影中，由“山城”这一地形所形成的城市地理面貌，成为电影画面中独特意象的重点表达。在2006年宁浩导演的影片《疯狂的石头》中，重庆的斜坡、防空洞、爬梯上坎的小巷不仅都得到了大规模的实景展现，而且这些独特的视觉体验更服务于剧情发展、人物形象塑造等影片内核。在2016年张一白导演的影片《从你的全世界路过》中，“山城”印象更加现代化和风景化，但重庆的独特之处还是包含其中，例如两段爱情故事在老十八梯、鹅公岩大桥上的开展，都为故事加分不少。总而言之，无论重庆地域电影如何发展，重庆地理形态特征永远是影片所青睐的符号表达和非虚构性元素。

（二）移民与迁徙的精神漂泊

抗战期间由于陪都的建立，大量人口内迁至重庆地区，高达100万人。随着战事的进一步发展，越来越多的难民进入重庆，加上重庆市区面积、规模的扩大，自1942年起，日军减少对重庆的空袭，市区相对“安全”，先前被疏散的市民大批回迁①。几年间的人口内迁、逗留、外迁造就了当时重庆人大量的精神漂流、情感纠葛以及外来文化的冲击碰撞。1940年苏怡执导的抗战片《青年中国》中便在一定程度上展现了重庆移民的冲突和融合，来自五湖四海的青年宣传队进到村庄宣传抗日、帮助农民，这些青年为了同样的目标、理想而奋斗，但是导演也有意识展现了他们之间细微的冲突和不适，如此却更加贴合全国各地、各民族、各阶层联合抗日的母题。而直辖后的三峡大移民更是形成了“故土难离，他

① 朱丹彤. 抗战时期重庆的人口变动及影响［J］. 重庆交通大学学报，2007（6）.

乡月更明”的社会普遍情感，对此表现得最为直观的是2008年上映的影片《秉爱》。导演冯艳带着观众走进了一个居住在三峡库区的普通农妇张秉爱的困境。大坝截流，这位肩负全家生活重担的农妇，守着钉子屋，因没有分得该有的土地，誓不迁走。

七、新时期重庆地域电影的新探索——非虚构手法复兴

（一）重拾社会关怀与历史回望

重庆抗战电影作为中华民族抗日战争的有力文化战线，也是抚愈战争创伤的艺术良药，承担了电影艺术在特殊时期的社会关怀和责任。而在电影高度工业化和商业化的今天，重庆地域电影愈来愈向大众的娱乐旨趣发展，鲜有如《三峡好人》一类社会关怀的影片，更没有如《建国大业》一类历史回望的影片。重庆在战争时期可谓多难之邦，历经持续6年多的“重庆大轰炸”、因躲避轰炸窒息死亡7000余市民的“大隧道惨案”等事件体现了重庆人民在国难当头时的坚韧不屈，这些富有历史厚重感的事件都值得在银幕上再现；另外，重庆普通大众的生活状态、社会矛盾都值得去探讨和展示，相信重拾社会关怀和历史回望的影片会得到较好的商业回报和市场口碑，而并非只局限于商业类型片在重庆地域的发掘，如此重庆地域电影只会淹没在众多商业类型片的大流中。

（二）追求自然主义摄制手法与影片内核的巧妙融合

重庆抗战电影中的自然主义摄制手法自然无法完全在当今后现代文化语境下遗传下来，但是自然主义摄制原则所带来的客观性、真实性、多义性等是能为影片服务的。一方面，当时的重庆地域电影可以思考和采用的自然主义摄制手法包括非职业演员的发掘和采用、自然光与人造灯光的融合、重庆实景的展现、客观冷静的运镜方式等手法；另一方面，摄制手法选择的前提是要贴合影片氛围，并且为故事情节和人物形象塑造服务，也就是与影片内核进行巧妙融合，例如由杨超导演的影片《长江图》中，巫山区的蜿蜒江流、氤氲水汽与李屏宾镜头中的大气沉稳浑然一体，相得益彰，客观理性地展现了长江秀美的同时，又融天地万物于山水的宏伟壮丽中。总而言之，非虚构手法不是单纯指自然主义摄制手法的采

用，而是指从影片的人物、情节、主题等内核出发，才能从日常人物中提炼出艺术典型，从艺术情境中提炼出艺术意蕴。

（三）重庆地域电影的时代性、国际化目标

据统计，自直辖后至少有三十余部电影选择了重庆作为拍摄地。市政府将电影产业作为城市文化宣传的新名片，积极引进影视制作。[①]重庆地域电影的非虚构手法复兴，并不是意味着将重庆抗战电影时期的处理方法照搬延续，而是结合时代发展和电影艺术、工业的发展进程，制作出更符合当今时代、更能赢得国际欣赏的地域电影。20世纪40年代的重庆抗战电影之所以能走向全世界为国际所称赞，仰仗的无非是紧跟时代背景，而当今时代也有属于自己的时代背景——和平与发展。此外，如何将重庆地域特点、历史特征与中华民族鲜明的民族传统文化相结合，为世界范围内的电影艺术奉上独特的文化套餐；又如何使不同文化背景下的国际友人接受认同重庆地域电影的文化输出，这是现阶段急需解决的问题。华裔导演李安和吴宇森都留下了较好的榜样和参考经验，如《卧虎藏龙》一般要站在西方人的角度去思考问题和传达东方文化。总而言之，就是将重庆旨趣与西方技术巧妙融合，用现代电影语言来体现重庆城的环境面貌和精神特征，完成重庆地域电影的时代性、国际化目标。

参考文献

[1]陈墨."东亚之光"：何非光人生影事初探[J].当代电影，2009（2）.

[2]陈希.直辖后的重庆电影及电影中的重庆[J].学苑论坛，2013（1）.

[3]陈卓威.浅析意大利新现实主义电影的勃兴和美学特征[J].青年作家（中外文艺版），2011（12）.

[4]程季华.中国电影发展史[M].北京：中国电影出版社，1963.

[5][美]克里斯汀·汤普森，[美]大卫·波德维尔.世界电影史[M].范倍，译.北京：北京大学出版社，2014.

[6]李建华.南方局领导下的重庆抗战电影的勃兴[J].重庆社会科学，

① 陈希.直辖后的重庆电影及电影中的重庆[J].学苑论坛，2013（1）.

2013（10）.

［7］陆弘石，舒晓鸣 . 中国电影史［M］. 北京：文化艺术出版社，1998.

［8］罗显勇 . 论重庆抗战电影“非虚构主义美学”的成因和特点［J］. 当代电影，2013（1）.

［9］彭吉象 . 银幕世界与艺术人生［M］. 北京：北京大学出版社，2015.

［10］邱宝林 . 新世纪中国青年导演电影话语建构图景与传播逻辑［D］. 上海：上海大学，2011.

［11］杨远婴 . 电影概论［M］. 北京：中国电影出版社，2010.

抗战时期重庆中国国际广播电台的历史贡献①

黎　飞②

抗战爆发后，国民党政府迁渝，重庆成为战时首都。为顺应形势发展的需要，重庆中国国际广播电台便应运而生，1940 年 1 月成立，到 1949 年 11 月被国民党破坏，前后存在 9 年多历史。抗战时期，该广播电台使用多种语言播报类型丰富的节目，不仅增强了抗战宣传，帮助人们了解外界信息，增加了战时生活乐趣，而且促进了战时陪都文化教育事业的发展，为抗战做出了巨大的贡献。

一、重庆中国国际广播电台概况

1. 重庆中国国际广播电台的成立。广播电台作为传统媒体，因具有传播对象广泛、传播速度快的优势而在新闻传播的过程中扮演着十分重要的角色。我国广播电台事业始于 20 世纪 20 年代初，1922 年美商司亚蓬创办了第一个广播电台。③之后，各地广播电台迅速发展起来。到 20 年代末，我国广播电台事业出现繁荣的局面。

抗战爆发后，我国东部地区遭到日军侵略。东部沿海各机关、学校、厂矿开始内迁，各广播电台也不甘落后，纷纷内迁，继续运行。1928 年成立的南京短波广播电台于 1938 年迁往重庆，1938 年 6 月 1 日与中央广播电台合并，统称中央广播电台。1940 年 1 月，正式成立重庆中国国际广播电台（Voice of China）。④

---

① 原载于《青年记者》2018 年第 1 月中。

② 黎飞，重庆师范大学历史与社会学院。

③ 温世光．中国广播电视发展史［M］．三民书局股份有限公司，1983：1.

④ 黄晓东，张荣祥．重庆抗战遗址遗迹保护研究［M］. 重庆：重庆出版社，2013：402；谢儒弟．重庆抗战文化史［M］．北京：团结出版社，2005：169.

2. 丰富多彩的节目构成。重庆中国国际广播电台成立后，于1940年2月2日播出各类节目，服务范围不仅覆盖本国，还包括英、法、德、意、日本、菲律宾、澳大利亚、新西兰、印度、苏联和南洋、北美洲、小亚细亚等国家和地区。使用国语、德语、法语、英语、粤语、日语、客家语、闽南语、马来语、美语、俄语、荷葡语、阿拉伯语、印度语等15种语言。有国语报告；国语、英语、日语、美语新闻；法语、粤语、客家语、闽南语、马来语当日要闻；国乐、粤曲、西乐、国歌、抗战歌曲、平剧；用英语和国语讲述各报时评；用德语、法语、英语、粤语、日语、俄语、荷葡语、印度语和阿拉伯语广播时事演讲等节目。①9月15日，修改节目内容，增加国歌和抗战歌曲的播放时间。每日播音时间14小时30分钟，且每周三、周六与中央广播电台联播。②由此可以看出，重庆中国国际广播电台播放节目使用的语言种类多、播放时间长、节目形式丰富多样。

太平洋战争爆发后，该广播电台成为唯一与日本广播电台抗争的对手。日军曾多次想炸毁重庆中国国际广播电台，但总事与愿违。愤怒的日军把其称为“重庆之蛙”。重庆中国国际广播电台的存在，彰显了其历史作用。

二、重庆中国国际广播电台的历史贡献

重庆中国国际广播电台筹备于战前，成立于抗战前期。以其特色鲜明的演讲节目，加强抗战宣传，揭露敌人阴谋，以此赢得国际支持；通过宣传国内外新闻，帮助人们了解外界信息；播放娱乐节目，增加战时人们生活的乐趣，缓解紧张情绪；设置教育节目，为战时陪都文化教育事业做出了一定的贡献。

1. 加强抗战宣传，揭露敌人阴谋，赢得国际支持。重庆中国国际广播电台作为中国政府面向世界的喉舌，在向世界传达中国政府及首脑人物的声音方面具有不可替代的作用。③据统计，从1937年到1943年初，通过重庆中国国际广播电

---

①《国际广播电台暂行节目时间表》（1940年2月2日），档号:0004-0001-00063-0000-001，重庆市档案馆。

②《国际广播电台每日节目时间总表》（1940年9月15日），档号:0004-0001-00063-0000-002，重庆市档案馆。

③ 谢儒弟．重庆抗战文化史［M］．北京：团结出版社，2005：169.

台播出且被国外转播成功的中国政府首脑、要员及社会名流的演讲共38次，内容以抗战为主。通过对外广播宣传抗战，让世界了解中国。

抗战时期，重庆受到日机多次轰炸，给人民带来了深重的灾难。对日军轰炸的报道引起了外国反法西斯友人们的同情和支持。1941年11月17日，《中央日报》报道了英国驻华大使卡尔在重庆中国国际广播电台的演讲："他们（重庆人）和英国人一样，以不可动摇的坚毅和永久的愉快来接受这些炸弹，每个炸弹带来的爆炸、死亡、毁灭和废墟，看起来使他们的团结越密切，使他们一贯到底的决心越坚固。"这无疑是对重庆人民反抗日军侵略的积极肯定，给重庆人民予以精神上的鼓励。

"抗战时期，特别是在抗战的前三年，XGOA和XGOY（重庆中国国际广播电台）在宣传抗战、揭露敌人和向全世界报道战况、争取舆论同情等方面做了不少工作。"[①] 重庆中国国际广播电台利用国民党军队抓获的日军战俘，通过广播对日宣传，以揭露日本的阴谋。1939年5月26日晚，重庆中国国际广播电台邀请一名叫植进的日本战俘到播音室做演讲。植进用自己亲身经历驳斥了日本军部的欺骗宣传，指出日本国民因为相信这种"恶宣传"，正在走盲目的路。[②] 对日本阴谋的揭露，有力地配合了中国人民的抗战，打击了日军的侵略气焰。

2. 有助于人们了解外界信息。重庆中国国际广播电台播出国内外的新闻，有助于人们了解外界信息。当台儿庄、赣北、湘北、粤北、桂南等战役取得胜利的时候，国民党对日宣传展开"白热之广播宣传战"，[③] 让国人了解前线战况。重庆中国国际广播电台通过演讲和播放节目让人们了解外界信息。1942年1月1日，《联合国家宣言》发表后，重庆中国国际广播电台多次以国语和英语播出。1943年8月26日，播出美国罗斯福总统的演说。12月1日，播出英国丘吉尔首相的演说。还长期转播英国BBC特别节目。

---

① 万宪，李忠禄．抗战时期的XGOA和XGOY，中国社会科学院新闻研究所编．抗日战争时期的中国新闻界［M］．重庆：重庆出版社，1987：202、203.

② 张小航．抗战八年广播纪［M］．重庆：重庆出版社，2015：112、113.

③ 段京肃．新闻春秋（第5辑）［M］．北京：首都师范大学出版社，2006：393.

3. 增加战时生活的乐趣，缓解紧张情绪。抗战时期，东部沿海地区沦陷以及国民政府迁都重庆后，日军开始了对重庆市区长达 5 年之久的轰炸。日军“无差别轰炸”“地毯式轰炸”“疲劳轰炸”等战术的使用，使重庆人民遭受了极大的精神伤害。人们生活在紧张的气氛中，疲于“跑警报”。重庆中国国际广播电台播出地方音乐、西乐、日语音乐、国乐、平剧、粤曲、抗战歌曲等文艺节目，增加战时人们的乐趣，鼓舞人们的抗战精神，给饱受战争之苦的人们带来精神上的慰藉。

4. 推动战时陪都文化教育事业的发展。抗战时期的重庆中国国际广播电台除了安排有关抗战的节目之外，还设置了一些有关教育的节目，如《科学常识》《党义研究》《妇女讲座》《青年讲座》和《学术演讲》等节目。[①] 这些节目有利于人们学习科学文化知识。“更重要的是，重庆中国国际广播电台是沙磁文化区的发起单位和核心成员，为此必须把它纳入文化区的范围之中。”[②] 作为沙磁文化区的核心成员，重庆中国国际广播电台通过一系列的教育节目，推动战时陪都文化教育的发展。

三、结语

广播电台比报刊出现稍晚一些，但由于传播范围广、速度快而得到迅速发展。在中国，1922 年出现了最早的广播。几年时间里，广播事业出现了繁荣的景象。为顺应历史发展的需要，重庆中国国际广播电台应运而生，以其独特的节目设置在战时特殊的环境中为挽救民族危亡做出了巨大的贡献，同时，也对战时首都文化教育事业的发展贡献了自己的力量，值得铭记。

---

① 万宪，李忠禄．抗战时期的 XGOA 和 XGOY，中国社会科学院新闻研究所编．抗日战争时期的中国新闻界［M］．重庆：重庆出版社，1987：202、203.

② 张建中．重庆沙磁文化区创建史［M］．成都：四川人民出版社，2005：98.

新媒体背景下重庆网络文学传播的现状与发展初探①

董 媛②

网络文学是一种文学样式，它是以多媒体为发表平台和传播媒介，借助超文本链接和多媒体演绎等手段来表现主题思想。在网上发表供网民阅读的文学作品及含有一部分网络文学的网络艺术品，其中以网络原创作品为主。其形式可以类似传统文学，也可以是博文、帖子等非传统文体。实时回复、实时评论和投票是网络文学的重要特征。

一、中国网络文学发展概况

中国网络文学经历20年的发展，以它无与伦比的极强的生命力受到广大读者的欢迎和喜爱，在国内、国际文学界引起强烈反响，已经成为21世纪文学领域最受关注的新生事物。

（一）网络文学发展及走红的原因

中国进入网络时代以来，网络文学就出现在我们的生活之中，吸引了一批又一批的读者，许多素材都来自网络文学，网络上的许多写手也深受读者的欢迎。一是文学网站的快速发展，为网络文学发展提供了物质基础。1997年以来，网易等公司为国内的网络书屋提供了免费网络空间，为文学网站的建立提供了物质基础，许多喜欢读书的网民都开办了自己的个人网站。1998年3月，"文学城"问世后，相继产生"文学城""榕树下""中文网络文学精粹""黄金书屋""碧

---

① 原载于《文化纵横》2018年第1卷第1期。

② 董媛，女，重庆人。研究方向：文学发展与传播。

海银沙”“莽昆仑”起点中文和新浪读书等一批在国内有较大影响的收费文学网站。二是网络传播快、受众多，为网络文学提供了广阔的发展空间。1997 年 11 月 2 日的凌晨，老榕在四通利方（新浪前身）论坛里发表了一篇名为《10.31 大连金州没有眼泪》的文章，迅速在整个网络上流传，这是网络文学初次在网络媒体上比较有影响的登台亮相。1998 年第 6 期《天涯》就刊登了一篇“佚名”的网络小说《活得像个人样》。这篇网络小说在电子公告栏上多次转发张贴，广泛传播。黄易的《大唐双龙传》、莫仁的《星战英雄》也风靡一时。三是根据受众市场需要，创作、发表读者喜爱的文学作品。为吸引广大网友读者的眼球，网络作家普遍创作出时代感强、通俗易懂、人们喜欢的文学作品，使网络文学具有很强的生命力。近年来，出版有《小妖的网》(周洁茹著)、《告别薇安》(安妮宝贝著)、《旧同居时代》(张建等)、《智圣东方朔》(龙吟著)，《点击 1999》(顾湘著)、《网络之星》等一大批较有影响的网络文学作品。使我们由“读书时代”进入到“读网时代”。

（二）网络文学的发展历程

网络文学发展从反映的主要内容和主题思想上来看，主要经历言情、幻想和现实题材三个发展时期，体现了网络文学根据读者市场的需要，不断与时俱进、自我完善、不断增强生命力的过程。这个从兴起到逐步走向成熟的发展历程，也是符合文学发展规律的。一是网络文学言情题材时期。这是网络文学发展的早期形态，言情文学对于广大网上读者具有非常大的吸引力，较好地拓展了网络文学读者市场。同时，由于在网络上发表作品的门槛低，网络写手的创作水平参差不齐，也为网络写手提供了锻炼提高创作水平的良好平台。以网络写手蔡智恒在网络上发表《第一次亲密接触》为代表，开始了言情网络文学的新探索。宁财神以《武林外传》编剧走红。早期创作的言情小说，将言情作品写得独具网络风格。三十的《和空姐同居的日子》言情网络小说在网上走红，受到广大读者的热烈欢迎。安妮宝贝是网络女作家言情小说的代表人物之一，她以网络文学的写作风格，创作出的网络文学作品兼具传统文学的考究、精致和典雅。这个时期有一定影响的网络文学作品还有《成都，今夜请将我遗忘》《八月未央》《彼岸花》和《此间的少年》等。二是网络文学幻想题材时期。随着网络文学日新月异的发展和读者市场多样化、多元化的需求，幻想题材的网络文学作品应运而生。2006 年 3 月，网络写手天下霸唱在网络上发表作品《鬼吹灯》，在起点中文网和新浪读书的大力推广下，人气节节攀升，荣登新浪读书风云榜。该作品引领了玄幻、探险小说的新潮流，使网络文学走进了最具想象力的时代。幻想小说的创作需要作者从大量的古典文学名著中汲取营养，学习借鉴国外幻想文学的表现形式，从文体到语言实现创新，要求作者具有丰富的想象力、较深厚的文字功底，以及较强的知识综合提炼能力，才能创作出精品力作。《盗墓笔记》《小兵传奇》《诛仙》《星辰变》《盘龙》《飘渺之旅》《魔易乾坤》《歧天路》《白狐天下》和《知北游》等都是当今较有社会影响力的网络幻想题材文学作品。三是网络文学现实题材时期。文学来源于社会生活，火热的现实生活为文学提供了取之不尽用之不竭的源泉。关注社会、关注民生、关注当今社会热点、难点问题是网络文学发展到一定时期的必由之路。随着《宦海沉浮》《大江东去》等一批现实题材的小说走红、获奖，网络文学进入到现实题材时期。

网络文学的发展在经历了兴起、积累和繁荣的过程中，逐步回归到关注现实生活，反映人民群众所关心的热点和难点问题，为人民讴歌，为民族繁荣而写作的道路上来。呈现出言情、幻想和现实题材网络文学作品百花齐放的繁荣景象。

（三）网络文学与传统文学对比（见表一）

（四）纸质书与电子书的对比（见图一）

（五）相关数据说明

1. 2016 年数字阅读市场规模达到 120 亿元，增长 25%，增速比 2015 年提升 6.5 个百分点。

2. 相对于 2015 年，2016 年数字阅读内容总量增长率达到 88.2%。

3. 在全版权改编开发中，半数以上热播剧源自文学作品。其中，近 6 成改编自数字阅读平台上的作品，网络文学、出版文学各占一半。

4. 2016 年全国数字阅读用户规模突破 3 亿，增长率达 12.3%。

5. 阅读用户中，只看纸质书的占 23.9%，只看电子书的占 36.7%，纸、电同看的占 39.4%。

6. 北上广浙是数字阅读渗透率最高的省份，江苏、山西、宁夏为第二梯队。

城市数字阅读纸质书排名前十的城市为南宁、中山、贵阳、深圳、杭州、青岛、重庆、上海、成都和西安。

7. 数字阅读在2017年预计将保持20%的增速。政府、社会、行业和用户层面的利好，将成为驱动数字阅读发展的四驾马车。

8. 数字阅读与泛娱乐互为IP，将进一步融合发展。同时，由于模式渐趋成熟、资源积累越来越丰富、技术得到极大提升，未来IP开发的周期将明显缩短。

9. 新型产品形态将相继涌现。电子阅读器将实现内容和硬件的升级；短视频等新形式推动内容呈现多样化；AR和VR阅读的适用范围将进一步拓展；新型社交媒体或将成为数字阅读传播的主流渠道。

二、重庆网络文学发展现状

重庆作为一座网络文学重镇，在全国的网络文学发展中扮演着极其重要的角色。

表1

	传统文学	网络文学
发展时间	2000余年	不到20年
作者人群	专业性高	大众均可参与，创作水平参差不齐
发文渠道	报纸、杂志，图书出版社	早期多在论坛，如今多在网文平台等
发文门槛	需经过报纸、杂志或出版社的审核编辑，出版商选择，门槛高	可在网文平台随意发文，几乎无门槛
报酬	以稿酬为主	除稿酬外，还包括网站奖励，粉丝打赏等多种形式；大部分写手在初期阶段无法得到稿酬
版权保障	制度完善，作家版权保障程度高	存在大量盗版，监管力度加强中
互动	作者出版之前与读者互动方式较少	有催更、打赏、实时评论等多种功能，作者与读者之间互动性高

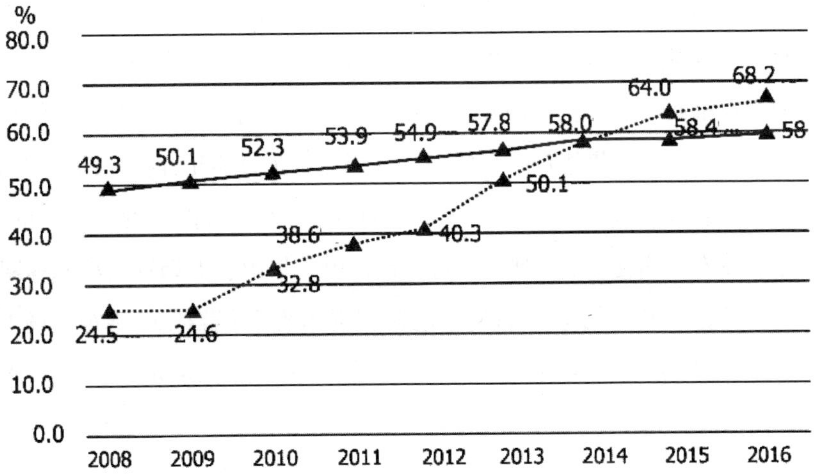

图 1

（一）网络作家队伍状况

在重庆市作协的帮助指导下，经过一年多时间的准备工作，重庆市网络作家协会于 2016 年 4 月 23 日正式成立，中国作协副主席、全国网络文学创委会主任陈崎嵘同志出席成立大会并讲话。根据重庆市网络作家协会的调查和统计，重庆目前有网络作家 6 万余名，其粉丝群总数近亿人。有 4000 余名注册网络作家，其中签约作家 3000 余名，正式加入重庆市网络作家协会的会员有 199 人，申请加入重庆市网络作家协会的网络作家有 320 人。会员中有全职作家 68 人，非全职作家 131 人；男性作家 101 人，女性作家 98 人；年龄在 30 岁以上的 29 人，年龄在 30 岁以下的 170 人；其中月收入在 10000 元以上 35 人，月收入在 5000 元—10000 元的 42 人，月收入 2000 元—5000 元的 30 人，月收入 2000 元以下的 92 人。

（二）网络作家创作状况

在网络作家协会的帮助下，涌现了一大批优秀的网络作家及作品，小桥老树的《侯卫东官场笔记》成为官场网络小说典范；新书《候沧海商路笔记》成功入选 2017 年度全国网络文学重点园地重点扶持作品；静夜寄思的《仙界归来》多次名列起点中文网打赏榜第一名，并在“网文之王”评选活动中被评选为最具正能量的作家；波波的《绾青丝》被评选为最具IP价值的作品；作家非天夜翔在前不久召开的西部动漫节上展示的新书《九霄奔云传》签售会现场一片火爆；中秋月明的《草根石布衣》获得现实主义题材优胜奖；向林新书《独白者》成功与黄晓明公司签订影视销售协议；九鹭非香《招摇》预计明年开拍；韩路荣的《别让父母在你面前变得小心翼翼》在《人民日报》《重庆时报》发表。小桥老树、静夜寄思、庄秦、司徒浪、8难、碎石、青幕山、幻雨、大烟缸、巫九等网络作家均从重庆成长发展，《侯卫东官场笔记》《无限恐怖》《警神》《诸神战场1突袭执玉司》《火锅传奇》《医生笔记》《百炼成仙》《一个女业务员的奋斗》《阴阳先生》等作品风靡全国。

（三）开展文学活动状况

重庆市网络作家协会成立至今，采取灵活多样形式，积极开展活动，影响力不断扩大，网络文学作者、作品、读者数量均居全国前列，已成为业内标杆，受到广泛关注和各级部门领导高度评价。一是在市、区有关部门的指导帮助下，建立了网络文学创作基地和图书馆，同时建立官方网站、官方微信公众号平台、新浪微博账号、QQ群和微信群，为网络文学创作搭建学习交流平台。二是利用网络文学创作基地，邀请知名网络作家和金牌编辑为基层网络写手开展综合培训10场次；不定期举办网络作家座谈会和茶话会，已邀请1000余名网络作家畅所欲言、建言献策；发动网络作家参加全国小说作家论坛看稿、改稿活动，有针对性地提高网络作家的文学创作技巧与写作能力。三是成立了西南地区第一家文学网站“盛世阅读”，整合了文学、出版和影视等相关资源。积极推动网络文学作品出版发行，深度开发，进行影视改编，同时与阅文集团、阿里巴巴文学、百度文学、塔读文学、爱奇艺文学等全国30余家网站平台达成战略合作协议，与永川区、江津区均达成文化项目推广合作，利用作品来塑造和宣传地区形象。四是组织参加中国好网民工程，带领重庆的网络作家创作出更多更具正能量的好作品，在2017年4月召开的中国数字阅读大会上，重庆被评选为十大数字阅读城市之一。

（四）在全国网络文学发展中的地位

重庆为网络文学重镇，有6万多名网络作家，其网络文学在全国网络文学占据重要的位置，网络文学作者、作品、读者数量均居全国前十位。作者：ZHTTY、小桥老树、静夜寄思、庄秦、司徒浪、8难、非天夜、翔碎石、青幕山、幻雨、波波、大烟缸、巫九、寒露等网络作家均从重庆成长发展，《绾青丝》《侯卫东官场笔记》《无限恐怖》《警神》《诸神战场1突袭执玉司》《火锅传奇》等作品风靡网络甚至很多开创了网文的先河，比如《无限恐怖》是网文无限流的开创者，《侯卫东官场笔记》是网文官场的典范作品等。黄亮、张伟、柳赋语、辛吃吃、定离、君浅、时光等年青一代网络作者的影响力已从重庆延伸到西南乃至全国各地，从互联网延伸到印刷出版和大众媒体，从产业链上游延伸到产业链中下游，从资深网民延伸到大众、青少年读者。同时，重庆市网络作家协会是全国第一个由网络作家自主管理的协会，也开创了全国网络文学的先河。

三、重庆网络文学存在的主要问题及原因分析

（一）对网络文学的认识定位问题

虽然网络文学体现了它无与伦比的生命力，它的社会影响力也越来越大，甚至为我国的文化输出做出了较大贡献，但是，无论是网络文学还是网络作家，他们并没有得到应有的尊重和认可，国家有关网络文学的政策、法律法规和评论机制几乎一片空白，让网络文学和网络作家面临一个非常尴尬的处境。截至2016年10月底，全国成立网络作家协会的省级城市仅只有七家，作家评级和作品评奖，网络文学几乎完全被排斥在其门槛之外，很多专家、名家提及网络文学，一方面说自己是外行，一方面又毫不犹豫地予以质疑和批判。国内有的专家学者甚至视网络文学为洪水猛兽，觉得网络文学是糟粕、是垃圾，会让青少年沉溺其中而拒绝阅读传统文学，网络文学的大量阅读会让青少年变得脑残。

（二）产业发展与扶持问题

重庆市拥有6万余名网络作家，其中签约作家4000余名，在全国知名的网络作家也有30余名，他们每年的总收入之和近亿元，给国家上缴了350万元的税收。然而，因为之前重庆市没有网络文学网站的缘故，所有的重庆籍网络作家都是在外地的网络文学网站上写作，他们的稿费个人所得税也全部流落到了外地。今年年初，重庆市成立了首家“盛世阅读”网络文学平台，吸纳了300余名

网络作家来平台写作，目前网站已经同全国所有网络文学网站达成了战略合作协议，但是因为网络文学的IP培育是一个相当漫长的过程，平台成立初期不仅仅需要花费时间、精力和投入情怀，同样需要大量的资金投入。

（三）无专职人员和经费办公问题

目前，重庆市网络作家协会主席团成员和理事会成员全部为全国知名网络作家，他们都是凭着一腔热情在义务兼职管理协会事务，而协会事务繁多，各种会议和报告层出不穷，各种活动也是接踵而至，严重影响了他们的写作。在没有相应回报和强制约束的情况下，仅仅凭着一腔热情是很难将协会的工作一直坚持下去的。

（四）网络作品评奖问题

重庆的文学作品评奖中，几乎清一色地强调报刊发表和实体出版，直接将网络作品给挡在了门槛之外，也缺乏网络作品的评级体系和相关文件政策。事实上网络文学当中不乏经典精品，北京、浙江等作协已经针对网络作品出台了专门的文件和相关政策，对网络作品和网络文学进行评级、评奖。

（五）网络人才资质认证问题

北京市作协早在2008年便开始吸收网络文学作家入会，有效整合文学创作资源，为其提供培训、交流、采风、维权、资质认证等服务。浙江、广东、四川等作协，不断组织网络作家、编辑进行深入研讨，努力探索网络文学创作和网络文学作家成长的特点和规律，解决网络文学在市场中存在的问题，并对优秀网络作家进行人才资质破格认证。但是重庆市网络作家的人才资质认证还未起步，导致重庆市网络作家的创作积极性受到影响，对作协缺乏认同感和归属感。一些网络作家为了申请三级作家认证，反复奔波于不同部门，结果因为缺乏相应的政策、法律法规，相关职能部门不予以盖章。

（六）加强学习培训提高的问题

网络文学的创作受市场利益驱动，更多地注重用户体验感，相对的在人物形象、文学价值、美学品质方面就有所欠缺，但是，众多的网络文学受众群体要求网络文学必须在社会责任和社会使命方面有所担当，所以，加强对网络作家的培训就成为当务之急。

（七）对外交流问题

早在网络文学兴起之初，地区出版市场便瞄上了大陆的网络文学，他们认为那些畅销的网络小说，都充满了独特的中国文化和中国人独特的理念，也是人性中闪光的东西。只有这些符合人性的东西，只有这些充满了正能量的故事，才能在市场上立足。静夜寄思已地区出版了300余本小说，长期位于畅销书前十名，幻雨、司徒浪子、8难等人同样地区出版了上百本畅销小说。但是，重庆还从未组织过网络作家参与国际、地区的文学交流活动。

四、对加快重庆网络文学发展的初步探索

（一）深入调查研究，明确网络文学定位

习总书记在党的十九大报告中指出："文化是一个国家、一个民族的灵魂。文化兴国运兴，文化强民族强。"文学是文化之母，是民族文化的重要组成部分。网络文学是文学的重要组成部分，肩负着繁荣社会主义文化的历史重任。市有关部门应该针对网络文学的发展趋势，组织专题调查研究工作，提高认识、加强宣传、明确定位网络文学在文学发展中的重要作用。

（二）加强产业培育与扶持，促进网络文学繁荣发展

要大力发展网络文学产业，促进文化产业繁荣。据新加坡《海峡时报》网站报道，当前，我国有超过3.3亿人会阅读网络小说，其类型包括言情、玄幻、武侠、盗墓以及穿越等，为网络文学产业的发展提供了广阔前景。娱乐业的影视公司通过改编流行的网络小说，制作成电视剧和电影能立即引起轰动。这就孕育了一个围绕网络小说知识产权的全新行业，并延伸到游戏、漫画、商品和线下商店。腾讯、阿里巴巴和百度也竞相寻找中国的"哈利·波特"。J. K. 罗琳的魔幻小说系列以电影、主题公园和商品的形式，创造了一个价值约250亿美元的文化商业帝国。市里在出台文化发展产业政策时，要重视对网络产业发展规划和对网络文学扶持，在资金投入上予以扶持，促进正能量的网络文学繁荣发展。

（三）组织"高峰论坛"，促进传统文学与网络文学深度融合

网络文学是新生事物，社会各阶层对网络文学的认识都需要有一个过程，特别是文学方面的专家的认识就非常重要。市里应该组织全国著名作家、重庆知名

作家与重庆知名网络作家开展“高峰论坛”活动，让更多的著名作家熟悉网络文学，更多的网络作家了解传统文学，从而进一步促进传统文学与网络文学深度融合，共同发展、共同繁荣，推动社会精神文明建设。

（四）积极解决人员经费问题，为网络文学发展创造良好条件

积极探索网络作家协会对网络作家管理的新模式，加强对网络作家领导与指导，引导更多的网络作家创作出符合时代潮流，体现社会主义核心价值观的网络文学作品。为网络作家协会提供人员编制和经费等方面扶持，发挥好网络作家协会对网络作家的引导作用，促进网络作家创作出更多正能量的文学作品，繁荣发展文学事业。

（五）设立网络文学评奖，充分调动作家积极性

文学评奖对于引导文学创作和调动作家积极性的发挥至关重要。好的评奖机制有利于促进文学的繁荣发展。市里应探索出台有关政策，设立重庆网络文学奖，促进网络文学繁荣发展。也可将网络文学中的优秀作品纳入重庆文学奖和重庆少数民族奖的评选范围，促进网络文学正能量优秀作品的创作。

（六）建立评审“专家库”，把网络人才资质认证落到实处

人才资质认证是培养和提高作家创作水平的重要途径，对于建立一支高素质网络作家队伍至关重要。市有关部门应在全国范围内，遴选一批著名传统作家和著名网络作家建立评审“专家库”，探索出台有关政策，定期开展网络作家的职称评定工作，充分调动广大网络作家的积极性，为繁荣社会主义文化服务。

（七）加强人才培训，不断提高创作水平

网络作家队伍是一支年轻的作家队伍，大多是 20 世纪 80 年代以后出生的青年人，无论是文学素养或是文学创作水平都需要有一个不断提高的过程，特别需要各级政府、各级部门的关心和培养。应积极探索把网络作家的培训纳入市、区县级对作家培训的计划里，定期培训网络作家，不断提高网络作家的创作水平，并把有发展潜力的网络作家推荐到鲁迅文学院学习深造，不断提高网络作家队伍的整体创作水平，促进网络文学的健康发展。

（八）开展对外交流活动，不断拓宽国际视野

加强国际间的文学交流，对于提高我国文学在国际上的影响，提高我国整体

创作水平非常重要。网络文学作为我国文学的重要组成部分，也同样需要加强参与国际间的文学交流活动。在开展国际间文学交流活动时，重视选派知名网络作家参与对外文学交流活动，促进网络作家成长成才。

参考文献

[1] 2016年中国数字阅读白皮书.

[2] 2017年网络文学出海白皮书.

[3] 2017年8月11日，由国家新闻出版广电总局、中共北京市委宣传部、中国音响与数字出版协会、北京市新闻出版广电局等单位主办印发《中国“网络文学+”大会》材料。网络文学发展历程摘自175页，网络文学有关数据摘自181页。

从媒介进化理论看新环境下电视新闻报道形态的变化

——以重庆广电集团“第 1 眼”新闻 APP 为例[①]

柯　雯[②]

媒介进化理论认为，媒介发展遵循“满足人类需求和便于人类用其进行信息交流”[③]的发展方向。随着社会信息化的出现，以习近平为代表的党中央多次强调传统媒体应该善于利用新技术、新应用创新媒体传播方式，以满足人民日益增长的需要，占领信息传播制高点。因此，本文从媒介进化理论出发，以重庆广电集团“第 1 眼”新闻 APP 在新时代出现的灵活化、移动化、来源多元化等新特征为例，希望为今后的电视新闻发展提供参考。

一、媒介进化理论为电视新闻报道形态的变化指明方向

媒介进化理论是 1979 年美国媒介环境学派代表保罗·莱文森在其博士论文《人类历程回顾：媒介进化理论》里系统提出的概念。媒介进化理论类比于达尔文“物竞天择，适者生存”的生物进化论，认为媒介进化遵循“物（媒介）竞人择，适者生存”的规律[④]。也就是说，媒介进化的普遍规律是媒介之间相互竞争，最后媒介朝着满足人的理性需求的方向发展，而只有适应人的理性需求的媒介才能获得生存的空间。由此观之，电视新闻报道形态变化的发展方向应该立足

① 原载于《西部广播电视》2018 年 1 月。

② 柯雯，重庆广播电视集团（总台）。

③ 保罗·莱文森 . 软利器：信息革命的自然历史与未来［M］. 何道宽，译 . 上海：复旦大学出版社，2011.

④ 保罗·莱文森 . 莱文森精粹［M］. 何道宽，译 . 北京：中国人民大学出版社，2007.

于人。

因此，在媒介资源和内容日益丰富、用户自我意识逐渐增强的今天，电视新闻报道形态变化的发展方向应该朝着越来越满足人的普遍需求以及相互交流需求的方向发展，不断朝着灵活化、移动化、来源更加多元化的方向发展。

二、电视新闻报道形态的变化：灵活化、移动化

如前文所述，越来越多的人希望可以随时随地观看新闻。要满足这一要求，智能手机、4G 技术以及 APP 平台十分重要。中国社会科学院新闻与传播研究所 2017 年发布的《中国新媒体发展报告》显示，2016 年全球 APP 数量达到 519.8 万个，较 2015 年增长 19.1%。可见 APP 平台在这一过程中的重要性。

为了满足越来越多人灵活化、移动化的需求，各大媒体纷纷发力移动互联网，推出大量新闻 APP。2017 年 6 月 18 日，重庆广电集团“第 1 眼”新闻 APP 正式上线，该 APP 以视频类新闻为主，力图为用户呈现各类实时新闻和资讯信息。作为重庆电视新闻在移动互联网端的核心发布平台，它聚集了百人以上的专业采访团队和编辑力量。同时，它为普通市民提供身边新闻及时拍、及时传、及时发的途径，并以大小屏的互融互通，满足人们灵活化、移动化需求，达到随时随地看重庆新闻直播，用户之间、电视台与用户之间随时随地交流沟通的目的。

三、电视新闻报道形态的变化：新闻来源多元化

传统的新闻生产是由新闻组织机构雇用的新闻从业者进行的，因而在新闻来源上，“新闻从业者更倾向于选择体制内的信息源，而不是普通人提供的信息”[①]。但是在“人人皆是记者”的互联网时代，理论上任何人都可以介入新闻生产领域，通过个人微博、微信等发布自己目击甚至调查的新闻。在新环境下，对于电视新闻等传统新闻媒体来说，丰富新闻的来源一方面可以强化新闻的时效性、贴近性，另一方面可以为人们提供参与专业新闻生产的途径，提高用户互动、参与的积极性。“第 1 眼”新闻 APP 就专门设立了“我要爆料”的功能，用户利用该

① 盖伊·塔奇曼．做新闻［M］．麻争旗，译．北京：华夏出版社，2008.

功能随时上传发布图片、视频、文字等信息，分享身边新闻，后台审核后将在报料页面显示，其余用户均可阅读查看，保证了新闻报料源的真实性。此后，专业记者会用专业的标准筛选内容，并与发布报料内容的用户确认，以便进一步采访跟进报道，这既保证了新闻真实，又满足了人们参与新闻报道的需求。

综上所述，在新环境下，电视新闻报道形态变化的发展，应该朝着越来越满足人的普遍需求以及相互交流的需求的方向发展。

WENHUA YICHAN

文化遗产

重庆非物质文化遗产数据库建设与研究[①]

罗　敏[②]

2017年10月18日召开的党的十九大明确提出，要“坚定文化自信，推动社会主义文化繁荣兴盛”“推动中华优秀传统文化创造性转化和创新性发展”。文化创新越来越受重视，政策的有力支持给予非物质文化遗产数据库研究很大的推动力。可见，全面推进非物质文化遗产数据库建设，符合新时代的需求，顺应新时代的发展。本文就重庆非物质文化遗产数据库建设展开深入研究，以期能使该项建设受到更广泛的关注和足够的重视，使优秀传统文化基因与当代文化发展相适应、与现代社会相协调，提升文化资源价值，推动文化资源的创新转化，促进重庆经济、社会、文化、生态的可持续发展。

一、重庆非物质文化遗产数据库建设的重大意义

非物质文化遗产数据库的资源是在非物质文化遗产传承、保护活动中形成的具有保存价值的文件材料，是体现非物质文化遗产价值的重要载体，直接反映非物质文化遗产项目的基本面貌和传承状况。做好非物质文化遗产数据库建设工作彰显了重庆市全面贯彻落实党的十九大精神，结合新时代要求继承创新，坚定文化自信，让优秀传统文化展现出永久魅力和时代风采，推动重庆精神文明和物质文明协调发展。做好非物质文化遗产数据库建设是重庆坚持“保护为主、抢救第一、合理利用、传承发展”的方针，加强非物质文化遗产挖掘和保护的最好方式

---

① 原载于《重庆文理学院学报（社会科学版）》2018年7月第37卷第4期。

② 罗敏，女，重庆市渝中区人，副研究馆员，主要从事非物质文化遗产保护和数据库研究。

之一[①]。做好非物质文化遗产数据库建设是新时期开展好非物质文化遗产保护工作的内在要求和重要内容，也是进一步推动非物质文化遗产保护工作向纵深发展的重要保障。我们应充分利用非物质文化遗产数据库，让古老而独特的非物质文化遗产永久保存、延续，同时将重庆非物质文化遗产的精髓展现给世人，唤起人们的抢救和保护意识，实现非物质文化遗产的与时俱进，推动传统文化尤其是地方文化快速、蓬勃发展。这对于繁荣和发展具有中国特色的文化艺术事业，对于承续优秀的人类文化传统，进一步促进重庆文化强市建设，促进文化生态建设，都具有重要的作用和意义。

二、重庆非物质文化遗产资源概况

重庆非物质文化遗产资源丰富，项目较多。目前，重庆全市 38 个区县已完成初期普查工作，普查进度名列全国 31 个省市第 10 位。据统计，重庆全市普查共登记普查线索 8896 条，记录文字 1598.5642 万字，搜集照片 32400 张，整理录音 1740.6 小时，录制摄像 977.9 小时，征集资料实物 2937 件，登记记录的实物 3100 件。重庆全市属于保护范围的民间文学、传统音乐、传统舞蹈、传统美术、传统戏剧、曲艺、传统技艺等非物质文化遗产共计 17 个门类、4110 项。摸清重庆非物质文化遗产资源家底，为非物质文化遗产数据库建设打下了良好基础。

重庆全市现有国家级非物质文化遗产代表性名录 44 项，市级非物质文化遗产代表性名录 511 项，区县级非物质文化遗产代表性名录 2360 项，建立和完善了国家、省市、区县三级保护体系；国家级非物质文化遗产代表性传承人 60 人，市级非物质文化遗产代表性传承人 705 人；有国家级文化生态保护区 1 个，国家级非物质文化遗产生产性保护示范基地 1 个，市级非物质文化遗产生产性保护示范基地 87 个；命名市级非物质文化遗产传承教育基地 109 个；开展了第一批国家级非物质文化遗产代表性传承人抢救性记录工作，共整理口述文字稿 73.5 万字，采集音频 219 小时，采集视频 232.5 小时，采集图片 4066 张。2014 年，重

① 王文章 . 非物质文化遗产概论［M］. 北京：教育科学出版社，2013：314-332.

庆市被文化部列为全国非物质文化遗产数据库试点城市，上报了走马镇民间故事和重庆漆器髹饰技艺两个试点项目，包括文字、图片、音视频等共 6368 张和 2118 条资源。

三、非物质文化遗产数据库建设硬件条件

数据库建设硬件配置，包括 HP(惠普)DL580 服务器 3 台、路由器、交换机、防火墙以及 72TB 在线云存储集群 TiCloud TiStor 206（云速科技），如表 1 所示。

四、非物质文化遗产数据库建设

为全面提升重庆市非物质文化遗产数据库整体水平，重庆市非物质文化遗产保护中心于 2014 年启动此项工作，并于 2014 年 8 月开展了非物质文化遗产档案、数据库建设专题培训，同时启动了重庆全市非物质文化遗产档案摸底调查，为进一步推进重庆市非物质文化遗产数据库工作的规范化、标准化、制度化建设打下了良好基础。2015 年，重庆市文化委员会下发了《关于加强我市非物质文化档案和数据库建设的通知》（渝文委发〔2015〕413 号）。2016 年底，重庆市非物质文化遗产保护中心完成了非物质文化遗产数据库建设工作，将与各区县的非物质文化遗产数据库系统实现互联互通，共享资源，集中化管理，同时借助媒体和网络进行传播[①]。

表 1　数据库建设硬件配置

序号	项目	用途	配置	数量	参考品牌及型号
1	网络交换机	内部网络交换设备	48 个以太网 10/100/1000 端口和 4 个 SFP 上行链路	1	CISCO WS-C3560X-48T-S
2	路由器	互联网接入路由器	集成多业务路由器，带交流电源，2FE，1NME，4HWIC	1	CISCO2911-SEC/K9

① 罗敏．数字化技术在重庆走马镇民间故事中的应用探讨［J］. 重庆文理学院学报（社会科学版），2016（4）：36-39.

续表

序号	项目	用途	配置	数量	参考品牌及型号
3	防火墙	接入安全防护设备	全面支持 QoS、高可用性（HA）、日志审计等功能，4 个 10/100Base-Tx 以上接口	1	CISCOASA5515-K8
4	服务器	数据库、Web 服务器	系统硬盘：480GBSSD×2；硬盘：2TBSATA×10；内存：128GB；处理器：4 个 IntelXeonE7-4807CPU；集成 Raid0/1/5；网卡：万兆网口，独立 iLO3 管理口。通过平台管理软件变更工作负荷提高利用率	3	HP（惠普）DL580
5	高性能集群存储	云存储设备	集群存储单元配置如下（72TB）：处理器：高性能至强 CPU，内存：128GB 内存，主机接口：4 个千兆以太网口	1	TiCloud TiStor 206
6	UPS 电源	不间断电源	山特 3C15KS，蓄电池 12V100AH 共 32 只，电池箱华源 BT-16 共 2 个	1	山特
7	机柜	服务器机柜	具有温度监控、风扇转速监控和系统说明等	1	机柜 eVIAS-Cabinet
8	键鼠切换器	四合一控制台	四合一 USB&PS/2 控制台，带 KVMP 功能，可操作 8 台电脑	1	ATEN CL-5708MA
9	操作系统	服务器操作系统软件	Windows 操作系统服务器版本 (server2012) 配 5 个客户端	3	微软

重庆市非物质文化遗产数据库管理系统（以下简称“非遗”数据库管理系统）是一个立足重庆、面向全国的非物质文化遗产多媒体影音信息管理平台。该平台具备优秀的兼容性与安全稳定性，是基于先进的现代信息检索、传输技术，

以影音数据集成、检索引擎建设为基础，完成多媒体内容集成、编辑、分发的平台[①]。在内容建设上，“非遗”数据库管理系统在广泛遵循中国艺术研究院编制的《非物质文化遗产数字化保护数字资源采集实施规范》《非物质文化遗产数字化保护数字资源采集方案编制规范》的基础上进行创意性增值开发的原则，以多方式、多媒体、多形态为手段，展示重庆非物质文化遗产保护和传承发展工作。

（一）系统设计

1. 系统根据非物质文化遗产的十种分类规范对非物质文化遗产文字、音视频、图片文件进行合理分类，每个分类规范均要有其独立的元数据定义规范和格式，以适应非物质文化遗产复杂的类别和特性描述。

2. 系统软件的核心业务功能全部采用 B/S 结构实现，通过浏览器即可实现非物质文化遗产项目的管理、“纪录片视角”翔实记录，立体化呈现非物质文化遗产成果，为非物质文化遗产传播、传承提供内容支撑，为非物质文化遗产保护提供辅助决策，数字资源导入、编目、管理、检索、导出等操作[②]。

3. 系统中所有的应用及模块集成在一个基于 Web 的多窗口用户界面框架中，支持 HTML5 格式的浏览器，无须安装插件即可直接运行。提供一站式的用户界面，支持多任务窗口，提高用户体验和工作效率，降低系统维护难度和成本。

4. 为确保“非遗”数据库核心系统的安全性，技术架构上“非遗数据库系统核心服务器”平台采用 Windows Server 2012 R2 64 位 +Linux 操作系统（媒体处理和媒体文件存储可以采用 Windows 平台），并具有扩展为分布式数据平台架构的能力。

5. 为便于“非遗”数据库系统功能的扩展，核心功能及元数据存储平台采用 Docker 虚拟化技术，在不改变核心平台配置功能、不影响核心平台正常运行的情况下可实现新增功能模块的安装部署。

6. 视音频资源的代理码率采用 H.264 格式，数字化主存储格式为 MXF 格式，同时支持按照资源文件源格式存储的模式，实现视音频可变码率、多格式混合

① 王耀希 . 民族文化遗产数字化［M］. 北京：人民出版社，2009：8–30.

② 刘锡诚 . 非物质文化遗产：理论与实践［M］. 北京：学苑出版社，2009：9–19.

存储。

7. 根据非物质文化遗产管理特点，以“非遗纪录片”视角翔实、系统地记录非物质文化遗产，设计非物质文化遗产项目从开展普查、申报立项、保护传播、传承发展等非物质文化遗产保护过程中各阶段产生的音视频、图片、文档等各类数字资源进行统一存储、管理，实现非物质文化遗产项目的过程管控、流程管理、信息资源统一管理；实现非物质文化遗产传承人的档案化管理，提供非物质文化遗产传承人、非物质文化遗产项目的一体化管理，为非物质文化遗产传承人提供量化考评依据。

8. 系统直观展现和提供所有资源数量、资源调用、资料入库的统计情况，统计信息可直接导出为表格。

9. 支持各区县数据库系统配备客户端，可自行浏览、上传、下载市级“非遗”数据库系统的资源。

10. 传输服务器端授权，支持不限用户数的“非遗”采集 Agent 客户端远程上传和下载文件，支持 TCP/UDP 传输，支持断点续传。

（二）功能设计

1. “非遗”资源上载

系统支持两种上载方式：Web 页面上载，独立非线性编辑软件上载。

Web 页面上载可直接在浏览器上载页面选中待上载素材，即可实现素材上载入库，并填写对应元数据信息。在独立非线性编辑软件上载中，除了可以对上载的素材进行编辑剪切、校色调整之外，还可以进行部分元数据著录，著录的元数据信息在入库后可以被“非遗”数据库系统识别和继承。上载完毕的非物质文化遗产素材文件需要保存在非编素材库内的独立位置上，并可被“非遗”数据库系统所识别，实现素材自动入库①。

2. “非遗”资源下载

支持将检索查询到的素材进行下载，既可单条素材下载也可批量下载。下载

① 黄永林，谈国新．中国非物质文化遗产数字化保护与开发研究［J］. 华中师范大学学报（人文社会科学版），2012（2）：49–55.

无须其他软件支持，只需要通过B/S浏览器自带的下载功能即可将素材下载到本地。

可将检索查询到的素材推送到预先指定的目录或系统内，实现“非遗”数据库素材传输交换的自动化和流程化。可实现对检索素材的打点标记，只推送标记的部分，无须推送整段素材。推送的素材可以指定格式，系统自动实现格式转换①。

3. 多格式转码

实现非物质文化遗产项目数字资源的高性能转码，使非物质文化遗产数字资源在管理端更方便浏览、查询、定位、下载、详细编目。支持单节点多任务并发转码处理，在设定的资源极限范围内，同时执行多个任务，减少队列管理的损耗；支持多任务并发及负载均衡机制；支持多种音视频、图片、文档格式的识别和转换。

4. 非物质文化遗产资源编目

非物质文化遗产的有效保护要建立在深入调查和科学规划的基础上，通过详细的编目，形成准确、翔实的资料（包括文字、录音、录像等）。系统中编目规则将参考中国非物质文化遗产普查手册中所涉及的分类规范，对非物质文化遗产影音资料做出合理的分类，并赋予分类代码。可实时在线对各种资源进行编目，支持快速编目和按流程编目的模式定义；支持对资源的批量编目要求，以提升编目效率；支持用户自定义编目字段、编目结构、编目对象、编目界面等，满足用户对不同资源编目自定义的要求；支持编目审核流程，可通过后台控制是否开启审核；支持编目字段模板、分类导出，用于其他分支机构系统导入。

5. “非遗”资源管理

支持数字资源自定义资料集管理。资料集不同于一般文件夹，资料集本身具备元数据信息管理，可对资料集进行分类管理。支持资源的ACL精密授权；支持针对图片文档的内嵌水印技术，水印清晰度支持可设置；对于有水印的资源，

① 彭冬梅，潘鲁生，孙守迁．数字化保护——非物质文化遗产保护的新手段［J］. 美术研究，2006（1）：47–51.

正常下载使用时必须满足合法下载使用资源需要才能自动去掉内嵌水印；对视音频资源可进行故事版编辑保存，形成新的素材资料，同时能直接合并下载故事版。

6.“非遗”资源检索

检索系统支持全文、分类、关键字、组合查询等多种检索方式，提供浏览服务。对非物质文化遗产资源的检索提供方便、快捷的检索方式，可以通过各种匹配检索、全文检索查到所需资料。

（三）非物质文化遗产数据库系统元数据管理

重庆“非遗”数据库管理系统的元数据结构根据中国艺术研究院《非物质文化遗产数字化保护数字资源采集方案编制规范》建立，二级分类信息作为项目的元数据项添加在选填列表中，对含专项的分类以专项包的形式展现；也可以在元数据中选择所属专项，再针对专项的属性对应填写信息。

五、“非遗”数据库云存储系统

为更好地实现“非遗”资源的科学归类与管理，重庆“非遗”数据库结合云存储系统，达到合理利用、传承发展非物质文化遗产的目的。重庆的非物质文化遗产资源丰富多彩，为更专业的管理和存储，选择高性能集群云存储 TiCloud TiStor 206，提供 72TB 的在线云存储集群，2 台 TiStor 206 集群存储单元（36T）、1 台 TiStor 206 网络加速器、1 套 TiStor 管理软件 TiStor 206，保证非物质文化遗产资源的高性能、高可靠性存储，为后期扩容提供灵活的可伸缩性，也为非物质文化遗产资源的管理、发布、展示、检索、利用等提供保障。

六、结语

利用非物质文化遗产数据库深入挖掘地域优秀文化，提升文化资源价值，有利于重庆文化数字工程建设，有利于推动传统文化传播，有利于改善我国非物质文化遗产濒危现状，有利于文化复兴战略，也是落实国家部署、实现非物质文化遗产创造性转换和创新性发展的重要路径，这对我国文化建设和经济社会发展均具有重要而深远的现实意义。我们应该利用非物质文化遗产数据库加强对重庆非物质文化遗产传播的力度，增强人们对传统文化的认同感，保证市场经济浪潮之下传统文化的“生命力”，使其得到更好保护、发展与传承，实现社会效益和经济效益的双赢，让非物质文化遗产在新时代熠熠生辉。

传承人的视角：重庆彭水非物质文化遗产资源保护与发展研究①

余继平　余仙桥②

非物质文化遗产是指人们世代相传并视为其文化遗产组成部分的各种传统文化表现形式，以及与传统文化表现形式相关的实物和场所。重庆市彭水苗族土家族自治县高度重视非物质文化遗产保护，自2005年起启动了“非遗”保护工程，做了“非遗”普查、名录立档、传承人命名、保护规划、经费投入等大量工作，使彭水“非遗”得到了有效保护和传承。

一、彭水非物质文化遗产保护现状

（一）非物质文化遗产资源丰富

彭水独特的自然、人文环境孕育了源远流长、丰富多彩的民族文化。在众多的民族文化中，彭水非物质文化遗产具有重要地位。彭水非物质文化遗产资源主要有：1. 民间文学：《吴幺姑》《蔡龙王传说》《“长脚佬”的故事》《聪明的苗族小伙子》《灯笼记》《张家洞》《朱三洞》《苗子沟的传说》《大石笋》；2. 民间器乐：彭水耍锣鼓、彭水唢呐、任家班吹打；3. 民间歌曲：鞍子苗歌、娇阿依、梅子山

---

① 基金项目：教育部人文社会科学研究规划基金项目“武陵地区非物质文化遗产传承人发展困境及对策研究”（12YJAZH182）；教育部人文社会科学研究规划基金项目“族群互动与乌江流域乡村戏剧研究”（16YJAZH077）。原载于《重庆文理学院学报（社会科学版）》2018年1月第37卷第1期。

② 余继平，重庆石柱人，土家族，教授，硕士生导师，乌江流域社会经济文化研究中心副主任，重庆民族研究院研究员，主要从事民族艺术与非物质文化遗产保护、文化创意设计教育研究。余仙桥，重庆石柱人，土家族，主要从事民族文化与社会发展研究。

歌、彭水打闹、太原民歌、乌江号子、诸佛盘歌、福事歌诀等；4. 民间舞蹈：彭水高台狮舞、普子铁炮火龙、彭水土家族摆手舞、诸佛甩手揖、肉连箫；5. 民间建筑与雕刻艺术：吊脚楼、墓葬石刻技艺等；6. 民间传统手工艺：彭水竹板桥造纸工艺、传统漆器、郁山刺绣、郁山擀酥饼、嘟卷子、郁山晶丝苕粉、青瓦烧制技艺、彭水灰豆腐制作技艺、彭水普子火药制作技艺、郁山鸡豆花制作技艺；7. 民间传统医药：鹿角镇蛇毒疗伤法等；8. 民风民俗：彭水道场、棣棠杠神、踏青节以及敬土地神、祖先崇拜、敬五大老等；9. 民间戏剧：木蜡庄傩戏、朱砂三人花灯、郁山围鼓。

（二）非物质文化遗产申报有力

彭水挖掘整理出鞍子苗歌、竹板桥造纸、普子特炮火笼、靛水高台狮舞等“非遗”246 项，通过积极申报，高台狮舞、苗族民歌 2 项列入国家级非物质文化遗产名录，鞍子苗歌、普子铁炮火龙、鹿角镇蛇毒疗伤法、木蜡庄傩戏、彭水苗绣、苗族银饰锻制技艺、郁山泼炉印灶制盐技艺、彭水米花传统制作技艺、诸佛冯氏蜂毒法等 24 项被列入市级“非遗”名录，68 项被列入县级“非遗”名录。唐守益被认定为国家级非物质文化遗产彭水高台狮舞代表性传承人，冉正高被认定为重庆市非物质文化遗产木蜡庄傩戏代表性传承人，刘开胜被认定为重庆市非物质文化遗产竹板桥造纸代表性传承人，等等。原生态鞍子苗歌娇阿依传承人任永新、任茂淑、吴庆友、谢碧等 6 人被彭水县政府授予“歌王”“歌后”“歌师傅”等称号。

（三）非物质文化遗产保护有效

彭水苗族土家族自治县从 2014 年以来，以“保护为主、抢救第一、合理利用、传承发展”为宗旨，深入开展项目普查和申报及建档工作，积极搭建宣传展示平台，健全传承人保护机制，普及“非遗”知识，全面加强对“非遗”项目和传承人的保护体系建设，不少“非遗”项目得到资金支持，如竹板桥造纸、苗家刺绣等。传承人大力开展传承活动，如 2016 年 8 月 12 日，62 岁的刘开胜在蚩尤九黎城向游客展示原汁原味的竹板桥造纸技艺；“普子铁炮火龙”传承人走进县级传承教育基地彭水一中开展现场展示及传艺授课活动。彭水加快扶持力度，鼓励各级代表性传承人创办传习所，目前已成立了传统音乐国家级项目鞍子苗歌传习所、市级项目诸佛盘歌传习所、市级项目梅子山歌传习所、传统舞蹈国家级项目高台狮舞传习所、传统舞蹈市级项目庙池甩手揖传习所、郁山擀酥饼制作技艺传习所、彭水文武中学高台狮舞传习所和竹板桥土法造纸技艺传习所8个。定期组织人员进校园普及相关知识，为"非遗"爱好者搭建了交流和学习的平台，推动了彭水非物质文化遗产的传承与发展，加强了非物质文化遗产项目的保护与利用，进一步完善了传承人保护机制，为培养优秀"非遗"传承人、促进当地人珍惜并积极保护非物质文化遗产打下了坚实基础。

二、非物质文化遗产传承人生境现状及传承困境

非物质文化遗产作为一种"活文化"，传承是非物质文化遗产保护的核心[①]。"非遗"必须由人去传承，传承人作为传承链条上的齿轮，既是文化的继承者，也是文化的创新者，因而非物质文化遗产保护的重点是传承人。保护好他们是解决传承危机的关键[②]。从近几年的保护实践来看，仅仅依靠国家对传承人进行物质上的支持是不够的，因为这些措施毕竟都是来源于外部。正如学者所言："忽视了'非遗'及其传承人内部差异的整体保护策略之局限性正日益显现。"[③]传承人内部的差异，最大的影响因素是他们不同的生存境况。田野调查发现，彭水非物质文化遗产传承人的生存境况差异比较明显，传承效果也各不相同。

（一）不同"非遗"项目的传承人生境存在差异

在彭水"非遗"项目中，部分传承人结合社会发展对"非遗"产品进行了产业化经营，生活比较富裕。如太原民歌传承人刘乐天等人，在2006年彭水县民宗委牵头举办的"2006·首届'娇阿依'民族文化艺术周"后，借太原民歌得到挖掘和恢复之机，组建了"太原民歌演唱队"参与当地表演。通过与民间习俗

① 许林田.传承人：非物质文化遗产保护的核心载体［J］.浙江工艺美术，2006（4）：97-101.

② 安学斌.民族文化传承人的历史价值与当代生境［J］.云南民族大学学报（哲学社会科学版），2007（6）：18-22.

③ 陈静梅，文永辉.论少数民族非物质文化遗产传承人的分类保护——基于贵州的田野调查［J］.广西民族研究，2012（4）：193-198.

的结合，刘乐天这个传承队伍收入比较可观。重庆市级“非遗”项目“鹿角镇蛇毒疗伤法”传承人陈鸿儒采用民间传统医术抢救被毒蛇咬伤人的生命，同时还自主创新，研发主治各种风湿关节疼痛的五步蛇药酒。这种生产性保护方式既传承了医术，又发展了相关产业，他的诉求与经济条件较差的传承人有区别。相比之下，一些民间器乐、民间歌曲与市场结合程度不高，导致传承人的传承活动面临挑战，如要锣鼓、乌江号子、诸佛盘歌、摆手舞等。

（二）区位条件不同导致传承人生境各异

部分传承人将非物质文化遗产作为附属产品融入文化旅游，生境逐渐好转。以彭水县鞍子乡罗家坨苗寨为例，随着当地政府大力发展乡村旅游，苗寨的房屋、道路、水电等得到改善，游客逐日增多，居住在罗家坨苗寨的部分苗歌传承人就不完全依靠唱苗歌挣钱。在采访中得知，村子里的传承人既种庄稼，也在周边务工，寒暑假游客高峰时回家经营住宿和餐饮生意，他们的生活水平也逐渐超过周边社区的居民。在这样的生境条件下，传承人更乐意将唱苗歌作为自己娱乐的方式，也很乐意唱给游客听，传承积极性非常高。同样是一个村的苗歌传承人，因为居住在苗寨景区外围，明显没有寨子里传承人条件优越，虽然游客需要表演时他们也会参与，但住宿和餐饮收入往往没有他们的份额，在现实面前，这部分传承人不得不外出打工。挣钱与传承苗歌二者的重要性相比较，他们重视的是前者。由于当地政府给予的传承经费极为有限，一些“非遗”传承人走向外地，必然会出现非物质文化遗产资源的流失。

由于有的传承人外出打工，生活方式改变，导致他们的观念发生变化，传统民族文化开始出现断层。虽然国家提出对“非遗”进行整体性保护，但收效甚微。“非遗”生态环境在各种因素的冲击下仍在加速改变，依托于少数民族社会环境的“非遗”仍然受到强烈的生存威胁。“非遗”最重要的一个特点是靠“口传心授”，依托人本身而存在，以声音、形象和技艺为表现手段，并以身口相传作为文化链而得以延续[①]。目前，彭水非物质文化遗产传承人群体正面临困境。

首先，“非遗”传承人的文化程度普遍不高，“非遗”资料整理、研究及传承

① 贾银忠．中国少数民族非物质文化遗产教程［M］．北京：民族出版社，2008.

困难。调查显示，在彭水的25项民间“非遗”项目中，传承人受过大学教育的仅2人，高中文化程度的艺人不多，仅存在于鞍子苗歌项目中，初中和小学文化的艺人占大多数。传承人文化程度低，导致他们对民族文化缺乏正确认识。他们往往意识不到民间文化的价值，在非物质文化遗产的传承上缺乏主动性，或认为这只是政府为了完成任务而已，或只是一届领导人为了突出政绩，或只是为旅游景点招徕顾客等。这样的认识阻碍着传承人的积极性。文化教育程度低会导致传承人对社会发展认识不足，对文化传承的途径仍延续口传心授的模式，固守传统技能与模式。要么靠师傅传授，要么在家族内传承，即有的学者所称的“内敛式静态传承”[①②]。这样的传承容易与社会发展脱节。由于传承人文化程度较低，从事的往往是体力劳动，这让一些传承人感到一定程度的自卑。尽管近几年当地政府给予这些传承人相当大的关注，但并没有从根本上提升他们的社会地位。目前，文化传播面临着社会变迁带来的断代，再加上老一辈传承人逐渐离去，很多非物质文化遗产正在消失。虽然有学者正努力从事搜集整理工作，但许多技能和要点很难精准描述。因传承人的文化程度较低，他们虽然能够演绎自己高超的绝活，却无法用文本的形式记录，久而久之遗留下来的资料越来越少。

其次，传承人年龄偏高，“非遗”传承青黄不接。在彭水“非遗”传承人中，老年人所占比重很大。比如：梅子山歌、鞍子苗歌、普子铁炮火龙、木蜡庄傩戏、朱砂三人花灯、吊脚楼工艺、郁山擀酥饼、郁山鸡豆花、蛇毒疗伤等项目50岁以下的青壮年总计有27人，占总人数的20%，比重甚小。另外，在彭水丰富的“非遗”项目中，还有众多项目的传承人群体年龄结构失衡：没有青壮年，全是老年人。彭水打闹、乌江号子、诸佛盘歌等“非遗”项目的传承人年龄均在50岁以上，特别是乌江号子和诸佛盘歌，传承人均在60岁以上。以乌江号子为例，随着现代交通的发展，以前的河流运输方式被取代，纤夫这一行业早已淡出人们

① 伍新明.我国非物质文化遗产传承人传播行为探讨［J］.遵义师范学院学报，2012（6）：21-24.

② 孙志国，定光平，何岳球，等.咸宁非物质文化遗产保护进展与对策分析［J］.江西农业学报，2012（7）：177-180.

的日常生活，现在没有过去拉纤劳动的场景，拉纤的疲劳和愁苦也不需要借助号子来排解，因此乌江号子变得无人问津，而其习得者逐渐老去。随着社会发展以及文化变迁，民歌失去了其传承场域。诸佛盘歌盛行的年代是大集体时期，当地村民集体劳动时共同演唱盘歌；实行家庭联产承包责任制后，集体劳动淡化，加上大量人员外出务工，只剩下年老的传承人在家，既要从事繁重的农活，又要抚养年幼的小孩，根本没有精力去传承盘歌，盘歌逐渐失去了演绎场域。随着年龄的增长，传承人的身体状况日渐下滑，记忆力逐渐衰退。这些问题都会对民间文化传承带来阻碍。如果没有找到合适的传承人，有的“非遗”项目就会濒临灭绝。

传承人是“非遗”活态传承的关键，但从总体上来看，彭水非物质文化遗产传承队伍比较单薄。其中比较乐观的当属鞍子苗歌。鞍子苗歌传承人员众多，据学者统计，人数有 200 多人。这一点得益于当地政府的高度重视。当地政府给当地有名的传承人颁发证书予以鼓励，同时结合乡村旅游发展为苗歌传承提供契机，并将苗歌纳入当地九年义务教育课程中。但其他项目传承人数非常少。比如，嗡仅有 1 人，幺二三鼓 3 人，彭水打闹 4 人，太原民歌 4 人，等等。之所以很少有人愿意去学这些优秀民间文化，主要有以下原因：

一是人们重视不够，对非物质文化遗产的保护意识不强。大多数当地居民不愿意花时间去学习这些技艺，不但没有认识到这些文化的重要性和特殊性，反而认为这些是过时的东西。二是外出务工人群比重很大，人才流失严重，收徒困难。大量青壮年外出务工且多在外地，没有时间也没有机会接触本民族文化。有的传承人甚至为生活所迫放弃自身本已习得的技能，远走他乡。他们的子女平时也多在学校，假期则跟随父母外出，接受不到传统文化的熏陶。因此，传承人想带徒弟也无人可选。三是“非遗”传承人都是所在地的农民，要维持自己及一家人的生计。在农村务农基本能够维持一家人的生计，但没有多余收入。农村一个青壮年劳动力通常一年在外能够有上万元甚至数万元的纯收入，比在农村务农收入多。多数传承人存在这样的困境：在农村收入低但有利于“非遗”传承，外出到城市打工收入高但不利于“非遗”传承。他们往往选择外出打工。比如，重庆市级非物质文化遗产娇阿依民歌传承人彭水县鞍子镇新式村四组的罗兴禄（男，苗族，50 岁，初中文化）常年在外打工，只有春节或有红白事或节假日回到老家，短暂停留后又外出打工。他说在外打工一天能挣一百多元甚至更多，在家就没有什么收入。他自己也非常喜欢娇阿依民歌，而且能够演唱很多首，但面对自己的兴趣爱好与现实的经济收入之间的矛盾，他首先选择了经济收入而把兴趣爱好放在第二位。以民间音乐为例，因为在外打工，民间音乐传承人在打工地就更难以传承民间音乐。在民间更利于民间音乐传承人对民间音乐的传承，比如生产劳动、祭祀、婚丧、为游客演出等场合，是民间音乐传承人自发或专门组织的绝佳的民间音乐传承时机。传承人因为经济原因外出打工导致传承人跟传承对象出现分离，不利于民间音乐传承人对民间音乐的传承。

（三）部分“非遗”项目面对文化生态困境

传统文化生态环境发生的巨大变化会使“非遗”失去生存的环境，使“非遗”传承人的传承成为“无本之木、无源之水”。如民间音乐所在地人们的生活方式、交往方式等发生变化，使传承人无法在传统民间音乐原生环境中进行传承。例如，武陵地区土家族、苗族的薅草锣鼓是过去人们在春夏之际在秧田里清除稗草集体劳动时的演唱。现在农村青壮年甚至部分老年人外出打工，留下的多是老年人、妇女和儿童，他们现在是一家一户单干，没有集体演唱薅草锣鼓的氛围。现在的稻田多用除草剂而不用人工薅草，所以薅草锣鼓失去了生存环境。没有生存的文化生态，仅靠少数传承人很难将薅草锣鼓传承下去。现在，彭水许多农村居民搬迁到城市居住，使“非遗”传承人的主体削弱。彭水县及武陵地区农村的信息化水平逐渐提高，电视、手机等基本普及，人们的娱乐方式发生了极大变化，看电视成为人们闲暇时间主要的娱乐方式，人们也基本上不唱民歌，不看民间戏剧。这使传统民间音乐、木蜡庄傩戏等“非遗”传承人的传承活动缺少甚至没有发展对象，其传承活动受到极大影响。

（四）部分“非遗”项目产业化发展面窄

对非物质文化遗产的保护往往借助产业平台，而最常见的产业平台是旅游业，其他产业化发展方式较少。这导致通过产业发展推动非物质文化遗产保护和发展的面较窄。民间音乐的产业化发展也存在这样的状况，大多选择旅游业作为其产业化支撑平台，主要是为游客表演民间音乐。彭水及整个武陵山地区的很多民间音乐兼具民族性和地域性，这导致为游客表演的民间音乐雷同，导致表演类旅游产品低水平同质恶性竞争，经济效益和社会效益低下，最后出现部分同类民间音乐表演类旅游产品被淘汰，被淘汰之地希望通过发展旅游业来带动民间音乐保护的计划就会落空。例如，摆手舞是武陵山地区土家族普遍保存的传统民间舞蹈音乐之一，重庆市黔江区小南海镇的桥梁村和后坝土家十三寨都是发展旅游业的传统民族村寨。桥梁村现居住着王、方、潭、刘、汪、姚、陈、罗等姓 38 户，共计 136 人；以王姓为最多，占全村人口的 90% 以上。村民大多是土家族，为典型的土家族村落，民俗风情浓郁。桥梁村为游客组织了专门的摆手舞表演队伍。在后坝十三寨，当地政府投资修建了摆手堂，组织大量村民形成一支庞大的摆手舞表演队伍，也为游客表演摆手舞。这两个村都位于同一个镇，而且在一条旅游线上，距离比较近。这导致民间音乐表演类旅游产品同质竞争，劣者将被淘汰出局，达不到村民增收的目的，更无法实现通过旅游产业实现民间音乐保护的目标。

三、非物质文化遗产保护及传承人发展对策及建议

针对非物质文化遗产传承过程中面临的困境，除了政府主导的保护活动外，还需要人们自觉推动活动的开展，关键是传承人主动去传承。非物质文化遗产保护与发展在政府主导下要依靠传承人。传承人要打破常规，不能只注重技能的掌握，而要注重创新。

（一）政府提供经济资助

“非遗”传承人是政府认定的，他们对“非遗”的传承主要是为民族民间文化传承做贡献，为民族、国家乃至人类“非遗”保存文化基因。他们的传承行为主要是公益性行为，这需要政府提供资金资助。重点是三个方面的资金资助：一是对传承人的资金资助，包括传承人的生产、生活、传承等所需要的资金；二是传承对象即“非遗”名录的传承发展所需要的资金资助，包括“非遗”挖掘整理、发展创新、普及演出等所需要的资金；三是营造传承环境所需要的资金。“非遗”文化生态的维持和发展特别重要，一些传统节日的恢复与发展以及传统民间信仰、祭祀活动的恢复与发展，对人们的“非遗”认知教育和宣传等需要花

费大量的人力、物力和财力，这些都需要政府提供资金帮扶。

（二）公益性组织或个人对“非遗”传承人提供帮助

一些公益性组织会提供资金或物质资助以支持“非遗”保护与传承。传统造纸、民间戏剧、音乐等“非遗”的传承、发展除了需要一些产业支撑所获得的收入以及政府资金的扶持以外，还需要公益性组织提供各种帮助。比如，鞍子苗歌、诸佛盘歌、梅子山歌、高台狮舞、庙池甩手揖等“非遗”项目进入所在地的学生课堂前，需要收集整理资料、出版教材、培训专门师资等，这就需要大量的资金。如果有更多的公益性组织提供支持，将会是一件功在当代、利在千秋的善事。

（三）加强“非遗”生产性保护，将“非遗”资源优势转化为经济优势

要大力推进“非遗”生产性保护，充分发挥“非遗”在育民、惠民、富民方面的作用。“非遗”生产性保护就是以遵循“非遗”自身发展规律为前提，通过生产、流通、销售等方式，将“非遗”资源转化成生产力和“非遗”文创产品，使之在创造社会财富的生产活动中得以保护与发展。国内外多年的探索与实践证明，生产性保护是符合“非遗”自身特点及规律的一种重要的保护方式。因此，应深化民间音乐、舞蹈、戏剧与文化旅游融合发展，加强彭水苗绣、银饰、竹板桥造纸、传统漆器、郁山擀酥饼、郁山晶丝苕粉、灰豆腐、鸡豆花、蛇毒疗伤传统医药等“非遗”的生产性保护，将“非遗”的资源优势转化为经济优势。

现有的民间音乐的产业化发展主要是旅游业，这样的产业支撑面比较狭窄。需要多渠道拓展民间音乐产业化发展的面，做到产业支撑的多元化。民间音乐在原生地区传承是最好的传承方法。这些民间音乐在原生地得到老百姓的活态传承，反映着当地人的文化审美特征。随着民间音乐文化生态的剧烈变化，诸多民间音乐鲜有传唱，有的甚至不复存在。就连部分民歌传承人自己的子女孙辈也不愿意再学习这些民间音乐。由此看来，对民间音乐类“非遗”的保护有必要对其资源进行转型，动用政府、媒体等力量扩大宣传，着力提高民间音乐“非遗”项目的地位，使当地人重拾并接受这些“非遗”项目，重视其价值与意义。彭水许多民间音乐是山歌对唱形式，现在这些地区的人们很少上山砍柴、放牛并演唱山歌，但可以让这些优美的山歌“进城”，让它们从以前伴随当地人生产劳动的歌

曲变成今天城里百姓健身舞的伴奏歌曲，实现民间音乐的转型。也可以把民间音乐精心排练以后搬上舞台到各地巡回演出，拓展民间音乐的生存空间。

传统美术类“非遗”中有不少既具民族文化特色又有经济价值和市场开发前景的优势文化资源，如传统漆器、郁山刺绣、苗族银饰、竹板桥造纸等。可以对这些优质文化资源进行合理的品牌定位，确定有效的营销战略进行产业化开发，将资源优势转化为经济优势，充分实现传统美术类“非遗”的经济价值。只有通过“内部造血”获取资金，才能将这些资金反过来用于传统美术类“非遗”的保护和发展。具体而言，可以根据传统美术类“非遗”的特点和优势确定产业化发展规划，精心挑选一些“非遗”项目建立生产基地，将分散、家庭式的手工作坊、小企业进行整合，实现集约化生产。当地政府可以为其搭建专业性的市场运作平台，进行资源整合，开拓更大的市场。

与此同时，要进一步解放思想、转变观念，加强高校、科研院所、相关品牌企业等多方协同创新发展，划拨“非遗”项目的研发专项资金。一方面，将传统美术元素融入现代设计，融入日常生活，积极开发各种衍生品，拓展产业链条；另一方面，对可进行机械化生产的艺术类“非遗”项目的产品通过工艺技术攻关，在保持其传统特色及内涵的同时提高机械化程度，降低成本，提高产能，以满足更多的市场需求。“非遗”生产性保护更应考虑与文化旅游深度融合，打造体验型传统手工艺文化企业，走生产、销售一体化和体验经济的路线。通过打造传统手工艺文化企业将“非遗”资源转化为体验经济，不仅有助于增加“非遗”传承人的收入，吸引更多的年轻人对“非遗”产品产生兴趣，还能进一步促进当地旅游业的发展。

（四）加强制度建设，积极推进“非遗”进校园，加强“非遗”传承教育

地方高等院校应该重视“非遗”进学校的师资培训、“非遗”传承管理与研究人才培养。各地政府应该充分认识“非遗”的传承不是单靠几个传承人开展几次传承活动就能完成的。“非遗”保护和传承的真正主体是广大人民群众。只有让人民群众充分认识“非遗”的价值，产生文化自信，才能让他们自觉地保护与传承；也只有这样，“非遗”传承才有坚实的基础，才能取得实效。各级政府部门还要转换观念，解决“非遗”保护中“重申报、轻保护”的问题，建立长效机

制。“非遗”保护不能单靠文化部门的定期检查，而是应健全监管机制，完善项目管理问责机制，真正把“非遗”保护与管理目标明确化，具体保护项目及工作落实到岗位、量化到个人。深化“非遗”数字化体系的建设，加强“非遗”数字资源库和基因信息库建设，为“非遗”创新和与科技融合提供丰富的素材。与此同时，各地政府部门必须加强“非遗”专项保护资金的管理、使用，确保“非遗”传承人的专项补贴、专业人员培训、设备及设施采购经费落到实处。

为了避免出现“人去艺绝”现象，各地政府及教育系统应根据“非遗”口传身授的特点，在重点加强对传承人保护的同时重视培养下一代传承人，这样才不会因老一辈艺人去世而使相应的“非遗”消失。在培养传承人过程中，要根据新生代传承人特点创新传承人培养模式。一是推进“非遗”进校园，尤其是幼儿园、中小学。可以将国家级与省（市级）“非遗”项目融入当地学校地方课程教材，将本省市的民间文学、传统美术、传统音乐“非遗”分别融入语文课堂、美术课堂、音乐课堂，将民间传统舞蹈、传统体育等融入体育课堂，将民间传统戏剧、传统技艺、民俗、传统医药等融入社会、历史课堂教学中。在地方高校开设“非遗”选修课，聘请“非遗”传承人担任实践指导教师，并组织教师及传承人协同出版规范、内容全面的“非遗”高等教育教材，向优秀青年学生传授相关知识和技能，从根本上解决“非遗”的传承问题。二是结合市场经济的需要培养新的传承人。可以将“非遗”保护与精准扶贫密切结合，让分散的家庭作坊整合起来组成生产基地，培养人才，开展生产，切实提高新生代传承人的经济收入，提高他们传承“非遗”的积极性。最后，政府部门还应该坚持举办非物质文化遗产专题展演、展示会或博览会，依托传统节日进行“非遗”的宣传活动；还可以举办各种“非遗”项目比赛，鼓励全民参与，营造良好的传播氛围，充分发挥各方资源优势，促进“非遗”的学校教育、社会教育以及传承人教育，让本地“非遗”得到更有效的保护与传承。要重视对“非遗”的理论研究，吸纳相关学术研究机构、专业人才参与“非遗”保护工作，深入开展“非遗”的理论研究，深化“非遗”的文化内涵，提升其文化资源价值。

生态翻译学视阈下的非物质文化遗产外宣英译研究

——以重庆武隆“非遗”外宣英译为例[①]

周　楠　吴俐霓[②]

一、引言

中国的非物质文化遗产（以下简称“非遗”）是中华文化的重要组成部分，是各族人民世代相传的精神财富[③]。习近平总书记在党的十九大报告中指出，“坚定文化自信，推动社会主义文化繁荣兴盛”，还强调要“加强文物保护利用和文化遗产保护传承”，以及“加强中外人文交流……推进国际传播能力建设，讲好中国故事，展现真实、立体、全面的中国，提高国家文化软实力”。为落实这一要求，展开“非遗”外宣翻译的研究刻不容缓。

由我国学者胡庚申教授所提出的生态翻译学理论从诞生之初就体现了以中华传统文化“天人合一”为根基的宏观生态理性。在实际翻译中，生态翻译学提出译者有责任充分观照原文生态存在，同时对原文、译文做出“选择性适应”和“适应性选择”，这能在很大程度上拓展译文在翻译生态环境中的“长存”。

地处重庆东南部的武隆区是汉族、土家族等多个民族的聚居地，“非遗”资源丰富。同时，武隆境内有“世界自然遗产”芙蓉洞和“国家5A级旅游景区”

① 原载于《重庆广播电视大学学报》2018年2月第30卷第1期。

② 周楠，女，重庆人，硕士，重庆师范大学外国语学院讲师，主要从事翻译研究。吴俐霓，重庆房地产职业学院房地产管理系讲师。

③ 谢柯，李艺. 中国非物质文化遗产文本英译的主体性缺失：以传播学为视角［J］. 重庆广播电视大学学报，2016（2）：65-70.

天生三桥，因而成为世界各国游客来重庆必去的观光之地。因此，重庆武隆区是对外宣传的重镇，而武隆区“非遗”的外宣翻译则将是各项对外宣传工作的重中之重。

二、“非遗”外宣翻译的生态翻译学原则

德国生物学家恩斯特·海克尔（Ernst Heinrich Haeckel）将生态学定义为“研究有机体与环境相互关系”的科学①3。随着历史的不断发展，人们越来越关注人类与自然界的关系，我国学者胡庚申敏锐地觉察到生态学早已不再局限于生物学科，而是走向了更为广阔的领域，他指出“生态学是连接人人、事事的一门环境关系学”②。翻译是不同语言的转换，语言是文化的一部分，而文化是人类在与自然界的交互过程中产生的；这样的“关联序链”清晰地反映出了翻译活动与生物自然界的互联关系③6。将“非遗”的中文介绍译成英文的翻译活动显然具有生态本质。“非遗”的英译既有传承保护的作用，同时也有对外宣传的作用，它既要忠于并尽量传播原生态文化，也要不遗余力地让处于目的语文化中的人能够理解和接受。因此，译文的推广传播效果固然重要，但原文的生态传承也不可忽视。换言之，在进行“非遗”外宣翻译的过程中，译者须做到选择性适应和适应性选择，一些生态翻译学原则也必须遵循。

（一）整体联系原则

发端于古希腊“万物之一”的生态整体主义形成于20世纪，以利奥波德和罗尔斯顿为代表的系统论强调了整体及整体内部的联系。事物的存在总是先有整体，后有整体的组成部分；整体决定部分的性质，整体是决定性方面④。“非遗”翻译是一个有鲜明整体性的有机生态系统，其中原文本或译文本所处的生态子系统，以及译者、读者各自所处的生态子系统等组成部分都是相互联系、相互

① 王如松，周鸿．人与生态学［M］．昆明：云南人民出版社，2004.

② 胡庚申．生态翻译学的“异”和“新”——不同翻译研究途径的比较研究并兼答相关疑问［J］．中国外语，2014（9）：104-111.

③ 胡庚申．生态翻译学的研究焦点与理论视角［J］．中国翻译，2011（2）：5-9.

④ 韩德信．还原论、生态整体论与未来科学发展［J］．学术论坛，2005（12）：1-4.

影响的。各子系统之中的组成部分也相互联系且相互影响。在考量各子系统及子系统之间的互动关系时必须以整体“一元观”约束之，即“非遗”翻译是在尽可能存留原文生态状况的基础上将文化信息转换为目的语并予以广为传播。这凸显了“非遗”翻译的特点是：原文本的生态状况是亟须保护的重要对象，有很多内容须绝对存留；译文的生态存续又能使原文的内涵和文化随之长存，进而得以传承。因此，“非遗”外宣英译是否能最大限度地使“非遗”以不同符号形式得以“维持”及“重构”，取决于是否将“非遗”翻译作为整体加以对待，并对其内部各部分之间的联系加以重视。

（二）平衡和谐原则

自然生态系统中，当生物与环境、生物与生物之间通过能量流动、物质循环和信息传递达到一种协调统一的状态时，就形成了生态平衡。在这种平衡的关系之中，系统内各部分保持一定比例，和谐共存，稳定发展。翻译是一个复杂的生态系统，由于翻译生态与自然生态具有关联性、相似性和同构性①，翻译生态系统中也具有同样的平衡与和谐特征。翻译的主客体之间，包括译者、原文和译文在内的各个组成部分之间通过信息传递达到一种协调与统一的状态时，便会形成平衡、和谐、稳定、发展的关系。“非遗”外宣英译要具备存续性，并获得可持续稳定发展的前景，必须考虑译者、原文和译文在整个翻译系统内互动比例的和谐。只有充分发挥译者的主导作用，在极大的程度上适应生态环境，以跨文化信息转换为目的，在翻译过程中进行“选择性适应”和“适应性选择”，恰当地保持原文的生命，并对原文文本进行移植性的选择活动，生成的译文才能最终保以“生存”和“长存”。因此，“非遗”外宣英译必须遵循生态翻译学的平衡和谐原则。

（三）体现生态美学原则

生态美学不同于自然美学，曾繁仁先生于 2002 年首次将生态美学定义为一种“在新时代经济与文化背景下产生的有关人类的崭新的存在观”，认为其“是

① 胡庚申．翻译生态 VS 自然生态：关联性、类似性、同构性［J］. 上海翻译，2010（4）：1–5.

一种人与自然、社会达到动态平衡、和谐一致的处于生态审美状态的存在观”[①]。生态美学涉及人、自然与社会的关系，这使得生态翻译学也必与之有着密不可分的关联。研究生态翻译学的学者胡庚申也曾指出，在翻译的实践中，学者们不知疲倦地在微观或宏观的层面上追求着翻译的各种美，一直在讲求着“对称”“均衡”“对比”“秩序”“节奏”“韵律”等审美要素和生态审美原则[②7]。“非遗”是人类对美的感知以及对美的追求的客观反映，而“非遗”外宣英译也应该契合原文本生态审美，尽力体现生态美学原则。

三、生态翻译学视阈下重庆武隆“非遗”外宣英译问题及对策

（一）重庆武隆“非遗”外宣英译问题及生态翻译学分析

重庆古称江州，是古代巴国的国都，其有文字记载的历史已有三千多年，是巴渝文化的发祥地。位居“黔蜀门屏”的武隆区地处重庆东南部，传承巴人遗风，历史悠久，区内生活着汉族、土家族等多个民族，常住人口达四十余万人。在悠长的历史演进过程中，各民族以各自的方式在这方热土上繁衍生息，彼此发生着思想的碰撞、信仰及艺术活动的交流，形成了丰富独特的文化，留下了许多珍贵的非物质文化遗产，如土家传统木质建造技艺吊脚楼、传统织造技艺西兰卡普、梯玛神歌等。

本文研究选取的英译文本对象主要来源于武隆区仙女山国家森林公园。作为国家5A级风景区，仙女山国家森林公园先天具有对外传播的平台优势，合适的“非遗”外宣译文将向世界传递我们优秀的民族文化，彰显民族自信，进而对保护并传承我们的民族文化遗产起到至关重要的作用。然而，部分“非遗”外宣英译文本几乎都是对中文介绍的“忠实”翻译，尚缺乏生态翻译学的考量。“非遗”根植于当地原生态的文化，要对其进行传承、转达并传播必须结合其生态特性进行全面思考，本文在生态翻译学整体与联系的系统观指导下，从译者“适应性选择”和“选择性适应”的角度切入，以生态美学辅以译文的“生存”及“长存”

① 曾繁仁．试论生态美学［J］．文艺研究，2002（5）：11-16.

② 胡庚申．生态翻译学的研究焦点与理论视角［J］．中国翻译，2011（2）：5-9.

为导向，分析“非遗”外宣英译后发现其存在以下问题。

1. 不解原文整体生态状况，选译翻译内容有失

“非遗”外宣英译若需得以生态存续，其翻译的内容必然经译者对“非遗”的生态文化进行深入的解读、传承，然后转达且传播之。如果忽视了“非遗”独特的生态特性，简单地进行“字对字”的翻译，将使得“非遗”翻译的整体性无法得到尊重，各子系统无法联通，最终使“非遗”外宣英译的传播效果不佳。

以土家族织锦介绍的英译为例。其中原文提到土家织锦的织造技法为“通经断纬，断尾挖花”，而英译则直接翻译为“keeping vertical threads and taking off the horizontal ones，and clipping thread ends and embroidering”。按照常理，使用译文中描述的技法几乎无法制成可用的织物。

但如果深入了解土家织锦存在的生态环境，则会发现土家织锦中最具代表的西兰卡普采用的“通经暗纬”的织造手段，意指贯穿整个织物的经线是通的，不参与显花的纬线也是通的，但从布面上完全看不见，而在同一根纬线起花的位置上，纬线可以根据需要无数次断掉。“断纬挑花”的技术使土家西兰卡普可以使用无限色彩表现画面①。通过对土家织锦生态文化的解读，我们可以发现译文所基于的“非遗”原文是有误的。倘若不对“非遗”的生态文化进行挖掘，那么译文所传达的内容也是让人难以理解的。

2. 平衡原文和译文欠佳，运用翻译策略不当

要使“非遗”以其他文字符号的形式在其他文化中能存续并得到传播，“非遗”外宣英译的译者必须采用合适的翻译策略调和并平衡原文和译文在整个翻译系统内互动的比例。在生态翻译学视角下，译者须在接近原文生态和接近译文生态之间找到一个“平衡点”，因此在翻译过程中他 / 她始终需要面对作为跨文化翻译策略的归化和异化这两种选择。由于归化策略能更好地避免文化冲突，满足译语读者的文化认知，所以译者在翻译中国传统文化元素时为了避免不同文化间的

① 刘冠彬 . 基于土家织锦“技术文化”的讨论［J］. 湖南工程学院学报（社会科学版），2014（12）：115–118.

冲突，常不加分析就频繁使用归化策略①。译者在为保留原文生态文化而选择采用异化策略时，却没有注意译文的生态续存，没有准确地对异化翻译处理的文化内容在译语情境下进行归化的语言解释。

如土家族梯玛歌的英译为“Tujia Tima God Song”，其中译者明显采用了异化的策略，在翻译中使用了梯玛的音译“Tima”，保留了原文的生态文化的元素。由于梯玛歌是用于土家族祭祀仪式的特殊音乐，也被称为梯玛神歌，于是英译中“God”一词的使用则是运用了归化的策略。译者用“God”来代替神，原意是对之前异化处理的“Tima”进行一种归化的补充解释，但这样的翻译极可能让译语读者误解土家族信仰祭祀的对象是一个名叫梯玛的神，而梯玛在土家语中意指祭祀法事本身或做梯玛法事的人②。

再以介绍土家族织锦的英译文为例，译者在翻译汉语俗称土花布或土花铺盖时直接运用归化策略将其译为“the rural figured cloth or the rural figured quilt in Chinese”，译语读者会误以为中国农村的提花布和花铺盖都是西兰卡普。在“花布”和“花铺盖”前冠以“土”字，是为了标示出这项民间工艺所包含的土家族民族特点。因此，这里的土花布和土花铺盖应理解为土家族提花布和土家族提花铺盖。

为了大力存留“非遗”的生态文化，武隆“非遗”英译文本的译者们已有意识地广泛使用异化策略。但异化策略的实际运用情况尚待进一步改善。如土家族织锦英译介绍中有一处提到“打花”“打土花”的土家族织锦技艺，英译文直接使用“Da-Hua”和“Da -Tu-Hua”的音译代替，但没有在语言上作任何归化的注释，极大地削弱了此句译文的交际功能，使译语读者不知所云。

3. 忽略生态审美要求，运用修辞手法欠佳

不论是在“非遗”的原文还是在外宣翻译译文的生态环境中，美的存在都能愉悦人的精神，使人感到与自然及他人的和谐相处。“非遗”是人类对美的追寻

① 王立松，胡明冉．生态翻译学视角下的中国传统文化元素翻译［J］．天津大学学报（社会科学版），2016（7）：358-361.

② 于兰英，殷瑛．土家族梯玛仪式音乐研究的史与思［J］．人民音乐，2017(6):68-70.

的客观反映，“非遗”的英译应该用其他的文字符号让这样的美在其他的生态文化环境中得以存续及传播。然而，笔者在对重庆武隆“非遗”英译的实地考察中发现译者往往在译文修辞方面忽略了翻译生态美学主张的“声象美”和“结构形态美”。看起来悦目听起来悦耳的视听感性体现了声象美；而词语的优化搭配及逻辑意念的联立关系则彰显了结构形态美[①63]。

再以土家族吊脚楼介绍的英译为例。中文原文提到吊脚楼层层叠叠、错落有致。译文中将“层层叠叠”仅译作“fold”（a part doubled or laid over another part），即折叠，对折或引申为一部分在另一部分上面。且不论“层层叠叠”在中文中主要意指层次繁多、错综复杂，用“folds”也很容易误导读者将其理解为整齐对折的形象。从声象美的角度来看，仅用一个单词翻译具有两个叠音音节的重叠词，难以传递原文所表达的“对称、节奏、音律”的美。再如，“错落有致”这一四字成语被译作“patchworks”（pieces of cloth of different colors and shapes that are sewn together in a pattern），即拼布或引申为不同东西组成的意思。须知“错落有致”中的“错落”是指参差不齐，而“有致”则指有情趣的意思，译文使“错落”与“有致”逻辑意念相悖，形成不了结构形态上的对比之美。“patchworks”一词也无法对应原文成语本身具有的两层相对的含义，因此无法满足生态审美的要求，体现不了生态美学主张的词语优化搭配，以及逻辑意念联立所彰显的形态结构之美。

（二）重庆武隆“非遗”外宣英译的生态翻译学对策

“非遗”是人类在漫漫历史长河之中与自然共存且不断斗争，最终达到和谐共处的客观反映，其本质是生态性的。因此，在对其进行翻译时也必须从生态翻译学的角度出发：用整体和联系的系统观来看待整个翻译过程，由译者作为主导，首先，从深入分析“非遗”原生态文化出发，只有体现出对“非遗”本身存在的生态环境具有良好的“适应性”，才能恰当地对翻译内容做出“选择”。其次，在进行翻译转换的过程中，应同时观照源语与译语的生态环境，本着平衡和

① 王冉．广州民俗翻译中生态美学的体现——以陈家祠为例［J］．安阳工学院学报，2012（9）：61-63.

谐的原则，“选择性”地合理使用归化和异化策略，以及采用改译、编译、增译等具体方法才可实现“非遗”的译文在译语文化中的“适应”。最后，要充分运用能体现生态美学的修辞手法让译文不仅能“生存”，并且“长存”于译语生态环境，此确为外宣翻译取得成功的关键。

笔者运用上述生态翻译学的对策，对重庆武隆仙女山国家森林公园的部分“非遗”英译文本进行如下改译。

例 1 原文：土家族吊脚楼，考古学称为“干栏式建筑”，是生活在大山里的土家人最喜欢的居住建筑形式。其机构以……木楼即吊脚楼，俗称“走马转角楼”，是土家族最具特色的木质建筑……它有通风、防潮、防野兽袭击等优点。土家人以“寨”群居，吊脚楼层层叠叠、错落有致……

原译文：Tujia Dia-Jiao-Lou buildings, which archaeologists call stilled buildings, are the most popular architectural style for dwellings in Tujia areas in huge mountains. A Tujia stilted building is generally consist of main rooms, wing rooms, wooden floors and an entrance portal. Being stilted buildings, known as Zoumalous with corridors winding around, wooden floors are unique Tujia wooden buildings... Additionally, they have many advantages such as ventilation, proofing moisture, and keeping off beasts. Tujia people inhabit together at village style, with stilted buildings standing in *folds and patchworks*...

由于缺乏对“干栏式建筑”与吊脚楼关系的生态解读，原译文开篇就将吊脚楼所归属的建筑分类“干栏式建筑”直接等同于“Diao-Jiao-Lou”，并译为“the stilted building”；而在之后土家吊脚楼的结构介绍中，木楼（wooden floors）作为吊脚楼的一部分在句子中的意义再次完全等同于了“the stilted building”。这样翻译原文语句，重复使用“the stilted building”，使得译文扑朔迷离，导致读者难以理解吊脚楼究竟是何种建筑。

但如果深入地了解“干栏式建筑”存在的生态环境，则发现“干栏”又称“麻栏”，是我国南方古代民族的住房形式，由树居或“巢居”演变而来，史书曾载：“人楼居，梯而上，名为干栏。”而干栏建筑的产生主要是为了防潮、防野兽，以及适应地形和建筑材料[①5]。刘晓辉在其土家族吊脚楼的研究中也指出土家族吊脚楼是“高脚干栏”和“矮脚干栏”两种类型的结合——高脚的厢房与矮脚的主屋[②]。由以上的解读可见，土家族吊脚楼是中国南方古代民族住房形式“干栏式建筑”的一种。这种住房形式有防潮通风、防野兽的优点，是生活在大山里的土家人最喜欢的建筑形式。土家族吊脚楼是由朝门、低脚正房和偏屋，以及高脚木楼组成的。木楼又俗称走马转角楼，是土家族最具特色的木质建筑。

根据以上讨论现改译如下：

Tujia Diao–Jiao–Lou, Tujia stilts by archiologists, is one form derived from “Gan–Lan building” which is a pile dwelling built and lived by ancient ethnic people in southern China. It is the favorite architectural form of Tujia people living in the mountains, for it has advantages of moisture- proof, ventilation and anti-beast. The Tujia Diao- Jiao–Lou structure is composed of an entrance portal, the low–piled main and side houses and high–piled wooden floors. The wooden floors, commonly known as “Zou –ma–Zhuan–Jiao–Lou” (high–piled wooden floors with corridors winding around), is the most characteristic Tujia wooden building... Tujia people inhabit together as “Zhai” (village) with Diao–Jiao–Lou standing in *tiers upon tiers as well as high and low dotted but well proportioned...*

以上译文是在深入挖掘了吊脚楼的原生态文化之后，用编译的方法，重新组织了原译文的层次后形成的，让读者读毕对吊脚楼、干栏建筑和木楼的关系一目了然。同时，在转达的过程中采取异化策略，用音译的方法将“吊脚楼”“干栏”“走马转角楼”和“寨”等具有中国民族文化特色的词译作“Diao–jiao–lou”“Gan –Lan”“Zou–ma–zhuan–jiao–lou”以及“Zhai”，极大地保留了吊脚楼作为“非遗”的原生态文化内涵，在译文内容上体现了“适应性选择”。归化策

① 王冉．广州民俗翻译中生态美学的体现——以陈家祠为例［J］．安阳工学院学报，2012（9）：61–63．

② 张爱武，田晓梦．土家族吊脚楼研究现状及其特点［J］．湖北民族学院学报（哲学社会科学版），2011（3）：5–9．

略也得到了合理的使用，及时地在这些音译词的后面附上了归化处理的解释，加深了译语读者对异化音译的理解与接受，体现出了生态翻译学主张的“选择性适应”。同时，运用叠音及对比的修辞手法翻译“层层叠叠”“错落有致”（如改译文斜体部分所示），让译文体现出生态审美的要求，在译语中也能勾勒出鳞次栉比、高低错落的画面。

例2原文：土家族织锦，……汉语俗称土花布或土花铺盖，与蜀锦、云锦、壮锦并称中国四大名锦。……土家织锦技艺俗称“打花”“打土花”。传统织锦通过原始的手工操作，采用“通经断纬、断尾挖花”的方式，凭口传心授的“模仿记忆”，在一种古老的纯木质腰式斜织机上反面挑织而成……

原译文：Tujia brocade...is also indicated the rural figured cloth or the rural figured quilt in Chinese... it gains a fame, “the four famous brocades of China” on par with the Shu style (from sichuan), the Yun (from Jiangsu) and the Zhuang (from Guangxi) ... Its waving process is call Da- Hua or Da-Tu-Hua in local language. With the “imitations and memories” under the oral instructions and the spiritual inheritance from one generation to another. In the “*keeping vertical threads and taking off horizontal ones, and clipping thread- ends and embroidering*” style, by choosing the opposite approach, on antique wooden looms in waist style, traditional Tujia brocades are woven by hands...

实际上，仅读此译文很难让人弄明白只有经线而无纬线的织物是怎样的存在。译文中的“Shu style (from sichuan), the Yun (from Jiangsu) and the Zhuang (from Guangxi)”虽然貌似综合使用了异化和归化的策略，可是其归化的解释并没有准确传达源语中所表达的文化内涵。译者在对“the rural figured cloth or the rural figured quilt”的归化处理和对“Da -Hua”和“Da-Tu-Hua”的异化处理中都未能成功运用生态翻译学的平衡与和谐的原则，难以实现译语的准确传达。

根据之前对土家族织锦生态文化的考察，现改译如下：

Tujia brocade is...commonly known as “*Tu- Hua- Bu*” (flowers patterned cloth woven by Tujia ethnic people) and “*Tu-Hua-Pu-Gai*” (flowers patterned quilt woven by Tujia ethnic people)... it gains a fame of “the four famous brocade of China” on par with the *Shu brocade* (made in Sichuan province), the *Yun brocade* (with cloud pattern made in Jiangsu province) and the *Zhuang brocade* (made by Zhuang ethnic people in Guangxi province)... Its waving process is call *Da–Hua* (waving flowers) or *Da–Tu–Hua* (waving flowers in Tujia ethnic peoples’ way) in local language. With the “imitations and memories” under the oral instructions and the spiritual inheritance from one generation to another, Tujia brocades are woven by hands on antique wooden looms in waist style by using the method called “*Tong* (*visible*) - *Jing* (*warps*) - *An* (*invisible*) - *Wei* (*wefts*), *Duan* (*cut off*) - *Wei* (*wefts*) - *Tiao* (*wave*) - *Hua* (*flowers pattern*)” . Specifically, the method is that the warp threads that run through the fabric are open, and the wefts that do not participate in the flowers pattern woven are also pass but are completely invisible on the surface, while the weft threads can be cut off countless times as flowers pattern woven needed on the same weft...

以上译文中通过对土家织锦技艺的相关资料查询，用改译和增译的方法将原文中不准确的织造说法进行了修正。平衡地运用异化和归化的策略，最大限度地保留了原文的生态存在（如改译文斜体部分所示），同时也实现了译语的准确传达。“*Tong* (*visible*) – *Jing* (*warps*) – *An* (*invisible*) – *Wei* (*wefts*), *Duan* (*cut off*) – *Wei* (*wefts*) –*Tiao* (*wave*) –*Hua* (*flowers pattern*)” 更体现了生态审美节奏、韵律的要求。

例 3 原文:《梯玛歌》是土家族长篇史诗，主要流传在湘西酉水流域，它以“梯玛日”异世为传承载体，世代口碑相传。……它以集诗、歌、乐、舞为一体的庞大艺术载体，表现开天辟地、人类繁衍、民族祭祀、民族迁徙、狩猎农耕及饮食起居等广泛的历史内容和社会生活内容……

原译文：As a long Tujia epic, circulated in the counties in the You–Shui Basin of west Hunan, in the “Tima–Day” rituals, Tima God Song is sung by generation after generation ... Being lengthy with thousands of verses, composed poems, songs music, and dance forms into the one–style art, it perform wide history and aspects of social life, such as the creation of Tujia ancestors, their multiplication, sacrificing, migration, hunting and farming, and even diet and daily life...

在原文的第一句中，《梯玛歌》用了书名号，貌似为一部传世的文学作品，但查询相关资料后得知，土家语只有音而无文字，因此作为文本存在的文学作品的《梯玛歌》不应等同于“非遗”梯玛歌①64。原译文中由于对土家族梯玛歌生态文化没有进行正确解读，在开篇用“epic”来翻译原文中的史诗也没有考虑梯玛歌是一种“似宗教而又非宗教”的巫祀音乐②68，随后又将其译为“Tima God song”，会让读者误以为梯玛歌是关于一个土家族的名为梯玛的神的传奇英雄事迹，或祭祀梯玛神的宗教音乐。这与之后译文中展现的梯玛歌的主要内容是关于土家族人繁衍、迁徙、狩猎等相矛盾。

对“梯玛歌”进行生态学的探究后得知，“梯玛”或指土家族祭祀的法事，或指做法事的人。这些仪式活动主要有祭祖先、赶鬼驱邪、还愿、求子、求雨、送亡人等。因此，梯玛歌乃为土家祭祀仪式上由做法事巫师“梯玛”所演唱的敬神之歌，抑或为土家族梯玛仪式音乐③63。由以上的解读可将原文中的内容改编整理为：梯玛歌是一部以土家语为载体，世代口口相传的反映土家族人开天辟地以来的祭祀、繁衍、迁徙、狩猎、农耕等生产生活情况的史诗；又是一部流传于湘西酉水流域的，集诗、歌、乐、舞为一体的伴随于梯玛日祭祀仪式的土家族原始巫祀音乐……

根据以上讨论现改译如下：

Tima song, handed down from generation to generation, carried by Tujia language, reflect the Tujia people' s sacrifice, reproduction, migration, hunting, farming and other production and cultural life since the epoch. It takes a form of a Tujia original Witchcraft worship opera which integrated poems, songs, music

---

① 于兰英，殷瑛．土家族梯玛仪式音乐研究的史与思［J］．人民音乐，2017(6):68-70.

② 阮玉明．非物质文化遗产视域下的土家族梯玛歌研究综述［J］．三峡论坛，2014(1):63-67.

③ 阮玉明．非物质文化遗产视域下的土家族梯玛歌研究综述［J］．三峡论坛，2014(1):63-67.

and dance forms and accompanied the ceremony of Tima Ritual, circulating in the counties in the You–Shui Basin of western Hunan...

以上译文是通过探究土家族梯玛歌的生态文化内涵之后，采用编译的方法，对原译文的内容重新调整后形成的。从两个层面突出了梯玛歌作为“非遗”的生态文化内涵：一层为其蕴含了土家族最广泛意义的民俗文化；二层为其所综合的丰富并有特色的文化表现形式。在对两层次进行转换表达的过程中，归化和异化的策略得到了充分调和并平衡。在第一层次的转换中，梯玛歌译作“Tima song”，是运用了异化策略，更准确地向译语读者传达了原语的生态文化要点；而在第二层次的转换中，译语词汇“opera”（an art form in which singers and musicians perform a dramatic work）用于直接表达梯玛歌的形式，此处以同化策略，用简洁而形象的语言向译语读者描绘出了梯玛歌的生态存在。两层次语言表达的并列在行文逻辑上体现了生态审美原则的“均衡”和“秩序”。

重庆抗战时期“迁建区”范围内抗战遗产的保护与利用初探[①]

苏健红　吴　广[②]

重庆抗战遗产资源丰富，目前研究成果丰富，主要是从遗产本体、保护利用以及相关历史事件等角度进行探讨，缺少日本大轰炸的特定历史背景下，国民政府采取相应措施设立相关区域安排政府相关机构进行应对，从而形成了重庆迁建区抗战遗产特有布局，以及在此基础上探讨这些遗产的保护与利用的整体研究，故本文拟对迁建区域抗战遗产的历史、分布、现状以及保护与利用进行概要分析和探讨，以就教于方家。

一、迁建区的范围界定及管理办法

为应对日本的大轰炸，从1938年起，国民政府、军事委员会及当时实际主持重庆及西南行政工作的国民政府军事委员会委员长重庆行营着手部署重庆的人口疏散工作，相继出台了一系列征对轰炸的人口疏散和反轰炸政策，开始有准备地应对即将到来的侵华日军对以战时首都重庆为首西南大后方的轰炸。

国民政府中央机关迁建区范围以歌乐山老鹰岩为起点，沿成渝公路两侧3公里范围，经青木关直达北碚三峡乡村实验管理区署的南北30公里多的广大地区，它包括歌乐山、山洞、高店、西永、土主、陈家桥、兴隆、青木关、歇马、石桥、新发、井口、同兴、蔡家、凤凰、新丰以及北碚及所属二岩、澄江、文星、

---

① 原载于《遗产与保护研究》2018年6月第3卷第6期。

② 苏健红，女，副研究员，主要研究方向为重庆抗战史、文化遗产保护。吴广，信息项目管理师，硕士，主要研究方向为文物信息化研究与管理。

黄桷树等乡镇，作为国民政府中央党政机关指定疏建的特殊区域。迁建区自 1939 年 2—3 月开始动议建立，直到 1946 年国民政府返都南京时撤销，存在时间长约 7 年。当时制定迁建区的文件有这样的文字：

“沿成渝公路自老鹰岩至北碚一段，已指定为中央各机关迁建区域，市内居民之疏散不得向该区域内迁移……”①

迁建区范围最初只有巴县土主、高店、西永、歇马、凤凰、青木关、山洞、新发、兴隆、虎溪 10 个乡镇，外加嘉陵江三峡实验区署的北碚镇，共 11 个乡镇。1940 年元月，为加强国民政府中央机关迁建区的防护工作，成立了重庆防空司令部直辖的歌乐山防护区团及北碚防护区团，并按照市县组织规程订立《中央迁建区健全防护组织办法》，负责辖区内的防空、救护、治安等项业务。中央迁建区歌乐山区团所辖范围在高店、青木关、山洞等原 10 个乡基础上，新增蔡家、同兴、井口、石桥、新丰共 15 个乡；中央迁建区北碚区团扩大到当时的北碚嘉陵江三峡实验区署全境，即北碚、二岩、澄江、黄桷树、文星镇 5 镇组成，这些乡镇各成立防护分团，分团正副团长均由重庆市防空司令部委任，设有警报、警备（兼理灯火交通）、救护（兼理避难、管制）、灯火管制、消防（兼理防毒）、担架、工务 6 个班。

当时制定的“中央迁建区健全防护组织办法”如下：1940 年 1 月 6 日

①本部为适应中央机关迁建区之实际需要，特参照各省市县□□组织规程订本办法。

②中央机关迁建区（以下简称迁建区）除所辖原有巴县、璧山、北碚所属之 11 乡镇外，应事实上之需要，特将巴县第一区之蔡家、同兴、井口、石桥、新发、新丰 6 乡镇及北碚实验区所属二岩、黄桷树、澄江、文星 4 镇划入该区组织。

③迁建区地域辽阔，按照该区实际情形及事实需要，组设两区团直属重庆防空司令部。

④区团名称订为“中央迁建区防护团歌乐山防护区团”及“中央迁建区防护

① 四川省巴县志编纂委员会编．巴县志［M］．重庆：重庆出版社，1994.

团北碚防护区团”。

⑤歌乐山防护区团团部设于歌乐山，以境内山洞、高店、西永、土主、陈家桥、兴隆、青木关、歇马、石桥、新发、井口、同兴、蔡家、凤凰、新丰等组十五分团属之；北碚防护区团团部设于北碚，以境内北碚、二岩、澄江、文星、黄桷树等组设四分团属之……[①]

中央迁建区所包括的区域，以歌乐山、山洞及北碚五镇为核心区域，有成渝公路横贯穿迁建区全境，迁建区其他地方如土主、虎溪、青木关、西永等巴县、璧山所属乡镇，形成迁建区外围保护区域，而北碚经过多年的乡村建设实验，在治安、卫生等条件比较成熟。

为叙述方便，下文按中央迁建区歌乐山防护区团及北碚防护区团来进行分类和表述。

二、国民政府各党政机关在迁建区的分布

（一）中央迁建区歌乐山防护区团内国民政府中央及所属机关驻地分布

1. 歌乐山镇、山洞镇及高店乡分团。歌乐山原系巴县风景名胜区，1938年，四川教育学院高显鉴等44人成立歌乐山乡村建设实验区署，负责歌乐山的治安、规划、建设等事宜。1939年2—3月，国民政府行政院划定歌乐山地区为国民政府中央机关核心区域，1940年底至1941年将此处由巴县划归重庆市政府，重庆市政府在此设立重庆市警察局第十三分局，以后又在十三分局基础上成立重庆市第十三区，即重庆市政府歌乐山郊区办公处，辖歌乐山、高店子、山洞等乡镇，负责此地的行政事务。

山洞镇位于成渝公路之侧，距歌乐山21公里，1940年底划归重庆，设山洞镇，属第十三区。成渝公路通车后，是通往白市驿、成都的咽喉。山洞二郎关为重庆西部第二险关，二郎关与老鹰岩构成军事要地。高店乡位于成渝公路之东，歌乐山附近地区。1940年底从巴县划归重庆，设山洞镇，属重庆市第十三区。成

① 重庆市档案馆，重庆市沙坪坝区地方志办公室编．民国歌乐山档案文献［M］. 2004：381–384.

渝公路通车后，也是通往白市驿、成都的咽喉。歌乐山镇、山洞镇及高店乡是迁建区的核心区域。

1939 年 3 月以后，特别是重庆 5 月 3—4 日大轰炸后，国民政府中央各党政机关即接令纷纷迁入歌乐山、山洞、新店子等指定地点，据 1939 年 6 月 6 日一份《歌乐山、高店子间各机关学校军队名称表》档案记载，迁入迁建区的机关计有：国府主席宿舍、考试院、内政部、经济部、教育部、铨叙部、保育院、中央训练委员会、歌乐山乡建社、华洋义赈救济总会、省立戒烟医院、宽仁医院、青年会、聚兴诚职员宿舍、重庆盐务局宿舍、难民管理所、上海致力公司业务处、晒光坪肥皂工业厂合作社办事处、中国茶叶公司、财政部警总队大队部共 22 处；民众学校两个、歌乐山小学校两个、仁德小学校、淑德小学校、花朝门小学校、中央助产学校共 9 处；另有宪兵三团一连人、新二十五师三建、军事委员会交通处通信营、军团联合办事处共 4 处[①]。

抗战时期国民政府中央机关在歌乐山地区驻地不完全分布如表 1 所示。

表 1　迁设歌乐山各机关调查表[②]

机关名称	主管人姓名	所在地街道名称	门牌号数	职工人数/人		合计/处	备考/处
				职员	工友		
盐务总局	王佩衡	金刚坡	17	2	10	3	9
监察院	刘尚清	龙洞口	5	1	10	2	7
审计部	王藉田	龙洞口	18	1	8	2	3
甘肃油矿局修车总处	温之□	廖家店	17	1	10	2	2
中央工业实验所歌乐山办事处	戴广渝	向家湾					
中央工业实验所金刚坡办事处	徐思恭	潭草池	1	1	5	1	5
国府文官处郊外办事处	张占鳌	燕儿洞	3	2	15	4	0
交通部住廖办公处	姚秀芝	浣土村	15	2	12	27	
运输统制局公路工务处	舒聪	方堰塘	9	5	3	8	

① 重庆市档案馆 0340-0002-00486-0100-158-000。

② 重庆市档案馆 0021-0002-00105-0000-008。

续表

机关名称	主管人姓名	所在地街道名称	门牌号数	职工人数/人		合计/处	备考/处
				职员	工友		
中央训练委员会第三处办公室	何治全	苟家湾	3	5	3	8	
国府主计处会计局	杨兆熊	牵牛洞	12	3	19	5	0
国府主计处藏计局	喻焕章	牵牛洞	11	1	7	1	9
行政院水利委员会	薛笃弼	生机路	13	7	25	9	5
交通银行	陈根荣	停车场	4	6	7	1	3
水利委员会示范工程处	曾瑞芝	黄桷树	1	1	5	1	5
行政院	陈仪	新开市					
考试院	戴传贤	静石湾					
考选委员会	陈大齐	静石湾					
铨叙部	贾德景	静石湾					
赈济委员会	许世英	向家湾					
内政部警察总队第一大队	孟宪周	龙洞湾					
考试院妇女工作队	黄梅仙	歌乐山					
婴儿保育院	张维祯	龙洞沱					

另外，20世纪90年代出版的《重庆市沙坪坝志》也对歌乐山、山洞等国民政府机关旧址有不完全统计①。

关于歌乐山和山洞等地的迁建区，诸多国民政府机关都有相关回顾和记载，如抗战时期迁至重庆的国民党中央党部秘书处：

“中央党部秘书处于二十六年十一月迁移重庆，假上清花园为办公处，迄三十四年十月起分批复员还都。……十二月五日正式开始办公。二十九年敌机狂炸重庆时期，在迁建区小湾乡间设办公处，移一部分公事在乡间办理，而重心仍在上清花园”②。

① 重庆市沙坪坝志纂委员会．重庆市沙坪坝志［M］．成都：四川人民出版社，1995：879.

② 唐润明．抗战时期国民政府在渝纪实［M］．重庆：重庆出版社，2012：12-13.

抗战时期在重庆成立的国民党中央党史史料编纂委员会："……至二十七年一月间，又奉令西迁，遂由长沙转移到渝，择定巴县北碚之绍隆寺为会所，所有史料及档案均运往储藏。……二十七年五月间将秘书办公室及其他有关单位迁至山洞黑天池之宝光寺（即亚光寺），交以该寺附近之吴家大洞为安藏史料之所。惟总纂办（公）室，则仍停磐溪，从事抗战史料之编辑。至是年八月间，始由磐溪迁往宝光寺……"①

抗战时期迁至重庆的资源委员会："……二十七年陆续抵达重庆，租上清寺彭孝友堂住宅一幢，职员四十余人作息于此……武汉沦陷，重庆有空袭威胁之虞，爰又择西郊——新桥南去五里许，上桥镇双碑地方……"②

抗战时期迁都重庆时的交通部："部址迁移交通部西迁重庆后，部址系在上清寺街彭姓大厦。最初一部分人员曾在川盐大楼及左营街办公。……中央因敌机滥炸重庆市区，积极疏散重庆各机关至附近四乡，交通部遂将一部分员工及不必居留市区之眷属疏迁至廖家店、南温泉两处，并设立办事处经办各该区之管理及设施事宜。"③

抗战时期迁都重庆的水利委员会④："卅年六月行政院聘任薛笃氏为主任委员，筹备成立，所有经济部经管水利事业及其水利司全体司员均移归接管，会址勘定重庆歌乐山生机路……即于是年九月一日正式成立，积极展开工作……"⑤

抗战时期迁都重庆的扬子江水利委员会："七七事变，抗战军兴，本会于二十六年十一月随国府西迁……于二十七年四月迁抵重庆。最初办公地点在城内油市街 4 号……自二十八年五月三、四两日迭遭敌机惨烈轰炸，以后为避免精神不安影响公务进行，乃迁至市郊高滩岩凤鸣山左家院子办公……"⑥

2. 永兴乡分团。该乡位于成渝公路之西 7.5 公里，抗战时期属巴县政府。永

---

① 唐润明．抗战时期国民政府在渝纪实［M］．重庆：重庆出版社，2012：24，27.

② 刘建业．迁都重庆的国民政府［M］．北京：北京出版社，1994：186.

③ 刘建业．迁都重庆的国民政府［M］．北京：北京出版社，1994：299-300.

④ 刘建业．迁都重庆的国民政府［M］．北京：北京出版社，1994：437.

⑤ 刘建业．迁都重庆的国民政府［M］．北京：北京出版社，1994：437.

⑥ 刘建业．迁都重庆的国民政府［M］．北京：北京出版社，1994：438.

兴场迁移有国民政府蒙藏委员会。

3. 虎溪乡分团。该乡位于西永乡之西北，距永兴场约 7.5 公里，抗战时期属巴县政府。

4. 陈家桥分团（见表 2）。陈家桥位于虎溪场之东 4 公里，近公路，系虎溪乡之一保。迁入本乡有内政部（驻虎溪乡陈家桥傅家院子）、内政部警二中队（驻虎溪乡陈家桥）、内政部警二中队虎溪分队（驻虎溪乡南华宫）、禁烟委员会（驻虎溪乡黑石子）。另有华西、同济两医院。

表 2　迁设陈家桥各机关调查表 ①

机关名称	职工人数 / 人	眷属人数 / 人	现住地点	距离里程 / 公里	备考
内政部	343	780	傅家院子	0.5	
政治部	810	690	三圣宫	6.0	
内政部警总队第二中队	178	80	附近		
蒙藏委员会	274	290	永兴场		
禁烟委员会	110	220	半边街		
党政考核委员会	80	200	丰文山		
军委会国际问题研究所	88	88	丰文山		

抗战时期迁都重庆的内政部 ②“本部于廿六年十一月奉命迁渝办公，遵照积极筹划，所有全部人员及公文等，分由津浦路车及长江轮运至汉口集中，再由汉口转运长沙，复由长沙经湘黔公路过贵阳达重庆，时为民国廿七年一月……部西迁员工人数不多，公文箱堆积如山，非有巨大之办公室足以容纳此多数之人与物，乃于渝市赁中一路义林医院为部址。自廿八年五月起，日寇大轰炸渝市，本部奉令疏散，乃迁往巴县虎溪陈家桥，并设部址于傅家院子……”

5. 土主乡分团，抗战时期属巴县政府。该乡位于成渝公路之东十里，境内有政治部医务所及卫生署医务所。迁入此乡的中央机关计有政治部（驻土主乡毛铁

① 重庆市档案馆 0021-0002-00105-0000-008。

② 刘建业．迁都重庆的国民政府［M］．北京：北京出版社，1994：41-42.

匠）、总务厅（驻土主乡三圣宫）、第一厅（驻土主乡杨家院子）、第四厅（驻土主乡廖家院子）、文化研究班（驻土主乡五根黄桷树）、党义研究班（驻土主乡杨家院子）、政治部特务营（驻土主乡三圣宫）、第一连（驻土主乡三圣宫）、第二连（驻土主乡药皇观）、第三连（驻土主乡）、党政工作考核委员会（驻土主乡盐井河）、三圣宫卫生站（驻土主乡三圣宫）、警总队第一中队（驻土主乡万寿宫）、国际问题研究所（驻土主乡李家花园）。

6. 兴隆乡分团。该乡位于土主乡之东北，距土主场 10 公里，抗战时期属巴县政府。警卫力量则系本总队派有长警一班驻守。入驻该乡的中央机关有：战时青年训导团（驻兴隆乡五云山）、卫生团兴隆场公路卫生站（驻兴隆乡兰家庙）、内政部警中队一大队十六中队二分队兴隆场勤务班（驻兴隆乡街上）、军政部荣管处（驻兴隆乡五志山和兴隆乡正觉寺）。

7. 歇马乡分团。该乡位于青北公路之侧，距兴隆场 10 公里，抗战时期属巴县政府。入驻该乡的中央机关计有：司法院驻歇马乡莲池湾、立法院驻歇马乡独石桥、最高法院驻歇马乡涂家、司法行政部驻歇马乡小湾、最高法院检察署驻歇马乡刘家沟、中央公务员惩戒委员会驻歇马乡高台坵、行政法院驻歇马乡盐井坝、行政院水利委员会高坑岩水力发电厂驻歇马乡高坑岩、内政部警察 18 中队驻歇马乡赵家堡等数家单位。

抗战时期迁都重庆的行政法院[①]"本院于二十六年十一月十一日奉令西迁，所有人员及卷宗分 3 路出动：……借湖南高等法院第三分院，开始办公。继又奉令迅速迁川，遂于二十七年二月间，陆续移动，同年五月全部抵渝，择定重庆市中山路 107 号为院舍，继续办公。迨二十八年三月，复奉令疏散各机关下乡，遂暂移南温泉，赁房办公。同年九月，复奉令迁赴成渝公路附近，即择定巴县歇马乡大石盘何家大院为办公之所，居住约计三年。因距歇马场太远，诸务不便，于三十二年五月，移至盐井坝杨家院内继续办公"。

8. 凤凰乡分团。该乡位于歇马乡之西南，距青木关约 7.5 公里，抗战时期属巴县政府。

① 刘建业 . 迁都重庆的国民政府［M］. 北京：北京出版社，1994：503.

9. 青木关分团。该关位于青北、成渝两公路之间，为巴、璧两县分管之区。关于防护业务，前曾由教育部指导，组有防护团境内有卫生事务所济生医院、中医救护医院，医师护士均有。警卫力量则有本总队长警一班，十八军一营。该乡有迁渝期间的教育部（驻青木关），该部在重庆城内也设有办事处。

10. 蔡家乡分团。抗战时期属巴县政府，1940年后划入迁建区。该乡入驻中央机关计有：中央组织部党籍登记处（驻蔡家乡赵家塆）、军需学校（驻蔡家乡洪家塝）、海外部（驻蔡家乡胡家岩）、中央农垦班（驻蔡家乡龙车寺）等机关。

11. 新发乡分团。农林部、农林部巴县指导处、农林部农村经济改进处、农林部经济农场、农林部垦务局、农林部淡水养殖场驻新发乡。

12. 井口乡分团。抗战时期属巴县政府，1940年划为迁建区。该乡入驻中央机关计有：军政部植物油总厂（驻井口乡大堡）、资源委员会资渝炼钢厂（驻井口乡甘家背）、扬子江水利委员会嘉陵江工程处（驻井口乡南溪口）。

13. 石桥乡分团。抗战时期属巴县政府，1940年划为迁建区。

14. 新丰乡分团。抗战时期属巴县政府，1940年划为迁建区。

15. 同兴乡分团。抗战时期属巴县政府，1940年划为迁建区。该乡有军政部荣誉军人管理处第二农场（驻同兴乡天台寺）。

（二）迁建区北碚防护区团内国民政府中央及所属机关驻地分布

北碚迁建区部分抗战时期包括北碚镇分团、二岩镇分团、黄桷树镇分团、澄江镇分团、文星镇分团（见表3）。抗战时期迁入北碚迁建区的中央机关及所属单位有国府统计局等20多家。

北碚原属巴县北碚场。1936年4月1日，北碚成立嘉陵江乡村建设实验区署，辖北碚、文星、黄桷树、二岩、澄江五镇。1939年3月划为国民政府中央机关迁建区域。1942年3月1日，北碚三峡乡村实验区署奉命改为北碚管理局，管理局照一等县设置，组织和权责与一般县政府相同，受四川第三行政专员公署监督，设荐任局长一人，由卢子英担任①。卢子英对当时的北碚，有这样一段话：

① 周振鹤. 中国行政区划通史·中华民国卷·中华民国时期地方行政区划·沿革·第七章四川省·行政督察区［M］. 上海：复旦大学出版社，2007：234.

窥自抗战军兴以来，省外人士及各事业机关，以职区位于嘉陵江畔，水陆交通均极便利，而治安亦有保障，故纷纷移来区居住。北碚市廛因而繁荣，各镇人口随之激增……

嘉陵江三峡乡村建设实验区区长卢子英

中华民国二十八年四月十七日[①]

在抗战时期的重庆迁建区中，中央研究院是值得注意的科研单位。中央研究院西迁之经过如下："二十六年十一月，战事日益紧急，是月中旬本院奉命西迁。原在京沪两地之各所处，遂全部迁入内地，除气象研究所迁至汉口外，其余各所处均迁至湖南长沙及衡阳之南岳。续又将动植物、社会、心理三研究所迁至阳朔。地质、物理两研究所迁至桂林，历史、语言、工程、化学、天文五研究所迁至昆明。

本院最初迁入重庆市者为气象研究所，该所于二十七年一月中旬由汉口到达渝城，初在通远门兴隆街设办公处，二月中旬迁至曾家岩石之隐庐。二十八年五月迁至北碚，直至抗战胜利。

表 3　迁放北碚各机关调查表[②]

机关名称	地址	职员人数 / 人	工役人数 / 人
国府统计局	金刚碑	34	7
全国度量衡局	新村中山路	24	8
社会部驻北碚调查办事处	金刚碑		
财政部税务署	天生桥	91	18
财政部苏浙皖区统税局	民权路	40	15

① 重庆市档案馆嘉陵江三峡乡村建设实验区署关于扩大北碚住宅区办法并绘就草图上重庆疏建委员会呈 0081-0004-03702-0000-028-000。

② 重庆市档案馆《迁放北碚各机关调查表》0021-0002-00105-0000-015。

续表

机关名称	地址	职员人数 / 人	工役人数 / 人
财政部安徽烟酒印花税局办事处	北碚	11	2
财政部中央直接税局重庆分局北碚征查所	民权路		
中山文化教育馆	中山路	16	6
国立编译馆	中山路	75	10
教育部中国教育全书编纂处	天生桥	22	4
中央研究院动植物研究所	惠宇	14	6
中央研究所气象研究所	惠宇	21	10
中国科学院生物研究所	惠宇	20	7
中央工业实验所	杜家衡	22	12
中央农业实验所	黄桷树上坝	22	45
经济部矿业研究所	白庙子	6	2
中国地理研究所 国立复旦大学	中山路 黄桷树	150	743（学生）
国立江苏医学院	何家嘴	79	418（学生）
国立体育专门学校	中山路	24	106（学生）
国立重庆师范学校	中山路	16	476（学生）
交通部电报局	新村	8	5
邮政总局统计组	魏家湾	5	1
资源委员会酒精厂	三花石		

续表

机关名称	地址	职员人数 / 人	工役人数 / 人
燃料管理处嘉陵江办事处	新村	14	8
黄河水利委员会北碚电台	天生桥 同家岩	2	

二十九年十二月，动植物研究所自阳朔迁至重庆北碚……

三十三年桂林沦陷，本院物理、心理、地质三研究所先后迁渝，物理、心理研究所设于北碚……

抗战时间，本院组织亦有扩充。……三十三年将动植物研究所分为动物及植物两研究所，均设于北碚。同年又增设医学研究所筹备处于歌乐山龙洞湾上海医学院内……

直至抗战胜利时，本院各单位分设于重庆、北碚、李庄、贤明四区。上述四区，为本院习用之称谓。实则设于北碚及重庆者，均可称为重庆区，计有总办事处、地质研究所、医学研究所筹备处、心理研究所、物理研究所、气象研究所、动物研究所筹备处、植物研究所筹备处等八单位……”①

三、重庆迁建区现存抗战遗产名录及保护利用建议

国民政府还都后，曾给重庆留下诸如上清寺、抗战胜利纪功碑、南岸抗战遗产群、中央迁建区抗战遗产等珍贵的抗战文化遗产，科学地保护和合理利用这些珍贵抗战文化遗产是我们义不容辞的责任和使命。

（一）重庆迁建区现存抗战遗产名录

重庆现存抗战遗址遗迹 395 个，是目前中国大陆保存抗战遗址遗迹最多、类型最丰富多样的城市。而迁建区内现存抗战遗存 97 处，占重庆抗战遗存总数的 25% 左右（见表 4 和表 5）。

中华人民共和国成立后，重庆市的抗战遗产保护工作即开始启动。但由于意

① 刘建业．迁都重庆的国民政府［M］．北京：北京出版社，1994：570–572.

识形态等诸多因素的影响，重庆最初的抗战遗产保护多以革命文物和革命纪念建筑物为主。

1977年以后，重庆的抗战遗产保护逐步步入正轨。经过数十年的努力，重庆抗战遗产的保护与开发利用已取得相当成效，保护类型，从单一的强调意识形态价值的革命文物保护扩展到抗战时期重要史迹和重要机构旧址、军事建筑及设施、名人故（旧）居、名人墓及纪念设施、交通道路设施、文化教育卫生建筑及附属物、石刻题记等各种类型，保护方式从单一的个体遗址遗迹保护发展到《重庆抗战遗址保护利用总体规划》的抗战遗产片区保护。

表4　迁建区歌乐山片区、林园片区、山洞片区现存抗战遗址遗迹表①

编号	名称	所在区县	保护级别	保存状况		
				较好	一般	较差
1	国民政府军事委员会政治部第三厅暨文化工作委员会旧址暨重庆郭沫若旧居	沙坪坝区	国家级	√		
2	重庆冯玉祥陈家桥旧居	沙坪坝区	市级	√		
3	国民政府军事委员会政治部旧址暨张治中旧居	沙坪坝区	国家级	√		
4	兵工署第二十四兵工厂旧址	沙坪坝区	国家级		√	
5	林园蒋介石官邸（1号楼）	沙坪坝区	国家级	√		
6	林园宋美龄公馆（2号楼）	沙坪坝区	国家级	√		
7	林园马歇尔公馆（3号楼）	沙坪坝区	国家级	√		
8	林园林森官邸（4号楼）	沙坪坝区	国家级	√		
9	林森墓	沙坪坝区	国家级	√		
10	林园美龄舞厅	沙坪坝区	市级	√		
11	陈诚、顾祝同、罗广文公馆	沙坪坝区	市级			√

①作者根据重庆市政府公布的395处抗战遗址整理。

续表

编号	名称	所在区县	保护级别	保存状况		
				较好	一般	较差
12	何应钦官邸	沙坪坝区	市级	√		
13	潘文华公馆	沙坪坝区	市级		√	
14	周均时、梁颖文公馆	沙坪坝区	市级	√		
15	林森山洞公馆	沙坪坝区	市级		√	
16	国民政府蒙藏委员会旧址	沙坪坝区	国家级		√	
17	张群公馆	沙坪坝区	市级		√	
18	杨森公馆（谷芳山庄）	沙坪坝区	市级	√		
19	范绍增公馆	沙坪坝区	市级		√	
20	周季悔公馆	沙坪坝区	市级		√	
21	夏斗寅公馆	沙坪坝区	市级			√
22	曾俊臣公馆	沙坪坝区	市级		√	
23	唐式遵公馆	沙坪坝区	市级		√	
24	吉星文公馆	沙坪坝区	市级		√	
25	贺耀祖、杭立武公馆	沙坪坝区	市级		√	
26	金九公馆	沙坪坝区	区级			√
27	项家院	沙坪坝区	区级	√		
28	吴国祯公馆	沙坪坝区	区级	√		
29	国民政府铨叙部旧址	沙坪坝区	区级	√		
30	重庆市政府歌乐山郊区办公处	沙坪坝区	区级	√		
31	监察院于右任办公室旧址	沙坪坝区	区级			√
32	孔祥熙公馆	沙坪坝区	区级	√		
33	冰心寓所	沙坪坝区	区级	√		
34	鹿钟麟公馆	沙坪坝区	区级	√		

续表

编号	名称	所在区县	保护级别	保存状况		
				较好	一般	较差
35	兵工署第二十五兵工厂旧址	沙坪坝区	文物点		√	
36	五云山寨	沙坪坝区	文物点		√	
37	四川省立教育学院旧址	沙坪坝区	文物点	√		
38	“寸心”“云梯”石刻	沙坪坝区	文物点	√		
39	国民政府文官处旧址	沙坪坝区	文物点			√
40	川军总司令行营告示牌	沙坪坝区	文物点		√	
41	邓家彦公馆	沙坪坝区	文物点			√
42	王正廷公馆	沙坪坝区	文物点	√		
43	宽仁医院歌乐山遗迹	沙坪坝区	文物点		√	
44	“佛”字石刻	沙坪坝区	文物点	√		
45	歌乐山抗战石刻群 A 区	沙坪坝区	文物点		√	
46	歌乐山抗战石刻群 B 区	沙坪坝区	文物点		√	
47	歌乐山抗战石刻群 C 区	沙坪坝区	文物点		√	
48	歌乐山抗战石刻群 D 区	沙坪坝区	文物点		√	
49	冯玉祥题纪念段绳武先生石刻	沙坪坝区	文物点	√		
50	《涵园记》题刻	沙坪坝区	文物点	√		
51	山洞隧道	沙坪坝区	文物点		√	
52	龚家洞金库旧址	沙坪坝区	文物点	√		
53	斐然渠堰坝及题刻	沙坪坝区	文物点		√	
54	国民政府内政部旧址	沙坪坝区	文物点			√
55	中央研究院地质研究所暨中国科学工作者协会旧址	沙坪坝区	文物点			√
56	松堡美国教会学校旧址 1—7 号楼	沙坪坝区	文物点		√	

续表

编号	名称	所在区县	保护级别	保存状况		
				较好	一般	较差
57	郭勋祺公馆	沙坪坝区	文物点	√		
58	国民政府国史馆旧址	沙坪坝区	文物点			√
59	国民政府军委会电报局旧址	沙坪坝区	文物点			√
60	国民政府宪兵连驻地旧址	沙坪坝区	文物点			√
61	何九渊公馆	沙坪坝区	文物点		√	
62	臧克家旧居	沙坪坝区	文物点			√
63	刘雨卿、官全斌公馆	沙坪坝区	文物点			√
64	许世英公馆	沙坪坝区	文物点		√	
65	盛世才、沈鸿烈公馆	沙坪坝区	文物点		√	
66	孙炎公馆	沙坪坝区	文物点	√		
67	刘牧虎公馆	沙坪坝区	文物点			√
68	私立赈济初级中学旧址	沙坪坝区	文物点			√
69	张心田公馆	沙坪坝区	文物点			√

表 5　迁建区缙云山片区、夏坝片区现存抗战遗址遗迹表[①]

编号	名称	所在区县	保护级别	保存状况		
				较好	一般	较差
1	中国西部科学院地质研究所（地质楼）	北碚区	国家级		√	
2	中国西部科学院（惠宇楼）	北碚区	国家级	√		
3	卢作孚旧居	北碚区	市级	√		

① 作者根据重庆市政府公布的 395 处抗战遗址整理。

续表

编号	名称	所在区县	保护级别	保存状况		
				较好	一般	较差
4	峡防局旧址（文昌宫）	北碚区	国家级			√
5	老舍旧居	北碚区	市级	√		
6	梁实秋旧居（雅舍）	北碚区	市级	√		
7	中国乡村建设学校旧址暨晏阳初旧居	北碚区	市级	√		
8	国立复旦大学重庆旧址	北碚区	市级	√		
9	张自忠将军墓	北碚区	市级	√		
10	北碚警报台旧址	北碚区	市级	√		
11	红楼（含清凉亭）	北碚区	市级	√		
12	世界佛学苑重庆汉藏教理院	北碚区	国家级		√	
13	中国词典馆暨军政部陆军制药研究所	北碚区	市级		√	
14	中国科学社生物研究所（中央研究院生物研究所）	北碚区	市级			√
15	阳翰笙创作地旧址（竹楼）	北碚区	市级	√		
16	林森主席山庄旧址（磬室）	北碚区	市级		√	
17	数帆楼	北碚区	市级		√	
18	陈书农公馆（农庄）	北碚区	市级		√	
19	国立江苏医学院重庆旧址	北碚区	区级		√	
20	国民政府司法院行政部旧址	北碚区	区级			√
21	美龄堂	北碚区	区级		√	

续表

编号	名称	所在区县	保护级别	保存状况		
				较好	一般	较差
22	国民党中央警卫署旧址	北碚区	文物点			√
23	北川铁路—白庙子码头绞车遗产	北碚区	文物点			√
24	梁漱溟旧居	北碚区	文物点	√		
25	国民政府行政法院旧址	北碚区	文物点			√
26	最高法院检察署旧址	北碚区	文物点			√
27	最高法院旧址	北碚区	文物点			√
28	国民党中央党部党史资料编撰委员会旧址	九龙坡区	文物点			√

2010 年，重庆启动“重庆中国抗战大后方历史文化研究与建设工程”，《重庆抗战遗址保护利用总体规划》出台，这是重庆抗战遗产保护里程碑式的事件，对重庆抗战遗产遗迹保护产生了重要且深远的影响。

《重庆抗战遗址保护利用总体规划》，将重庆市抗战遗产划为 15 个特色抗战遗产片区即“一岛”“三山”“三坝”。

重庆中央迁建区范围内抗战遗产正好分布在现重庆市沙坪坝和北碚两个行政区内，集中了 15 个片区里的 5 个抗战遗产片区，即重庆抗战遗产规划工程中除一岛之外的两个重要片区：“三山”之歌乐山抗战遗产片区包括歌乐山片区、林园片区、山洞片区；“三山”之缙云山抗战遗产片区包括缙云山（北温泉）片区；“三坝”之夏坝即夏坝（文星湾）抗战遗产片区。

2013 年 5 月 3 日，国务院核定公布第七批全国重点文物保护单位，中央迁建区所在的沙坪坝和北碚两区内的第七批全国文物保护单位，属于近现代重要史迹及代表性建筑共 22 处，其中抗战遗产有 19 处，迁建区的北碚有两处，即嘉陵江三峡乡村建设旧址群和世界佛学苑汉藏教理院旧址，加上第六批全国重点文物保护单位中的中国西部科学院旧址，现北碚共有 3 处国家级文物保护单位的抗战遗产。

沙坪坝迁建区范围内现有的全国重点文物保护单位的抗战遗址遗迹，有国民政府立法院、司法院及蒙藏委员会旧址中的西永国民政府蒙藏委员会旧址、国民政府军事委员会政治部旧址、林园、国民政府军事委员会政治部第三厅暨文化工作委员会旧址（沙坪坝部分）、重庆抗战兵器工业旧址群里面的沙坪坝兵工署二十四厂旧址共 6 处[①]。

（二）重庆迁建区抗战遗产整体保护利用建议

1. 迁建区抗战遗产的重要价值与意义

迁建区抗战遗产与第二次世界大战和中国抗日战争重要历史事件与人物密切相关，是近代史上中华民族反抗侵略、御侮图强、复兴民族的实物见证。抗战时期重庆迁建区抗战遗产与近代以来的中国国家记忆深度契合，是全中国、全人类共同的历史文化遗产。

在国内方面，抗日战争是中华民族在近代历史上唯一一次取得全面胜利的重大历史事件。作为国民政府的战时首都，重庆是这一特殊历史时期内中国的政治、军事、经济、文化、教育及外交的中心。在 1939 年 5 月 3—4 日大轰炸后，迁建区成为大轰炸背景下的国民政府中央机关所在地，这一时期诸多国策的制定大多在迁建区内发生或完成，关系众多的重要人物和历史事件，见证了战争因素下重庆这个普通的内陆工商业城市从长江沿岸最西端通商口岸向战时首都地位转变的重大历史进程。

在国际方面，中国是世界反法西斯阵线的重要组成部分，重庆作为战时首都肩负了全中国的责任和使命，指挥取得了远东战场的胜利，为世界反法西斯做出了中国的贡献，在整个第二次世界大战的世界格局中占有重要席位，是与华盛顿、伦敦、莫斯科齐名的国际名城。重庆迁建区内所存国民政府中央机关旧址，正是中国反抗侵略、追求和平、公正、正义、民族独立这一历史进程的重要物证，对后世影响深远。

2. 迁建区抗战遗产保护的现状、不足与思考

在中央、重庆两级政府的重视之下，目前在重庆抗战遗产保护方面做了大量

① 来源于重庆市政府网 http：//www.gov.cn/gzdt/2013-05/03/content_2395234.htm.

工作，成效十分显著。特别是编制完成了《重庆抗战遗址保护利用总体规划》，“对于 15 个抗战遗址片区，通过划定遗址保护范围与紫线，确立保护范围与建设控制范围，实施登录保护措施，建立文物数据库，按照科学规划、分级保护的原则，形成重点突出、梯度分明的保护手段，确保范围以内重要建筑物、构筑物、反映主题特色的街巷及空间环境不受破坏，如需改动须严格按照具体保护规划控制要求执行，并按照法定程序审批”[①]，有效确保了对抗战遗产的保护。

但受限于各种主、客观因素，目前对迁建区抗战遗产的重视程度仍较为薄弱，特别是歌乐山、山洞区域内的遗产价值被严重低估。战时，歌乐山等地区有“小陪都”之称，但就目前歌乐山抗战遗产片区和山洞抗战遗产片区现存的遗存名录中以名人旧居居多，迁建区国民政府机关遗存不多，尤其是国民政府一府五院等重要机关遗存相对缺失。北碚迁建区内国民政府中央机关旧址虽基本保存完整，但保护级别不高。在研究方面，与国民政府中央机关抗战遗存的挖掘和清理不成体系、不够深入。

因此，我们认为有必要重新定义迁建区抗战遗产范围与内涵：

在范围上，迁建区抗战遗产应包括位于今重庆市沙坪坝区、北碚区的两大抗战遗产群，在整体上，依托歌乐山（沙坪坝）至缙云山（北碚）一线自然地理，从歌乐山老鹰岩沿成渝公路旧线抵达北碚，南北长 35 公里左右、东西宽约 3 公里。

在内涵上，应包含以上区域内以国民政府中央机关遗产群为主的抗战遗存，现有国保 8 处、重庆市级文保单位 30 处。境内的抗战遗产与自然景观和文化景观相互融合、相得益彰、形态多样，遗产价值十分突出。

3. 迁建区抗战遗产整体保护利用建议

建议在历史文献研究和纵横对比研究的基础上，将国际遗产保护理念运用于重庆迁建区抗战遗产的保护，梳理重庆迁建区内抗战遗产及其他自然文化景观的分布状况和结构形态，构建重庆迁建区抗战遗产及其自然文化景观整体保护利用

---

① 重庆市规划设计研究院、重庆雅凯斯凯建筑设计有限公司、重庆中国三峡博物馆、重庆文化遗产保护中心联合编制 . 重庆抗战遗址保护利用总体规划［Z］. 2010.

框架。

（1）重庆迁建区抗战遗产体系，首先以国民政府中央机关迁建区内的遗存为主，它是战时首都国家机器在战争状态下正常运转的保障。建议将歌乐山抗战遗产保护片区和北碚抗战遗产保护片区连成一线，形成迁建区抗战遗产整体，统一划为抗战时期重庆迁建区抗战遗产历史风貌区。在深入调查、挖掘、整理可能尚存的国民政府中央机关旧址史料基础上，补充完善相关机构遗产名录，升级已登录的抗战遗产保护等级，还原重庆迁建区国民政府中央机关旧址的历史原貌。

（2）重庆迁建区抗战遗产体系同时应包括与国民政府中央机关迁建区息息相关的战时生活、生产等基础设施，如战时防空防御设施、城镇道路、学校、医院等，深入挖掘整理重庆迁建区战时生活状况和生存环境历史文献资料，还原重庆迁建区内多元化抗战遗存。

（3）重庆迁建区抗战遗产体系还应该包括以北碚缙云山及沙坪坝歌乐山自然文化景观价值以及它们与迁建区之间的交互影响，清理和重新发现重庆迁建区自然文化景观的多样性、多元化遗产价值，完成重庆迁建区自然文化景观遗产框架的梳理。

综上所述，重新命名重庆迁建区抗战文化遗产，将歌乐山抗战遗产保护片区和北碚抗战遗产保护片区连成一线，形成重庆迁建区抗战遗产整体，构建重庆迁建区抗战遗产及其自然文化景观整体保护利用框架，并将其纳入重庆市可持续文化发展战略，在原有保护、利用基础上，重新制定重庆迁建区抗战文化遗产保护、管理、利用规划，探索具有重庆特色的抗战遗产保护方式，形成具有中国—重庆特色的国家遗产保护模式。

四、结束语

用2017年12月ICOMOS第十九届大会通过的《德里宣言》结束本文："保护我们所继承的多元文化的、多种层面的遗产价值并将其传承给后代子孙，是我们的责任。对年青一代进行培训，使得他们理解并保护我们所继承的'活的和共享的遗产’价值，这将使历史遗留下来的多元遗产得以传承延续。”[①]

参考文献

[1] 刘建业 . 迁都重庆的国民政府 [M]. 北京：北京出版社，1994.

[2] 重庆市档案馆，重庆市沙坪坝区地方志办公室 . 民国歌乐山档案文献 [M]. 重庆：四川外国语学院印刷厂，2004.

[3] 唐润明 . 抗战时期国民政府在渝纪实 [M]. 重庆：重庆出版社，2012.

[4] 周振鹤 . 中国行政区划通史（中华民国卷）[M]. 上海：复旦大学出版社，2007.

[5] 重庆市规划设计研究院，重庆雅凯斯凯建筑设计有限公司，重庆中国三峡博物馆，重庆文化遗产保护中心 . 重庆抗战遗址保护利用总体规划 [Z].2010.

[6] 四川省巴县志编纂委员会 . 巴县志 [M]. 重庆：重庆出版社，1994.

① 《关于遗产与民主的德里宣言》中文版译自“Delhi Declaration on Heritage and Democracy (DRAFT 2017-12-14)”，由中国古迹遗址保护协会译校。

重庆长寿巨梁沱遗址考古发掘与收获①

杨　华　余菀莹②

一、遗址概况及发掘经过

巨梁沱遗址位于长寿区江南街道龙山社区八组至巨（锯）梁沱村五组长江边的第二级阶地边缘地带，东边是长江，西北距长寿区江南街道约4000米，地理坐标为东经107°4′55.58″，北纬29°47′3.04″，海拔165—180米。这一地带地理环境特殊，长江由西南方向的巴南区流经长寿区后，因受两侧山地的影响和制约，水流继续由西南向东北方向流经长寿老城区，然后再向东南滚滚而去，长江在这一地带呈“几”字形特意向北凸出。

从实地调查和勘探情况看，所谓巨梁沱遗址，其分布范围大致从西北边的龙山社区八组经东南方向的巨梁沱村五组全长约5千米长江边的缓坡及河漫滩上。多处地点都可采集到商周及汉代以后各个历史时期的遗物，包括有石器、陶片、瓷片等，另外还有一些汉至六朝时期的墓砖，尤其是被当地村民称谓的几处小地名，如曾碚沱、大堡码头、斗篷顶、袁家沱、将军滩、大沙坝、芭蕉沱等地点，古文化遗物相对较多，有的地点还发现有文化层，但破坏严重，也有的被厚达3—4米的长江洪水过后的淤泥（沙）覆盖。

该遗址之所以被列入2017年度重庆库区淹没区的发掘项目之一，是因为此

① 原载于《重庆师范大学学报（社会科学版）》2018年第2期。

② 杨华，重庆师范大学历史与社会学院，教授，主要从事巴蜀文化考古、三峡地区考古、西南地区考古文化研究。余菀莹，女，重庆师范大学历史与社会学院，硕士研究生，主要从事三峡地区和巴文化考古文化研究。

前的2008年，湖南省的文物工作者曾在这一地带将军滩地点发掘过，受发掘面积的限制，2008年度仅发掘1000平方米，当年度在该遗址发掘出了一大批商周至唐宋时期的各类遗物。鉴于这一地带古文化遗存丰富，过去在长寿区开展考古发掘工作很少，故受重庆市文化遗产研究院的委托，由重庆市文化遗产研究院与重庆师范大学历史与社会学院联合组成的考古队共同承担了2017年度三峡库区消落区地下文物保护项目之一的长寿巨梁沱遗址800平方米的发掘任务。考古队于2017年5月6日进场，2017年7月10日结束田野考古工作，随即转入室内整理。

在调查和勘探的基础上，我们选择了龙山社区八组的曾碚沱地点和巨梁沱村一组的袁家沱地点进行了考古发掘，为了便于区分，我们又将这两个发掘区分别编为A区和B区（曾碚沱地点为A区，袁家沱地点为B区）。现将A、B两个发掘区的基本情况介绍如下。

A区位于龙山社区八组的长江边上，地形是一由后山坡逐渐向长江延伸而凸起的一山嘴（当地村民称曾碚沱）。山嘴（脊）前缘有较平缓的坡地，面积约300平方米，由坡地前缘（河坝）斜向而下是一条向长江侈出形似巨龙的石梁，该石梁长约50米。山嘴南侧是高约20—30米的断崖，崖脚是一自西向东的自然冲沟，山嘴北侧是一由南向北呈倾斜状的坡地，古代文化遗存主要分布在山嘴处的坡地及北侧斜坡地段。经勘探获知，该发掘区文化遗存现存面积约1200平方米，在山嘴的坡地及北侧斜坡上发现有成堆的河卵石以及大量石制品（包括有少许呈块状大小不一的砂岩），表层中多有汉代板瓦（片）、筒瓦（片）、墓砖等夹杂在一起，遗址地表到处都是河卵石及一些加工过的断块、石核、石片、刮削器等物。从发掘区的文化堆积层来看，东部区域基本上都是制造石器的河卵石堆积，最厚的堆积可达3米多，而西部区域河卵石堆积远不如东部区域；尤其是最西边的区域，主要是汉代文化堆积，没有发现河卵石和石制品堆积。在A区共布10米×10米探方10个，布方编号顺序是根据地势及文化分布情况，由东向西而布，探方编号分别为2017CJAT1—2017CJAT10。受发掘面积和时间限制，又考虑到在B区布了3个探方正在发掘中，故在A区共发掘5个探方，发掘的这几个探方都在该遗址的西部，探方编号依次是2017CJAT5、2017CJAT6、

2017CJAT7、2017CJAT8、2017CJAT10。发掘的这5个探方的地层堆积情况是：2017CJAT5、2017CJAT6主要为河卵石及石制品堆积层，重点收集石制品的相关资料；2017CJAT7、2017CJAT8主要为汉代文化堆积层，并夹杂有极少商周时期的陶片及打制和磨制石器，将为我们了解该遗址汉代文化遗存的资料情况提供帮助；2017CJAT10北边与2017CJAT6为邻，本方的发掘目的有二：一是了解河卵石及石制品堆积的地层叠压关系；二是清理南边河坎处地层堆积中的动物遗骸。为解剖该遗址的河卵石及石制品所处时代至关重要。

B区位于巨梁沱村一组长江边的缓坡及河滩处，属于长江第一级阶地与第二级阶地的交汇地带（当地村民称为袁家沱），北与A区相距约1500米，遗址南侧是一自西向东的自然冲沟，遗址占地面积约500平方米。发掘前调查时在这一地带的阶地及江边河漫滩上发现有一些石器、商周及汉代的陶片、板瓦（块）、筒瓦（块）、墓砖等。另外，还发现有一些唐宋至明清时期的青瓷片。在靠西边的河坎的断面上发现有商周时期文化堆积，包含物有绳纹陶片、草木灰、红烧土粒等。经钻探可知，靠西边河坎处上面的阶地，古代文化层堆积最厚可达2米多，但包含物不是很丰富，而东边即河坎下缓坡地带的文化层堆积基本上已被历年来（尤其是近20年）的长江洪水冲掉，仅局部发现有残存的文化遗存。在B区共布10米×10米探方3个，据文化层堆积的分布情况，我们采取了错位布方，探方编号（由北向南）依次是2017CJBT1、2017CJBT2、2017CJBT3。B区的文化遗存主要是商周时期文化堆积，另有少许汉代文化堆积。在遗址西边约40米的缓坡地带发现有汉代墓葬，但该墓葬早在20年前就被当地居民的开荒挖掘毁掉了，仅存一些散落在地面的残墓砖。

二、地层堆积及文化遗迹

（一）地层堆积

本年度巨梁沱遗址的两个发掘区地层堆积不同，文化内涵虽说有相似之处，但也有很大的差异。现将A、B两发掘区的地层堆积及发现的文化遗迹资料情况简述如下。

A区主要是河卵石及石制品堆积层，厚30—100厘米不等，以T5、T6及

T10 为例，清理完表层杂草、根茎、树木及少许淤沙土以外，基本上都是河卵石及石制品堆积，有的直接暴露在外，文化堆积皆由南（高处）向北（低处）呈斜坡状堆积而成，坡度大约在 20°。河卵石及石制品堆积层下为砂岩，T7、T8 的坡势更陡些，大约在 25° 左右。该发掘区的古文化遗存的堆积可分为 3 层；靠南边（高处）的地层堆积较薄，靠北边（低处）的地层堆积较厚，北端文化层最厚的可达 120 厘米。T10 分布于 A 区发掘的最高处（T6 的南边），本方的南部处于河坎上，北部处在河坎下的缓坡地带，南部的河坎处基本上无文化遗存，但从动物考古学方面我们清理（筛选）出了 1000 余件古动物标本，为本次发掘增添了新的研究内容。因受发掘区地理环境的影响，加之古文化层堆积的内容不同，故本发掘区的几个探方地层堆积并非一样，如前言及，T5、T6 及 T10 的北部的地层堆积情况基本相同，绝大部分河卵石及石制品都裸露在外，经对 T6 南部及 T10 北部的清理，弄清了河卵石及石制品所在层位与上、下层堆积的层位叠压关系，T7、T8 两探方的地层堆积基本可以对应，只是文化层堆积厚薄不均而已。A 区的地层堆积资料将以 T6、T10 和 T8 为例说明，B 区的地层堆积资料将以 T3 为例说明。

2017CJAT6、2017CJAT10

第 1 层：银灰色淤沙层，皆为三峡水库蓄水后淤积而成，土质疏松，内含植物根须及杂草。该层仅靠本方南部河坎上的 T10 有此层，靠北部河坎下的 T6 无此层。厚 30—50 厘米。

第 2 层：扰乱层，浅黄色沙土层。土质较疏松，内夹杂一些砂石块，灰陶瓦片、墓砖，零星陶片、瓷片等。在北部河坎下的缓坡上分布有较多的石制品、陶片等，另还发现有一件磨制石器。厚 25—100 厘米。

第 3 层：河卵石及石制品堆积层。本层主要是河卵石及石制品堆积层，北部 T6 有此层，南部 T10 少许，石制品主要出土于本层的上部，种类主要有石核、砍砸器、石片、刮削器等，另还有一些断块，基本上都是石坯，成形器很少，厚约 50 厘米。

第 4 层：浅黄色沙土层。土质较疏松，内夹杂有一些砂石块，该层主要分布于河坎上的 T10 内，本层中出土有较多的螺蛳壳。厚 25—100 厘米。

2017CJAT8

第1层：表土层，灰褐色土，为三峡水库蓄水后长江洪水淤积而成，土质疏松。包含物有石制品、陶片、红烧土粒、铁钉、瓷片、玻璃碎片等。主要分布于本方的北部，南部靠南壁处为河坎，坡状堆积，部分地方底部露出料礓石。厚约20厘米。

第2a层：洪水淤积层，红黄色土。为三峡库区蓄水后淤积而成，土质疏松，包含有腐殖质、植物根系、瓦片、青瓷片、石器等。主要分布于本方的北部，坡状堆积。厚25厘米。

第2b层：洪水淤积层，灰褐色土。为三峡库区蓄水后淤积而成，土质疏松，包含物与第2a层基本一样，主要分布于本方的北部，呈斜坡状堆积。厚30厘米。

第3层：汉代文化层，灰黄色土。土质疏松，主要分布于本方的中部，本层包含物较多，出土有较多的陶片和石器，器形主要有盆、罐、钵、甑等，另还有相当数量的板瓦（片）和筒瓦（片），厚20厘米。本层下发现一灰坑，编号2017CJAH1。

2017CJBT3

第1层：表土层，灰褐色土。土质疏松，夹杂大量植物根系，厚15—30厘米。该层下叠压有一现代扰乱坑，开口在第1层下，打破第2层和第3层，坑口直径275、深180厘米。

第2层：近现代扰乱层，黄褐色沙土。土质疏松，含有一些炭粒、草木灰、红烧土。出土有陶片、青灰砖、瓷片、釉陶（缸胎）片、玻璃碎片等。厚20—80厘米。

第3层：商周文化层，黄褐色土。土质较硬，含有零星灰烬、红烧土颗粒。出土陶器能辨别出器形的主要有圈足器、罐口沿、残豆柄等，另还有石斧、网坠、砍砸器、石片等。厚115—190厘米。

据巨梁沱A、B两个发掘区地层堆积的土质土色以及各层位中的出土遗物情况，可将A、B两个发掘区文化遗存分为旧石器时代晚期至新石器时代初期、商周时期、汉代和明清时期。旧石器时代晚期至新石器时代初期的文化遗存主要以

A 区的 T1—T6、T9、T10 为代表。商周时期文化遗存在 A、B 两个发掘区都有发现，但 A 区破坏严重，仅只有零星的文化堆积及散落在遗址处地面的陶片，B 区商周时期文化遗存主要以 T3 的第 3 层为代表，厚度近 200 厘米，但包含物不是很丰富。汉代文化遗存主要以 A 区 T8 第 3 层为代表，厚约 70 厘米，出土遗物较丰富，另在 A 区各探方中都发现有汉代遗物，尤以板瓦（片）、筒瓦（片）为最，亦为冲击而成。明清时期遗物主要出土于近现代文化堆积层中。

（二）遗迹

在 A 区仅发现灰坑 1 个。编号 2017CJAH1。该坑位于 A 区 T8 内的中部偏东，距北隔梁 390 厘米，距东隔梁 310 厘米。开口在第 3 层下，打破生土。因 A 区整个发掘区的地形都是南部高、北部低，故本次发掘的几个探方的地层堆积皆是由南向北（长江）呈斜的坡状堆积，H1 也是一样由南向北呈斜坡状，坡度 20°。该坑平面呈圆角长方形，口略大于底部，坑壁较明显；坑底较平缓。坑内填灰褐色黏土，质地较硬，夹杂有料礓石、砾石，坑口南北长 185、东西宽 110、深 20 厘米。

三、出土遗物

出土遗物共 1519 件。其中石制品 712 件、陶器 305 件（片）、瓷器 5 件，另外还有完整的动物遗骸 360 余件（个）。石制品类主要有断块、石坯；另外还有生产工具和捕鱼工具；陶器类主要有生活用具和建筑材料；瓷器类主要为日常生活用器。

（一）石制品

石制品是本年度发掘的数量最多的一类，内容也很丰富。本次只重点清理了 2017CJAT6，因该探方石制品很多，时代偏早，故我们将另文介绍。这里我们只对其他各个探方中出土的石制品来进行介绍。

在 A 区、B 区几个探方中共清理出石制品 142 件，包括锛、斧、砍砸器、刮削器、网坠、石核、石片、断块、石坯等。

（二）陶器

在 A 区、B 区都有出土，但数量不多，主要分为商周和汉代。

1. 商周时期。陶器数量很少，基本上都是陶器残片，仅几件能看出器形，无法复原。发现的陶器残片几乎全部为夹砂陶，个别为泥质陶，但在夹砂陶中又有夹细砂和夹粗砂之分，以前者居多，后者较少。陶色有红褐陶、灰褐陶、褐陶、灰陶、黑皮陶等。多数为素面，少数器表外有纹饰，纹样主要有绳纹、菱格纹、篮纹、划纹、弦纹、戳印纹等。器物主要有平底器 3 件、圈足器 2 件、钵 1 件。陶器制作，基本上都是轮制。

2. 汉代。陶器数量较多，共出土近 300 片陶片，但能复原者较少。共挑出标本 25 件，主要是生活用具和建筑材料。多泥质陶，夹砂陶少许，在夹砂陶中又有夹细砂和夹粗砂之分。陶色有灰陶、灰褐陶、褐陶、黄褐陶、黄皮陶等。陶器约有 60% 以上为素面，其余 40% 有纹饰的陶器中，绳纹最多，另有方格纹、弦纹、箍带纹。器物主要有盆 3 件、钵 3 件、壶 1 件、罐 2 件、甑 1 件、圈足碗 1 件、器垫 1 件，另还有砖 3 件、板瓦片 5 件、筒瓦片 4 件、瓦当 1 件。陶器的制作，基本上都是轮制。

3. 瓷器与釉陶

遗物不多，大多是生活用品，均出土于第 2 层（近现代扰乱层）中，共挑选标本 5 件，其中瓷碗 3 件、瓷盏 1 件、釉陶盆 1 件。

四、结语

本年度对重庆库区长寿巨梁沱遗址一带的调查以及 A 区和 B 区的发掘，使我们对长寿区长江南岸自西北龙山社区八组沿长江往东南至巨梁沱村五组，全长 3000 多米地段古文化遗存的分布情况有了比较清楚的了解。尤其是对 A 区所谓河卵石与石制品文化堆积层的发掘，令我们深感困惑的是，该遗址处怎么会有如此之多的河卵石？现清理出了石制品标本多达 700 余件（仅清理了表层），以及还有 600 多平方米的面积未发掘的地层堆积中，必然还会有更多的石制品出土，指示我们当时这里曾经有过一个生产和加工石器的空前繁荣时期。下面拟就本次调查与发掘的资料情况特从以下几个方面来谈谈我们的粗略认识与收获。

1. 遗址的堆积形成与海拔高程。该遗址东边靠河坝边缘堆积厚达 3 米多，基本上都是冲击（搬运）而成，靠后边的堆积为原生堆积，但因为遗址所处地为一缓坡（斜坡）地带，坡度在20—25度之间，故堆积层上部多应该是搬运堆积。自三峡大坝蓄水20多年来，该遗址每年都遭到长江洪水的冲击，故该遗址地层的上部应该是水流搬运堆积。以该遗址现在所处海拔高程为165—183米之间的位置来看，较以往这一地带发掘的旧石器时代人类居住遗址、先秦时期人类居住遗址位置要稍高一些，如与长寿为邻的涪陵、丰都长江沿岸发掘的14处旧石器时代人类居住遗址，海拔高程一般都在140—175米之间。175米以上的只有3处。① 又如这一地带先秦时期人类居住的遗址如丰都石地坝（155—175米）、观石滩（167米）、沙溪嘴（157—175米）、黄柳嘴（155米）、秦家院子（148—152米）、石柱观音寺（151米）、沙湾（140—165米）等遗址，海拔高程多在150—175米之间，175米以上的较少。由此可见，该遗址的地理位置相对较高。

2. 堆积中河卵石个体大小情况。本年度A区发掘的这处遗址，河卵石可谓是堆积如山，据清理的T6获知，堆积厚达80—100厘米。这些河卵石个体大小比较均匀，既没有较大河卵石，也没有较小河卵石，基本上都是一般人力可以搬运且磨圆度较高、石质较硬的河卵石。我们怀疑，这些个体大小比较均匀的河卵石有可能是有意识地挑选过的。如果真的是这样的话，如此之多的河卵石搬运工作任务之大，所需搬运人员之多，实在是难以想象。

3. 原料的来源。据调查，这一地带长江河床及河漫滩上，有着丰富的河卵石原料资源，至今仍有施工单位在这一地带河床上用挖掘机挖取石料用于建筑。这些天然的石料不仅用于建筑部门，而且也曾经是三峡地区石器时代原始人们制作生产工具的最佳原料。考古工作者发现，三峡地区的一些旧石器时代和新石器时代遗址出土石制品（石器），其原料多来自于长江河漫滩上的砾石，即便是夏商周时期劳动人们使用的石器原料同样也是就地取材，来源长江河漫滩上。由此我们不妨推测，该遗址处的这些石料是不是也来自于长江河漫滩上？但问题是，如前言及，该遗址所在地海拔相对较高，其垂直高度距河漫滩石料采集点至少40多米高，从遗址处到河漫滩上去采集石料，其间距离至少在100米以上，甚至更远，况且还是上坡。所以，将如此之多的河卵石从长江河漫滩上搬运到现在遗址

---

① 高星，裴树文．三峡远古人类的足迹［M］．成都：巴蜀书社，2010:13-14.

处恐怕不太现实。不过，值得我们注意的是，距遗址处T8平行往西去约30米处的区域是有着大量堆积如山的河卵石堆积层，宽度20—30米，厚度达10多米以上，河卵石堆积当是遥远的古代长江搬运冲击或是河床改道等堆积形成的，从这里搬运石料应该是比较方便省力的。不过，即便是选择在该遗址的西边搬运这些石料，其搬运所需要的劳力也是非常惊人的。或许是几代、十几代人努力的杰作。

4.石制品与河卵石。在该遗址地层堆积中出土有大量的石制品。种类主要有石核、石片、砍砸器、刮削器等，另还有大量的断块，石制品有一次加工的，也有二次加工的，以前者为主，后者少许。更值得注意的是，我们在发掘现场对石制品的拼对发现河卵石中由2块、3块、4块，最多的还有6块、7块拼对复原的。这些河卵石的摔（打）击石片或者剥裂的大小石块有的在附近找到，有的竟然在好几米外的其他探方中发现，经拼对复原的河卵石多达五六十件。这在过去三峡地区石器时代考古发现中是不见的。

5.遗址的性质。前已介绍，该遗址的地层堆积较厚，文化内容也较丰富，既有成堆的河卵石，也有数量很多的石制品。在发现的石制品中，断块数量最多，其次是石片。至于说为什么断块数量很多，这也主要是因为该遗址处拥有着丰富的石料资源，从而导致古人类对石料开采和利用的浪费。发现的石片很多，但多形状不一，没有一定规则，大、中、小型都有，有完整的，也有不完整的，大多数石片背面为自然面，腹面的放射线比较清楚，同时我们还发现有少许可能是打片和修理石器产生的片状和碎屑，疑是对石制品生产加工遗弃的。就本年度调查和已清理的石制品数量而言，可以推测，整个遗址范围内估计有数万件，甚至10万件以上。数字如此之庞大，可想而知，当时在这里从事石制品生产加工的场面是相当壮观的，具有一定规模。据发掘出的一些石制品与河卵石（砾石）伴生，但腐蚀程度不高，尤其是在发掘现场还拼对复原了一些石制品现象来分析，石制品本身就埋藏在原地，没有经水流搬运冲击或其他外力影响，因此，可以肯定，该遗址除靠边缘（尤其是东部边缘）局部有搬运现象外，其余绝大部分的地层堆积应该就是原生堆积。至于表层中多有一些汉代板瓦片、筒瓦片、砖块（包括商周时期的陶器片）等，当是历史演进到商周汉代时，古人类仍然在这里生活劳动，他们为了居住而建筑房屋，后来房屋垮塌遗留所致。总之，从上述资料中显示出的种种原始信息表明，该遗址可能是一处远古时期古人类的石器制作露天（旷野）加工场。

6. 年代推测。首先，本年度的发掘虽说清理出了较多的石制品，但基本上都是打击和砸击的，既没有发现磨制石器，也没有发现新石器时代陶器（片），其他如用火、建筑、沟坑等遗迹都没有发现（可能发掘面积有限）。据此我们认为，该遗址的年代可以考虑暂定在新石器时代以前。至于表层中发现的一些陶板瓦、筒瓦片、砖块以及零星商周时期的陶器（片）等，当是后来混入，与石制品加工场没有什么关系，更何况在 T8 中发现有汉代文化层和灰坑，当证明汉代这里仍有人类居住，为我们推测该遗址表层中发现的这些建筑遗物为汉代以后混入提供了佐证。其次，从河卵石及石制品所属的层位关系来看，该层底部有的是生土，有的是砂岩，其上是表土层和扰乱层，有的河卵石直接就裸露在外，故无法从地层叠压关系上获取年代证据。现唯一能判明该遗址年代的只有从石制品方面来突破了，从该遗址出土石制品数量之多、种类多样、有的石制品加工较先进等方面来分析，该遗址的年代可能是属于旧石器时代晚期向新石器时代初期过渡阶段。这类遗址在三峡地区发现较多，如丰都和平村、老鹰嘴，奉节三沱、洋安渡、宝塔坪等都属于这类遗址。

7. 商周及汉代遗物。B 区 T3 第 3 层为商周时期文化堆积，但出土遗物不是很丰富，这主要是由于该遗址遭到长江洪水冲击所致。在 A 区也有零星发现，AT8 ③：9、AT8 ③：8、BT3 ③：26 平底器，其器形及陶质陶色与万州苏和坪中层（商周）、黄柏溪第二期（商周）出土的同类器相似，AT8 ③：7 圈足器与巫山双堰塘西周时期陶豆的圈足相似。商周时期陶器与汉代陶器无论是器形，还是陶质陶色区别明显，很好辨认，商周时期陶器多夹砂陶，陶色有红褐陶、褐陶、灰陶、黑皮陶等，纹饰主要有绳纹、篮纹、弦纹、菱格纹、划纹等。汉代陶器以泥质灰陶为大宗，轮制陶多，陶色有灰陶、灰褐陶、褐陶、黄褐陶、黄皮陶等。纹饰主要有绳纹，另有方格纹、弦纹、箍带纹等。除生活用具外，陶板瓦片、筒瓦片较多。陶器基本上都是轮制。本遗址中出土的这些陶器如盆、钵、壶、罐、圈足碗等与三峡地区秭归土地湾，巴东罗平，云阳李家坝、旧县坪，忠县中坝，丰都棺山坡、铺子河等遗址中都有发现，器物形态及陶质陶色纹饰基本一样。另外发现的陶砖，这是三峡地区汉至六朝时期常见的建筑墓葬的墓砖，如石柱砖瓦溪墓地、万州大地嘴、松包岭、瓦子坪、柑子梁、天丘等墓地的东汉至六朝墓葬中都发现有这种陶（墓）砖。

长江流经长寿区的河段距离较短，长度约 20.9 公里。过去的几十年里，文物部门曾对长寿区长江沿岸地区开展过考古调查，但开展的次数很少，故发现的古文化遗存也只有零星几处，如 2009 年国家文物局主编的《中国文物地图集 · 重庆分册》记载长寿长江沿岸地区仅三处先秦时期的古遗址，而这三处古遗址还是 1980 年重庆市博物馆的考古工作者调查发现的[①],2007 年至 2010 年该区开展的第三次文物普查工作中，共调查登录文物点 605 处[②]，但皆是汉以后至明清时期。又从考古发掘工作方面来看，近 30 年来也只是 2008 年在巨梁沱村发掘过一次。清理出了一些商周时期文化遗物和战国时期的墓葬，另还发现有汉至六朝、唐宋时期墓葬。本年度调查与发掘资料不仅更加丰富了长寿区商周时期文化遗存的研究内容，而且也使我们基本上弄清楚了当历史演进到了汉代时，三峡地区的古居民们仍然在这一地带活动，遗址和墓葬的分布更为密集，面积也在逐渐增大的一些重要历史信息。A 区旧石器时代晚期至新石器时代初期远古人类遗址的发现，填补了长寿地区首次发现的历史空白。虽说三峡地区以往的考古发现中，属于这类旧石器时代晚期至新石器时代初期的遗址已发现多处，但像巨梁沱 A 区这样的遗址，堆积如此之厚、原料资源如此之丰富、石制品数量之多。这在三峡地区考古发现中尚属首次，甚至在我国南方地区同时期考古发现中也是罕见的。总之，2017 年度巨梁沱遗址 A 区的考古发掘，为我们研究三峡地区旧石器时代晚期向新石器时代初期过渡的人类活动的历史提供了珍贵的实物资料。

---

① 重庆市博物馆 . 重庆市长江河段新石器时代遗址调查与试掘 [J]. 考古，1992(12).

② 重庆市长寿区文化广电新闻出版局编 . 长寿区不可移动文物名录 [M]. 重庆：重庆出版社，2013.

论民族文化对云贵川傩面具造型的影响①

袁恩培　王蕴琦②

傩文化主要分布于长江流域、黄河流域和西南地区，分为民间傩、宫廷傩、军傩和寺院傩等，其中存在于西南地区土家族、壮族、侗族、仡佬族和苗族的傩称为民间傩。虽然巫傩文化涉及封建迷信，与现代文化格格不入，但是其作为一种重要的社会现象，尤其是在云贵川湘等少数民族地区社会生活中有着深远影响，其中负载的人文的、历史的、艺术的信息都是宝贵的文化资料，具有重要的民俗学、社会学、历史学、考古学等学科价值。无论在傩仪、傩戏还是傩舞中，傩面具都是一个不可或缺的重要角色，各种傩活动也需要借助傩面具才能进行。傩面具是傩文化中的关键要素，每种傩面具中都蕴含着丰富的文化信息，云贵川等地少数民族文化对傩戏面具的形成有深刻影响，反过来也可以通过这些傩戏面具造型来溯源其中的民族文化，这一方面有助于民族地区傩戏面具的文化研究推进，另一方面也可以此为窗口更加深刻地理解和认知少数民族间文化的差异。

一、民族文化是云贵川傩戏面具的文化基础

云贵川等地的傩文化发展各有不同，傩面具造型也各具特色，这是由于民族文化不同而使得不同民族地区的傩面具造型呈现出了不同的形态，各地区不同民族文化是云贵川傩戏面具造型的文化源流。首先从傩戏和民族文化的关系来说，云贵川地区的傩戏是在不同时期发展起来的文化形式，也是在民族发展历史过程

---

① 原载于《贵州民族研究》2018 年第 11 期第 39 卷总第 213 期。

② 袁恩培，重庆人，重庆大学教授、硕士研究生导师，研究方向：艺术设计。王蕴琦，女，甘肃天水人，重庆大学研究生，研究方向：设计学、视觉传达设计、民族民间艺术。

中逐渐发展起来的，在其诞生发展时，这些少数民族地区就已经有了一定文化基础，傩戏是民族文化的产物，也是民族文化的一个分支，其一方面建立于已有的民族文化基础之上；另一方面在民族文化影响下形成了新的民俗文化，丰富和充实了民族文化体系，从这个层面上来说，傩戏和民族文化是局部与整体的关系，作为整体中的一部分，傩戏的发展必然要以整体为基础，并受整体制约，傩戏文化中的各种要素也是如此。[①]其次，从傩戏面具的功能来说，傩形成之初是为了"惊驱疫厉之鬼"，虽然最后傩逐渐脱离了傩坛，登上了戏台，但是以傩来祈福、辟邪之意一直存在，傩面具是傩原有功能发挥的直接表现，只有在其中融入相应的文化意义，才能使傩面具更好地发挥其功能意义，云贵川等地的傩是当地民众文化心理的投射，而当地民众的文化心理源于民族文化，因此傩面具自然就成为民族文化和傩功能结合的产物。最后，从傩的社会意义来说，傩是一种民族集体活动，是得到民族民众认同的文化形式，是民族社会中发挥着团结民众、鼓舞士气、凝聚民族向心力的社会工具和手段，傩面具是傩文化意义的直接反映，傩面具的造型必然要基于民族文化来塑造。可以说，傩面具的生成、功能和意义发挥都与少数民族文化直接相关，如若没有多样化的民族文化，云贵川傩戏面具造型就不会千姿百态、内涵丰富。

少数民族文化丰富多样，其中对傩面具造型影响比较大的文化有民族神话传说、宗族文化、历史文化等。云贵川傩戏面具造型一定程度上就是各种民族文化综合作用的结果。以民族信仰文化为例，在云贵川等地的傩面具中蕴含着民族宗教意识和图腾崇拜、原始崇拜等，乌江流域的傩堂戏是多元文化的结晶，其中既有当地民众敬畏的祖宗神灵，也杂糅了道教、佛教等一些信仰，傩公、傩婆、玉皇大帝、三清观主、财神菩萨在傩面具中都有表现，可以说傩面具的神鬼谱系庞杂，如贵州傩坛的山大王面具造型，基本上就是佛教金刚塑像的造型样式，道真县收藏的山大王面具，耳边塑了两个"抱耳神"，显然和佛教"金刚药王叉"三头六臂的造型一脉相承。另外，贵州威宁地区的彝族傩戏《撮泰吉》中的阿布

① 朱晓君，张超．贵州傩戏面具的层次及其艺术特性［J］．艺术探索，2012（1）．

摩、阿达姆等面具人物代表的是威宁地区的先祖，是一种祖先崇拜的表现。而在安顺地戏中的各种军师或仙人大多是以道人形象出现，相关的面具不戴头盔戴道帽。民族信仰对云贵川傩面具的影响如此深刻，和民族文化一样，其他民族信仰也从不同方面对傩面具造型带来不同的影响，最终造成傩面具造型的形态各异。

二、民族文化对云贵川傩面具造型的影响

云贵川傩面具造型受多种少数民族文化的影响，同时民族文化对云贵川傩面具造型的影响也是多方面的。首先，民族文化生成了傩面具的角色造型，傩面具生成主要是基于傩戏、傩祭的需要，又傩戏和傩祭是基于民族节俗而来，因此傩面具的角色造型往往是根据民族文化来生成的，如云贵川等地大多流传着各种各样的神话传说，这些文化在傩面具中也得到了相应的体现，神话中的各路神仙或人物形成了傩面具的原型，如贵州黔东土家族的傩戏中的开山等面具形象主要源自当地的创世传说，而在安顺一带的地戏中，往往会结合时代需要，创造出新的地戏面具。其次，民族文化对云贵川傩面具的形态也有影响，如一些地区在山大王面具的两旁各刻了一个抱耳神，以表示其是盘古王的三化身，另外地戏中的丑角“老歪”主要源于当地相传的历史人物塑造，由于在戏中其所充当插科打诨四种角色，也就在造型上形成了歪嘴皱鼻、龇牙扯眼的形态。此外，民族文化也影响了云贵川傩面具造型的色彩选择，不同民族有不同的色彩禁忌和审美，其对于不同色彩形成了不同的情感认知，因此在面具中就形成了不同的面具着色，虽然面具的色彩十分丰富，但是这些色彩搭配也有不同的规律，通过面具的不同色彩表示了不同的象征意义。另外，从傩面具的构造上来说，在傩面具的生成初期，面具的构造相对简单，如在“撮泰吉”中的面具大多数粗略地刻凿出五官，相貌的雕刻甚至不分男女，但是在傩戏的最高层次——军傩中，不仅有了男女之分，面具头盔上也有了精雕细琢的装饰，面部表情和眼睛神态都有了不同的表达，随着民族文化的发展，傩面具的构造也在精细化、复杂化中发展。最后，从傩面具的材质上来说，傩面具一般由傩坛中的法师制作，材质多选用白杨木和柳木，选

用柳木的重要目的是由于其在民间的辟邪之意。[①]

由此可以看出，少数民族文化对云贵川傩面具的影响体现在方方面面，这些不同民族文化在傩面具中融合，使得傩面具不仅在形态造型上形成了显著差异，并且也在文化内涵上生成了不同的意蕴。

三、民族文化对云贵川傩面具造型的启示

（一）傩面具造型和民族文化互为认知视角

在傩仪或者是傩戏中，傩面具都是傩戏艺术的主要特征，对于这一重要的傩文化要素，自然需要对其深刻理解，才能更准确地理解傩文化。在大众眼中傩面具造型千姿百态，虽然从表面看上去各不相同，但是对各种傩面具的评价往往只能从工艺方面来找差距。傩文化现象不单在云贵川民族地区出现，在安徽、广西、山西都有存在，只是在众多傩面具种类中，西南地区的傩面具保存得相对更加全面和完整，贵州地区是当前国内傩面具保存最多、种类也最丰富的省份。这说明民族文化不是催生云贵川傩面具的唯一因素，在这些面具的形成中也融合其他地区戏剧、宗教等文化成分，但是可能这些地区的傩面具造型都受到了少数民族文化的深刻影响，大到傩面具的整体形态、角色生成，小到傩面具的线条刻凿、表情表现，都有民族文化的印迹。因此，对于云贵川等地的傩面具来说，其并不单单反映了雕刻者的工艺水平和审美水准，不同面具的差异很大程度上和当地民族文化有关。只有理解了这一点，在对云贵川等地的傩面具差异认知上，才能够从民族宗教、历史、风俗等方面的差异来理解，从根本上把握傩面具造型的差异根源，也才能从本质上理解傩面具造型。

另一方面，民族文化是少数民族重要的文化资源，对于民族文化的研究可以从宏观层面来探讨，也可以从具体文化来着手。在民族文化环境中生成的云贵川傩面具是民族文化的集中表现，蕴含着民族文化禁忌、民族审美、民族宗教、民族风俗等多种文化，同时也是民族文化的具体应用表现，由于众多民族文化的参与，才使得云贵川等地的傩面具在整体和细节上表现出了各种差异。即民族文化

---

① 余继平.乌江流域傩戏面具及其文化蕴涵［J］.艺术研究，2006（2）.

是云贵川等地傩面具的重要起因，而傩面具则是当地民族文化作用的具体结果表现，可以借助民族文化来理解傩面具，同时也可以从结果反推其中的民族文化，如从面具装饰中了解民族审美，从面具形态中了解民族文化内涵等。[①]

（二）民族文化和傩面具是傩文化的内里外在

虽然有很多关于“傩”文化的记载文献，但是大多数文献往往是“述而不作”，对于傩文化并没有清晰的明确定义和内涵解释，这使得傩文化在民众意识观念中往往只是一个模糊的概念。在当下的研究中，虽然关于巫风傩俗的研究已经成为一个热点，但是有关傩的理解并没有完全达成共识，可以说，关于傩文化的理解还在一个探索过程中。而根据上述内容可知，在云贵川傩面具的形成过程中，各种不同的民族文化以潜移默化的方式影响着傩面具造型，使得最终形成的傩面具不仅完成了其功能性的阐释，也形成了丰富的民族文化内涵。由于民族文化的参与，傩才有了各种消灾驱邪、祈福纳吉等民俗事象，没有众多民族文化在面具中的融入，傩就和少数民族民众形成了文化上的隔离。从这个意义上来说，民族文化实际上铸就了傩文化的内里，理解了民族文化，就能够理解傩的诉求、傩的禁忌以及傩的价值观念。另外，傩面具在傩文化表演中，不是简单的道具，而是一种赋以灵魂的物件，是一种神圣的沟通工具，没有傩面具，傩文化表现就难以形成足够的张力，因此傩面具实际上是傩的物象载体，其和傩舞、其他傩道具共同构成了傩的外在表现。按照这个思路，民族文化和傩面具可以说是傩的内里和外在，理解了这一关系，对于傩的理解相对就更加清晰了。

（三）傩面具的传承保护有利于民族文化的传承保护

民族文化是一个宽泛的概念，其通过各种文化形式表现出来，各种各样的文化形式也是民族文化的载体，没有相应的文化物象，民族文化就无以依存，保护民族文化在一定程度上就是对民族文化载体的保护。少数民族文化对傩面具形成了全方位的影响，傩面具中汇总了少数民族舞蹈、绘画、雕刻、宗教、民俗等多种民族文化，可以说是傩面具的形成实际上是一次民族文化的大集合，通过傩面具也可以察知民族文化的审美情趣，也可以窥见其中的民族文化精神、民族诉求

① 韩丽．贵池傩舞与贵州地戏比较研究［J］．贵州民族研究，2016（2）．

等。因此，傩面具实际上是民族文化综合作用的结果。有了民族文化的深刻影响，才有了傩面具最终的形态。关于民族文化和傩面具的认识经常会集中在民族文化的影响上，而实际上傩面具也是特殊的、具有综合性的民族文化载体。对于傩面具文化的传承和保护有利于民族文化的传承保护。由于傩文化包含着一定封建迷信思想，有关傩面具的传承保护也存在一定争议，如在“文革”时期，在破除封建迷信的风潮下，很多傩面具由于带有封建迷信成分被销毁。[①] 根据以上分析，傩面具的传承保护关系着民族文化的传承保护，傩文化的重生关系着民族文化的激活，必须要明确这一点，才能使傩面具在现代社会环境下形成明确的传承发展思路，进一步坚定傩文化的传承保护信心。

傩面具是多种文化共同作用的结果，云贵川地区的傩面具造型和民族文化有密切关系，各种傩面具的最终形态一定程度上就是民族文化综合作用的结果，因此从根本上来说当地傩面具实际是一种重要的民族文化事项。基于这两个方面的内在关联，可以把傩面具作为民族文化认知的切入口，也可以把傩面具文化的传承保护作为民族文化的重要保护方式，同时也需要把民族文化作为傩面具的重要认知视角。通过两者关系的辩证认知，有利于民族文化和傩面具的传承保护与发展形成更科学的思维。

① 陈玲艳．社会变迁视野下苗族傩文化的传承研究［D］．贵州大学，2015.

YISHU YANJIU
艺术研究

抗战时期重庆音乐和美术运动的大众化传播特点①

张育仁②

一、抗战音乐是全民族悲亢愤激的情感舆论形态

抗战音乐在宣传和组织动员民众的过程中所发挥的作用，与文学有联系也有相当的区别。因为，音乐主要不是用语言文字来表达意见，它主要是通过能打动人心的旋律来诱发情感、凝聚精神和意志。在任何一个需要殊死搏斗的历史时期，音乐常常成为集中表达民众心声、宣泄民众情绪的有力手段。抗战音乐就是通过撼人心魄的旋律，使文学语言，即歌词长上飞翔的翅膀，进入广大民众的心灵，并最终形成热烈激昂的社会情感性舆论，且产生强大的精神动力。

抗战音乐必须是服务于抗战的音乐，同时还必须是服务于民众的音乐。由于有这样的政治和伦理原则要求，所以，抗战音乐的“大众化”和“民族化”就自然是宣教中的应有之义。让抗战音乐流行起来，让抗战音乐到处营造悲亢激越和决死抗敌的民族斗争气氛，这一目的在战时音乐人那里，很早就是十分明确的。准确地说，抗战音乐的创作与流行，抗战音乐作为全民族悲亢愤激的情感舆论形态，其发端是在1931年“九一八”事变以后，其中的《五月的鲜花》等，早已在全国民众中广泛传唱，成为反映其时大众传播强效果的典范之作。

这种强效果宣教，以诉诸情感的审美手段，在反复传唱和相互应和中，在长

---

① 原载于《重庆广播电视大学学报》2017年8月第29卷第4期。

② 张育仁，重庆人，重庆师范大学教授，重庆市抗战文史研究基地研究员，主要从事重庆抗战文化研究。

期的潜移默化和悲愤蓄积中，所爆发出的精神能量和舆论动力，远远超过惯常的政治说教，尤其是对中国人生存处境的情感性解释，更胜过了许多鸿篇大论。以张寒晖的《松花江上》为例，音乐家正是受到了东北军和东北地区民众流亡生活及凄楚哀愤情绪的强烈感染和刺激，才谱写出这首带有强烈情感舆论色彩的著名抗战歌曲。张寒晖等音乐家大众宣教的成功，为全面抗战爆发后，大批音乐家所进行的大规模的审美性情感性舆论动员，提供了经典的舆论创造范本。

抗战歌曲的曲谱大致可分为四大类：一为创作曲谱；二为民间曲谱；三为古典曲谱；四为外国曲谱。其中，以创作曲谱和民间曲谱数量最多。国民政府移驻重庆后，四川及滇、桂、黔等省的不少民间曲谱大都被填入了涉及抗战内容的歌词。如《保长劝征歌》《铲锄汉奸》《打日本》《打走日本享太平》《打铁歌》等。即使是创作曲谱，其旋律也吸取了不少的民歌养分，具有浓郁的民歌情调。还有一些本与抗战无直接关系的流行歌曲，如《大路歌》等，也被填进了与抗战有关的歌词。外国曲谱填入抗战歌词的数量也不少，如《爱国乐童》《爱我东北》《爱国军人》《救国军歌》《唱啊！同胞》《船夫曲》《打东洋》等。古曲填新词的有《新满江红》《铁血男儿》《老乡过来吧》《民国七周年纪念歌》等。这当中尤以《满江红》古曲填入多种抗战歌词最引人注目。

与各种各样的抗敌演剧队、电影放映队、诗歌朗诵队结伴而行，活跃在前线、敌后和大后方的，还有最受民众欢迎的各种各样的抗敌歌咏队。重庆及大后方的抗战音乐活动主要是以歌咏运动为其宣教手段和特色的；抗战音乐运动又主要是由专业和业余音乐团体来共同推动发展的。不过在最初，这些音乐团体都曾是街头歌咏队。歌咏队的数量很多，在战争初期遍布城乡，根本无法统计，后来才逐渐发展聚合，有的组建成为专业演唱团体，而更多的则依然以业余的身份自由灵活地从事广泛和多样化的大众宣教活动。一般来说，抗敌歌咏队、合唱团人员的构成中，专业人士并不多，大多是包括职业女性、教会青年、各业界职员及市民在内的业余演唱者，尤以大中小学校师生为演唱的骨干力量；演唱形式又常常以露天齐唱和舞台合唱为主。

二、“被大众所化”的客观推动和“自我改造”主观自觉

重庆及大后方群众性抗战音乐活动之所以开展得有声有色，其主要的因素有三点。一是因为音乐形式和内容是由社会现实所决定的，而将有社会普遍情感需求意义的内容进行音调化的创造过程，正好满足了这种社会的需求。抗敌的内容，或激越或悲愤的旋律，以及大众化的调式，正是这些抗战歌曲被公众认同并广为传唱的主因。二是音乐工作者不懈的努力，包括对民众生活的熟悉，对民众情感的贴近，对民众兴趣爱好的理解，即“被大众所化”的客观推动和“自我改造”主观自觉，还包括对民众持续不断地进行辅导和推广。三是来自官方和民间组织的大力支持和帮助。其中以“文协”和“三厅”，特别是“重庆市普及民众歌咏运动委员会”的大力扶助和精心指导最为突出。

群众性的歌咏运动最早蓬勃开展于武汉。1938 年 1 月“全国歌咏会”即在武汉宣告成立。发起者有沙梅、冼星海、刘雪庵、盛家伦等十余位著名音乐家，“党政当局及各界人士出席指导”。大会通过宣言，发表《告全国歌咏同志书》，随后举行了“抗日宣传歌咏日”活动。“三厅”厅长郭沫若在演唱会前的演讲中高呼：“我们要用歌咏的力量，扩大我们的宣传！”当日，《新华日报》用《千万人歌声高呼着反抗千万人声音为革命战争而歌唱》为题，进行了报道。从此，抗日宣传歌咏活动在全国推广开来，这可以说是后来重庆民众歌咏运动的滥觞。

抗战初期，最受民众欢迎且广为社会传唱的抗敌歌曲有：《心头恨》《打日本》《救亡对口曲》《反侵略进行曲》《军民抗敌歌》《长城谣》《九月的夜》《青天白日满地红》《歌八百壮士》《新中华进行曲》《玉门出塞》和《抗敌歌》，以及刘雪庵的《流亡三部曲》等。这当中尤以黄自创作的《抗敌歌》影响最为深广。这一时期，普遍流行的露天演唱形式中，最激动人心的是“火炬歌咏游行”。成千上万的民众手擎熊熊燃烧的火炬奔行在市街，悲愤激越的歌声响彻山城，一股巨大的无敌精神力量辐射天地之间。

1938 年 12 月 25 日，中华全国音乐界抗敌协会正式在重庆成立，标志着重庆及大后方的群众性抗日歌咏活动进入了一个新的发展阶段。初期的歌咏活动主要以“劳军募捐”为宣教主题，民众热忱参与，募捐踊跃。这一时期，国民政府教

育部还专门组织了“音乐教育委员会”，针对抗战音乐活动积极制定了“改进和推广音乐教育”的决议要案。主要内容有：一、审查各级学校现有的音乐教材，重新征集和编制适合抗战政略及战时音乐教育思想的新教材；二、举办抗战音乐推广人员训练班；三、由教育部派员视察各类学校和音乐培训组织的教学情况；四、编辑音乐辞典；五、广泛搜集民间歌曲；六、专人审核各校校歌；七、推专人搜集中国音乐史料；八、确定国乐标准。显然，各大中小学音乐教育的改进以及举办音乐推广人员训练班等举措，对普及全社会的音乐教育，掀起新一轮的抗日歌咏活动热潮，是具有方向性和战略性指导意义的。

这一时期，最为活跃的重庆音乐青年演出团体主要有民众歌咏会、青年歌咏研究社、中航歌咏队、谐医歌咏团、中电合唱团，以及各大中小学校组建的歌咏队、合唱团等。此外，怒吼剧社、民族剧团、南友剧社、七七剧团、移动演剧队等，也是群众性歌咏活动的积极组织者和推动者。

进入抗战中后期，群众性的歌咏宣教活动逐步走向深广，其主要特点表现在如下几个方面。第一，在露天歌咏会依然举办的同时，高水平的专业演唱和演奏会在重庆经常举办。这正体现了“先普及后提高”的大众宣教规律。这个阶段在重庆最为活跃的主要有中华交响乐团、音乐学院实验管弦乐团、山城合唱团、喻华厦歌咏团、中大重大合组之“嘉陵歌咏团”、基督教圣乐团等。第二，演唱和演奏内容，由战争初期直白浅显的宣教风格转变为雅俗结合，且强调艺术性和思想性结合的宣教风格。专业团体经常演唱和演奏的曲目有：莫扎特的《开场曲》、贝多芬的《英雄交响曲》、包罗亭的《第二交响乐》，以及中国传统经典作品《高山流水》《嘉兴乐锣鼓》《闲居吟》《侯门弹铗》《青云直上》《月儿高》《龙虎门》《月夜》，还有刘天华的《变体新水令》等。第三，歌咏训练班的开办向提高的方向发展。这一时期主要开办的有：音乐教学人员培训班、渝青年歌咏干部训练班、“国民党中训团”音干培训班，以及各种各样的音乐知识演讲会、音乐专题座谈会等。第四，官方广播电台积极普及音乐知识，同时积极推动中外音乐交流。

当时，官方广播电台经常邀请知名音乐家向民众传授各种音乐知识。在将中国抗战歌曲和传统乐曲介绍到国外的同时，还经常向中国民众介绍国外的优秀音乐作品，其中以苏联的歌曲数量最多，如《热情进行曲》《铁路工人进行曲》《共青号机车》《怎么不唱呢》《体育进行曲》等。特别是苏联的战争歌曲，如《坦克手进行曲》《骑兵进行曲》《红海军进行曲》和《夏伯阳进行曲》等最为中国民众所熟悉和喜爱，是战时重庆最流行的外国歌曲。可见，大众化音乐宣教运动在战争中后期，其意蕴更深厚、其视野更开阔、其水平更是有了明显提高。随着中外音乐文化交流的扩大，这些活动更有助于中国民族音乐的现代转型，有助于中国音乐文化的发展与抗战建国的历史使命同步合拍。

1942 年 4 月 5 日，中国音乐学会在重庆宣告成立。这是抗战中规模最大、统战意义最为显著的抗敌音乐团体，其发起者和会员共数百人，均是战时中国音乐界的精英，以及推动抗战歌咏运动前行的中坚人物。中国音乐会的成立，标志着抗战音乐活动朝着民主建国的方向发展，进入了一个全新的历史阶段。

抗战中后期，具有广泛社会影响的流行歌曲很多，主要有：陶行知作词的《民主进行曲》《胜利进行曲》，刘雪庵创作的《自由神》《空军驱逐曲》，以及被称之为“抗战音乐划时代成就”的《嘉陵江船夫曲》和《祖国之恋》等。此外，来自于“边区”的《兄妹开荒》和《夫妻识字》等民间风格的歌曲，以及《八路军之歌》《抗日军政大学校歌》等，也在重庆民众中有一定的影响。这些歌曲在传递与抗战有关的民族情感的同时，还将一种全新的意识形态扩展到大后方民众的精神生活中，为他们的抗战建国憧憬提供了具有政治文化审美意义的另一种想象的空间。

三、“国民精神总动员”时代大潮中的抗战美术

在充分运用自身的艺术优势，进行抗战宣传和民众动员，并强有力地体现其独特的服务功能方面，抗战时期重庆美术界的表现也同样是非常杰出而且值得骄傲的。作为战时独异的情感舆论形态和精神武器，美术与音乐、诗歌、戏剧、电影等艺术语言有着天然的血亲联系，因此，其优势主要不是通过“单兵作战”，而是通过诸“兵种”的联合作战而充分体现出来的。也就是说，凡是有歌咏活动、诗歌朗诵活动、戏剧演出活动，以及电影放映活动的所在，都有美术的身影在其间活跃着——几乎所有民众集合的场所中，美术都在营造着气氛，刺激着人

们的视觉和心灵，它成为战时大众传播活动中不可或缺的重要角色。

抗战美术服务于抗战、服务于民众集中体现在这样两个方面：其一是和文学界一样，不管什么样的美术家，无论是专攻西洋油画、水粉画的，还是专攻中国画的，无论是擅长立体造型的，还是擅长平面构图的，无论是喜好歌颂的，还是喜好讽喻的，都一致投身于“国民精神总动员”的时代大潮中，以“健全之战斗员”的身份现世；其二是和文学界一样，所有的美术样式和所有的绘画语言，必须是“国防工具”，即以精神武器的身份现世。

抗战时期，组织和指导大后方及全国抗敌美术运动的最高机构，为国民政府教育部直属的美术教育委员会，其址设在重庆沙磁区的凤凰山上，与中央大学、重庆大学以及四川省立教育学院毗邻。美术教育委员会的重要成员大都是名闻中外的美术家和美术教育家，尤以中央大学艺术系等大专院校的美术教授居多。徐悲鸿、吕斯伯、张书旂、陈之佛、黄君璧、丰子恺、傅抱石、张善子、李西陇、林风眠、叶浅予、吴作人、李可染、许士祺、王临乙、廖冰兄、张乐平、丁聪、王琦、黄苗子等专业画家，大多在陪都的大专院校艺术系科中任教职。

不过，与抗日宣传和民众动员相关的美术活动的组织与开展，主要是由三大全国性协会来承担的，即“文协”下辖的中华全国美术界抗敌协会、中华全国木刻界抗敌协会和中华全国漫画作家抗敌协会。这三个全国性美术协会，又具体细分为各地方性的抗敌美术宣传队或美术宣传组，因而其宣教触角遍布前线、敌后和大后方的各个角落。不过，相比之下，在抗战美术宣传活动当中，最活跃和最具有传播辐射影响力的首推木刻和漫画这两大画种。

木刻和漫画在中国古已有之，但具有现代文明意义的木刻和漫画，却无疑是受到西方艺术和政治文化思潮的影响而形成和发展起来的。尤其是中国新兴的木刻运动，从一开始就与“五四”及新文化运动有着深刻的关联。它以粗犷简练的线条和黑白反差、明暗对照的刺激性艺术手法，成为左翼木刻家手中的观念性斗争利器，或被称为“被压迫民族与被压迫阶级的斗争性反抗艺术”。因为，无论从内容还是从形式上看，木刻都是当之无愧的“斗争性反抗的艺术”。值得一提的是，在抗战艰苦的条件下，木刻这个画种最简便、快捷，它最重要的一大优势是成本低——一把刻刀、一块木板、一筒油墨足矣；特别是木刻在印刷和传播意义上的优势，可以说别具一格，无可匹敌。木刻可广为复制，可大量张贴、散发。因此，战时的宣传画和传单，大都由木刻担任主角。“文协”迁驻重庆后，原聚集在上海、广州、武汉、长沙等地的木刻家大都云集重庆。1942 年 1 月，中华全国木刻界抗敌协会迁往桂林后，木刻家们又成立了中国木刻研究会，后经改组成为重庆及大后方抗敌木刻运动的领导机构。这一时期最为活跃且最受民众欢迎的木刻家主要有陈烟桥、王琦、丁正献、刘铁华、汪刃锋、罗颂清、邓野、王树艺、陆地、邹恒为、黄克清、李桦、黄新波、酆中铁、张望、卢鸣基、尚莫宗、段干青等。

中国木刻艺术的兴起与鲁迅的扶植和激赏有极大的关系。鲁迅对木刻艺术宣教功能特性的认识和诠释，基本上成了抗战木刻艺术的方向性指示。战前，他为《无名木刻集》题写序文时曾说：“用几柄雕刀，一块木板，制成许多艺术品，传布于大众中者，是现代的木刻……新的木刻是刚健，分别是新的青年的艺术，是好的大众的艺术。”毫无疑问，鲁迅对木刻艺术大众性和战斗性的期望，在抗战木刻运动中得到了满意的应答。

战时木刻创作的繁荣，除与其制作便捷、艺术表现力强、宣教效果突出，画家创作热情高涨，民众喜爱有关外，还与报业的繁荣有很大的关系。木刻展览多以宣传画的形式直接贴在城市乡村的墙上，当然是最省力且最见传播功效的日常方式。木刻印在报刊的版面上，与新闻报道相伴而传播到更为广远的战时空间，其发挥的作用更大。由于木刻画在版面制作上的技术要求不高，观赏效果却是最好，因此，与新闻宣传似乎具有某种天然的亲和力。这就不难理解，何以战时报刊版面上有那么多的木刻画出现，甚至 90% 以上的杂志封面都采用木刻。因为用其他的画种，如油画、水粉、中国画等，一则制版技术要求高，二则宣教效果并不理想。客观地讲，战时木刻凭借新闻传媒扩大了自己的艺术表现力和社会影响，在艺术上达到了一种神奇的效果。

事实上，中华全国木刻界抗敌协会 1938 年 6 月在武汉宣告成立时，“重庆木刻研究会”就已经是它的集体会员。“重庆木刻研究会”成立于 1937 年初，主要的发起人有酆中铁、刘鸣寂、严叶语、谢又仙以及胡巘章等，尤以酆中铁、刘鸣寂二人最为活跃。

重庆的版画家们在中华全国木刻界抗敌协会移驻重庆之前，就积极主动地做了大量的工作，例如，以“中华全国木刻界抗敌协会会员座谈会”的名义，开办过好几期木刻讲习班，并面向民众举办过好几次抗战木刻习作展览；同时还定期在《国民公报》和《商务日报》《新蜀报》上开辟“抗战木刻”和“木刻专页”等宣教专栏、专版。中华全国木刻界抗敌协会抵渝之后，其声势和影响就更大了。

1938 年初，酆中铁在《商务日报》“抗战木刻”第一期出刊之际，代表重庆木刻界发声道：“中国的木刻作者，在数年来，不断的挣扎、努力，虽然在技巧上没有好的成绩，但是取材与作风，一贯是严肃的、正确的……在这国家民族遭受到侵略者蹂躏的时候，为了争取民族自由独立艰苦奋斗的过程……木刻艺术现在应该做的是要普遍地启发在水线下的同胞，用绘画具有的特殊效力，去宣传说服那些对国家民族漠不关心的好朋友，去暴露日本法西斯土匪的兽行——奸淫、屠杀、轰炸——抓住目前社会畸形的状态，用我们的刀子去凿破它！”①

四、唯“政治正确”的作品才具有真实性和正面性意义

1938 年 7 月在重庆市区举办了首次木刻展览——“七七抗战一周年木刻画展”，1939 年 4 月举办了“第三届全国抗战木刻展览”，此后，经常性和大规模的木刻巡展更由市区扩展到大后方各地，深受民众喜爱的佳作层出不穷。如酆中铁的《义勇军自己保卫自己》和《血汗造成美的田园》、刘鸣寂的《饥寒线上》和《漂流三部曲》、李桦的《战车》、刘铁华的《检验我的武器》、刘仑的《歌咏队》、陆田的《秋收》、铁华的《赶场》和《嘉陵江》、南棣的《盟国四大领袖像》、刘岘的《抗战建国》、胡一川的《抗日大会》、董荡平的《荣誉军人阅报室》、焦心河的《蒙古青年》，以及黄克靖的《抢救战士》等等。

战时漫画创作的繁荣与木刻的繁荣有诸多相似的主客观因素。当然，其最主要的因素无疑是漫画的宣教性，即大众性和战斗性特点。这主要又是通过漫画自身具有的批评性、讽喻性和幽默性特点来得以彰显的。另外，漫画，特别是时政性漫画更与新闻宣传有着天然的血亲联系。在这一点上，漫画甚至较之木刻更为

① 酆中铁. 写在发刊之际［N］. 商务日报，1938-05-11.

切近。严格地讲，时政性漫画是现代社会的产物。因为在皇权统治下，漫画一介入时政，即面临灾祸，所以，中国古代的漫画最多只能停留在“鬼趣图”之类的隐喻层面，而不敢“直刺”。这就是说，抗战漫画的繁荣，如果离开战时政治文化多元背景的支持，是不可想象的；战时漫画与新闻传媒的关系也与木刻极为相似，同样营造出了一种双赢的局面。

关于漫画，鲁迅在战前也曾贡献过一些很好的意见。他认为创作漫画，除了要夸张，更重要的是诚实。在谈及与新闻事件有关的漫画时，他尤强调“诚实”的重要性。所谓“诚实”，就战时漫画而言，就是要符合现实社会的“本质真实”；在战时的特殊语境下，应体现为“政治正确”和“伦理正确”。只有这样，漫画的批评、揭露和讽喻才具有真实性和正面性意义。

重庆及大后方的抗战漫画运动，主要由中华全国漫画作家抗敌协会组织领导。1939 年 3 月，“漫协”筹措举办了“第一届全国抗战漫画展览”，观者云集，盛况空前。1940 年 5 月，颇有宣教影响的《抗战漫画》在重庆宣告复刊，发行量逐期上升。1941 年 1 月，“漫协”又筹措举办了“第二届全国抗敌漫画展览”。由于这一次是在全国范围大规模征集参展作品，因此，无论是入选作品的质量，还是数量，都明显胜过首届，其宣教影响也更为广远。

需要特别指出的是，重庆及大后方的抗战漫画运动的发展，除充分采用漫画展览的形式进行展示和推动外，更主要的还是由经常性的漫画宣教活动与民众的日常生活“亲密接触”。救亡漫画宣传队就是这种日常性的重要推动力量。救亡漫画宣传队于 1937 年 9 月成立于上海，其主要成员大都是《救亡漫画》三日刊的编辑和作者。这支漫画宣传队离开孤岛向西挺进，先后在南京、武汉、长沙、桂林等地进行漫画宣传和劳军活动，后来分为两部：一部去了东南战地，另一部辗转到了重庆。东南一部，队长为张乐平；重庆一部，队长为特伟，总队长为叶浅予。主要队员有胡才、梁白波、廖冰兄、张仃、宣文杰、陶今也、陆志庠、廖木林、席以群、黄矛、叶岗、陶谋基、麦非、章西厓等。后来，他们都成了重庆抗战漫画运动的中坚力量。《抗战漫画》半月刊由救亡漫画宣传队创办于武汉。创刊词中是这样说的：

我们决心以漫画宣传队为中心……培养一个新的生命，来刺激全国同胞的抗战情绪，和敌人的恶宣传作殊死之战。[①]

稍后，该刊在第8期“全国美术界动员特辑”中发表了“三厅”文艺科负责人田汉的文章《全国美术家在抗敌建国的旗帜下联合起来》，号召“全国美术界携起手来，怀着最大的热情，争取民族的独立自由平等”。这本杂志在重庆复刊后，很好地承续了武汉时期的精神文化传统，将漫画创作与“抗敌建国”的政略目标紧密结合，使这一时期重庆的漫画创作水平达到了一定的艺术和精神文化高度。

此外，重庆报媒开办的漫画专刊较多，比较著名的有《商务日报》的《星期漫画》、《时事新报》的《漫画双周刊》、《国民公报》的《漫画报》等，其编辑均为漫画宣传队成员。绝大多数报媒上的漫画作品，都是以木板刻制，因此，漫画与木刻的亲缘关系可谓难解难分。由于这诸多缘故，漫画与木刻常以联展的方式与大众见面。

抗战期间，重庆最大规模的“漫画联展”于1945年3月15日在中苏文化协会举办，可以说是对整个抗战漫画艺术水平和思想水平的一次大检阅。由于不少作品是以木刻手法制作而成，亦给人以漫画与木刻“联展”的突出印象。战时重庆，漫画个人展览也十分吸引人。廖冰兄的连环漫画《猫国春秋》，张光宇的连环漫画《西游漫记》，以及叶浅予的《战时重庆》，谢趣生的《鬼趣图》，高龙生、汪子美的《幻想曲》等，都是通过个展形式广为大众接受和喜爱的。

此外，抗战救亡漫画中的“诗配画”这种宣教形式也最为大众接受和喜爱。如谢趣生的漫画作品《劝夫从军》就配上了颇具四川民歌风格的打油诗，其曰：

谁说好铁不打钉？好男就是要当兵；这回若是逃兵役，羞死你家祖先人。

---

① 抗战漫画创刊词［J］. 1938（1）.

又如龚敬威为其漫画作品《敌后游击队员》配的诗更是妙趣横生：

兄妹二人插黄秧，兄插左行妹右行；半夜没有黄秧插，钢刀插进“鬼”胸膛！

总之，“诗配画”这种宣教形式，无论是从政略和战略角度，还是从文化传播和精神激励角度来看，其传播手段、技巧，特别是所发挥的战斗威力，可谓惊人。

1946年1月，政治协商会议召开时，木刻界和漫画界联合行动，公开在《新华日报》上发表了《致政协会废止文化统治的书面意见书》，标志着木刻界和漫画界真正完成了由民族主义向民主主义的转变。

战时重庆，徐悲鸿、张善孖、傅抱石、蒋兆和、张书旂、陈之佛、李可染、高冠华等擅长中国画创作的大家，也做出了不小的艺术和思想贡献，为重庆新闻与文化传播史注入了可贵的精神文化内容。

重庆市名优旅游食品绿色包装的民族化设计[①]

张　博　张宏伟[②]　刘小燕

旅游业的快速发展，带来了旅游市场的繁荣，带动了区域经济的发展。旅游产业中，旅游食品是核心要素之一。随着《中华人民共和国旅游法》的正式实施，旅游业进入更加有序的发展阶段。旅游食品是旅游业发展的关键带动环节，名优旅游食品包装设计是发展旅游食品业的重要内容。重庆是知名的旅游城市，旅游食品品种很多，但名优旅游食品不多且包装水平不一。优秀的包装设计可以促进绿色、环保、节约型旅游业的发展，提高旅游景点的文化韵味，营造民族食品的文化、民族化内涵，体现城市的文化情趣。

一、重庆市名优旅游食品包装的民族化设计内涵

我国的传统文化源远流长，巴蜀的历史文化亦精彩纷呈。从古代的巴文化、巫文化、盐文化到今天的三峡大移民，文化内涵都非常丰富。随着传统文化的回暖，人们意识到现代设计需要本土文化的滋养与熏陶，传统文化艺术元素流传至今仍生生不息，不但有其自身的合理性，同时也有区别于外来世界的独特魅力[③]。民族化设计来源于本土深厚的文化内涵，文化内涵的表征来源于生活。生活习惯和地理环境息息相关，山城雾都的潮湿环境造就了吃辣椒、麻椒的重庆人。重庆

① 基金项目：重庆市教育委员会人文社会科学研究项目（15SKG155）和重庆三峡学院青年项目（16QN03）阶段性成果。原载于《重庆三峡学院学报》2018 年第 3 期第 34 卷第 175 期。

② 张博，甘肃兰州人，硕士，重庆三峡学院美术学院讲师，主要研究艺术学。张宏伟，重庆云阳人，重庆三峡学院美术学院教授，主要研究美术学。

③ 李一枚．论礼品包装的设计提升［J］. 包装工程，2011（20）：108-110+12.

地处长江中上游，雨水丰沛，夏季炎热，但依然挡不住人们对辣椒的热爱。独特的水土养育了独特的重庆人，这样的地理与人文环境使得重庆人兼具火一样的热情和水一样的柔情。

重庆人在这样的环境中将地域文化与人文文化融于饮食中。随着时代的发展，重庆人更是将这种文化内涵通过设计引入便于携带和馈赠的旅游食品中，并在旅游食品的包装上充分体现出这种文化内涵，展现出一定的地域与民族化设计，在火与水的性格中形成了旅游食品包装的多样化，但总体上体现为悦动的“火”与柔情的“水”。无论是制作技术手法，还是食品的包装、加工制作的生态材料，都具有鲜明的地方民族特色。长期以来，这些名优旅游食品普遍被当地人与旅游者所接受，成为馈赠亲友、旅游携带的首选，也在一定程度上宣传了重庆的特色及文化。

二、重庆市名优旅游食品包装的民族化设计表现

旅游食品的包装形式多种多样，成功的包装设计往往独具特色，让人眼前一亮，也常伴有浓郁的本土文化特色。消费者购买的不仅仅是食品，更是一份旅游体验。名优旅游食品包装承载着游客较深的文化记忆与旅游体验，对提高旅游食品的销量起着非常重要的作用，可以说是名优旅游食品的“门面”。

食品和包装关系是相互的，食品是传递当地文化、风俗、生活习惯等的重要载体，好的食品包装可以准确有效地传达食品的信息，提升该品牌的认知度与美誉度，增强食品的竞争力。食品的包装设计应兼顾创新与传统、美化和简明的原则，使食品包装与地域文化融合。包装设计的理念是随着时代的进步而发展的，并不断地加入新的设计观念因素。因此我们既要继承民族文化传统，又要用当下的价值观和审美观去审视和设计食品包装，可以通过以下六个方面进行设计表现。

（一）民族纹样

纹样是装饰花纹的总称，又称花纹、花样，也泛称纹饰或图案[①]。纹样的起源可以追溯到远古时代，可以看作是文化的符号，符号的样式种类繁多，标识不

① 田自秉，吴淑生，田青．中国纹样史［M］．北京：高等教育出版社，2003.

一。远古纹样普遍具有符号的意义，随着时间的推移和历史的发展，纹样的演变增强了其审美的功能与意义。原始社会器物的表面留有简单的线条，随着时间的推移，图案也愈加丰富。重庆少数民族众多，根据不同的民族纹样设计的特色旅游食品包装，可体现出浓郁的生活气息和鲜明的民族特点。以下提出四种纹样形式在食品包装中的设计方法：

1. 几何图案在纹样中所占的比重很大。几何图案简洁、易识别，可以在包装设计应用中体现出良好的简约效果。例如圈纹、波纹、折带纹、折线纹、网纹、条纹、弧线纹、回纹等等。

2. 民族纹样中动物纹所占的比例也很大，在这些图案中既包括现实的动物也包括想象的动物，在具体应用中可以充分地展示出民族文化特性。比如龙纹、凤纹、饕餮纹、鸱鸮纹、夔纹、象纹、鸟纹、蝉纹等。

3. 花草纹和综合题材纹样也占有相当大的比例，花草纹以大自然中的树木花草作为依照对象，创作出各式图案。

4. 综合题材纹样是在上述纹样的基础上综合多种纹样产生，这一类纹样在包装设计中可以增强其装饰效果。

不同的纹样在不同的时代均被赋予不同的含义，大都是人们对生活美好祈愿的呈现。当然文化的差异也会使同一个纹样具有不同的意义。对于传统纹样的应用，可以用简化、夸张、变形、综合等不同的手段，结合几何纹样、动物纹样、花草纹样、综合题材纹样的不同纹饰，加上当下时代元素，使之拥有鲜明的民族特色与时代风格。例如，重庆的土家族与苗族均有其民族特色纹样，将这些典型纹样提取出来，再应用到食品包装中，就会使包装带有鲜明的地方民族文化特色。当消费者选择旅游食品时，会被其独特的民族纹样吸引，旅游食品包装也会充当无声的宣传员，传达着民族特色与地域文化，宣传重庆旅游品牌，推动重庆旅游经济的发展。

（二）民族色彩

根据食品的口味可以设计出不同色彩的包装。色彩的搭配十分重要，“色者，颜气也"[①]。我国很早对色彩就有研究，将色彩分为赤、黄、青、黑、白，彩色系一般分为赤、黄、青、绿、紫五个色域，非彩色系分作黑、白、灰三个色域。一个民族色彩观念的形成，同其历史文化背景、地理环境紧密相连，人必须适应所处的生态环境，色彩文化观与民俗文化是在这个适应过程中孕育而成的[②]。一般来说红色象征着吉祥，黄色象征着富贵，青绿之色象征着希望和生机，黄色和橙色搭配可以给人轻快玲珑的感觉，橙色还可以增加人的食欲，粉红色和白色加上淡蓝色给人带来轻柔浪漫的感受，酒红色加上蓝色和金色给人华丽清新的感受等等。这些不同的色彩带给人的心理感受都是通识的，会让人产生共鸣。

各种钩状、锯齿状、梳齿状、缝合状等边饰，需要与包装的主要内容及色彩相呼应，也可以加上纹样图案，涂点穿插其中。在色彩的运用上，既要有强烈的对比，又要有素雅大方的色调调和，就像包装中常用到的红色、黑色、白色、金色，都有不同寓意。红色属于暖色系，代表光明与热情；黑色属于冷色系，象征庄重，因此通常以红色为主，以黑色为辅，以金、黄、蓝、白色参差点缀其中。色彩的选择没有固定的规范，但一定要运用好同类色、类似色、对比色和补色的关系。同类色与类似色应用好了可以达到协调中富于变化的效果。对比色和补色的运用也要恰当，运用得当对比色能突出包装，运用不当对比色会使包装显得低俗，一定要避免低俗且无目的的色彩设计，在包装设计前要做市场调研，从旅游食品自身以及受众人群展开分析，然后制作设计方案。例如某地的年轻游客比较多，色彩就可以选择明快、活泼充满生机的色调。

总之，通过色彩，观者可以直接感受到画面所要表达的氛围与主题，通过色彩表现出不同的情感特征：注目、喜欢、愉悦、轻快、希望、平静、简朴、高贵、优雅。没有费解的概念，就是一种很直观的色彩感觉表达[③]。理解民族色彩观念，注重色彩的通识心理感受，掌握色彩对比与调和整体关系，便能掌握应用好

① 吴敬恒．说文解字诂林［M］．上海：商务印书馆，1928.

② 杭间．设计史研究［M］．上海：上海书画出版社，2007.

③ 张博．设计艺术中主观色彩的基本关系与应用［J］．重庆三峡学院学报，2012（4）：113–114.

民族色彩设计。

（三）民族精神

民族精神是中华民族的灵魂，是设计的航灯。我们潜意识里对中华文明历史传承天生就有优越感和自豪感。中华民族的民族精神是中国文化的主流，是中国人的性格、人格体现。中华民族的精神正是在时代中赋予的民主、独立、自强的精神。我们的民族精神是中国精神的具体展现。重庆市名优旅游食品包装设计是在创意的基础上结合民族精神进行的富有精神内涵的独特包装设计。将民族的造型如纹样造型，民族的意味如色彩观念与搭配，民族的理想与信念如时代的主旋律，表现到包装设计中，正是民族精神的体现。任何艺术作品都是其时代的产儿，同时也是孕育我们感情的母亲。每个时期的文明必然产生它特有的艺术，而且是无法复制的①。重庆市名优旅游食品的包装设计也必须融入时代精神，才能体现出完整的民族化设计。

（四）传承与借鉴

诸多造型独特、装饰鲜明的图形是从民族文化特色中汲取的营养。民族文化是民族的内聚力，是由民族的生活方式等演变来的。当“包豪斯”的设计思维与设计方法被引进之后，强调设计民族化的呼声一直都存在，很多优秀的设计师自觉地将中国传统图形与时代精神有机地结合②。

重庆市特色旅游食品的包装设计可以用自己独特的方式呈现，如地域特色与民族特色相结合，传统元素和现代元素相结合。元素的运用可通过几个方法实现：（1）基本形态变换，把握元素原始形态，结合现代艺术风格重新塑造；（2）解构，多种元素打散分割再组构整合；（3）分中有合，注意所选元素间的相互联系，使整体间得以呼应③。在传承民族文化的基础上吸收西方优秀的设计形式，从多个方面传递民族文化博大精深的文化内涵，同时又能体现出优秀的前沿

① 康定斯基．文论与作品［M］．查立，译．腾守尧，校．北京：中国社会科学出版社，2003.

② 杭间，何洁，靳埭强．岁寒三友：中国传统图形与现代视觉设计［M］．济南：山东画报出版社，2005.

③ 王玮．羌族传统图案在土特产包装设计中的创新应用［J］．包装工程，2014（10）：4-7.

设计动态。

对于旅游者来说，购买当地的名优旅游食品是为了体验当地的习俗，感受与自己家乡不一样的风土人情。由于生活方式、生活观念、风俗习惯的不同，通常更多的“本地”食品更容易吸引游客。如何将本土的名优旅游食品展示出来，体现本土文化，是包装设计必不可少的。包装设计传达的文化来源于当地的民族文化，但又不局限于传统，它肩负着与时代特色主题接轨的任务。

（五）绿色包装设计

重庆市名优旅游食品绿色包装设计主要体现在天然材料的选取上，最好使用当地量多而且具有一定特色的材料，例如纸、竹、木、泥等天然材料。采用自然传统的包装原材料，不仅环保还能展现出人与自然的亲和、与环境的互动。

名优旅游食品包装以原始形态为主，有木材、陶罐、竹编、竹质材料、亚麻、草编等多种源自大自然的天然包装材料，传达东方审美观念，将自然、和谐的美作为主流。包装用的木材，或保持原状态，或经抛光处理后雕琢。如重庆市的鱼泉榨菜包装，在传统生产和工业化生产的基础上，部分食品包装采用传统方式，用陶罐和竹编包装，给人自然、安全、朴实、美观之感。

纸质材料，或是薄的、厚的，或是软质的、硬质的。竹质材料，或是粗的、细的，或直接选用其竹节做成竹筒或用竹子的皮编制成容器。各种亚麻布材质、草编包装也很受欢迎。植物的叶表皮十分经济实用，而且特色鲜明，可以用作装饰纪念品亦可用于食品包装。烧制后的陶器、瓷器和玻璃制品也是旅游食品包装材料的最佳选择。在包装材料上也可以通过对比材料和天然纹理的使用来贴近自然，返璞归真，而且可以通过对再生纸大量使用，建立一个新的绿色包装形象。

（六）细节设计

旅游食品包装目的之一就是方便携带。在知名的旅游景点中，许多旅游食品畅销最重要的原因就是携带方便。笨重、携带不便的旅游食品不能吸引顾客。因此在名优旅游食品包装的设计上应结合特点尽量设计得方便携带。

特色旅游食品包装的细节设计主要是为了方便消费者，同时传达旅游食品的信息，也传达了食品包装的人性关怀和对环境的注重。功能和美学思想体现出设计深厚的人文内涵，“设计源于生活”是我们必须注意的细节设计。没有什么比细节设计、精心设计更能打动顾客的心。例如，重庆永川特色旅游食品的竹子包装，一些简单的竹筒、竹编，既方便又安全，而且具有永川地方特色；忠州豆腐乳在使用陶器作为食品容器的同时增加了麻绳的提手设计，既符合绿色包装的要求又便于携带；鱼泉榨菜部分包装的便携开口设计，也满足了消费者食用方便的需求；梁平张鸭子的真空内包装设计，延长了名优食品的保质期，方便游客长时间储存、携带、运输等等。重视包装细节设计不仅体现了细致的人性化，也蕴藏着深厚的文化内涵，好的细节设计不仅提升了名优食品包装的外在形式，也使包装设计呈现出多元化、精细化的设计方向。

三、重庆市名优旅游食品包装民族化设计的发展

名优旅游食品的包装也是一种销售包装，可以分为组合包装和独立包装两种。组合包装设计是指将不同的食品包装灵活地结合起来，将个体包装设计为子包装，再加上一个统领子包装的母包装。为每一种食品进行一个单独的包装设计称为独立包装设计。作为旅游景区名片的旅游食品包装可以采用差异化的形式来完成不同组合的包装。景区景点多的可以采用组合包装的形式来设计旅游食品包装，母包装是景区，子包装是景区内的众多景点，当游客见到景区包装打开后呈现在眼前的是系列景点子包装，仿佛身临其境，又宣传和推广了重庆旅游景区，可谓一举多得。重庆市旅游线路众多，在不同的旅游线路中分布着不同的旅游景点，对于这些景点的旅游食品包装可以采用独立包装设计，给游人新颖而独特的美感。

结合上述提到的绿色包装设计理念，对重庆市特色旅游食品的包装，我们可以积极创新。对于重庆市名优旅游食品包装来讲，除了采用传承的竹木制、陶土制、植物表皮制材料外，还可采用新型的木纤维（纸质）压缩材料、可降解包装材料、PET 材料、可食性包装材料、天然生物材料。这些材料都属于绿色生态包装材料。根据食品分类的不同，分别对运输包装、系列包装、外包装、内包装进行不同的材料应用。可食性材料可以作为内包装设计使用；可降解包装材料、PET 材料、天然生物材料可作为外包装设计使用；木纤维（纸质）压缩材料可用于运输包装，也可用于外包装设计使用。这些绿色生态包装材料还可以依据物理

属性的不同结合不同的名优旅游食品进行差异化、特殊化的包装造型设计、装饰设计，让材料属性与包装类别结合、地域文化与民族化设计表现结合，促使重庆市名优旅游食品包装民族化设计的发展。

重庆市名优旅游食品包装民族化设计的发展要具有一定的品牌意识，突出名优旅游食品品牌个性化作为包装设计的创意表现形式。还要对特色旅游食品的包装进行定位，通过横向的同类旅游食品与纵向的旅游食品内在质量、包装造型、外观与媒介宣传诸方面的发展沿革进行比较，做到特色化、专业化、产业化。同时还要关注游客的消费心理，注重特色旅游食品的推广策略、流通策略、价格策略和商品策略。

旅游食品伴随旅游行为传播到世界各地，是旅游品牌的延伸。在如今快速发展的时代，品牌形象对消费者的购买行为有很深的影响，故包装的有效识别是品牌形象的进一步认识，也是在包装设计中必须考虑的因素。像鱼泉榨菜、梁平张鸭子等都有自己特殊的包装识别。磁器口陈麻花是一个典型的案例，商场超市以陈昌银麻花为主，在磁器口古镇，陈建平麻花最有名。两者都言自己是真正的陈麻花，但旅游消费者却难以区分，一个以纸质包装为主，一个以塑料包装为主。两者要抢占市场先机，除了在品牌宣传上下功夫以外，还要注重包装整体造型，建立自身真正的品牌形象。

品牌文化的建立为产品走向更大的市场奠定了良好的文化基础，消费者认同包装设计的视觉形态，也是对品牌风格、品牌理念、品牌文化的情感认同[①]。在重庆市名优旅游食品包装中建立品牌意识，通过特色旅游食品包装的品牌来塑造旅游景点的品牌，通过旅游景点品牌来塑造重庆城市形象品牌，扩大城市影响，带动区域经济的发展，从而促进城市和地域文化的繁荣发展。

---

① 王丽，罗从军，余肖红 . 基于市场细分的竹筷绿色包装设计［J］. 竹子研究汇刊，2014（3）：22–26.

寻找明快的戏剧节奏

——谈现代川剧《金染坊》实验演出的编导艺术[1]

周津菁[2]

由重庆市青年编剧周津菁创作的现代川剧《金染坊》，被列入2017年度中国文联青年文艺创作扶持计划项目，得到了中国文学艺术发展专项基金的资助。2017年12月15日，现代川剧《金染坊》片段“洞房”和“染坊”两折戏在重庆国瑞·303艺术剧场进行了实验演出；2017年12月20日，该演出又在重庆市永川区文化艺术中心剧场进行了呈现。该剧由熊平安先生导演，刘枫先生作曲、永川区文化体育服务中心（原永川区川剧团）演出。舞美、灯光、服装、化妆等制作都由重庆本土青年戏剧人承担。

一、寻找明快的戏剧节奏是当代川剧创作的重要着力点

现代川剧《金染坊》实验演出是笔者和熊平安导演在2017年合作的第二个作品。第一个作品是在2017上海国际艺术节呈现的当代川剧《聂小倩与宁采臣》。《聂》剧由笔者编剧，重庆303戏剧社导演袁野执导，熊平安先生任艺术指导。熊平安先生是一位资深的川剧表演艺术家，笔者则是一名初涉川剧文学创作的新兵。由于年龄和资历的差异，我们的艺术观念难免冲突，好在无数次台上、案上的磨合与共同创意，让我们终于实现了“老少”之间的无缝合作。笔者和熊导的碰撞与共同呈现，可以看作是传统川剧艺术形式走向当代的一次实验。人说新人必有新招，笔者却要说新招也必须以优秀传统形式的发扬与革新作为支撑。

---

① 原载于《四川戏剧》2018年5月。

② 周津菁，重庆市文化艺术研究院副研究员，青年编剧。

《金染坊》“样式的新颖”（2017 年 12 月 15 日，有观众在《金染坊》演出后的沙龙中提到这个词），得益于熊平安导演和笔者对传统川剧艺术和当代舞台表演特征的观察与重新发现，这个被发现的关键词就是：明快的节奏。

从一般概念来说，节奏指的是“将时值长短不一的音组合在一起（音长和音强的组合）”。优秀的舞台艺术作品大都具有优质的节奏设计。不少川剧理论文章中都提到川剧改革的重要方向就是要让川剧变得更加符合当代人的欣赏习惯。孤芳自赏、自我幽闭或许并不是一个获得新一代川剧观众的好主意。但是从另一方面来看，全盘改革因娱乐、噱头而彻底“庸俗化”，会让川剧失去自我，很快凋零。作为编导我们是否可以找一个突破口，既能够运用传统川剧的精彩形式，又能对当下的观众产生“代入感”。在创排了 2017《聂小倩与宁采臣》与《金染坊》之后，笔者和熊平安老师同时发现，节奏是我们能创造出受观众喜爱的川剧作品的重要切入点。我们现在面对的观众，他们居住在互联网时代，他们的生活便捷化，文化“快餐化”。“快餐化”虽然备受诟病，但我们在进行艺术生产的时候，有必要将其作为一个需要考虑的因素，并借此分析新的戏曲观众的欣赏特征。事实上熊平安老师在 2017 年为四川省川剧院执导的川剧《双八郎》，也体现了戏曲舞台节奏控制的重要性。这个剧目之所以能在全国地方戏曲南方会演中受到追捧，笔者认为除了对老传统的保留和继承，也同时得益于编导团队敢于按照当代观众的欣赏习惯修改剧本，以更好地突出戏剧主题，同时让整个舞台节奏明快起来。

这次演出了现代川剧《金染坊》的“洞房”和“染坊”两场戏。在熊平安导演的统筹下，这两场戏的文学、音乐和演员表演组成了舞台呈现的整体，在一定程度上实现了明快的戏剧节奏。

二、一剧之本打下明快基调

先来谈一下本剧的编剧。现代川剧《金染坊》剧本讨论了金钱与人性之间的关系，全剧向观众展开了一个谜题：“拥有了财产，是否就拥有了爱的权力？”笔者将主题灌注在曲折的家族故事中：兴隆镇上的大染坊分为东西两边，主人是李成海和妹妹李月梅。为了获得西染坊，小五在族长舅舅的撮合下迎娶了李月梅。月梅深深地爱着小五，却全然不知小五真正爱的人是王秋兰。当李月梅带着嫁妆——西染坊嫁给小五的时候，哥哥成海也花了 10 块大洋，娶到了贫家女王秋兰。两对夫妻，貌合神离，在东西两个染坊里劳作。月梅获知真相后，从痛苦、绝望、挣扎中渐渐明白，小五爱财，要想留小五在身边，唯有赚更多的钱。于是她从一个纯洁的少女，慢慢成长为一个掠金的妇人。小五苦苦守住西染坊，是想在染坊里染出蓝印花布，卖到下江赚大钱，好给王秋兰更好的生活。蓝印花布买卖终而成为李月梅的掠夺对象。错误的婚姻和错位的财产关系将会引发一个令人深思的结局。这一次演出的“洞房”和“染坊”两折戏，讲的就是舅舅以金钱之名，撮合的两对“错结”鸳鸯的新婚之夜。两场“洞房花烛”分由“东与西”两个洞房中进行。西洞房中，深爱着秋兰的小五却和月梅进了洞房，酒后的他误将月梅认错成秋兰，揭开盖头的一瞬间，他被真相“醒了酒”，却装睡而不与月梅圆房。暗恋小五已久的月梅唱了一段清新活泼又转而幽怨的思春曲。东染坊中，成海硬逼秋兰与他圆房，刚烈的秋兰认准小五才是她此生的归宿，面对强娶她的男人，她便拼死不从。“洞房”作为大幕戏《金染坊》的第二场，两对夫妻间因金钱而产生的戏剧矛盾激烈展开。“染坊”一场接踵而至。东西两个染坊、两对夫妻各有心结。他们在染坊劳作的过程中，展示着浓烈的爱、恨、情、仇。为了写这一场戏，笔者做了多次田野调查，设计出将染布的程序灌注进情节发展和人物情绪发展的文学方式。于是就有了秋兰和小五外出“挑布”幽会，成海和月梅各自在东西染坊中“烧水”苦等；两对夫妻分别“煮布”，或愤怒或愁闷的情绪随着烟雾腾起；“搅布”中，怨恨被进一步激化；“整布”无法平复凌乱的人物内心；“碓子打布”，随着一声快似一声的劳动节奏，这场情伤已经无法忍受；“漂布”中帮腔唱到了“红莲开在水中心”，却“莲动不见种莲人”。郁愤而欲火难耐的小五和秋兰，终于逃离了自家染坊。东染坊的成海是愤怒，而西染坊的弱女子月梅，只能独自哀婉伤怀。

这两场戏是按照传统的线性思路结构的，但却是双线，因为笔者讲了两对夫妻分别在自家洞房和染坊中的故事。重庆邮电大学的李红秀教授在演出后的戏剧沙龙中提到，这个戏是用的“平行叙事”结构写作的。笔者觉得平行是存在的，但不绝对。因为东西染坊，两对夫妻之间有着扯不清的金钱和情感关系。两个空间是互动的、互文的，有时候也会相互交叉，比如，秋兰和小五的“幽会”桥段。我对传统川剧叙事法是尊重和坚持的，因为只有坚持线性，戏不做得太满，才能给演员们留足舞台表演时空。但是笔者希望戏曲文学结构单纯而不单调，笔者给出了足够的信息量。首先是故事和人物的信息量，在笔者下笔之前，每个人物都做了完整的人物小传，这使得他们都是带着“戏”上场。“戏”不是故事本身，而是编剧用川剧的舞台形式对人物关系的设定和表达。每个人背后都有故事和丰富的情感，这使得他们在场上有戏可做，这就是信息量。其次是染坊劳动程序的加入，染布的劳作方式是民族文化，也包含着人文情感。每一个程序，不仅是劳动本身，也是人物情绪的支撑物。总结一下，剧本具有两个方面的特点，一是继承了传统戏曲文学的线性传统；二是具有足够的人物情感存量和丰富的文化信息量。线性结构让故事够单纯，这让观众们都能看懂戏；而足够的人物故事内容和文化信息，让这个戏有看点、有内容，有可持续表达的看点。而笔者在写作剧本时，也反复推敲了对话和行动的戏剧文学节奏——对长短、力度进行了控制，力求唱段表意准确，台词有力量、不拖沓。说到底，剧本内容的丰富性和结构的单纯性，是这出戏能呈现明快节奏的基础。

三、导演呈现为明快加分

熊平安老师的导演让这出戏的明快节奏得以真正呈现。传统川剧中有高腔戏《双洞房》，熊平安老师认为，传统《双洞房》并没有把“双”用起来。从笔者的剧本出发，熊老师采用了“隔壁戏”的手法来表现《金染坊》“双洞房”和“双染坊”。隔壁戏能把“双”用活。隔壁戏在川剧中多有出现，比如由《醒世恒言·张廷秀逃命救父》改编而来的《双杯记》中就有一出“隔壁戏”：在廷秀和文秀二兄弟处于困境之时，编剧并没有让他们在同上京师赶考之时或在店中直接相逢相认，而是合理地利用了川剧舞台的写意功能，在舞台左右各置一桌一椅一烛，让两个兄弟各在一个房间中，“只闻其声，不见其人”地展开对话，宣泄矛盾：由桌、椅和灯烛，舞台上虚拟出了两个相互隔绝的空间。在“有声不见其人”的环境中，二人的语言碰撞出来不少戏剧智慧的火花，例如，根据该剧戏剧矛盾，两人的语言锋芒都直指贼子，却在这个特殊的“隔壁”环境中，造成了误会与交锋。情之越切，骂得越凶，最终不可收拾，二人开门，剧情急转——原来是自家兄弟。[①]

---

① 夏庭光.川剧品微［M］.重庆：重庆大学出版社，2008：76.

《双杯记》中的隔壁戏是两个人分别在两个空间中的互动，他们彼此之间听得到声音。而《金染坊》的“洞房”则是两对人分别在两个空间中的互动，东和西两个洞房彼此听不见声，看不到人，勾连两个洞房的是人物关系和情感。在两个洞房之间——在东和西两个洞房里各自成家的成海和月梅是兄妹，东洞房里的秋兰和成海是夫妻，西洞房里的月梅和小五也是夫妻，而小五和秋兰则是被拆散的情侣。熊平安导演很准确地抓住了以上矛盾关系，在舞台上布局了东和西两个洞房（用变形后的一桌二椅的简约舞美表现），新娘搭着盖头分别坐在各自洞房中的床上。当两个醉醺醺的新郎同时上场时，他让我加了一句台词：“秋兰，我来了！”就这一句话，把本剧的主要矛盾关系都勾了起来，一方面，东洞房中坐着的是真秋兰，她是成海用10块大洋买来的媳妇，成海呼唤她，也是男性用金钱换情欲的表达；另一方面，西染坊中的小五因为太思念他的爱人秋兰，醉后便喊错了名字，他误将洞房里搭着盖头的月梅认作是秋兰。此后，在喜庆而温馨的过场音乐中，两个洞房中的两对情侣各自表达：东洞房中展现的是成海的欲望和强势与秋兰的厌恶和反抗；西洞房中展现的是小五的热情、温柔与月梅的顺从和喜悦，此时的月梅还害羞地搭着盖头。直到小五把月梅抱上了床，才从醉意中醒来——自己娶到了不爱的人。于是懦弱的小五开始装睡。两个洞房里呈现着相似的情境，却是不一样的氛围。虽然有锣鼓来“打”情绪，表现秋兰的激烈反抗动作，却经过熊平安导演的悉心安排，而并没有影响小五和月梅的温柔动作。两个洞房里的情节、情境、人物情绪都是相互对照、呼应、对仗、互文和反衬的。音乐、演员的动作都合理地阐释着人物关系和戏剧矛盾。舞台上的信息量大，两个洞房让人目不暇接。音乐有节奏、锣鼓有节奏、人物情绪呼应也有节奏，故事在两条相互平行又时而交错的叙事线中激进推进。

“洞房”一场的主要文化元素是故事事件和人物关系，“染坊”则加了一项：染布劳动程序。熊导拿到“染坊”一场的剧本后，给笔者提出了修改意见：砍掉“染布”之前点火烧锅的过程。在笔者原来写的“染坊”一场中，有点火、烧锅、煮水、下染料的桥段，说的是各自处于东和西两个染坊中的成海和月梅都在点火，却满屋闷烟，怎么也点不着火；而染坊外挑着布的小五和秋兰恰好遇见，便顿起“欲火”。我希望染坊里和染坊外的戏处于不同的空间，却在同一个音乐声场中，以此对比表现染坊内外不同人物情绪。我的唱词是这样写的：

[东染坊]

成海 （唱）气死人，冷柴灶生不起火。

[西染坊]

月梅 （唱）急死人，星星火热不了锅。

[东染坊]

成海 （唱）灶火点不着，有火肚里搁。

[西染坊]

月梅 （唱）满屋闷烟罩，有苦对谁说？

[东染坊的成海和西染坊的月梅继续生火，身段表演。]

[秋兰和小五挑布上，眉眼。]

小五 （唱）看一眼，眼里头燃起了火。

秋兰 （唱）看一眼，火苗子唱起了歌。

小五 （唱）扁担颤悠悠，心像着了火。

秋兰 （唱）脚下轻飘飘，人像着了魔。

唱罢，小五和秋兰回到东西染坊，然后是两对夫妻一系列的点火、烧火、钩火、下料等程序。笔者在剧本中设置的情境是，在这一系列劳动身段中，表现“丈夫”与“妻子”之间纠结的情感关系。笔者觉得传统川剧折子戏《打饼》能给这场戏的身段表演很多启发。

然而，熊平安老师要求笔者把点火、烧火等劳作全部去掉，人物上场，直接把火烧旺，进入真正的染布程序。改后的剧本是这样的。

[东西染坊，一墙之隔。成海在东染坊，月梅在西染坊。两人都在灶膛下生火，秋兰和小五挑布上。]

[扑灯蛾]

[东染坊]

成海冷柴灶生不起火。

[西染坊]

月梅星星火热不了锅。

[东染坊]

成海、秋兰争着去挑布。

[西染坊]

月梅等布回来下染锅。

[东染坊]

成海想起洞房事，有火肚里搁。

[西染坊]

月梅想起洞房事，有苦对谁说？

[月梅和成海下。]

[秋兰和小五挑布，眉眼。]

小五（唱）看一眼，眼里头燃起了火。

秋兰（唱）看一眼，火苗子唱起了歌。

小五（唱）扁担颤悠悠，人像着了魔。

秋兰（唱）脚下轻飘飘，心里开了锅。

唱过后，剧本没有让秋兰和小五直接回各自染坊，而是加入了“秋兰要小五带她远走高飞”的桥段。这个桥段本来被安排在大幕戏的第四场中，而不存在于“洞房”和“染坊”里，这里就被提前了。熊平安导演说，独立进行的实验演出，需要照顾折子戏的相对完整性。而事实上，这场情感戏加得非常出彩，导演将小五的宽腰带搭在担子上，宽腰带成了遮羞的屏障，两个情侣就在这个“帐子”后面亲热拥吻，而同时运用舞台灯光照出剪影来，意境含蓄、唯美而深情。成海的一声呼唤，结束了情侣的美梦，小五和秋兰在慌乱中回到染坊。直接进入染布劳作中的爱恨情仇展示。直到“染坊”一场戏排完之后，笔者才深刻地理解了熊平安导演要求修改剧本的苦心。因为唯有删去多余的东西，才能保留剧本内容精粹，也就是突出主题、人物和意义。笔者之前的点火桥段会显得拖沓，使得入戏缓慢，冲淡染布主要劳动情绪，那就完全谈不上节奏明快了。在前面，我谈到了剧本文学在烧水、煮布、搅布、整布、碓子打布、漂布中展示人物感情，一层一层推高情绪。在熊平安导演的统筹下，作曲家刘枫对这段劳动戏进行了精确的音乐设计——布在锅中，碓子打布就是“做里带唱，边做边唱”，“布从锅中出，清水漂布”，则是手执五彩布边舞边唱，熊导在此处还结合了“串翻身”等技巧。整个舞台画面流动性强，显得生动、鲜活，格调清新舒朗。《金染坊》实验演出的舞美也为该剧的明快呈现加了分。虽然这是一个现代戏却采用了写意的舞美构造，从东西“洞房”，到东西“染坊”，都是采用变形的“一桌二椅”，木条等简单切末。舞美充分的留白和简洁，为演员表演的流畅性加分，川剧是一门善于写意的艺术，创新的现代戏更应当学会从传统戏曲美学中汲取营养。用舞美设计师徐丹的话来说，就是“川剧的舞台设计既要适应当下的审美趋势，又要汲取传统的丰厚给养。《金染坊》的舞台设计就是基于此基础设计构建的。就是想通过提炼传统戏曲艺术一桌二椅的典型制式，运用当代视觉方式将古典元素同剧场环境结合起来，将对色彩的控制与空间的平衡应用到小剧场戏曲演出中来，寻找川剧艺术移形写意的雅调。”[①] 笔者认为，熊平安导演为了实现该剧的明快节奏感，主要做了以下两个方面的努力：一是删繁就简，突出中心，把舞台空间留白给最应该表现的戏剧内容、人物和情境；二是积极运用各种舞台手段，包括现代舞美、灯光、川剧表演技能去积极表现剧本内容所提示的文化丰富性。笔者在剧本中给足了故事的文化内容和信息，熊导十分善于用戏曲的、写意的方式将其诗意化呈现。不少观众都提到，这个现代戏用的就是传统的川剧大写意。写意这种伟大的艺术手法，最善于将世间万物的事物事理进行提纯表现，去除纷杂琐碎，归于单纯空灵的画境之中，这就是艺术的单纯而不单调。

四、结语

戏曲是综合艺术，要实现明快的戏剧节奏感，需要依赖各个艺术子门类的相互融合与共同呈现。剧本的初创就应当对明快的舞台呈现效果有充分预设，编剧要给到，导演要想到，其他艺术部门积极跟上就会有比较好的演出效果。

---

① 2017 年 12 月 11 日，本文作者就舞美创意问题采访了现代川剧《金染坊》舞台美术设计师徐丹。

芭蕾中国化，未来在何处

——从芭蕾舞剧《死水微澜》说起

邹俊星

近来在重庆国泰大剧院观看了重庆芭蕾舞团原创舞剧《死水微澜》，由于该剧于2016年入选国家艺术基金大型原创剧目，这一点引起了我的关注并吸引我走进了剧院。

重芭的这部舞剧《死水微澜》改编自1935年上海中华书局出版的图书《死水微澜》，作者是李劼人。讲述了敢爱敢恨的农村少女邓幺姑追求爱情的曲折故事，形象地再现了在清王朝行将崩溃的年代里，在东西方文化背景交相冲撞下，人们灵魂的剧烈颤动及命运的悲剧性结局，解剖了中国封建社会瓦解前夜的整体社会风貌，触角细微，内涵深刻，具有强烈的巴蜀文化色彩和西风东渐的文化冲突，是中国文学由近代向现代转型的代表作品。

但是看完整部舞剧，我却认为这部作品始终没能打动我。

其实对古老的中华文明而言，舞剧也不过是近80年来的舶来品，比起1581年在巴黎上演的第一部完整的芭蕾舞剧《皇后喜剧芭蕾》晚了近3个世纪。然而在中华人民共和国成立之后，特别是改革开放以来，我国已经成为舞剧创作最多的国家。据不完全统计，至少有400多部，不过能称得上精品的却是凤毛麟角。究其原因，有以下几个问题：

1. 与当代世界舞剧相比，我国舞剧观念相当滞后。

2. 舞剧创作理论的研究非常薄弱。

3. 舞剧评论由于种种原因还处在初级发展阶段。

4. 舞剧编导缺乏大胆探索、创新的精神。

5. 舞剧教学存在严重的缺失。

著名舞蹈家、北京舞蹈学院教授肖苏华老师认为当今最紧迫的是要改变舞剧观念和加强舞剧创作理论研究。观念的改变是根本的改变。中国的舞剧创作95%以上还停留在《奥涅金》（1965年）和《斯巴达克》（1968）两个舞剧的创作模式上，而且也没有超越它们的艺术成就。但有个别例外，如舒巧的《三毛》《青春祭》、王玫的《雷和雨》《洛神赋》以及肖苏华老师的现代和芭蕾的两个版本《梦红楼》，这些舞剧在创作观念上向前迈进了一大步，甚至有了很大的改变。这种改变是在传统基础上的“改”，是在原来基础上的“变”，而不是“另起炉灶”，更不是“从头越”。

这部剧的选材即借用文学题材来创作舞剧，但却出现了解题不发挥的现象。我国著名的舞剧编导舒巧在近五十年的创作经验中深有体会地指出其中的问题：“在自己漫长的创作人生中，有许多部舞剧是文学作品改编。主宰自己思考的总是如何‘体现原作精神’（早期还要肤浅，一着手结构，满脑子想的其实是如何将人家精彩的故事舞蹈化）。”这是一个非常容易入彀的陷阱。然后，多次实践的结果却告诉我，所谓“体现原作的精神”，一是不能，二是不必要。

文学作品有其自身层层叠叠的意蕴，想笼而统之、以一概万地去体现所谓的“原作精神”，其实无非就是将文学作品的故事梗概搬上了台。然而故事梗概搬上了台吗？其实也不是真的“搬”了上去，于是大段大段的说明词要观众边看舞边读书，累不胜累，晦涩的哑剧比画来比画去，暴露着作为舞剧这样一个独特艺术样式编导的无奈和狼狈（这样的舞剧，观众当然只好看看布景、服装及杂技式的技巧了。想得到心灵的满足，还是去看原作去吧。）

故事梗概上台还造成大片舞剧雷同。观众可以试着除去她（他）不同的身份介绍（注意，这介绍还常常停留在说明书、节目单中），除去她（他）不同的服饰，及穿插其中不同风格的表演舞，看看是否雷同？一个女人两个男人或者两个女人一个男人，或者男女及其对立的一种势力，爱了被破坏了或爱了经历奋斗成功了等等诸如此类。原作的精神何在？

芭蕾历经五百年砥砺终成皇冠上的明珠。1949年之后，芭蕾舞与古典舞、民族舞形成三足鼎立之势，在中国舞蹈界享有一席之地。如今六十余载已过，芭蕾已然成为舞蹈文化的重要组成部分。自1964年《红色娘子军》诞生以来，大量的芭蕾舞剧作品涌现而出，《红色娘子军》《白毛女》二剧具有里程碑意义，一直影响着后世芭蕾舞剧的创作，随之而来的还有学界关于"芭蕾民族化"半个世纪的大讨论。

十年磨一剑，一朝试锋芒，从1954年第一位苏联芭蕾专家应邀来京授课，到1964年第一部中国民族芭蕾舞剧的诞生，十年贯东西、通南北，时代的使命促成中国芭蕾事业有质的飞跃。如何检验我们学习西方舶来品的成果，最直观的方式就是能灵活驾驭其编创本民族的作品。艺术作品的主题思想在一定程度上有着振奋人心、激发斗志的宣化作用，正值中华人民共和国成立15周年的时代背景，人民高涨的革命热情促使艺术作品的创作迎合时代的发展。基于以上两点，《红色娘子军》应运而生。当然，这种红色民族芭蕾舞剧的诞生，也必然蕴含着一定的政治因素。

中华人民共和国成立初期，从国家体制、经济建设到社会主义改造、高等教育，我们对苏联的学习几乎是全盘照搬，而芭蕾则成为沟通两国建交最好的艺术形式。2015年为纪念反法西斯战争胜利70周年而创作的电影《战火中的芭蕾》，涤荡着浓郁的主旋律色彩，苏联的白色天鹅芭蕾舞与中国的红色革命芭蕾舞被融合在一部影片中展现中俄友谊，由此可见在当时芭蕾承载的政治目的。基于时代背景和政治目的的催化，《红色娘子军》开民族芭蕾之先河，翌年，相同题材的芭蕾舞剧《白毛女》上演。电影《归来》中，丹丹想要努力争取的角色就是吴清华，电视剧《山楂树之恋》中，静秋所跳的舞蹈就是《白毛女》，不管是讲述"文革"时期的小说，还是展现"文革"故事的电影，都影射出《红色娘子军》《白毛女》二剧的重要性和影响力。

时代与政治的共同作用使"芭蕾民族化"成为此后芭蕾舞剧创作约定俗成的指导思想。

"文革"期间，在八大样板戏之《红色娘子军》《白毛女》标杆模式的影响下，《沂蒙颂》（1973年）、《草原儿女》（1975年）等融合民族舞蹈的芭蕾舞剧排演。至此，在时代背景和政治因素的影响下，"芭蕾民族化"成为后来芭蕾舞剧创作一个不可替代的艺术方法。

经历了十年"文革"浩劫，中国文艺界在思想观念上逐渐转变，呈现出一派欣欣向荣之势，中国舞剧在20世纪80年代进入了一个蓬勃发展的新阶段，而芭蕾舞剧的编创更是其中浓墨重彩的一笔。

在这一时期，《鱼美人》等中国早期芭蕾舞剧复排，同时大量新作涌现，一方面是大量原创性艺术作品《玫瑰》《钢铁烈焰》等，一方面是改编经典的文学作品《卖火柴的小女孩》《阿里巴巴与四十大盗》等，其中最具代表性的是依据中国经典文学作品而创作的芭蕾舞剧《家》《雷雨》《祝福》等作品，给人留下了深刻的印象。在这些作品中，伴奏音乐充满民族特色，服饰造型融入民族元素，舞美布景极具民族风格，其中最具民族化特征的就是“舞”和“剧”的改变。芭蕾舞“开、绷、直、立”的审美规范人尽皆知，最为精湛的是演员足尖立起那一刻带来的视觉聚焦，技术技巧主要包括跳、转、控三个方面。通过动作分析不难发现，这些技术技巧由腿部完成，而上半身的动作多为芭蕾七个手位的变换。中国的芭蕾舞承袭了下半身的舞步，修改了上半身的动作，脚下仍注重“开、绷、直、立”的美学规范，手上加入了许多中国舞蹈的元素，所以在中国芭蕾舞剧的肢体语言方面，看到了秧歌十字步、戏曲毯子功、武术练把式，甚至少数民族舞蹈的动作元素等。

舞剧简单来说就是用舞蹈塑造人物，用动作讲述故事。所谓剧本是剧之根本，中国芭蕾舞剧的剧本中出现的不再是仙凡之恋、王子公主，而更多地被反映中国现实生活的原创故事所取代，或是被耳熟能详的文学作品改编的舞剧所取代。

20世纪80年代创编的芭蕾舞剧作品都是矛盾冲突极大、戏剧性极强的舞剧作品，而其中最重要的是舞剧想要揭示的社会现状、赞美的人物品质、传递的精神内涵，这些才是民族化的芭蕾舞剧最想要表达的。从芭蕾舞剧的肢体和内容两方面来看，“文革”后所谓的民族化借用了足尖的形式，融合民族的舞蹈，讲述中国故事。

伴随着大量实践作品的诞生，相应的理论问题逐渐浮出水面，有学者意识到，按照这样的方式继续编创舞剧，最终得到的是芭蕾舞剧的民族化，还是民族舞剧的芭蕾化？不管怎样，20世纪80年代的芭蕾舞剧看上去灿烂夺目，成为当时舞剧高峰重要的组成部分。

进入21世纪后，舞剧的编排创作大放异彩，越来越多形式多样的舞剧丰富舞台文化，中国的几大芭蕾舞院团在复排经典芭蕾舞剧的同时，相继推出许多中国题材的作品，如《二泉映月》《大红灯笼高高挂》《梅兰芳》《牡丹亭》等。

这些作品从视觉感受到剧情内容，都有了十分巨大的转变，带给观众不一样的观赏体验。

随之而来的理论探讨也在如火如荼地进行当中，有关“芭蕾民族化”的争论历经了半个世纪的解密，仍像一个悬而未决的“疑案”备受舞蹈界关注。仔细来看，这么多年学者们唇枪舌战、针锋相对的争论焦点无非有芭蕾是否应该民族化？芭蕾应该怎样民族化？

我们现在所看到的民族化的芭蕾舞剧就是使用芭蕾的艺术手段来表现中国的人物故事，简言之就是芭蕾的形式加上中国的题材，这显然与我们想要达到的“芭蕾民族化”的理论高度相去甚远——它要求编导在进行作品编创时能够用舞蹈、用肢体语言将芭蕾与中国舞蹈结合在一起，而不是简单的上半身“身韵”与下半身“足尖”的“拼贴”。与之相对，民族舞剧的芭蕾化就是将芭蕾艺术运用到民族舞剧的编创之中，这并不只是让演员立个足尖那么简单，而是指芭蕾舞剧的编创手法、审美规范、训练体系都能为我所用，从而丰富我国舞剧事业的发展。综上可以看出，这两条路线终会在其各自发展轨迹的某一点重合并沿同一方向继续前进，到底该不该“民族化”归根结底落于一点：在舞剧创作中，如何把握好中国舞蹈和西方芭蕾相结合的“度”。“度”的拿捏根本上取决于我们应当如何民族化。

芭蕾在中国发展至今，已鲜有人提及是否应该民族化的问题，这个历经半个世纪的辩论随着21世纪钟声的敲响而渐进尾声，这场辩论的结果如何尚无定论。

中国芭蕾舞剧的发展深受俄罗斯古典芭蕾的启蒙，但古典芭蕾在一定程度上来说就是欧洲芭蕾俄罗斯民族化的产物，剧作模式、表演内容、训练体系都已经称得上为“俄罗斯学派”。

而在当下，芭蕾民族化的作品层出不穷，舞蹈界似乎已经默认这类作品的存在意义，并在此基础上提出了“芭蕾中国化”的概念，更有甚者倡导芭蕾“中国学派”的世界定位。舞剧，“舞”为根，“剧”为本。毫无疑问，通过数量众多的芭蕾舞剧的上演，我们对于芭蕾可以讲述中国故事、描绘中国人物、传递中国精神的功能达成共识，接下来就是解决“舞”的问题，这也是讨论的根源所在。纵观中国的芭蕾舞作品，一方面表演“原装进口”的舞蹈，另一方面就是中国“原产”作品，而这类作品大部分都是中国舞蹈镶嵌于芭蕾舞剧的形式之上，问题没有得到根本解决，必然导致了今天的矛盾所在。

中国芭蕾舞剧的生存空间证明着它的魅力和特色所在，我们所探讨“芭蕾中国化”的问题无非是想使中国的芭蕾舞剧在世界上享有一席之地，甚至自成一派。纵观芭蕾上下五百年的历史更迭，五大阶段、六大流派其实也是相互之间取长补短，融芭蕾之所优、汇民族之所长，在中国这片土地上孕育“中国学派”的芭蕾舞也未尝不可。这样的目标需要学术理论、表演程式、编创模式、训练体系的共同发展才能得以实现，“芭蕾中国化”的舞蹈不再是上下半身的组合，演绎的主题也不再限于中国文学的改编，而是形成鲜明的舞蹈风格，表达多样的戏剧内容，塑造复杂的角色形象，展现丰富的舞蹈表演。

就当下芭蕾舞剧的发展而言还有许多问题亟待解决。但在有包容性的、多元文化存在的社会，我们无须将中国的芭蕾舞剧限定在某一框架体系中故步自封，时间会给予最好的检验。有学者看到那些“民族化”的芭蕾舞剧，感慨其不伦不类，但总有观众觉得手执柳枝立着足尖“游园”“惊梦”的《牡丹亭》依然可歌可泣。专业院团可以复现古典主义时期浪漫的经典舞剧，亦可大胆尝试中国风格的新作，芭蕾中国化之路任重道远，需要后辈的全力以赴、不断地尝试与创新，才能摸索出一条适合中国芭蕾的前进之路，让中国芭蕾屹立于世界。

论图形结构对绘画创作风格的形成和影响[①]

——图形结构在现象学下的视觉表现

黄剑武[②]

图形结构是画家组织画面的一种视觉显现方式，显示出作品画面的分割规律和图像的经营方法，对绘画的视觉图像形成的审美倾向起着重要的作用。它在经验客观物象后，体现着以点线面等作为基本元素的画面结构构成形式。画家通常在观察生活、研究自然过程中，根据自己的审美意向对物象形体进行选择、归纳和提炼。图形结构是画家表达自己艺术意向的重要语言，也体现出画家艺术风格的个人语言倾向特征，或写实，或写意，或抽象。它的视觉呈现过程揭示出艺术家在创作前后的主要思维活动和审美规律，对艺术家的创作风格的形成起着不可忽视的重要作用。

一、图形结构和客观物象的选择关系

在绘画写生实践中，画家通常在写生的同时并完成创作。在此过程中，画家在现象学式的观看方式下，需要面对两个问题，一是真实对象的客观存在；二是如何经验对象。画家既要生动地体现物象的图形特征，也不能忽略物象的真实存在，其真实的相对性，可以看作是艺术创作完成后的对象。艺术经验后的对象是对象个性特征的实现，个性特征的实现必须要使绘画中的各种形式要素有规律的组合，既符合对象的真实存在，又具艺术的审美和意味。生活中的各种物象以其各不相同的特征和内在规律存在，艺术家不会全部接受，一般会根据自己的审美

① 原载于《重庆文化研究》。

② 黄剑武，重庆市文化艺术研究院副研究员，研究方向：美术创作与理论，美术评论。

意向做出选择性判断。艺术家在反复写生实践中，感应和认识了这些规律，并从中提炼出有构成意识的审美形式，即包括图形结构，上升为具有美感的原则。也就是说，图形结构的形成具有一定的自主性，它和客观物象的关系也是艺术家审美自主性选择的过程。

要深入了解图形结构和客观物象两者之间的关系，我们可以从潘天寿的中国画《八哥崖石图》和夏尔丹的《静物》的比较中明显认识得到。两幅画表达的主题很相似，同样是静止的场景，但两幅画呈现出的图形结构完全不同，因为两位画家感知对象的方式差别很大，看待图形结构和客观物象的关系也大不相同。两幅画在真实对象中，潘天寿显示出对象的结构特征比较感兴趣或者说更有期待性。结构的起承转合使画面结构关系耳目一新、生动险峻，“起”和“合”由地面草木植物交合，题款位置起到承接的作用，一气贯之，巨石的“大白”和一群八哥“大黑”之间的黑白对比使构成关系达到平衡，也体现出巨石之虚和群鸟之实的视觉对比。潘天寿在《听天阁画谈随笔》中有谓“画事之布置，需注意画面之安排，有主客，有配合，有虚实，有疏密，有高低上下，有纵横曲折，然尤须注意于画面之四边四角，使之画外之画材相关联，气势相承接，自能得气趣于画外矣”。一群八哥和巨石等元素不是倾向于客观真实和视觉呈现的样子，潘天寿不是期待于表现对象的客观真实，而是努力抽取对象的形象特征，让它更具有精神内涵，这就迫使他需要找到一种新的语言范式，更加接近自己的精神期待和审美取向。他不用深浅（明暗）来塑造八哥和草木，并使画家持续尝试用非写实的绘画语言，大胆地用巨石来分割画面，画面骨架成为画家的着力点，并明显带有主观性，通过反复练习以达到自己认为对象应有的样子。直至呼唤出不同以前的语言表达形式，即图形结构、笔墨形式等等。

在夏尔丹的眼里，眼前的世界却显得和潘天寿完全不同，杯子、花、水果显得鲜香欲滴，这些足够有魅力和欲望使画家尽可能竭尽全力去表现它。在深入细致的观察中，他发现自己画布上的形象和真实对象似乎总是有着差距，光线、明暗、体积、色彩、质感、肌理，任何一个方面都不能轻易错过，这些使他必须投入全部的精力，并在此过程中寻找自己的兴趣点。其表现方式也受到他关注的兴趣点的很大影响，努力接近对象，尽量不错过细节，并生动表现细节，对物体的图形结构（物体位置和边线）尽量和对象、色彩、质感等达到高度一致。由此可知，夏尔丹在处理图形结构和客观物象两者之间的关系时，图形结构更遵循于客观物象的真实，而不具有主观性。

宋代画家郭熙说："山，大物也。"大物则内容丰富，若将此丰富的内容加以抽象化，则将失之单调、空虚，郭熙谓之"孤"；若要作如实详细的描写，则失之杂乱、琐碎，郭熙谓之"什"。为了解决这一问题，郭熙首先以"大象""大意"的把握，从杂乱烦琐中摆脱出来，已达到统一的境界。他说："画见其大象，而不为斩刻之行；画见其大意，而不为刻画之迹。"

静物　油画　夏尔丹　法国

大自然的山水的统一，只能在"大象""大意"中可以得到。郭熙说的山水，我们可以宏观理解为大自然中的对象，其存在是以各种不同的面目存在的，各种物象形态各异、繁杂不一。若将这些丰富的物象抽象化，则会使其简单、空洞，出现郭熙所说的"孤"的问题，若将其表现得面面俱到，则又会显得烦琐，出现"什"的问题。所以画家在面对对象写生的过程中，要将对象进行主观把握，从对象中进一步提炼出构成形式美感来，提炼后的对象即是对象的真实存在，而又具有视觉审美感觉。即是郭熙认为的山水的统一只能在"大象""大意"中可以得到，这些“大象”“大意”有如文章的纲领一般，统筹于全局之中。

郭熙对山水的观照，可以说是要穷尽山水的形相，但这与我们认知的写实并不相同。写实主义，是对自然的模仿，极尽可能地展现物象的细节。这里谈到的绘画写生，则并非要模仿某一山、某一水或某一场景。而是以众多山水或场景为创造的材料，由艺术家创造出图形结构所要求的最基本的条件，便是要在许多材料中加以选择、提炼，写其精神。郭熙所主张的“经之众多”“取之精华”，即有这种写意的意思。写生对象中物体的形体是繁杂琐碎的，艺术家在写生时不能一一画出，我们要使对象既来源于自然而又脱胎于自然，从而具有构成形式意味。

二、图形特征的超自然性

对于一个要再现对象的画家来说，他的实践必定是有意图的。也就是说，他必定知道他将要再现的是什么。因此，若要理解画家在作品中再现世界上的物象就需要把这些事物看成是先于作品的存在。然而，绘画的实践形成表明这并非实际情况。在绘画中被具体化的方面不是先于作品而存在的，这些方面已构成图形，而是在作品中并透过作品而实现的。更准确地说，它是在作品中得到表现而不是得到再现。这里的表现并不是某种表现张力的结果，并非先于作品而存在，用作某种预先构想实现的手段。它是自然中物象某些造型元素的再创造，通过写生画家对物象的图形结构才慢慢明确起来。这种表现因素最初没有明确的效果，画家在写生过程中只是朝着某个大致的方向发展，遇新的情形并会有新的变化，图形结构也会有所不同，致使画家在绘画实践上有新的收获和新的发展。图形结构不会在任何情况下都保持不变，而是一直在变。每一次观看它的新的方式都是一种再创作，而不是重新安排。

静物　油画　莫兰迪　意大利

莫兰迪在经验桌上的各种器皿时，对图形结构的认识，显得非常不确定，随着光线、时间的变化，不得不重新调整图形结构的位置和大小，以至在不停反复观察中调整图形的位置和大小，或者有意识地根据画面，适当增大或缩小局部的图形大小和位置。在客观对象和作者期待意向形成合适的结合点。随着光线的流动变化，画家要在合理的时间在合理的位置最后确定图形的位置和大小，形成新的图形排列特征。这个新的图形特征既符合对象自然存在，也具有主观超越性。莫兰迪的油画《静物》用雅致的色调表现了形态各异的瓶子等器具，凝练了其构成形式。

郭熙曾批评当时的画家说："何谓所取之精粹？千里之山不能尽奇？太行枕华夏，而面目者林虑。泰山占齐鲁，而胜绝者龙岩。一概画之，版图何异？"艺术是创造自然，而版图是模仿自然。真正的图形结构是取自客观之实以后，重新认识后的超自然，并非创作的定向意识。郭熙在对象中作精粹的选择表现，实质上是这种观看方式下的再创作。因此，图形结构是画家对对象自主的感知和体验，虽来源于真实自然，但也是具有超自然性的。

这种观看方式下的表现方式和"经验化"或"风格化"的画家的表达方式则

大不一样。“风格化”的画家是随着风格化的绘画而进入绘画，那些在绘画中得以再现的事物是先于画家的作品而存在的，在生活中捕捉到的东西，可以在类似它的方式（用相同的风格）重新被捕捉到。可以这样说，因为它是根据一种机械的理解（作为一种产生预想效果的方式），在它里面造型和具象元素都会演成了机械的密码，缺乏生机。而我这里说到的构成形式美感的自主把握则是具有表现性的，是既随着对象真实的变化而变化着的，又是超确定的。

图形结构是画家在观察生活、研究自然中对物象形体的归纳和提炼。在油画写生实践中，我们既要表现物象的真实，还要落实画家的个性化特征。就要用图形结构使绘画中的各种形式要素有规律地组合，既准确生动地体现对象的客观存在，又具艺术的主观审美和意味。生活中的各种物象存在着各不相同的结构特征和内在精神。艺术家在写生实践中，逐步感应和认识了这些内在规律，并从中提炼出有构成意识的审美形式和精神主旨，上升为具有美感的原则。

写实主义，是对自然的模仿，极尽可能地展现物象的细节。而在现象学下的绘画写生，则并非要刻意模仿或再现某一山、某一水或某一场景。而是以众多山水或场景作为创造的材料，由艺术家创造出图形结构所要求的最基本的条件，便是要在许多材料中加以选择、提炼对象形的特征，抽取对象精神之意，怎么看是写生的关键，怎么看才有意思。这种观看对象的方式落实在绘画上则形成图形的特征和超自然性。

三、图形结构在作品中的视觉呈现

画家在作品中运用的任何元素，会形成不同的视觉感受，产生绘画效果的影响。造型元素包括点、线、面、色调、肌理、构图等。在图像生成过程中，对图形结构产生直接视觉作用首先是点线面等元素，直接影响画面图像的最终审美倾向。在画家没有动用这些元素之前，它们都是处于开放状态，具有诸多的可能性，具有无限的视觉呈现可能。也就是说，不同的画家会启用不同的元素，根据自己的审美方式去完成自己的审美期待。“画家为某些元素所吸引，像是对一种呼唤的回应。正如材料的使用那样，造型元素已经显明，它们自身并不具有统一性质，而是具有一个开放的潜在可能性。那么，画家对一种或另一种元素的兴趣不是以他的经验为工具的、具有确定性质的某种东西，而是某种开放的东西。某些造型元素在它们内部看似包含着那种潜在可能性，画家被吸引去实现这种潜在可能性，而其他的造型元素并不是如此。从而，每一个画家都会注意某些造型元素，而忽略其他造型元素。”①

每一位画家都有自己的惯用元素及其他的造型元素，这些是反复观察对象，反复训练逐渐产生的，逐渐形成自己的专用语言，如同自己身上的器官一样。图形结构不会在现场的任何情况下都保持不变，而一直在变。既立中破，又破中立，每一次观看它，都可能是自然中物象某些造型元素的再创造，都是一次图形结构的再加工和再创作。

在吴冠中和赵无极的油画中，吴冠中对绘画元素的运用比较具有视觉特征，在油画作品《水乡》中，首先我们要明确的是，他在观察水乡的小桥流水时，努力在注意水乡环境中所呈现的外部形体的整体特征，并且进一步去强化它，如白墙黑瓦的面积大小、位置和外部形状，水纹的线条和点（远处之人）的形的特征，根据真实视觉进行取舍和提炼，使弱的更弱，强的更强，尽可能忽略明暗关系，进行平面化处理。这种注意模式影响着被注意对象的实现形式，即形成较为明确的图形结构的画面分割和视觉特征。

注意模式通常通过一次次观看，物象呈现的视觉现象发生了转变，即使在不同的时间以不同的方式看待同一物体或同一景物，以至于每次看起来都不一样，呈现不同的视觉结果，仿佛是在经验不同的事物。“它是如何被注意的，该怎样称呼这种注意模式，就影响着被注意的对象的实现的形式，即背景的潜在可能性为了经验而逐渐被实现的形式。世界是通过注意逐渐成为我们的重要内在性的位置，通过注意，重要性像我们所经验的那样进入这个世界。注意某物不是观看它，好像它在一个外部世界里‘外在的东西’，而是要去接触它，将它看成是我们居住的世界的某个部分。”②

在这同一过程中，赵无极的油画较之吴冠中的视觉经验却有明显的不同，主

① 尼吉尔·温特沃斯．绘画现象学［M］．南京：江苏美术出版社，2006：72.

② 尼吉尔·温特沃斯．绘画现象学［M］．南京：江苏美术出版社，2006：85.

体和背景之间，并没有非常确定的结构分割，色块之间的边线和位置处于混沌晕化之中，没有客观物体的明确界线。可以看出，作品中的图形结构被弱化，更引起赵无极注意的是画面体现出“有”和“无”的两可视觉意境，而似乎刻意忽略或模糊了图像结构的结构线，在不明确的物象形体中隐藏着明确的艺术语言，其节奏韵律，色彩的激烈和丰富，其呈现结果更多倾向于中国哲学的空灵之境和抽象意味。图形结构对画面呈现出的图像视觉倾向，即最终的效果起着关键的作用。从以上视觉结果的形成情况看，在众多绘画元素里，色彩、图形结构、肌理在视觉图像中起着相对重要的作用。色彩和肌理等是对视觉感官的色调倾向的深化，而图形结构更容易产生画面视觉张力，突出个人风格倾向的明显特征和符号，因此，根据艺术家的作品的图形结构往往可以看出画家的主要审美取向和风格倾向。

谈到这里，似乎在我们的分析中，很容易想起被誉为“现代绘画之父”的塞尚，他对图形结构的发现更具有开创性。塞尚在感知对象的时候，发现自然万物都是由方形、圆形、三角形等几何形体组成，而且在观察中越来越相信自然中的物体真是这个样子。图形结构是形成新的视觉物象的主要手段，他这种感知方式已大大不同于以前的自己，也不同于以前所认知的任何一个画家，图形结构新的认识促使他发现一个新的视觉认知领域，进入现代绘画的认知领域。

真正的绘画写生并非创作的定向意识，是取自客观之实以后，重新认识后的超自然的精神性表达。在对象中作精粹的选择表现，上升为对象和作画主体冥合，生发出新的精神实质和内涵。这种精神实质因为客观性和偶发性，成为作品的唯一性和不可复制性。因此，图形结构是画家对对象自主的感知和体验，是夯实于真实自然之上的视觉创造。

四、结语

图形结构是画家个性绘画语言的一个表现方式，并在画家个人风格的形成中起到了关键的作用，不同审美倾向的画家对图形结构的关注度也不一样。最后，画面上呈现的视觉效果也大不相同，从图形结构特征和运用，反映出画家绘画风格的主要倾向。画家在写生创作过程中，并在较大程度上，强化了绘画风格所呈现出的视觉特征，继而更加接近画家的审美期待。

参考文献

［1］徐复观. 中国艺术精神［M］. 桂林：广西师范大学出版社，2007.

［2］潘天寿. 潘天寿论艺［M］. 上海：上海书画出版社，2010.

［3］杨成寅. 石涛画学［M］. 陕西：陕西师范大学出版社，2004.

［4］尼吉尔·温特沃斯. 绘画现象学［M］. 南京：江苏美术出版社出版集团，2006.

陪都重庆的官邸建筑造型风格艺术研究[①]

罗　楠[②]

一、陪都重庆官邸的概念界定

官邸概念是指在抗战时期做出过重大贡献、产生较大影响、具有较高知名度的军政要员生活和工作的地方，例如公馆和别墅。本文将重点放在建筑本体研究，指军政要员曾经居住的地方。同时，抗战时期很多军政要员住所是和相关机构一起设立的，除了官邸之外，还有一些公共建筑，如办公建筑（国民政府办公楼）、银行、大会堂等，不在本文讨论范围之内。

二、巴渝传统建筑的转变

（一）“移民潮”对传统建筑的影响

在陪都时期，最高政治决策对城市建设的发展起到了一个决定性的作用，在许多历史事件背后，也推动了重庆建筑业的一个发展和转变。

陪都时期迎来了历史上的“移民潮”，在这个事件中，企业家、政府官员、建筑师、学生、科技人员等占相当大的比例。内迁移民而来的建筑师和工程师们，有的是海归建筑专家，有的则来自沿海发达地区，有的更是外国的建筑师，使得短短几年时间重庆地区的建筑从巴渝传统建筑向与外来的建筑文化融合、同化转变，不仅体现出了建筑师们的活力，在建筑造型风格也呈现出多样化的特点。

---

① 原载于《美与时代（城市版）》2018 年 1 月。

② 罗楠，重庆师范大学美术学院。

除了一些著名建筑师、工程师的内迁，还有许多实力雄厚的各类建筑机构及团体也纷纷涌入重庆，这个时间陪都的施工以及建设能力迅速提高，建设活动频繁，并且建筑学术活动也比较活跃。由于内迁的单位增多，为了强化规范建筑市场的管理，以此来保证建筑设计与施工的质量和速度，陪都时期的重庆陆续颁布了一些国家层面的建筑法规。法律法规的出台也一定程度上影响了传统建筑的修建，不管是巴渝传统木结构还是干栏式结构，吸收西方技术，转为砖石木结构的混合，促使着重庆市城市的发展，并向着现代化进程迈进。

官邸是陪都时期最能够代表重庆建筑发展的一个典型，不管是建筑功能、形态、技术还是艺术，在传统建筑发展的基础上，其优秀建筑技巧和建筑手段，在各类建筑类型中，官邸建筑都显示了当时建筑艺术和审美风格的一个最高水平。

（二）“无条件轰炸”对官邸造型风格的影响

陪都时期，日军对陪都重庆多达五年之久的“无条件轰炸”，让陪都重庆当时的建筑具有过渡性、临时性、仓促性、盲目性的一个特征特点。分别在建筑选址、色彩、功能以及造型风格上都产生了极大的影响。

在建筑选址上，针对日军的“无条件轰炸”威胁，建筑的选址是避开城市中心区，转而向周边的南岸区、北碚区、沙坪坝区等地扩展，并依托山城重庆得天独厚的地理气候优势特点。重庆空气相对湿度很高，达80%左右，经常有雾，有雾日长达半年左右。长年的雾气笼罩，是防止飞机轰炸的天然屏障，这也就是抗战时期选址重庆为陪都的一个重要原因。降水充沛的气候条件使得重庆森林茂密，树木繁盛，同时也为躲避日军空袭提供了隐蔽性良好的条件。当然也不乏建造在城市中心区的官邸，不过都是以散状分布。

建筑的色彩上，为减少空袭的伤害，也有明确的法律法规规定房屋顶面及其外墙不得用红色、白色或其他较显著的颜色，这就让当时陪都时期的建筑有了独特的建筑风格，现在都还可以看到近代重庆建筑多着灰色、黄色，接近尘土的颜色，都是为了防空的需要。

在建筑功能上，军政要员除了满足一般的生活起居之外，多在自家中修建地道、防空洞，而且警卫系统也非常齐全。大部分官邸建筑除了是军政要员生活的地方也会跟相关机构一起建立，一度也会用作办公使用，这要求地道、防空洞在尺度上有不一样的要求。

官邸建筑造型风格上，因为“无条件”轰炸的影响，建筑呈现出的西式和中式风格，因为部分军政要员的临时涌入，他们的官邸具有临时性的特征，所以从装饰构件上来说，都趋向简化风格样式，柱式等也修造得比较简化，整体已经趋近于现代建筑。

三、多样化官邸建筑造型风格特征

（一）巴渝传统建筑风格的延续

重庆是一个地理位置十分特殊的城市，有着依山傍水、地势复杂的地势条件。在之前普通民众民居大多为本地材料，以竹木结构为主的吊脚楼，一些棚户的建筑也有用板筑土墙房舍。这些当地的建筑材料十分丰富，制造简单，可以很快动工且非常快捷的传统建筑风格的建筑，对抗战时期的“房荒”及“无条件”大轰炸后的快速建造发挥了重要作用。在这个基础上，许多军政要员为了躲避日军轰炸，租赁或者购买当地比较偏远农家宅院或其他建筑居住。他们对传统建筑在功能上、造型风格上进行改造，以符合他们的审美需求，并延续巴渝传统民居形式造型特点，在建筑形制上讲究高低错落，其外多有起伏连绵的墙围子围绕。

以冯玉祥官邸沙坪坝旧址为例，其是属于清晚期的传统巴渝民居，总占地面积 2937.5 平方米。该建筑为土木结构，穿斗式梁架，其建筑造型简洁，主立面粉墙黛瓦。建筑正面门窗左右设置两洞口，对称而富于韵律感。两旁耳房，立面穿斗构架与简洁的正立面对比强烈。进入院中，建筑不再是白色简洁方格，院中的门窗、墙面都采用褐色木板，与宽敞的庭院和敦厚的石基，共同构成冯玉祥和他夫人及其子女在此工作和生活的建筑空间。

（二）中西合璧建筑风格

这一类的风格建筑是最多的。陪都时期各种公共建筑的建立如教堂、学校都对抗战时期传统建筑造成了影响。内迁的建筑师和本地的工匠一起创造了中西结合的建筑形式。军政要员的官邸建筑造型风格特征主要体现在建筑形式带有功能性的西式外廊的做法和丰富多样的屋顶形态。

以蒋介石官邸为例。在渝中区中山四路 36 号，又名德安里尧庐一号。当时它的公开名称是“国民政府军事委员会委员长侍从室”，地位非常重要，假如要给蒋介石的官邸排一个序，“尧庐”可以说排第一，这也是以该建筑举例的原因之一。另外一个原因就是德安里尧庐一号的建筑艺术特色是典型的中西合璧的建筑风格。建筑正面分为两个部分，一个部分为四边等距建筑空间，四坡屋顶，另一个部分则是嵌入的八边形的附属建筑，屋顶为八角攒尖，二者形成了鲜明的对比。整体建筑色彩呈灰色调，因“大轰炸”的影响，陪都时期的建筑大都是这种色彩风格，朴素且简洁。建筑立面青砖铺设，为了增加立面的层次感，在窗户的部分用白色进行装饰点缀。建筑中部是四柱三开间的两层门廊，二层门廊和柱式都是典型的西方建筑风格和构造。二层门廊门板为圆形外凸式，有细微的雕刻，门廊的立柱则是爱奥尼柱式。比较有特色的地方是侧门门廊，有仿多立克柱式，有着西方风格的特点，但是在柱身和柱础比例又与西方正宗多立克不一样。

（三）纯西式建筑风格

在各类建筑风格当中，纯西式风格的军政要员官邸在官邸建筑中相较中西合璧风格占极少数，但很有代表性。在建筑特色上，更注重官邸建筑外立面的形态的处理，在风格、手法、技术上面，都运用了西方建筑设计的思路，在门窗、屋顶、柱式等建筑构件上，都有很好的体现，有着简洁干练的风格，跟传统的建筑有着巨大的差别。

例如怡园宋子文官邸，于 1937 年建成，与蒋介石官邸、宋美龄旧居等共同被列为“重庆谈判旧址”，可见该官邸的重要性。整体建筑为仿哥特式建筑，屋顶呈尖顶状，为保持建筑的隐蔽性，尖屋顶尺度不高。全石砌成，不同肌理的石墙，增添立面的厚重感。小楼一共有三层，二楼小半圆台，是非常西式的建筑结构，从圆台望去，当时的美好景象可以想象。最具特色的高耸的烟囱，营造了一种田园风光的建筑艺术风格。还有就是在建筑内部有一条通道，紧靠墙根设置，每一层都开有一个小窗口，给整个建筑增添了别样的风格。

四、结语

作为中国抗战时期的战时首都和政治、军事、经济、文化艺术中心的重庆，众多著名军政人物都会集于此，留下了大量的官邸建筑。这些官邸建筑代表了重庆抗战时期建筑艺术的最高水平，也集中体现了抗战背景下重庆建筑临时性、盲目性、艺术性的特点。在中国近代建筑类型繁多、形式多样的情况下，陪都时期的官邸建筑是中国建筑近代化历程中一个不可分割的部分，是重庆抗战时期建筑研究的深入和完善努力的一个突破口，是中国近代建筑史的重要内容。

参考文献

[1] 李秉奇 . 传承与创新：抗战陪都文化建筑风格探索与实践——重庆市委礼堂改造设计项目 [J]. 重庆建筑，2013（111）.

[2] 范尧 . 抗战时期的陪都建筑 [J]. 青岛建筑工程学院学报，1992（4）.

[3] 张涛 . 抗战时期陪都重庆建筑法规的制定和发展 [J]. 建筑文化，2012（11）.

[4] 张瑾 . 抗战时期宋美龄的官邸 [J]. 世纪，2014（6）.

[5] 杨筱 . 探寻陪都名人旧居 [M]. 重庆：重庆出版社，2005.

论乡土景观对现代景观设计的借鉴意义

——以第三届中国绿化博览会重庆园为例①

李　果②　严建华　刘　杨

一、引言

乡土景观来源于自然，来源于生活，是人类社会长期发展遗留下来的社会痕迹，是乡村景观建造中的灵魂，它源自于最原始、最朴素的大地景观。这种美是人与自然和谐共存经过时间的洗礼慢慢沉淀出来的。

第三届中国绿化博览会重庆园以“绿色山城、美丽重庆”为主题，以“朝天门码头”“土家吊脚楼”和“两江汇流”等地方乡土景观元素为载体，运用叠山理水的造园手法，融入重庆“生态文明”建设、“美丽乡村”建设成果，展现绿色山城自然山水、人文风俗和生活情趣，紧扣第三届中国绿化博览会“绿色家园”主题。

二、乡土景观的起源与内涵

乡土景观即本土、地域性的景观，受到当地人的生活环境、气候、地域以及生活方式的影响，具有一定的实用性与传统性，不受外来文化与技术的影响，当然不同地域由于生活环境与风俗习惯的不同，乡土景观差别也很大。

“乡土景观”是人居环境学科中的重要话题，当前国内的舆论热点就是“乡

---

① 原载于《绿色科技》2018 年 6 月第 11 期。

② 李果，女，工程师，主要从事园林规划设计工作。

土”“乡愁”，因此要对乡土景观展开讨论和研究，就需要先了解乡土景观的起源以及内涵。

乡土景观的研究始自20世纪四五十年代的欧洲国家，起因是反思“工业时代”快速城市化进程中人居环境的巨大转变。由于工业时代城市建设量的飙升，由“专业化”的工程技术人员主导、“标准化、高效率”的人居环境改造成为了城市增长的重要途径，形成了广遭诟病的忽视人类活动与自然环境有机联系的景观形态。各类“未经专业设计”的、以“原始方式建造”的景观对象开始广受关注，“乡土景观（vernacular landscape）”的称谓由此产生[1-3]。

美国学者Jackson将“乡土景观”列为与“政治（political landscape）”相对的概念[4, 5]。“乡土景观”强调“风俗上的地方性、对环境具实效的适应性以及不可预期的机动性”，属于“自下而上因素驱动的文化景观”。从本质上讲，“乡土景观”是在特定的环境下，人类活动与自然要素在长期不断的冲突中相互适应的结果，而非某一主观意志的单方面体现。

世界上大多数人仍然生活在各类“乡土景观”的环境中[6-8]。从宏观的视角来看，历史上绝大多数景观实体的形成是普通民众在与环境的长期互动中自然形成的结果，因此乡土景观与人类文明的联系更为密切。乡土景观极大地规避了粗暴的现代主义建设活动对人居环境的剧烈影响，展现了人类文明与自然互动过程中丰富的文化传统。

三、乡土景观对现代景观设计的意义

通过对第三届绿化博览会景观元素进行乡土景观研究，探究设计在传承地方文化、彰显地域特色、设计理念与创新等方面有着重要意义。

（一）传承地方文化

乡土景观是乡土经验的载体，具有历史继承性，是人类历史和地域文化发展历程的见证；是人与自然历史过程的积淀，是当地人的生活方式在土地上的一种呈现，它不像其他类型的文化经验一样，从一开始就有很多相关的历史记载，它容易随着岁月的变迁和人们生产生活环境的变化而逐渐消失和改变，而乡土景观从景观的角度把那些容易变化的东西记载了下来，见证了历史变化的过程和发展。

（二）彰显地域特色

乡土景观由于其对物质自然的依赖性，使其带有明显的地域特征，成为一个地区的象征和符号。它记载了一个地方的历史，包括自然的和社会的历史，讲述了这个地方人与土地、人与人以及人与社会的关系，他们的动人的故事和土地的归属。

（三）设计理念与创新

乡土景观是一种自发或半自发形成的景观形式，通过这些景观形式，能发现最适应当地生活条件的、受当地人喜欢的空间利用形式，在设计中就能为这些适应当地的空间形式的发展和使用留出一定的空间。乡土景观多样化的形式，会给人带来独特的体验，也为设计出具有地域特色的现代景观，提供了无尽的源泉。一种理想的景观，无论是没有设计师的、基于经验的前科学设计，或是基于科学理论和方法的现代设计，最终都将走向天地、人、神的和谐。对乡土景观的解读，能帮助人们在规划设计中尽量避免只考虑技术和美学的因素，更多的思考该如何尊重人的行为，怎么去体现和满足普通人的体验和生活需要。

四、重庆园乡土景观元素应用

第三届中国绿化博览会重庆园在设计时充分考虑了乡土景观元素的融入，主要包括“重庆码头”“临崖飞瀑”“山城雕塑”“巴渝民居”等乡土景观元素，设计内容可以概括为：一山一水一码头，森林掩映吊脚楼；山体景观绿意盛，湿地净化自然成。

（一）重庆码头

模拟两江交汇的朝天门码头，利用波纹铺装、特色雕塑，展现重庆“码头文化”，山水码头是容纳，它充分体现了重庆人民兼容并蓄、海纳百川的人文特点（见图1和图2）。

图 1　乡土景观元素——朝天门码头

图 2　重庆园——重庆码头

（二）临崖飞瀑

以灵秀俊俏的山峰为主景，借置石、理水等造景手法来表达重庆三峡山高而峻、水险而急、变幻多姿的秀美风光。半山处设跌泉飞瀑展现出三峡千波万浪破山开的气势（见图 3 和图 4）。

图3　乡土景观元素——瀑布

图4　重庆园——临崖飞瀑

（三）山城雕塑

雕塑“山城之梦”造型为重庆的别称“山城”的“山”字演化而来，雕塑上部盘旋的方体象征山城一座座巍峨耸立的高楼，也象征着重庆蕴含了无尽的势能，生生不息；下部造型是重庆市树（黄葛树）的写意。凸显了山城的生机勃勃，也展现了重庆山川秀美、生态良好、舒适宜居的美丽景象（见图5和图6）。

图 5　乡土景观元素——山

图 6　重庆园——山城之梦

（四）巴渝民居

巴渝民居是传承依山而建的巴渝人家的真实写照，是传承巴渝文化的重要载体，是植根民间的民俗特色，其建筑特点曲折蜿蜒，与山地地形完美融合，以其自然朴实风格与巨大的亲和力，孕育着重庆人民，传承了巴渝文化（见图 7 和图 8）。

图 7　乡土景观元素——吊脚楼

图 8　重庆园——巴渝民居

五、结语

乡土景观元素是人们在当地生活多年，适应环境所产生的结果，是普通的、常见的、不容易引起人们注意的琐碎的景观，不像其他类型的文化经验，并没有多少相关的历史记载，很容易随着岁月的流逝和变化，逐渐地改变甚至消失。有许多散落到民间的有价值的东西等待我们去挖掘去探索。因此，关于乡土景观的一切研究，都会成为见证乡土景观发展的主要载体。

寻常景观是充满诗意的，就像白话文可以写出最优美、最动人的诗歌一样。在第三届绿化博览会的设计中借鉴“重庆码头”“巴渝民居”“临崖飞瀑”等乡土景观元素，就如同写白化的“诗歌”，作寻常的景观，这也是尊重当代人、普通人的体现。因此在规划设计的时候，除开技术和美学的因素，还要更多地思考人的体验和需要，利用乡土景观做出更和谐自然的寻常景观。

参考文献

[1] 钱云，郦大方，胡依然．国外乡土聚落形态研究进展及对中国的启示[J]. 住区，2012（2）：38–44.

[2] 钱云，杨雯，郦大方．现代化进程中哈尼族聚落的形态演变研究：以云南省勐海县曼冈寨为例[J]. 现代城市研究，2013（1）：103–110，116.

[3] Brunskill R. Vernacular Architecture：an Illustrated Handbook（4th edition）[M]. London：Faberand Faber，2000.

[4] 黄昕珮．论乡土景观:《Discove Ring Vernacular Landscape》与乡土景观概念[J]. 中国园林，2008（7）：87–91.

[5] JacksonJ. Discovering the Vernacular Landscape[M]. New Ha–Ven and London：Yale University Press，1984.

[6] 陈义勇，俞孔坚．美国乡土景观研究理论与实践:《发现乡土景观》导读[J]. 人文地理，2013，28（1）：155–160.

[7] Oliver P. Dwellings：The Vernacular House Worldwide[M]. London and New York：Phaidon Press，2003.

[8] Jenkins P，Smith H，Wang Y P. Planning and Housing in the Rapidly Urbanizing World[M]. London and New York：Rout– ledge，2007.

抗战时期重庆反法西斯音乐的创作、会演及对外交流[①]

艾智科[②]

抗战全面爆发后，反法西斯音乐成为音乐界发展的一个主流。战时重庆的音乐工作者在音乐创作、交流等方面普遍体现了反法西斯主题，这是当时中国与世界最为相近的音乐旋律。学界对抗战时期的音乐有不少关注，这方面的研究如陈子昂的《抗战音乐史》，介绍了战时不同阶段、不同区域的音乐作品和音乐运动；王续添的《音乐与政治：音乐中的民族主义——以抗战歌曲为中心的考察》则从民族主义的视角探讨了抗战音乐的形成与发展过程，同时分析了抗战音乐对构建民族主义的影响。也有针对音乐家的专题研究，如汤斯惟的《重庆时期的李抱忱音乐教育思想探析》一文讨论了著名音乐家李抱忱在重庆时期，就音乐师资培养、课外音乐活动、音乐教材编订、音乐教具创制、音乐督学制度、音乐学会创设等方面所作的探索和贡献。另外，还有一些关于战时音乐的回忆录或其他史料整理，在此不一一赘述。纵观这些成果，有关战时音乐对外交流的研究并不多见，但这恰恰是反映战时中国音乐发展的重要内容。从文化交流史的视角来看，战时音乐对外交流对音乐自身的融合、变化产生了重要影响，同时也在反法西斯宣传上发挥了独特的作用。重庆是抗战时期大后方重要的文化阵地，大量音乐家、音乐组织都聚集在此，他们开展反法西斯音乐创作和对外交流，为推动抗日救亡运动的高涨发挥了自己独特的作用。

① 原载于《重庆师范大学学报（社会科学版）》2018 年第 6 期。

② 艾智科，历史学博士，重庆中国三峡博物馆（重庆博物馆）研究馆员，抗战文化研究所研究员，西南大学中国抗战大后方协同创新中心博士后。

一、谱写反法西斯乐章

中国音乐界在反法西斯音乐的创作上起步较早，九一八事变之后，就有黄自作曲的《九一八》《抗敌歌》《旗正飘飘》等，聂耳作曲的《大路歌》《毕业歌》《义勇军进行曲》《逃亡曲》《打长江》等，冼星海作曲的《半夜歌声》《流民三千万》《青年进行曲》《救国军歌》《黄河大合唱》《太行山》《到敌人后方去》《热血》等，吕骥作曲的《中华民族不会亡》《自由神》《示威歌》《九一八小调》，阎述诗作曲的《五月的鲜花》，张定和作曲的《流亡之歌》，孙慎作曲的《救亡进行曲》，张寒晖作曲的《松花江上》，任光作曲的《渔光曲》《打回老家去》。随着全国性抗战的到来，大批音乐人和音乐团体迁聚在重庆，在中国共产党倡导和建立的抗日民族统一战线影响下，以重庆为中心的大后方音乐创作持续繁荣，产生了大量反法西斯音乐作品，它们与同一时期的世界反法西斯音乐交相呼应，共同构成了东西方音乐创作的主要内容。这些作品一经诞生，就被不断传唱，产生了广泛的社会影响。

就世界范围来看，这一时期反法西斯战斗处于僵持阶段，各地战斗异常激烈，战争给社会带来了极大破坏，对人们的生活造成了很大影响。苏联方面，肖斯塔科维奇的《第七交响曲》、亚历山德罗夫的《神圣的战争》、马特维·勃兰切尔的《喀秋莎》等，美国反法西斯作品《时光流转》《老兵不死》等，以及意大利游击队歌曲《啊，朋友再见》等，都广为世人传唱，成为世界乐坛开展反法西斯斗争的经典之作。在中国，广大音乐工作者投入反抗日本法西斯侵略的洪流中，掀起了极高的创作热情。在此影响下，以重庆为中心的大后方音乐界产生了大量脍炙人口的作品。例如描写死守上海的《歌八百壮士》、叙述湘北大战的《胜利进行曲》、表赞山西乡宁县歼敌的《歌华灵庙》、电影名曲《中华儿女》，端木蕻良作词、贺绿汀作曲的《嘉陵江上》，江村作词、张定和作曲的《嘉陵江水静静流》，沈群作词、王云阶作曲的《东北是我的家乡》，杨友群作词、汪秋逸作曲的《夜梦江南》，韦瀚章作词、中和作曲的《白云故乡》，潘子农作词、刘雪庵作曲的《长城谣》，塞克作词、贺绿汀作曲的《全面抗战》，老舍作词、张曙作曲的《丈夫去当兵》，贺绿汀作词作曲的《游击队歌》，麦新作词、孟波作曲的《壮丁队歌》，胡然作词、江定仙作曲的《打杀汉奸》，安娥作词、任光作曲的《高粱红了》，莫耶作词、郑律成作曲的《延安颂》，萧三作词、冼星海作曲的《打倒汪精卫》，光未然作词、夏之秋作曲的《最后的胜利是我们的》，朱光作词、吕骥作曲的《庆祝抗日军胜利》，等等。抗战时期，各类音乐工作者创作的歌曲多达数千首，至今仍难以全面统计。1939年底，国民党中宣部考虑到抗战时期歌曲繁多，“选出内容平妥及有利抗战之歌曲73首”，同时又有国民政府军事委员会政治部委托中国文艺社选出军歌7首，前后共80首定名为《民族歌声》，由中国戏曲编刊社发行（《编选抗战歌曲集》，《中央党务公报》，1939年第1卷第22期，第26页）。1958年，音乐出版社曾搜集抗战歌曲编成三卷出版，共收录146首。不同时期的研究者对抗战歌曲都做了整理，但由于资料的局限，以及个人所持观点和知识结构的不同，历次抗战歌曲选编都有较大的不同，它们都只能代表了抗战歌曲的一部分，反映了战时音乐创作的局部。

除此之外，重庆还有一些民间创作的反法西斯音乐，战时也较为流行。据《抗战大后方歌谣汇编》所收录的歌谣来看，战时大后方创作的反法西斯歌谣超过600首。其中，在重庆《新蜀报》《商务日报》《国民公报》《新华日报》《中央日报》《大公报》《扫荡报》等报纸和出版物上刊载的歌谣超过330首，包括《总动员歌》《寒衣曲》《防空歌》《出征歌》《征兵歌》《送郎投军》《杀敌小调》《雾季》《山城小唱》《抗战八年胜利到》等。“这些歌谣主题鲜明，内容丰富，品种繁多，旋律清新优美，感染力与号召力极强”“抗战民歌与民谣彰显了中华民族的创造力和凝聚力，极大地鼓舞了全国人民的抗日斗志，坚定了中华民族赢取反法西斯战争胜利的决心和信心。”①

结合20世纪三四十年代的国际形势来看，反法西斯是中外音乐界共同的主题，中国抗战音乐的产生和流传，构筑起近代中国音乐史上的经典丰碑。在最为艰难的条件下，重庆的音乐工作者用实际行动奏响了反法西斯的强音，创作出大量促进战时中国对外交流的音乐作品。

---

① 周勇等主编.抗战大后方歌谣汇编·序[M].重庆：重庆出版社，2011.

二、举办和参与音乐会演以声援抗战

音乐是一种跨越语言、国家和地区的艺术表现形式。战时重庆的音乐界常常通过开展音乐会演等具体的活动，来与国外同行互动，引发他们在反战、救亡上的共鸣，进而开展抗战募捐，支援前线。例如，1939 年 12 月 22—23 日，中央广播电台的管弦乐队应基督教学生联合会、重庆市基督教女青年会、美以美会社交会堂之邀，与“圣诞合唱团”联合举行圣诞音乐大会，先后演唱 2 天。“圣诞合唱团”由李抱忱从中央政治学校、中央大学、重庆大学、国立音乐学院、南开中学选拔优秀歌唱者约 70 人组成。第一天的音乐会由基督教学生联合会主办，目的是“为募款救济欧洲战区学生”。演奏曲目包括圣诞联曲、大提琴独奏《匈牙利狂想曲》、小提琴独奏《马利亚颂》和《小夜曲》、钢琴独奏《摇篮曲》、混声合唱《圣诞颂》和《哈利路亚》、管弦乐合奏《水仙花序曲》《漫游诗人》等[①21]。23 日则由重庆市基督教女青年会与美以美会社交会堂发起，主办“圣诞音乐会”，并为负伤将士募捐。李抱忱、王文杞指挥，演唱圣歌多首。其中罕得尔的《哈利路亚》等由中央广播电台管弦乐队伴奏。另有金律声指挥管弦乐合奏、黄源礼之大提琴独奏、张洪岛之小提琴独奏、范继森之钢琴独奏等。这次音乐会共募集义款 4000 余元[②37]。类似的音乐会演在重庆并不少见。1940 年 12 月 28 日，国立中央大学基督教青年会在南开中学大礼堂主办国际音乐大会，“参加演奏者有七八国籍人士，我国音乐界名流马思聪、金律声、洪达奇诸先生均有表演”。[③]1943 年 9 月 5 日，驻华美军总部举行音乐茶会，专为招待之前中美文化协会举办“美国军人月”时宴请该部官兵聚餐的主人和陪客。同时，还决定今后每周日下午三时举行音乐会，以便招待其他中美文化协会会员[④]。1944 年 6 月 1 日，中英文化协会为响应献金运动，在胜利大厦举行音乐歌咏大会，请中国歌唱家斯义桂和英

① 圣诞音乐会记［J］. 广播周报，1940（183）.

② 重庆圣诞音乐会［J］. 乐风，1940（1）.

③ 中大青年会定期演奏音乐［N］. 新华日报，1940-12-18.

④ 驻华美军总部今日开音乐茶会欢迎中美文协会员［N］. 新华日报，1943-09-05.

国歌唱家郑鉴思等歌咏《蝴蝶夫人》等曲①。

值得注意的是，中华交响乐团作为一支专业音乐团体，在抗战时期的音乐会演活动中十分活跃。1940年，中华交响乐团致函重庆市政府，请在国泰戏院举办每月音乐演奏会，其目的在于“供给市民高尚娱乐及借雄壮歌声提高大众抗敌情绪以辅助抗建宣传”②。1942年2月，国民精神总动员委员会、社会部民众动员委员会及重庆市动员委员会联合主办了文化界国民月会，中华交响乐团受邀表演③。当年6月3日，中华交响乐团为庆祝成立两周年，在嘉陵宾馆举行音乐演奏会，特邀宋庆龄、孔祥熙、孙科以及美、苏、英大使和军事代表团人员约300人到会。曲目有韦伯的《自由射手》、贝多芬的《小提琴协奏曲》等。音乐演奏会现场对美广播，“收音异常清晰，十分圆满”。④同年12月23日，由重庆各大学教授和学生组织的圣诞音乐会在民众大戏院举行，为募集男女青年会学生公社建筑基金，组织者特邀各国使节前往，并开展百人大合唱，曲目有《弥赛亚》《圣母颂》等世界名曲18首⑤。不难看出，战时重庆的音乐会演十分频繁，不少会演或由中外文化组织共同发起，或邀请外宾参加，或由中外音乐家一起演奏完成，这对当时驻重庆的外国使节、记者、文艺工作者以及随行人员等都产生了较大震撼。有些演出活动还通过国际广播电台对外广播，将音符和旋律通过声波直接传送给外国听众。中外音乐界的这种互动，无疑是在同仇敌忾的语境下，为着反法西斯的胜利而得以实现的。

三、开展与国外音乐界的通信联络

在对外通信联络方面，重庆的音乐界与苏联往来较多。由于中苏文化协会发

---

① 中英文化协会响应献金运动［N］. 新华日报，1944-06-01.

② 中华交响乐团关于举行音乐演奏会致重庆市政府的函［Z］. 1940年11月25日. 重庆市档案馆藏，档号：00600011002950000003.

③ 关于邀请于二月文化界国民月会表演致中华交响乐团的函［Z］. 1942年1月30日. 重庆市档案馆藏，档号：00730001000570000060000.

④ 昨晚嘉陵宾馆盛大音乐会［N］. 新华日报，1942-06-04.

⑤ 圣诞音乐会百人大合唱［N］. 新华日报，1942-12-18.

起了中苏文化工作者的互致信函往来运动，战时重庆的音乐界与苏联同行的沟通显得较为频繁。《新华日报》曾对中华交响乐团与苏联同行的联络、沟通给予了肯定，认为："该团自成立以来，除致力于推动国内音乐运动及提高音乐水准外，复与苏联音乐文化界取得密切联络，以求沟通两国文化。"[①]1940年9月，中华交响乐团又致信苏联音乐界，向他们介绍战时中国音乐的发展情况，告诉他们中华交响乐团的发起、成立经过和工作进展[②]。除了中华交响乐团外，中华全国音乐界抗敌协会作为战时音乐界的最大团体，也通过书信、广播积极开展对外联络。1940年9月29日，中华全国音乐界抗敌协会在致苏联音乐界的书信中说："现在国内的音乐机关、团体，以及刊物等，不仅在数量上比抗战初期时多，在质的方面也比较以前进步。一般音乐工作者，虽在艰难困难的环境中，仍永远坚韧不拔地继续努力，这种令人敬仰的毅力，也许就是中国音乐的成功及中国抗战胜利的基础。"这封对苏联音乐界的书信还说："刘雪庵的《中国组曲》、贺绿汀的《晚会》、马思聪的《塞上舞曲》《牧歌》，及陈田鹤的《夜深沉》等，各曲曾先后向贵国广播，均兼具中国风味与西洋的技巧，为中国划时代的新音乐作品。"[③]

此外，战时重庆的音乐家也常常以个人名义与苏联音乐家通信。1940年，作为乐团总指挥，马思聪单独致信苏联音乐家杜纳埃夫斯基、马良、郭凡尔等人，称："关于中苏文化协会所发起的（中苏）通信运动，给了我这可欣喜的机会和你通信，我觉得非常荣幸。"马思聪希望两国音乐界能保持通信，经常介绍双方音乐界的动态。同年10月23日，马良、郭凡尔等从莫斯科回信给马思聪，表示希望中国介绍更多的音乐组织、音乐家和作品给他们，并称自己在创作一些关于中国的音乐作品，今后苏联作曲家协会可长期向中国寄送他们的交响乐谱[④]。1940年11月29日，刘雪庵给苏联作曲家协会写信，不久收到回信。苏联作曲家协会在信中说："你在这信里表现了现代进步知识分子最优秀代表们的思想和感情。和

① 中华交响乐团今晚公开演奏，曾致书苏联音乐界[N].新华日报，1940-08-13.

② 中华交响乐团致苏联音乐界书[J].中苏文化，1941(5).

③ 中华全国音乐界抗敌协会致苏联音乐界书[J].中苏文化，1941(2).

④ 中华交响乐团致苏联音乐界书[J].中苏文化，1941(5).

我们的中国同业们一样，我们苏联作曲家也深信进步力量对于反动势力的胜利，文明对于纳粹野蛮的凯旋。……你对于建立中国与苏联音乐节间的密切联系的愿望完全和我们自己的愿望一致。现在我们由苏联对外文化联络会中转寄给一些乐谱，并渴望你也寄些给我们。”① 毫无疑问，战时重庆音乐界与苏联同行的通信联络，增进了相互之间的了解，增加了用音乐开展反法西斯斗争的共识，有助于形成音乐界的反法西斯战线。

四、推介和宣传中国反法西斯音乐

战时重庆的音乐工作者不断克服困难，采取各种方式积极向国外推介中国的反法西斯音乐作品。1939—1940年，国民党宣传部国际宣传处请李抱忱等人选择一批抗战歌曲并将其译成英文，以利于传播。选歌时，以“流行”与“优良”作为标准，刘雪庵、贺绿汀、陈田鹤等都参与进来，最终选定12首（见表1）。但音乐的翻译十分讲究，其文法、发音、抑扬、顿挫、节奏和旋律都要有所考虑，既要译得得体，又要便于传唱。李抱忱等人还请一些在渝的美国、英国友人相助，才得以成稿。这些歌曲编译后，“在香（港）印刷，在欧美各大杂志逐首刊载。从此我国抗战歌声，将遍传在海外了”。②1944年，国民党宣传部又请李抱忱补充了1939年之后的抗战歌曲10首，这“大概是因为这本集子通过介绍战时中国歌曲创作，发挥了向海外侨胞和国际友人宣传抗战的作用，受到欢迎的缘故。”③45

表1　国民党国际宣传处向国外推介的中国抗战歌曲信息表 ④83-85

序号	歌名	作曲	伴奏作者	作词	翻译
1	《党国歌》	程懋筠	赵元任	孙总理	杜庭修

① 苏联作曲家协会复中国作曲家刘雪庵的信［J］. 中苏文化，1942（1）.

② 中宣部发行英语中国抗战歌曲选［J］. 乐风，1940（1）.

③ 冯长春主编 .“重写音乐史”争鸣集［M］. 北京：文化艺术出版社，2015.

④ 中国音乐家协会. 中国音乐研究所编印 . 中国近代音乐史参考资料 1937—1945（上）［Z］. 第4编第1辑 . 1959.

续表

序号	歌名	作曲	伴奏作者	作词	翻译
2	《国旗歌》	杜庭修	赵元任	戴季陶	杜庭修
3	《义勇军进行曲》	聂耳	李抱忱	田汉	李抱忱
4	《自卫》	赵元任	赵元任	马祖武	李抱忱
5	《救国军歌》	冼星海	李抱忱	塞克	隐名氏
6	《牺牲已到最后关头》	麦新、孟波	刘雪庵	麦新、孟波	马彬和
7	《长城谣》	刘雪庵	刘雪庵	潘子农	隐名氏
8	《大刀进行曲》	麦新	刘雪庵	麦新	梅克敌
9	《出发》	劳景贤	劳景贤	劳景贤	戴爱士
10	《中华民族不会亡》	吕骥	周美德、李抱忱	柳青	杜庭修
11	《游击队歌》	贺绿汀	贺绿汀	贺绿汀	梅克敌
12	《抗敌歌》	黄自	黄自	韦瀚章	戴爱士

除了从国内译介音乐向外推送，一些音乐家还走出国门，直接到国外传播战时中国的反法西斯音乐。据音乐指挥家刘良模回忆，他1940年夏去美国，发现美国人虽然同情中国的抗日战争，但并不了解具体情况。于是，刘良模就用音乐传播中国的抗战声音。最初，刘良模通过接触美国黑人歌手保罗·罗伯逊（Paul Robeson），向美国推介《义勇军进行曲》。保罗·罗伯逊还特意录制了一套中国抗战歌曲和中国民歌，唱片名字就叫《起来》①[41]。1941年3月26日，全美助华联合总会在纽约举行第一次助华宴会，威尔基、赛珍珠、胡适等2000余人与会。其间，旅美华人临时组成合唱团，由刘良模领唱了《义勇军进行曲》等歌曲，在全美广播②。此外，刘良模还在美国各地，从商会到人民团体、从大学到中小学，不断地讲中国抗战，并利用各种机会把中国的抗战歌曲唱给美国民众听。1943年，

① 刘良模.中国抗战歌曲在美国［J］.人民音乐，1982（9）.

② 全美助华联合总会第一宴［J］.良友，1941（166）.

他将《黄河大合唱》介绍给美国普林斯顿大学的合唱团，由合唱团译成英文，在美国传唱①。另一位在美国传播中国抗战音乐的重要人物是王莹。据当时与王莹一同赴美的谢和庚回忆，1942年，苏、美、英等国家在华盛顿召开世界青年学生代表大会，王莹作为中国代表参加，并作了演讲，演唱了《卢沟桥》。会后，王莹又借着巡回演讲的机会，到美国各地唱中国抗战歌曲。在赛珍珠的帮助下，王莹等人在美国创建了“中国剧团”。这个剧团由中美两国演员参加，经常到各城市演出，大量抗战歌曲在演出活动中得到传播。事实上，抗战时期，由于海外华人的努力，包括《黄河大合唱》《义勇军进行曲》《长城谣》等在内的不少歌曲得以在异乡传播。例如1942年2月，缅甸华侨战工队在缅甸曼德勒云南会馆演出，之后又到眉苗、叫脉、锡波、腊戍等城镇进行巡回演出。《黄河大合唱》《团结起来》《黄花曲》等均被传唱，“演出获得巨大成功，并对战后缅甸华侨爱国歌咏运动的广泛开展，产生了积极影响和推动作用”。②407

随着中国反法西斯音乐影响的扩大，一些同盟国的音乐家主动介绍、改编、演奏中国音乐。据《新华日报》载：“苏联名歌曲家、诗人，编译我国抗战歌曲《义勇军进行曲》等最受欢迎，苏联著名歌曲家克里曼蒂克基马利夫，已将中国抗战歌曲十五种，编制乐谱，有数种业已制成留声机片，行销甚广。名曲中，最受欢迎者为《义勇军进行曲》及《流亡曲》等，其词义都由名诗家沙诺夫、阿尔托森等人译为俄文。”③1943年9月20日，英国钢琴家海斯在伦敦阿尔柏特大厅演奏，由布尔特爵士指挥之英国广播公司交响乐队伴奏。此次演奏，是克里浦斯所主持英国援华募款委员会开展的活动之一。一些中国歌曲被事先编入活动进行演奏，此外还有英国国歌，及莫扎特、贝多芬、舒曼等人作品。到会各国贵宾及听众约3000人④。此外，由于中国抗战音乐在美国的不断传播，美国作曲家古尔德等将《军民合作》等改编成交响乐。这些改编的乐曲还曾由美国国家广播公司

① 刘良模.中国抗战歌曲在美国［J］.人民音乐，1982（9）.

② 云南省归国华侨联合会，云南华侨历史学会编印.赤字丰碑——华侨与抗日战争［Z］.内部资料.2005.

③ 苏联名歌曲家诗人编译我国抗战歌曲［N］.新华日报，1939-09-15.

④ 援华募款音乐会［J］.图书月刊，1943（7）.

管弦乐队演奏，并向全美广播①。可见，通过音乐交流，国外音乐界对中国战时音乐表现出了极大的兴趣，他们译介、改编和演奏中国音乐无疑使之具有更好的传播效果，这在很大程度上是对中国抗战的正义声援。

五、引介战时西方音乐

随着战时中外音乐交流的不断推进，西方音乐实际上进一步延续了战前对中国音乐界的影响。战时中国音乐界对世界反法西斯音乐做了大量引介，这显然有利于促进西方音乐在中国的传播。全面抗战爆发后不久，国民党对于苏联音乐的引介比较积极。1939 年国民党中央电台时常播放苏联音乐，其中名家音乐包括杜纳也夫斯基的《故乡》、可列斯尼夫的《哥萨克的斯大林歌》、予拉迭利的《献给领袖》、伊得克维赤的《前奏》、司片甲洛夫的《歌剧阿尔比斯特的进行曲》、布伦的《却派耶夫卡牙曲》、索洛维约夫的《骑兵曲》、可瓦略夫斯基的《空军城影的前奏》、堤可夫的《英雄组曲》、披克拉斯的《假如明日有战事》等②。另外还有《热情进行曲》《铁路工人进行曲》《共青号机关车》《怎能不唱呢》《体育进行曲》《坦克手进行曲》《雄心曲》《女力士》《骑兵进行曲》《红海军进行曲》等③。还有苏联民族音乐，包括东冈民歌、三达旅进行曲、奇基兹古恋歌、民间恋歌、民间抒情曲、奇基兹进行曲、哥萨克民歌、柏尔图鲁恋歌、塔吉克恋歌、卡巴尔金古民歌、乔治亚民歌、亚治伯赞民歌、阿赛乐之莱兹更女人等④。与此同时，中苏文化协会对苏联音乐的引介也发挥了重要作用。中苏文化协会与苏联对外文化协会展开联系，介绍中国音乐和音乐家给对方的同时，也在中国推送苏联音乐。为此，苏联方面向中国音乐界赠送音乐作品，并通过各种形式宣传展示。1943 年初，中苏文化协会就接到苏联方面运送的大量作品，有“苏联各民族歌剧曲谱，交响乐谱等。”⑤当然，除了介绍和播放苏联音乐外，考虑到战时重庆有不少美国人，

---

① 中国歌曲在美国［J］. 大观楼旬刊，1943（11）.

② 今晚中央电台转播苏联优美音乐［N］. 新华日报，1939-10-31.

③ 今晚可听苏联音乐［N］. 新华日报，1940-09-30.

④ 今晚可听到苏联东方民族音乐，由中央广播电台转播［N］. 新华日报，1939-12-29.

⑤ 苏联运到大批美术音乐作品，拟于三月举行展览［N］. 新华日报，1943-02-02.

国民政府的中央广播电台也于1942年12月7日开始，特设美国音乐时段，每晚播放半小时，音乐唱片由美军司令部提供[①]。

抗战时期，中国音乐界对提升音乐演奏技术的探索并没有停止。中华交响乐团在成立时便将“提高我们音乐的技术理论同人民的音乐认识的水平，介绍西洋的音乐”[②]作为其存在的主要目的之一。事实上，从乐器使用上讲，抗战时期的中华交响乐团、国立音乐学院实验管弦乐团、国立实验剧院实验乐团、中央广播电台管弦乐队等都是典型的受西洋音乐影响的专业组织，他们的演奏多依赖于对西方音乐器材的使用。在战时重庆，这些音乐组织主办或参与了众多演出活动，其中不少曲目便是外国作品，这在客观上是向中国听众直接推送西方音乐及其演奏技术。1940年11月9日，中华交响乐团在嘉陵宾馆举行音乐会演，邀请冯玉祥、孙科等200余人参加。此次演奏会除演奏《荒山之夜》《夜曲》《我的祖国》等作品外，还演奏了俄国音乐作品，“实为我国音乐界演奏俄国作曲家作品之缀始”[③]。1941年3月5—6日，由中华交响乐团、国立音乐学院实验管弦乐团和实验剧院交响乐团组成的三大管弦乐团联袂在国泰大剧院演奏。演奏团共80余人，由吴伯超、马思聪、郑志声担任指挥。两日演奏曲目完全相同，为9支世界名曲：贝多芬的《第五交响曲》、马思聪的《思乡曲》《塞外舞曲》、韦伯的《自由射手》序曲、莫扎特的《美奴爱特舞曲》、罗西尼的《威廉·退尔》序曲、门德尔松的《小提琴协奏曲》、穆索尔斯基的《荒山之夜》、得法拉的《巫者弄情》。1943年，中华交响乐团“为加强民众音乐教育，决定以后每星期举行‘星期音乐演奏会’一次，假银行业同仁进修社礼堂举行，节目有贝多芬的《第一交响曲》、韦伯《自由射手》及莫扎特弦乐四重奏等名曲”。[④]当然，之所以介绍西洋音乐，很大程度上是由于音乐在掀起民族主义、开展反法西斯救亡运动中有着巨大作用，这实际上超出了音乐交流、借鉴本身在技术范畴上的意义，与战时特殊的环境不

① 美国音乐，中央电台特定今晚播送远东美侨收听［N］. 新华日报，1942-12-07.

② 中华交响乐团致苏联音乐界书［J］. 中苏文化，1941（5）.

③ 我音乐界首次演奏俄国名曲［N］. 新华日报，1940-11-10.

④ 星期音乐演奏会，中华交响乐团主办［N］. 新华日报，1943-04-15.

无关系。

六、结语

中国有着悠久的音乐文化传统，但中西方音乐领域的交流在相当长的历史时期内并不多见。抗日战争全面爆发之前，由于受到近代西学东渐思潮的影响，西方音乐在教会仪式、军乐演奏、学校教学、酒吧舞厅以及家庭生活等场合不断产生其作用，对中国音乐的发展产生了较大影响。到 20 世纪 30 年代，随着中日民族矛盾的逐渐加深，以“左翼”音乐运动为先导，一批反映救亡图存、革命进步的歌曲不断涌现，它们一方面将新的音乐技术、手段或特质运用其中；一方面把音乐与普通大众的心理融合起来，具有比较鲜明的时代特色。抗战全面爆发后，音乐的发展和交流进一步延续和彰显了这种特色，反法西斯音乐的创作和交流也更加繁荣。与此同时，受战争局势的影响，大批文化人和机构纷纷内迁，近代中国音乐发展的空间版图完全改变。此时，重庆市救亡歌咏协会、中华全国音乐界抗敌协会、重庆市普及民众歌咏运动委员会、中华交响乐团、中国音乐学会等相继在重庆创立，还有中央训练团音乐干部训练班、国立音乐学院等也在重庆创建。在抗日民族统一战线的影响下，以重庆为中心的大后方音乐在坚持抗战、争取民族独立中发挥了重要作用[①]。在对外交流中，战时重庆的音乐界以反法西斯为主题，通过举办演奏会、通信联络、译介作品、在国外改编和传唱歌曲等多种方式与美、苏、英等国同行频频对话，有的还走出国门，与当地音乐界和民众互动，产生了较为广泛的社会影响，这有助于宣传中国抗战精神，争取国际支持，构筑文化界的国际统一战线，同时也为推动近代中外音乐文化交流作出了极为重要的贡献。

---

① 邱域埕 . 抗战时期大后方歌谣新探［J］. 重庆理工大学学报（社会科学版），2016（10）.

三峡库区祀神歌舞“跳端公”的身体演说与活态保护研究[①]

王海涛[②]

三峡流域因其独有的生态环境与人文精神孕育出祀神歌舞“跳端公”这一民间祭祀活动。古往今来，中华大地上祭祀活动长演不衰，在禳灾驱邪的大背景下发展出各具特色的符号与仪式系统，体现出不同生态文明下对生存、审美和世界观的认知与追求。地处三峡库区的重庆开县一带自古以来都有着好巫鬼之事的风俗习惯，清代以来当地人民将其称为“跳端公”，多为男人承担祭司的神职任务，女人或称为师娘子，极少参加。在久远的古代生活中，“跳端公”的活动遍布整个长江上游，为乡人的需求排忧解难。以致成为乡民百姓赖以生存的重要社会身份和职能。时至近代，“跳端公”活动与端公身份都将面临着巨大的协调与转移，渐而退去作为主流意识形态的神职功能。转而成为“非遗”视野中的文化项目与艺术活动。重庆市巫舞传承人余虹韵认为：“跳端公属巫舞遗存中的一个种类，是一种以歌舞为主要标志的民间祭祀活动。”[③]肯定了“跳端公”的歌舞地位以及属性为巫舞的界定。更何况“歌舞之兴，其始于古之巫手。巫之兴也，盖在上古之世”。[④P132]足可见，舞蹈与巫术有着某种暗合相通的文化因子，起着沟通天地人伦的重要作用。因此说，祭祀是“跳端公”的首要任务，而歌舞活动却是伴随着

① 基金项目：2018年度中央高校科研业务费专项项目“艺术学研究”（项目编号：2018CDXYYS0037）。原载于《贵州民族研究》2018年第7期，第39卷总第209期。

② 王海涛，山东潍坊人，重庆大学副教授、硕士研究生导师，研究方向：西南民间舞蹈文化研究、舞蹈史论与批评研究。

③ 政协开县委员会．开县文史资料（4）［C］．沈阳：辽宁教育出版社，2008：57.

④ 刘建．宗教与舞蹈［M］．北京：民俗出版社，2005.

其巫术仪式而存在的价值所在。端公的扮演者必须通过特定的场境完成带有隐喻性很强的程式性身体动作，才能算是仪式的完整。同时，“非遗”所保存和传承的文化血脉正是以其身体性为基础的、“活着的”民俗活动，缺失了身体的演绎和活态的生境保护，其意义与价值也将受损。

一、“跳端公”的身体演说

仪式中的身体是联结宗教功利目的和身体文化符号的重要媒介物，同时也是最好的历史见证、文化承载和艺术表达。这种无意识的艺术表现相较于政治化的宫廷舞蹈、自由化的民间舞蹈，更体现出肃穆的祭祀色彩。按舞蹈形态学的方法将“跳端公”的身体语言归为执物类、徒手类和口诀相辅类，以阐释其形态特征、动态规律以及身体所承载的文化隐喻。

（一）执物而舞

执物而舞是指端公的扮演者在祭礼仪式中手执或披戴器物而舞，所持器物除生活场面的祭礼物品外均是法器。比如，面具、牛角、文书、旗子、神席、花棍、三棱枪、铁环圈、腰带、锣、碗等物品，法器的功效和使用也有一定的禁忌。在仪式中以吹响号角为开场，其间数次吹响或双手将其相托行作揖状，以示虔诚和召唤之用。在巫术信仰的作用下，所有的程序必须按照既定的要求进行，不可错乱或者更改，人们更愿意相信顺势巫术和接触巫术所带来的后果。《神席舞》也称大鹏金展翅，是“跳端公”仪式中的重要舞段。端公的扮演者双手抓握席子两端，整张席子披于背后，呈屈腿俯身状。起舞时，端公或身背神席起跳，做展翅预飞之势，又或将自己裹于席下，双腿微弯，上身深俯，在略显拥挤的堂屋内一直旋转，好似在晕眩间达到神志游离，也借以找寻到通灵的通道。[①P138] 舞罢，端公的扮演者将神席舒展于堂中且平铺，唱道：“一床席子软溜溜，丢在地上无人收，凡人拿去无用处，我师拿来踩九州。”随后，在平铺的神席上画出八卦方位，并在方位上撒上具有象征意义的五谷，而进行大幅度的舞步运动。因此，神席舞和踩八卦既是对原始巫术的顺势演绎，是今天所见身体演绎中最为出彩和

① 王海涛，傅兰媚．重庆开县跳端公舞蹈形态研究［J］．北京舞蹈学院学报，2015(3)．

最具舞蹈性的舞段。

（二）徒手而舞

徒手而舞是指端公扮演者在祭礼仪式中不借助任何道具作舞，舞蹈中有时加入手印（手语）而舞，穿手拧身、俯仰开合是其上肢动律特点，且动作繁复且韵律感十足，是整个身体演说中最生动的场面。手诀，亦称手势、挽诀、手语。在跳端公的身体语汇中手诀是独具个性的，也极具舞蹈美感。据统计，跳端公手诀共100余种，包括“祖师诀”“太阴诀”“太阳诀”“九天玄女诀”“上洞娘娘诀”“饿虎诀”等，其中“祖师诀”“日光诀”“日慧诀”“金狮猫儿诀”“铁板诀”“三元将军诀”“四员家考诀”“铜板先师诀”“十大都猖”“开天门诀”等共19种为历代端公相传口诀，在仪式中起重要作用。从舞蹈形态学划分，手语也分为单一呈现和组合呈现。单一呈现是指端公在仪式中面对神位站立而挽诀，通过手臂和手腕的挽动塑成具有巫术含义和审美意象的舞蹈造型。复合呈现是指在仪式中既要做到挽诀，又要融合口诀或法器（道具）同时表现，往往通过手诀在仪式中起到引领的作用。人们相信并认定只有他/她（端公）能够向神表达诉求，为人们祈福纳吉。“跳端公”肢体语言的表达除手语外，上肢形态特点和下肢动律特点是舞蹈呈现的审美趣味所在。基本体态表现为重心下沉，直立状态中的站立也是肩胸自然松弛且微含，用于表现作揖、顿首祭拜等动作。在流动步伐时，身体重心下压至脚，屈腿上步和踩地跺脚是步态的基本方式，保留着中国汉族民间舞蹈的步态共性。而步伐的四个基本动律是身体演绎的核心所在，按其基本组合顺序如下：（1）进退（前后）四步;（2）完成“进退四步”后转身做“前交叉点地”;（3）“双人反向捻转”需双人反向并排站立，内侧手脚并拢拉手;（4）“撤步失重冲靠”步伐。四组动作是跳端公舞仪的核心步伐表现，在不同的场域中有时会加入其他变形和排列方式。

（三）口诀相辅而舞

口诀亦称口语，是端公仪式过程中最为常见和神秘的部分，可配合舞蹈而念，也可纯粹站立而唱。在舞蹈中，口诀根据仪式和场境的需要而振振有词，通常是用恐吓、祈愿和指令性的语气完成人神的沟通。口诀在舞仪表现中呈若即若离状态。另外，口诀作为端公获得神力的媒介，往往会在开场和舞蹈中诵念，或单独呈现，或与舞蹈片段结合出现。作为“跳端公”系统中的戏剧演说形态，戏的表演和舞蹈的演绎成为仪式中最具表演程式和审美趣味的部分。这种表演状态所呈现出的语言形态实为原始巫术仪式与民俗歌舞戏弄的具象化凝定。①

二、活态保护研究

“跳端公”的保护与传承关键在于人的活态属性和身体的精准表达，“非物质文化遗产离不开作为身体出现的人，离不开身体的表达，身体的表演，身体的传达”。② 在口传身授的传承关系中，人不仅仅是物质载体，其身体所承载着祖祖辈辈对传统技艺与精神文明的认知与探索。这种个体呈现向集体聚集的过程，也是身体技艺向族群记忆的转化过程。在活态保护的语境中展开多向度交叉并进，复合保护和融合保护共同发挥作用，形成特有的保护模式，它是流动的、可变的和有生命力的。

原态保护即以人为出发点，关注人的身体与舞的精准性表达。在“非遗”保护视阈下“抢救性保护”是一切保护的基础，也是完成其真实性、整体性和传承性的关键所在。据调查，开县巫舞的“非遗”传承人仅有 8 人，基本属于家传与师传状态，其他自由形式的传承趋于绝迹，因此，保护与抢救工作迫在眉睫。原态保护中的抢救与保护包含两个范畴，首先是人的保护，“身体作为非物质文化遗产的第一物质性，其他所有和‘非遗’相关的都只能作为附属的物质载体，脱离了非物质文化遗产，只能成为物质文化遗存，也大大失去了其背后丰富的文化内涵”。③ 包括人的人与舞、人与音声、人与社会、人与信仰以及人自身的生产生活状态等方面，“活态流变性”为其特点。传承人必须为“舞着的”或是“在场的”才能构成“非遗”保护中的活态保护，脱离仪式的身体往往不能直接记述，也难以理解场域内仪式与身体表达所重合的深层意义。其次是物的保护，包括物

① 王海涛，傅兰媚．重庆开县跳端公舞蹈形态研究［J］．北京舞蹈学院学报，2015（3）．

② 马知遥，潘刚．传承人口述史的身体经验价值［J］．民俗研究，2015（5）．

③ 马知遥，潘刚．传承人口述史的身体经验价值［J］．民俗研究，2015（5）．

与舞、物与人、物与文化、物与宗教信仰，以及物自身的承载与价值等方面，静态为其特点。物的保护包括服装、道具、器物等与仪式相关的物质载体，更需要急迫建立数字图像馆藏，对物件和人的记录进行精准到位的保护。两者所关涉的都是特定场域内仪式的呈现问题，既有静态的封存式保护，同时又具有发展的动态性。互为表里、互为影响、互为对象、互为因袭，在仪式的表现中作为整体出现。

生态保护主要是指开县“跳端公”的场域保护与生态空间保护。由于场的特殊语境与综合因素，扮演端公的人或传承人必须在仪式中完成特定的巫术程序和身体演绎。这种具有象征意义的身体符号兼具娱神和慰人双重职能，更在系统的身体语言之外建构起一整套的禁忌与生态，其多效配合与在场性是完成“跳端公”仪式的先决条件。仪式的举行一般是在雇主家的厅堂或广场（场院），与民俗舞蹈表演不同的是，仪式中的身体演绎不是出于舞台表演或艺术视角，而是象征着神秘力量的媒介符号。开坛做法是程序的第一步，在供奉神像的案前鞠躬作揖，以示对神灵的敬畏与自我身份的交代。笔者在长期跟踪调查中发现，“跳端公”的仪式感消退和身体演绎的模糊性是保护的难度所在，而影响这一变化的关键因素在于“端公”及其“生态”环境。

动态保护是指“跳端公”的舞台化创造。即通过艺术创造活动使原本散落的、静态的、无生命力的艺术元素生动起来，在“变体”创造中，对仪式所呈现的原态样貌进行解构与重构。解构实为元素化整理，重构则是舞台化创造，两者互为表里、互为依托，同时也是活态保护系统中对于“活”的体现。“跳端公”的元素提炼不仅是收集与整理，更是辨伪存真与开发创造，是在跳端公舞蹈动作的细密化处理下，完成原生态民俗舞向剧院民俗舞和学院民俗舞的转化。[①]视角得以转换，身体对象同样发生价值需求的变化。在记述者眼中，端公扮演者的身体仪式不再只是祛秽禳灾的法事活动，继而转换为艺术家眼中舞台形象的动作元素呈现。端公扮演者在面对镜头时的每一次表演都是对身体仪式系统的补充和验证，目前也逐渐完成了身体语言的资源库建设。其元素化解构过程即通过系统

① 于平．舞蹈形态学［Z］．北京舞蹈学院内部教材，1998：63.

的标准对身体演说系统进行体态类、舞姿类、动势类、技法类的辨别与艺术解读，分别厘清了“弓步”“端腿”“平行步”“虚”“实”“直”“曲”等形态特征；“穿刺”“披砍”“背枪”“枪花”“挽诀”“俯身转”等发力方式及道具舞法；“罡步”“禹步”“三步半”“进退四步”“前交叉点地”“双人反向捻转”“撤步失重冲靠”等步伐流动方式。身体的形态记录、名称记录、含义记录以及具体动作与套路背后的文化释义都是解构“跳端公”身体语言的重要部分，该辨伪的辨伪，该考证的考证。在解构的过程中实现对跳端公身体仪式的舞蹈要素的拆解，通过端公扮演者身体语言获得舞蹈符号的稳定状态，以期抓住舞蹈特征及形象系统的准确定性。元素的提炼是对“跳端公”舞蹈保存与发展的第一步，因身体的活态流变性和自由性，端公扮演者在仪式中的变现中也不尽相同。为进一步解决场院民俗舞向学院民俗舞和剧院民俗舞的当代转换形态做出最基础的关键工作。这一转向与变化对于生境保护、传承教学、舞台演绎有着不可估量的作用。重构既是创造的过程，通过系统的身体语言解构，逐渐完成原始形态、元素形态和舞台形象的结合，这同时也是艺术创作的逻辑次序。原始形态确保的是身体演说的纯真性，作为创作的范式和形象参照而存在；元素形态即身体演说的典型性和符号化，是将大段落或重复性、隐含性的身体语汇转化为实际可操作的舞蹈动作，是舞台创作的前提；舞台形象就是通过元素的组合与艺术加工，使原生态的身体性表达具备了艺术化的舞蹈之美。中华人民共和国成立以来，涌现了大量的舞蹈工作者深入民间学习。将大量的民间舞蹈素材采集整理，通过艺术创作进行人物形象与舞台设计的二度演绎，形成了大量的舞蹈精品。这些作品都是对原生舞蹈形态进行了元素解构之后经过艺术重构而成的作品，以及重构而成的民间舞蹈教材，为传承民间舞蹈教育提供了更多的路径，也为民俗舞蹈走进课堂、走上舞台提供了宝贵的经验思路。

三、结语

开县祀神歌舞“跳端公”的宗教仪礼状态与戏剧演说形态按其自身的发展演进形成了完整的表达系统，这种依赖身体来阐述的形式逐渐确立了它的符号语汇，而舞蹈即是作为巫的同源词汇并隐含于其中的重要媒介，承载着透析“跳端公”文化含义的重要作用。身体的认识与身体符号的解读是关键所在，系统地将身体语言归类为“执物而舞”“徒手而舞”“口诀相辅而舞”是舞蹈者对此歌舞形式进行判定。同时整理出了舞蹈语汇的形态特征、动态特征、发力特点以及道具使用等，据此建立起对于“跳端公”的活体保护方案，用艺术学、考古学、人类学、民俗学相结合的方法完成了对原态保护、生态保护、动态保护的方法验证。为民俗舞蹈真正走向可观、可传、可上台的综合化保护状态而提供建设性方案。“跳端公”作为长江上游的原始歌舞遗存，有着不可估量的文化价值，为进一步促进三峡文化生态与长江文化协同发展做出应有的贡献。

重庆土家族民间歌舞初探[1]

包　仿[2]

土家族是古代巴人的后裔。周武王封巴为子国，而有“巴子国”之称。汉代称“巴郡、南郡蛮”，隋唐前称“五水蛮”，宋以后称“土丁”“土人”“土民”“土蛮”，清末始称“土家”。在长期历史发展中，古代巴人的后裔与当地某些部族融合成今日的土家族。

土家族自古以来就生息于川、鄂、湘、黔 4 省交界的武陵山区一带。宋、元尤其明、清以来，大量汉族人口迁入这一地区，土家族与汉族和苗族等兄弟民族交相杂处，漫长的亲密交往与融合，土家、苗等各少数民族深受汉文化的影响，其中土家族的汉文化程度极高，使用汉语，从汉族姓氏，习汉族风俗。由于复杂的历史原因，使土家族得到承认为时很晚，直到 1957 年，国家方正式承认其为单一民族。

重庆境内的土家族主要分布在黔江地区的酉阳、秀山、黔江土家族苗族自治县以及彭水苗族土家族自治县和石柱土家族自治县。其民间歌曲是在上述历史和社会条件下，与这一地区的汉族、苗族在共同的经济生活、文化背景、地理环境中，相互融合及共同创造、共同流传与共有、共享的精神产物。

一、重庆土家族民间歌舞种类

土家族无文字，长期使用汉文，民间歌曲大都用汉语传唱，民歌的品种及称谓也基本与汉族一致，音乐形态和风格与汉族民歌也很近似。重庆土家族民歌体

① 原载于《民族音乐》2018 年 5 月。

② 包仿，四川省文化馆。

裁主要有山歌、劳动号子、风俗歌、小调等。

（一）山歌

土家人喜欢在山野田间唱歌，山歌曲目丰富，流传面广。土家人出口成歌，擅长即兴编词，歌词常用比拟、夸张、双关语、谐音等手法来反映社会生活，表达思想感情。其形象生动，比喻贴切，语言风趣，乡土气息浓烈。

重庆土家族山歌中最具代表性和特点的是"薅秧歌""薅草歌"，它是土家人集体在水田、旱地除草时演唱的一种山歌体裁，若加以锣鼓伴奏，又称之为"薅草锣鼓"，当地谓之"打闹"。"打闹"为一人击扁鼓、一人击锣，由鼓手主要领唱，锣手应和。"一领众和"的演唱形式其组合方式有多种：领唱有一人领、二人对唱领；"众和"有众人齐唱、"应唱"与"帮腔"等不同方式，其中，"领、应、帮"的形式颇具地方特点。"领"有平腔与高腔。"应"为一部分人以真嗓低音应和一句衬腔，称为"应莽筒"。"帮"为以高腔帮腔齐唱，称为"帮尖"。"打闹"的曲调有以腔调、衬词、衬句、"号"（薅秧、薅草称"号"或"号子"）来命名的，腔调名称繁多，如"大板腔""梁山号""花号""唢呐号""闹台号""三声号""九道拐""散花锣鼓"等。歌词有传统唱词，也有即兴编唱。按一天的时序和劳作过程，常有习惯的曲目与演唱次序。内容包罗极广，有传说、故事、戏文和风趣诙谐的歌，以调节人们的情绪，激发劳动热情。

（二）劳动号子

重庆土家族的劳动号子主要为船工号子和石工号子。其他的劳动方式（如木工上梁）中也有一些号子。

1. 船工号子

重庆土家族船工号子以境内的秀山小河号子和酉水号子的地方特点最浓，主要有摇橹号子（又称橹号子）、荡桨号子（又称桨号子）、拉纤号子、撑篙号子4种，其中又以橹号子和桨号子最有特点。秀山小河与酉水湍急险峻，橹号子的领唱常以急促的说白、吼声夹着短促的衬词号腔，众人以吭、嘿的呼号紧紧应和，节奏紧促，情绪激烈。桨号子速度和节奏较为平缓，音调较柔和，情绪也较松弛。

2. 石工号子

重庆土家族石工号子中以撬石号子最有特点。号子的腔调名目主要有以开头的唱词和衬词取名的“鲁班号子”“岩角号子”“幺姨娘号子”“唢呐号”等等。通常为领和形式，音乐配合撬石的动作，节奏鲜明而有规律。

（三）风俗歌

重庆土家族的风俗歌主要有婚嫁歌、丧歌和灯调 3 种体裁。

1. 婚嫁歌

婚嫁歌是土家人婚嫁过程中唱的歌，主要是“哭嫁歌”。一般在姑娘出嫁前六七天唱起，也有早至半月至一月前唱起的。内容主要表现将出嫁的姑娘对父母、兄弟、姐妹和近亲的留恋与惜别，对封建婚姻的控诉，一直唱到迎亲时的“哭上轿”达到高潮。

2. 丧歌

土家族丧事仪式需请“歌师”唱丧歌，唱时伴以锣鼓、钹、镲，这种形式在重庆地区又称“丧鼓”“孝歌歌堂”。歌有“开场歌”“接歌”“坐堂歌”“闹出魂”“穿花歌”“孝歌”“历史歌”等。丧歌的音乐结构多为上下句或单乐句的反复。歌唱与打击乐轮番穿插，唱时伴以轻敲，仪式隆重，气氛热烈。

3. 灯调

重庆土家族流传的灯调有“花灯调”“狮灯调”“车灯调”“土地灯调”等，其中尤以“秀山花灯调”闻名全川。

“秀山花灯调”又称“跳花灯”“跳团团”。每年正月初三到十五是花灯表演的盛期。花灯班子由二丑、四旦和伴奏乐队（两副锣钹、两把“嗡琴”——自制胡琴）共 12 人组成。旦、丑角表演时左手执罗帕、右手执白扇。一旦一丑表演称“单花灯”，二旦二丑表演称“双花灯”。其中，旦角的舞蹈端庄秀丽、活泼乖巧，舞蹈动作强调身体的单边摆动动律；丑角的舞蹈朴实健壮、诙谐幽默，舞蹈是在“矮桩”的基础上，加以膝盖的屈伸带动身体的摆动；同时，旦角和丑角舞姿变换、相让避身的舞蹈形态，形成了“秀山花灯”的独特之处。花灯表演的舞和唱的传统习惯是：舞时不唱，锣鼓伴奏；唱时停舞，以唱为主，辅以简单的舞姿。

花灯曲调分“正调”和“杂调”两类。“正调”专用于灯班祭祀灯神的仪式和拜年、贺喜场合；“杂调”包括除“正调”外的所有曲调，内容包括生产、生活、爱情、故事等，与人民生活联系紧密。由于秀山地处川、湘、黔3省交界处，秀山花灯的曲调除来自当地土家族、汉族的山歌、小调外，也受邻省的小调、戏曲的影响；曲调丰富，别具一格。唱词的句式灵活多样，多以七字句为主，五字句、十字句次之，还有较多灵活自由的长短句式。如《送寿月》：“正月里来正月正，跳起花灯要龙灯；家家户户喜盈盈，贺新春；两边升起万年灯，亮晶晶；玩花灯，天下太平。”并常穿插生动活泼、节奏鲜明、朗朗上口的衬字、衬句于正词之中，如“哟咿哟咿哟嗬咿哟”“哥呀哈里呀”等；也有在正词唱完后加上长段衬腔的，增添了活跃、热烈的气氛。秀山花灯调的音阶调式也有别于当地山歌，除常见的五声音阶“sol”调式、“la”调式外，常出现六声性旋律：“la、si、do、re、mi、sol”和“re、mi、fa、sol、la、do”，也还有两个音列交替（或先后）出现，形成五度转调的现象，如《黄杨扁担》《绣荷包》等。曲调进行以级进为主，间有小跳，旋律线富于变化，婉转起伏，柔和优美。节拍以二拍子为主，兼有混合拍子；节奏与舞蹈步伐紧密联系，形态较丰富，情绪热烈欢快。

“土地灯调”主要流传于石柱土家族自治县，跳土地灯与土家族的土王崇拜有关。每逢正月初一、十五在街头演出，角色为4名男性，分别扮演土地公（右手拄拐杖，左手拿拂尘）、土地婆（身背小孩，象征送子）、春官（丑角，手执蒲扇一把）和报子。演出时，在锣鼓声中报子先出场说吉利话，然后在唢呐声中土地公、土地婆和春官出场，春官说春、唱春，赞土地的功劳。场上歌舞相间，表演风趣。土地灯调吟诵性较强，与当地山歌曲调类似，节奏鲜明，乡土气息浓郁。

（四）小调

重庆土家族的小调与重庆汉族地区流传的小调相同，其风格朴实，内容以反映劳动人民的日常生活特别是妇女的生活为主。它的音乐多取材于当地的山歌、风俗歌，经长期演化而成。结构短小匀称，歌词质朴，衬词生动，生活气息浓郁；旋律与当地方言声调结合较紧密，曲调类型丰富，有的吟唱性较强、有的歌唱性强，委婉动人。如黔江土家族苗族自治县的《望郎歌》《苦儿媳妇》等歌曲。

二、重庆土家族民间歌舞风格特点

重庆土家族民歌的体裁、形式和种类多样，音乐风格有明显的地区性特色，主要音乐特点如下。

音阶以五声音阶为主，六声次之。一首歌中虽然出现六声、七声或包括游移音级的音列，但都以五声为骨干。最常见的调式有以“sol、do、re”为支架音的“sol”调式和以“la、do、mi”或“la、do、re”为支架音的“la”调式，其他还分别有以“do”“re”“mi”为终止音的调式。民歌的调性有的较单一，但也不乏色彩音和调性变化，常见以“fa”代“mi”向下五度调的暂离调或转换（以“si”代“do”的次之），在“薅秧（草）歌”和“花灯调”中出现较多，旋律色彩丰富，调性变化灵活。

重庆土家族民歌的节奏有规整与自由两种类型，但总的特点是节奏有序，即使在一些节奏属自由松散型的歌种（如山歌、薅秧歌等）中，也散而有节，疏密有致。音乐节奏在唱正词时密集，句尾时松散（或长音，或拖腔），前后呼应，上下对称。薅秧（草）歌的节奏、节拍更自由并具有即兴性，但保持着领唱时较自由、帮腔时较规整的特点。

歌词结构严谨，主要为七字句（也有五字句），多以四句为一段。句间穿插丰富的衬词，或在句后、段后加上衬词段。音乐结构以两句式乐段和两个乐句的重复与变化重复的四句式为主，结构上注重呼应对称。在薅秧（草）歌中，由于领唱、应唱、帮唱的交替与穿插、衬词段的运用和新音乐材料的出现，乐段结构一般都较长大；有乐句与乐段的扩充形式，也有呈对比性的两个乐段以上的结构形式。

重庆土家族民歌的演唱形式多样，唱法有高腔、平腔、矮腔，以高腔最有特色。薅秧（草）歌中的高腔高亢悠扬与帮腔（尤其是“应莽筒”）的雄浑结实形成对比，起伏交替，气势宏大。音调及旋法特点是三音列（如“sol、la、do”“la、do、re”）为核心，分别以“sol”“la”为起讫音的三音列及其上下五度移位的三音列，在旋律中屡屡出现；旋律句式与歌词句式结构密切结合，多以句读、词组形成带长音的乐节，句尾常有衬词拖腔，尾音多下滑，音乐风格热情泼辣、活泼风趣。

重庆土家族民间舞蹈同样是形式多样、种类繁多，包括民间祭祀舞蹈“摇宝宝”、丧葬祭祀舞蹈“打绕棺”、民间舞蹈“踩戏”和民间舞蹈“秀山花灯”等。如此丰富多彩的民间舞蹈文化和民歌相辅相成，形成了“民间舞蹈歌舞不分家”的独特文化现象。

三、结语

重庆土家族民间歌舞是土家族人民在历史长河中创造的珍贵精神财富，它以丰富多彩的民间舞蹈种类和复杂多样的民间音乐曲目、多姿多彩的音乐形态以及浓郁的乡土气息、鲜明的民族风格为我国民间音乐舞蹈园地增添了色彩；它所蕴藏的人民性、民族性等深厚内涵，为我国的民族文化研究提供了丰富的人文史料，如同“巴蜀文化”丰富着“中华文化”一样，重庆土家族民间歌舞是我国民族民间音乐舞蹈文化中不可或缺的组成部分。

参考文献

[1] 中国民族民间舞蹈集成编辑部．中国民族民间舞蹈集成·四川卷 [M]．中国 ISBN 中心出版，1994.

重庆巫山民歌艺术探微[①]

胡雅曼[②]

巫山地处渝东之地，偏远、秀美，据有奇峰险滩。这里历来就是“巴人”的栖息之地。自古巴人礼俗繁多，礼俗中的音乐深厚、隽永，文化意味深长。现如今，巫山主要指四川盆地东部湖北、重庆、湖南交界一带“南—北”走向的连绵群峰，巫山的顶峰位于重庆，其主要部分也经由重庆，故重庆对巫山文化的研究，是具有十分重要的地缘价值的。巫山地区历史悠久、文化传统浓厚，人口广布，因此形成了巫山地区特有的文化与艺术体系。本文的主要目的是探究重庆巫山民歌的艺术特质，对重庆巫山民歌的艺术性进行深入的挖掘和细致的剖析。

一、重庆巫山民歌的文化来源

重庆巫山民歌当中的艺术性，主要来源于重庆巫山地区的独特文化内容，包括重庆巫山地区的风土人情、文化传统、地理环境等多个方面，可以说，重庆巫山民歌的各个方面，包括歌曲的创作、构成以及其中蕴含的文化因子，都与上述三个方面息息相关。风土人情指引着巫山民歌的基本内容，文化传统决定着重庆巫山民歌的底蕴与气质，而地理环境则影响着重庆巫山民歌的表达方式与传唱模式，分别从不同的角度，构成重庆巫山民歌的来源，从不同角度把握和影响着重庆巫山民歌的源流与走向。

风土人情指引着巫山民歌的基本内容，可以说，重庆巫山民歌的主要内容来

---

① 基金项目：重庆市教育委员会人文社会科学研究项目（16SKG- H040）。原载于《当代音乐》2018 年第 6 期。

② 胡雅曼，女，重庆人，重庆师范大学音乐学院讲师。

源，便是重庆巫山地区的生活百态，以及生活方式背后所蕴含的历史渊源，风俗与风情、风物与风貌，是产生重庆巫山民歌的最为直接的内容来源。在重庆巫山民歌当中，主要内容大约可以分为两类，一类是描写日常生活以及日常风物的民歌类型，直接来源于某一项活动抑或是日常生活当中的某一种形式，例如重庆巫山民歌《豌豆苞谷》，就是对一种农事活动的直接描写。另一类则是来源于重庆巫山地区的主要风俗习俗或日常活动，例如《十块帕》和《十月怀胎》，都是这一类民歌作品。

文化传统决定着重庆巫山民歌的底蕴与气质，重庆巫山民歌的艺术气韵，来源于重庆巫山地区特有的文化传统，文化的影响是深远持久的，在重庆巫山民歌中，文化传统体现在词句与段落当中，处处展现着文化的风韵，充满着文化的痕迹。如重庆巫山民歌《豌豆苞谷》中，歌词充满了重庆语言的地方特色，“五月的太阳（嘿），红彤彤（呦喂）”，括号当中的语气词与歌词自然结合，展现出十分浓郁的地方特色，像“乖咩咩的幺妹儿要喝凉风”这种，在每一句的唱腔当中，都用当地方言演唱，将其中的语言艺术展现得淋漓尽致，在突出地方特色的同时，也能够展现出重庆方言文化独特的魅力。巫山民歌语言艺术的最大特点是口语化、通俗化，自然朴实，毫无雕饰，既易上口，又便于记忆，故而流传至今，为广大民众所喜爱。

地理环境影响着重庆巫山民歌的表达方式与传唱模式，地理环境对于民歌艺术的影响是巨大的，研究者往往容易忽略自然环境的因素，而偏向于人文条件，但是追根溯源，所有艺术的初始形成过程，都与地理环境的影响息息相关，拿艺术举例，我们最早的舞蹈艺术起源于祭祀仪式，傩戏与傩仪被学界公认为是舞蹈艺术中最为原始的、开先河的形式。而之所以形成这样的形式，就是对自然、对地理环境的一种崇拜与顺应，重庆巫山民歌的最初起源也一定与重庆“山城”的自然环境有关，独特的山城风光，形成了高亢嘹亮而又百转千回的表达方式，在传唱的方式上，也有着浓厚的地理环境因素的烙印。

二、重庆巫山民歌的艺术特征

在艺术上，重庆巫山民歌具有民族性、地域性、风俗性的特征，具有十分丰富的文化内容与艺术内容。

所谓民族性，就是指重庆巫山民歌具有较强的民族特色，能够凸显出较强的民族特征，在艺术表现上，被民族性赋予一定的艺术感染力。重庆地区少数民族广布，据统计，少数民族总人口210.3万人（占全市人口6.5%）。主要为土家族（142.4万人，全市人口5%，少数民族人口72.2%）、苗族（约50.2万人，全市人口2%，少数民族人口25.4%）等。少数民族较多的乡镇有45个，有8个民族乡。重庆巫山民歌，很多便是来自于少数民族的日常生活，带有浓郁的民族特色，也正是由于这些民族特色，使得重庆巫山民歌具有更强的艺术魅力。例如我们上文提到的《豌豆苞谷》就是典型的土家族民歌，正是民族性赋予了它艺术性。

所谓地域性，指重庆巫山民歌具有较强的地域特质，渝地的风物影响着巫山民歌的艺术气质，其中有关于地域性的内容，不仅仅是重庆巫山民歌的来源，也同样是重庆巫山民歌的艺术特征所在。如山歌《十把扇》《十块帕》，都是在重庆特有的“山城”地域特质的基础上形成的，特有的山地文化孕育了特定的重庆巫山民歌特质，突出了其艺术表现力。

所谓风俗性，指的是重庆巫山民歌当中，有着其他地区所没有的风俗展现，这不仅在内容上让重庆巫山民歌变得耳目一新，引人入胜，在艺术鉴赏的层面上，同样具有风俗特征所带来的艺术感，构成重庆巫山民歌的艺术特质。如民歌《十月怀胎》，将重庆巫山地区特有的风俗，通过民歌的形式展现出来，给人以耳目一新的感觉，并且充满了独特的艺术魅力。

三、重庆巫山民歌的美学特质

发源于渝地，且沾染着巫山风情的重庆巫山民歌，也具有其独特的美学特质，值得深入探究。重庆巫山民歌较为突出的美学特质，主要来源于其特有的“神女”文化体系，以及巴蜀地区的美学传统。

从古老的《山鬼》开始，巫山的神女文化便已经逐渐成熟，并逐渐形成体系，巫山神女文化发展至今，已经成为一种美学象征，它融入重庆巫山民歌的方方面面，潜移默化地影响着重庆巫山民歌的发展。可以说，我们对重庆巫山地区所有文化形式的解读，都离不开对“神女”文化体系和美学体系的追溯，它就如同一个重庆巫山文化的美学源头，其美学价值与美学影响力，早已渗透到当地各类文艺形式的经络，影响其发展。

除了带有“神女”文化美学体系的烙印外，巴蜀地区多年形成的历史积淀与文化积淀，也同样构成重庆巫山民歌的美学特质。在重庆巫山民歌中，我们的审美体验，大批量地来源于重庆巫山地区的文化特色，与渝地相关的各种美学元素共同塑造了重庆巫山民歌独特的美学特质。

受这种多元的美学元素影响，重庆巫山民歌带有其自身特有的美学色彩，在字里行间，充满了渝地的美学特征，主要有以下几个方面的表现：首先，重庆巫山民歌具有原生态性的审美意蕴，在众多民歌作品中，通过最为简单的形式，表现出最为原生态的原始美感，这种原生态的美学特质是重庆巫山民歌十分珍贵的美学宝藏，也是其具有艺术价值与魅力的内在源泉。巫山民歌的作者就是千千万万普通的底层劳动人民，他们的创作本是口头创作，有别于传统文人，更是与主流精英文化有着巨大的差距，有些创作手法甚至是传统文人所忌讳的，正因为如此，巫山民歌以其无拘无束、酣畅淋漓的尖锐特质替代了文人创作含蓄委婉、优美隐喻的艺术节奏，具有强烈的野性美和原始的活性美。其次，重庆巫山民歌的美学追求，还表现在其来源于古代的传统宗教崇拜与原始信仰，这使得重庆巫山民歌具有更加神秘的美感，凸显了更加丰富、深厚的美学价值。最后，重庆巫山民歌在山水艺术，早已融为一种潜在的地域美学体系，这种体系存在于并影响着重庆地区文化的各方面，对整个渝地文化的美学走向，有着十分重要的作用。

可以说，重庆巫山民歌的美学特质是多元的、复杂的，拥有多层次、多维度的美学来源，不同形式的美学特质与美学体系，在重庆巫山民歌当中交错、融合，形成了十分丰富的审美文化价值。

四、结语

重庆巫山民歌是淳厚质朴的巫山民众在长期的生产斗争与生活体验之中创作的，不但唱出了各个时期巫山民众的喜怒哀乐，而且把巫山地区的民风民俗演绎得淋漓尽致。然而，过去由于古代统治者的阶级和政治偏见，视民间文艺为“下里巴人”，不像对待传统文艺那样记录保存下来，致使民间文艺长期限于人民口头流传，自生自灭，巫山民歌也不例外，它的传承都是靠上辈口传心授，对于资料的收集、整理工作极为不利。所幸，近些年来，巫山县政府及文化部门对该地区民歌艺术的保护和传承采取了积极的措施，对巫山民歌的相关资料进行了抢救和整理，同时进行影音文本记录，出版声像文字书籍等，使这一民歌艺术能够得以继续传承，还能与时俱进，丰富其艺术表现形式，它的艺术魅力将会永远保存在中国民间音乐的殿堂之上。

参考文献

[1] 尹庆红 . 文艺美学研究范式的转型与审美人类学的兴起 [J]. 江西社会科学，2008（2）.

[2] 海力波 . 审美人类学理论研究初探——从本质界定、功能分析到意义认知 [J]. 广西民族学院学报（哲学社会科学版），2004（5）.

[3] 王川平 . 人文三峡（之三）[J]. 中外文化交流，2003（9）.

[4] 金道行 . 论下里巴人 [J]. 三峡大学学报（人文社会科学版）,2002（5）.

[5] 陈正平 . 劳动歌谣震山河——“巴渠民间文学、民俗研究”之十 [J]. 达县师范高等专科学校学报，2001（1）.

[6] 蔡靖泉 . 盐水神女与巫山神女略说 [J]. 社会科学动态，1999（6）.

后　记

《重庆文化研究》自出版以来，在社会上获得了广泛的好评，并引起了较大的社会影响。为了进一步促进我市文化艺术研究工作，展示文化艺术研究成果，更好地发挥研究成果的积极作用，重庆市文化和旅游研究院于 2019 年初，继续策划编辑出版《重庆文化研究》(2018 年卷)。主要选收重庆地区专家学者 2018 年在公开刊物发表的文章，兼收少部分内部刊物发表的文化艺术研究文章。2018 年卷于 2018 年 3 月起征稿，得到了全市各高校、文化单位以及广大文化艺术工作者的大力支持。截至 5 月底，共收到文化艺术研究稿件 200 余篇。

对于编辑工作，我们在上卷的基础上，继续完善了几个遴选标准：注重文化艺术各门类平衡，优先选入核心期刊发表的文章，优先选收具有学术前瞻性的文章，优先选收具有现实意义的文章。据此，入选文章 50 篇，70 余位作者，近 50 万字。分为宏观文化、巴渝文化、公共文化、文化产业、文旅融合、文化传媒、文化遗产、艺术研究等部分。由于时间仓促，难免疏漏和存在不足，敬请批评指正。

2018 年 6 月